L'AVENTURE DU JAZZ

1

DES ORIGINES AU SWING

BUDDIE PETIT'S
N. ORLEANS

JAMES LINCOLN COLLIER

L'AVENTURE DU JAZZ

1

DES ORIGINES AU SWING

ALBIN MICHEL

Édition originale américaine :

The Making of Jazz
A Comprehensive History
Houghton Mifflin Company Boston 1978

Traduction française :

22, rue Huyghens, 75014 Paris
ISBN 2-226-01093-9

A mon frère

Avant-propos

« L' " optique " auditive change tous les dix ans », disait Arthur Honneger. Le livre de James Lincoln Collier justifie pleinement cette assertion. En consacrant un chapitre entier à Scott Joplin, éminent spécialiste du ragtime de la fin du XIXe siècle, Collier innove dans la recherche des origines du jazz: jusqu'alors, ignorant Joplin, la plupart des historiens n'attachaient d'importance qu'au ragtime des années 1910.

Au début de son ouvrage, Collier analyse la tradition musicale africaine sans omettre de signaler un aspect particulier de cet art, la question-réponse, chère à Fletcher Henderson et, après lui, à tous les orchestrateurs de jazz. Puis l'auteur étudie de façon nouvelle la « blue note » et montre à quel point ragtime et blues se sont mêlés pour donner naissance au style New Orleans et, par voie de conséquence, à tout ce qui en a découlé. A la fin du livre, Collier met l'accent sur le côté « primitif » d'Ornette Coleman, citant à son propos le Douanier Rousseau. Excellente image qui amène à penser que l'évolution de la musique de jazz née de la rencontre d'éléments afro-américains et d'éléments européens était parvenue à un point de complexité tel qu'un jour ou l'autre devait surgir une brisure suivie d'une tendance à l'improvisation libre, l'abandon de l'harmonie européenne, la mise en avant de la percussion la plus obsédante. Cette révolution irait jusqu'à hanter Miles Davis ainsi que John Coltrane, entre autres, et les amener à orienter leurs recherches en fonction de ce qui était remis en question. Par ailleurs, Collier insiste judicieusement sur la culture d'un Cecil Taylor dont, curieusement, la pensée rejoint souvent aujourd'hui celle des avant-gardistes de la musique classique européenne.

Entre le jazz des origines et les voies nouvelles ouvertes par Ornette Coleman et John Coltrane, Collier passe en revue les différentes époques du jazz classique en y ajoutant quelques éléments primordiaux souvent négligés en France. Ainsi la mention spéciale accordée à Sidney Bechet, premier grand virtuose du jazz dès la fin des années 1910 et musicien favori de Duke Ellington, l'analyse du style de Jack Teagarden, chanteur et tromboniste incomparable, le rappel de l'influence de Frankie Trumbauer sur Benny Carter et Lester Young, de celle d'Eddie Lang sur Django Reinhardt, de celle, inconnue, de Marion Cook sur Duke Ellington. Autre originalité: Collier ne cite pas Art Tatum à propos du piano stride, mais le place à bon escient en compagnie de Bud Powell. S'agissant de Tatum, l'auteur nous apprend qu'en 1938 Charlie Parker, à ses débuts, avait travaillé pendant trois mois comme laveur de vaisselle dans un restaurant où jouait le maître du piano de jazz. Il en conclut que les harmonies de Tatum n'avaient pu marquer Bird. D'autres anecdotes retiennent l'attention: Freddie Keppard aurait enregistré en 1916, un an avant l'Original Dixieland Jazz Band! La relation de ce fait illustre l'histoire des rapports entre musiciens noirs et musiciens blancs, rapports que James Lincoln Collier ne perd de vue à aucun instant et qu'il aborde avec un souci de vérité remarquable.

On regrette qu'un chapitre n'ait pas été consacré à Erroll Garner et à Ahmad Jamal qui, depuis les années 50, ont apporté au piano de nouveaux éléments harmoniques et rythmiques.

L'aventure du jazz: *un ouvrage qui traite avec compétence et franchise des questions stylistiques et des problèmes humains de ceux qui ont fait le jazz.*

Henri RENAUD

Préface de l'auteur

La musique de jazz s'est imposée à l'attention de millions de gens dans le monde entier. Pour beaucoup de ces gens, aussi bien musiciens qu'amateurs, cette musique a constitué et constitue toujours une des expériences les plus exaltantes de leur existence, une source de plaisirs de caractère affectif et esthétique dont ils ne sauraient, désormais, se passer.

L'amateur de jazz éclairé n'hésitera pas à faire des centaines de kilomètres, à prendre l'avion pour aller écouter pendant deux ou trois heures, ses orchestres ou ses musiciens préférés. Il dépensera beaucoup d'argent pour satisfaire sa passion et consacrera une large partie de ses loisirs à écouter du jazz. De plus, la musique de jazz a passionné, jusqu'à nos jours, quatre générations de musiciens et d'amateurs. Il me semble qu'une forme d'art qui a suscité autant d'intérêt et autant d'amour, dans tous les pays, pendant si longtemps, mérite de retenir l'attention de ceux qui ne la connaissent que fragmentairement ou qui, la connaissant déjà, désirent approfondir leur documentation. C'est dans ce dessein qu'a été composé cet ouvrage.

Un livre comme celui-ci ne peut pas être le résultat du travail d'un seul homme. En un sens j'ai été simplement un architecte. Les matériaux que j'ai utilisés ont été élaborés par des centaines d'amateurs chevronnés, de spécialistes et aussi par des collectionneurs de disques. Pendant des années, ces hommes ont sauvé des milliers de disques de l'oubli, ils ont suscité d'innombrables rééditions, ils ont identifié les musiciens ou les orchestres qui ont gravé les enregistrements et ils ont recherché les détails biographiques qui se rapportent à des milliers de musiciens ou de vocalistes, dont beaucoup vécurent et moururent dans l'obscurité. Je n'aurais pu écrire ce livre sans leur aide. Ma contribution aura été de recueillir, d'organiser et de mettre en forme ce vaste ensemble de renseignements.

Mais il y a encore énormément de recherches à faire dans ce domaine. Nous n'avons que très peu d'informations sur la vie de musiciens aussi importants que Lester Young, Coleman Hawkins, Ornette Coleman ou James P. Johnson. Sur d'autres musiciens tout aussi importants, nous ne savons à peu près rien. Au cours des années précédentes, nous avons pu lire, fort heureusement, de belles biographies comme celles de Bix Beiderbecke, de Charlie Parker, de Bessie Smith, ou des autobiographies comme celle de Billie Holiday et de Sidney Bechet. Mais il y a encore beaucoup à faire. Je dois à la vérité de dire aussi que la majorité des ouvrages contenus dans la bibliographie que j'ai incluse à la fin de mon livre comporte souvent des erreurs regrettables. C'est pour cela que j'ai dû souvent procéder par induction ou déduction à partir d'éléments bien établis. J'ai eu largement recours à l'ouvrage de Leonard Feather : *The new Encyclopedia of Jazz* (La Nouvelle Encyclopédie du jazz), à celui de John Chilton : le *Who's Who of Jazz*, et aussi à la monumentale discographie de Brian Rust : *Jazz Records 1897-1942.*

Mais, bien entendu, mes sources principales ont été les disques de musique négro-américaine (spirituals, gospel songs, rag-time, blues, rhythm and blues, soul music) et les disques de jazz. Mon amour de cette merveilleuse musique n'a fait que se renforcer et j'espère que je peux faire partager ce sentiment à mes lecteurs.

Mais dans un aussi gros livre je n'ai pas pu parler, en détail, de tous les musiciens de jazz de valeur. J'ai dû me concentrer sur les artistes les plus importants, et sur les mouvements principaux, sur les écoles, les tendances les plus représentatives.

Et j'aimerais que les artistes que j'ai pu oublier, ceux que j'ai simplement mentionnés ou auxquels je n'ai pu consacrer qu'un court passage, veuillent bien accepter mes excuses.

Je voudrais encore remercier, pour leur aide précieuse, Edward Bonoff, Geoffrey L. Collier, William B. Dunham, Robert S. Greene, William Kroll, Arthur Lohman, Lee Lorenz, Robert Andrew Parker, William A. Robbins.

Et aussi, pour leurs conseils, en ce qui concerne la musique de jazz en Europe, John Chilton, Maurice Cullaz, Charles Delaunay, Lemnart Forss, Pierre Lafargue, Carlo Loffredo, Malcolm Mac Donald.

Merci, enfin, à John L. Fell de l'Université de San Francisco qui a lu entièrement mon manuscrit et m'a fait de profitables suggestions. Bien entendu, les jugements portés sur les musiciens et sur les styles ne relèvent que de ma responsabilité.

Préface de Michael Zwerin

La principale force du jazz réside dans le fait que cet art est un art du présent, un art de l'instant. C'est pour cette raison que, jusqu'à une époque assez récente, j'ai évité de faire des recherches dans le passé de cette musique. Une étude sérieuse du passé et de la genèse de cet art me semblait de peu d'importance et même inutile... presque nuisible. Lorsque j'ai entendu Charlie Parker pour la première fois, j'avais quinze ans et je pensais vraiment que tout ce qui s'était musicalement passé avant lui était démodé, qu'il fallait mettre ce passé au rancart et non l'étudier. Il n'existait rien de plus snob qu'un véritable amateur de bop, dans les dernières années quarante.

Bien entendu j'ai élargi ma vision avec la maturité mais, pendant des années je suis demeuré, sinon ignorant, du moins peu informé de l'histoire de cette musique que je jouais cependant en tant que professionnel.

J'ai commencé à écrire sur la musique de jazz au cours des années soixante, mais même en tant qu'écrivain, je continuais à me désintéresser de l'histoire du jazz.

Je ne voulais absolument pas écrire ou tenter d'écrire des études ou des traités de recherche et d'érudition. Ce que je voulais, c'était continuer à *jouer* de la musique, à *jouer* avec des mots. Je voulais prendre des risques... comme lorsqu'on improvise... Je voulais *jouer*, faire des choruses, me *défoncer* en écrivant et, comme dans une improvisation à plusieurs voix, *ajouter* ma voix à l'ensemble.

Je voulais utiliser mon instinct, mon instinct vital, bien plus que mon intelligence qui, déjà, me mettait des bâtons dans les roues... dans beaucoup de circonstances. Je voulais faire chanter les mots, tout comme Lester Young faisait chanter ses notes.

La principale difficulté, pour celui qui veut écrire sur la musique de jazz, n'est pas tellement de rechercher une information toujours incertaine et malaisée, toujours fragmentaire et fuyante, mais d'éviter les règles rigides de la publication. Sinon, la chronique, l'article ou l'étude représente, dans sa formulation, l'antithèse de la musique qu'il se propose de décrire ou d'analyser.

La plupart des études sur le jazz sont d'une indigence absolue. Celui qui les a écrites ne s'est certainement pas amusé, celui qui les lit s'amuse encore moins et puis, surtout, cela ne *swingue* jamais !

Mais, foin des digressions, j'ai eu, peu à peu, honte de mon manque d'érudition sur une musique que je joue professionnellement. Je me suis accusé de paresse. Je me suis procuré des livres faisant, paraît-il, autorité en la matière et, invariablement, je les ai trouvés maladroits, pédants, bourrés de préjugés ou ennuyeux.

Ce livre de James Lincoln Collier est la première histoire de la musique de jazz que j'aie lue d'un trait, de la première à la dernière page.

Je ne crois pas qu'il en existe de meilleure ou alors, je n'en ai pas connaissance. Et, de toute façon, celle-ci suffit.

James Lincoln Collier est un excellent écrivain. Il sait que, pour comprendre la musique de jazz, le lecteur doit non seulement se pénétrer des bases techniques et de l'histoire de cette musique, mais qu'il doit avoir une claire perception des motivations des gens qui l'ont faite et qui continuent à la faire et, aussi, des circonstances de leurs vies.

Voilà un exemple de la perspicacité de James Lincoln Collier à propos de Jelly Roll Morton.

« Il est évident, écrit-il, que Jelly Roll Morton s'est senti un déclassé tout au long de son existence. Ce sentiment peut découler, en partie, du fait que son père avait abandonné sa famille, ce qui a pu, au sein d'une société très formaliste, entraîner, pour cette famille, un certain abaissement dans l'échelle sociale. Mais la vraie raison de cette conscience de son déclassement réside surtout dans la situation anormale des " Créoles de couleur " * à La Nouvelle-Orléans – ces " Créoles de couleur " qui avaient l'obsession de ne pas être confondus avec les Noirs.

Jelly Roll Morton était très clair de peau et il déployait tous ses efforts pour se faire passer pour un Blanc. Il faisait même profession de mépriser les Noirs, qu'il désigna un jour sous le terme injurieux de " niggers " **. Il a souvent dit, en outre, que les gens de couleur cherchaient toujours la bagarre. Il n'admit jamais, sauf, peut-être, à l'aube d'une nuit d'insomnie, qu'il n'était pas, en effet, un membre de la majorité blanche. »

Ce livre de James Lincoln Collier contient bien plus que la somme de ses parties. Il vous force à réfléchir et à méditer sur des notions qui pouvaient vous paraître jusqu'alors évidentes. Prenez, par exemple, l'explication des origines de la musique de jazz :

« La différence entre la musique de jazz et la musique classique, dit-il, repose sur des raisons techniques. Mais il y a aussi une grande différence qui est de caractère social et qu'il est malaisé de définir. Tous les musiciens de jazz aiment se produire en public et surtout devant un public enthousiaste, un public de danseurs. Ils reçoivent quelque chose d'important de la part de ce public ; ses réactions comptent beaucoup pour eux et influent dans une large mesure sur leur façon de jouer. Il y a un échange constant et bénéfique entre

* Ce terme qui peut paraître contradictoire à un Européen revient souvent dans les premiers chapitres de l'ouvrage de J. L. Collier, notamment dans les chapitres 4, 5, 6 et 7.

** Aux États-Unis, il est parfaitement légitime de traiter tel ou tel individu de Blanc, de Noir, ou d'homme de couleur. Mais le mot « nigger » est absolument et toujours injurieux.

les musiciens et le public. Cet élément social qui intervient toujours dans le jeu d'un orchestre, dans le jeu des musiciens de jazz, provient sans doute de l'héritage africain de cette musique et de ceux qui la produisent.

Mais, en dépit de cet élément d'origine africaine, le jazz ne peut pas être considéré comme une musique purement africaine, car il y a dans la musique de jazz trop d'influences de musique classique ou des différentes musiques populaires d'origine européenne : son instrumentation, ses principes harmoniques de base, ses structures formelles proviennent de la musique classique et de diverses musiques européennes plutôt que des diverses musiques africaines. D'ailleurs, beaucoup des plus importants, des plus représentatifs parmi les pionniers du jazz ne participaient pas de la culture de l'ethnie noire du sud des États-Unis. Ils étaient des membres d'une sorte de caste : celle des " Créoles de couleur " dont la culture était plus européenne que noire. Ceux des Africains qui n'ont pas été initiés à la musique de jazz ont autant de peine à la comprendre que des musiciens de jazz qui ne les ont pas étudiées systématiquement ont de peine à saisir les musiques africaines.

La musique de jazz authentique procède vraiment d'une synthèse d'éléments provenant les uns de la musique classique et de différents genres de musique européenne, les autres des différentes musiques de l'Afrique... »

Enfin, James Lincoln Collier nous aide à percevoir les choses en profondeur par des réflexions comme celle-ci :

« L'histoire de la musique de jazz est emplie d'exemples de musiciens aux talents extraordinaires, mais qui ne surent pas ou ne purent pas tirer parti de leurs capacités naturelles. Bix Beiderbecke, Joe Thomas, Bud Powell, pour ne citer qu'eux, avaient été doués pour faire beaucoup plus que ce qu'ils ont en fait réalisé. Miles Davis, lui, nous présente un cas différent, un cas beaucoup plus rare. C'est surtout par son intelligence et la force de sa personnalité qu'il devint une des plus importantes figures dans le jazz.

Miles n'avait peut-être pas un instinct de la ligne mélodique aussi assuré que celui de Bix Beiderbecke ou celui de Charlie Parker, il n'avait peut-être pas un sens rythmique aussi rare que celui de Lester Young, il n'avait peut-être pas le sens dramatique qui inspira à Louis Armstrong ses plus impressionnants solos.

Sa technique de trompette était, à l'époque où il commença à se faire connaître, moins brillante que celle des grands trompettistes du moment.

Mais Miles Davis était, et il est encore, très intelligent, très réfléchi, très ambitieux. Il a toujours saisi immédiatement les tendances nouvelles et il a toujours su les inclure dans sa musique. On peut supposer qu'à un moment, au début de sa carrière, il se soit déterminé à suivre une autre voie que celle que s'était tracée son grand rival : Dizzy Gillespie. »

Ainsi j'ai enfin lu une merveilleuse histoire du jazz. J'y ai appris quantité de choses passionnantes, moi qui suis supposé être un expert ! Et cela sans aucune restriction, sans aucune peine. « It was even fun » (C'était même « le pied » *).

* Expression argotique des musiciens de jazz français exprimant la satisfaction totale, la jubilation produite, chez l'auditeur, par la musique ou toute autre manifestation artistique.

Je me souviens tout à coup qu'il y a quelque trente ans je fréquentais le Harlem Square Club, situé dans le ghetto noir de Miami. Nous écoutions l'orchestre qui s'intitulait Sam Jones and his Harlem Square Syncopators dont le trompettiste était Blue Mitchell et le chef d'orchestre le célèbre contrebassiste Sam Jones. Un verre ordinaire plein de gin coûtait 50 cents et les serviettes en papier du club étaient décorées d'une bouteille de champagne rose, d'où s'échappait un nuage de bulles, accompagnée de la légende suivante : « You can't beat fun. » (« Qu'y a-t-il au monde de mieux que de " prendre son pied ". »)

C'était l'époque où je faisais ma propre éducation et la légende inscrite sous la bouteille de champagne représentée sur ces serviettes en papier est demeurée gravée dans ma mémoire. C'est une de mes règles de vie, surtout en ce qui concerne la musique. Le jazz, c'est, avant tout, « le pied ». Merci, James Lincoln Collier, d'avoir aidé les lecteurs de votre ouvrage à se bien pénétrer de cette règle d'or.

Sommaire

Illustrations

PREMIÈRE PARTIE

Les Précurseurs

CHAPITRE I

Les racines africaines

En un temps où la technologie a rendu possible à l'homme de faire circuler les informations autour du globe aussi aisément que le vent balaie les feuilles mortes sur le gazon et de se mouvoir lui-même avec la même facilité, il est à peine surprenant de voir les idées et les témoignages d'une culture apparaître, à travers le monde, dans d'autres cultures tout à fait différentes.

La Chine, de nos jours, vit à travers une idéologie venue d'Allemagne via Karl Marx ; l'Islam arrive à Chicago venant de l'Orient via les États tribaux de l'Afrique Occidentale; les idées d'un leader politique chinois deviennent un dogme pour des millions de jeunes Européens. Mais peu de ces transferts culturels ont été aussi étonnants que la diffusion dans le monde entier, en quelque soixante ou soixante-dix ans, de cette forme musicale unique que nous appelons le jazz. Au moment de la Première Guerre mondiale, c'était une musique folklorique provenant de La Nouvelle-Orléans et de ses environs et jouée par seulement quelques centaines de musiciens pour un public limité à quelque cinquante mille auditeurs, la plupart de pauvres travailleurs noirs des environs du delta du Mississippi. Dès 1920, cette musique était largement connue et maladroitement imitée dans tous les États-Unis. Dix ans plus tard, le jazz avait non seulement conquis un public mais aussi déterminé de nombreuses vocations musicales dans la plupart des grandes villes d'Europe. Dès 1940, cette musique était universellement connue et, en 1960, reconnue comme une forme musicale importante, peut-être même comme une vraie forme d'art, partout dans le monde entier.

Ne me faites pas dire que le jazz est ou a jamais été une musique « populaire », même aux États-Unis. Il est certain que de temps en temps diverses formes de jazz ont pu être considérées comme musiques populaires. Ce fut le cas pour la musique de danse que l'on appelait « jazzy» aux États-Unis en 1920, et « swing » de 1935 à 1945. Mais la vraie musique de jazz, ce que les musiciens eux-mêmes reconnaissent comme leur musique, n'atteint que rarement à une très grande popularité. Quelques-uns des plus éminents musiciens de jazz sont inconnus du grand public. Combien d'Américains connaissent les noms de Joe Oliver, Lester Young, Bud Powell ou Cecil Taylor, qui tous ont joué des rôles importants dans le développement de cette musique? Si un disque de jazz se vend à cinquante mille exemplaires, on considère qu'il s'agit là d'un grand succès, alors qu'un disque de musique populaire à succès se vend à des centaines de milliers d'exemplaires.

Cependant, si la musique de jazz n'est pas vraiment une musique très connue du public, du moins bénéficie-t-elle d'une pérennité dont manque la musique populaire à succès. En effet, à part certains nostalgiques qui achètent des enregistrements pour retrouver l'atmosphère de leur jeunesse, personne aujourd'hui ne demande les disques de Art Hickman, Ted Lewis, Kay Kyser, tous chefs d'orchestres très connus à leur époque. Quant aux disques de vedettes de musique populaire comme Paul Whiteman et Tommy Dorsey, ils restent en catalogue uniquement à cause de la présence dans ces enregistrements de musiciens de jazz que le grand public ignorait à l'époque où ces cires furent gravées. Mais alors que Paul Whiteman et d'autres sont oubliés, des musiciens de jazz comme Joe Oliver, Johnny Dodds et Jelly Roll Morton, dont le renom, de leur vivant, se limitait aux ghettos noirs, non seulement bénéficient de nos jours d'une notoriété mondiale, mais sont l'objet de minutieuses recherches de la part des spécialistes qui évoquent leurs vies et leurs œuvres.

D'autre part, le jazz continue à avoir une forte influence sur toute la musique : le rock, le funk, le soul, la musique de shows, de films, de télévision et une bonne partie de la musique moderne de concert sont emplis d'éléments tirés du jazz. En fait, il est parfaitement juste de dire que le jazz est la base de la musique populaire de nos jours. Il y a notamment quelque chose d'irrésistible pour l'homme du XXᵉ siècle dans cette remarquable musique.

Mais découvrir le jazz n'a jamais été facile. Il se veut mystérieux. Lorsqu'on demanda à Louis Armstrong ce qu'était cette musique, on assure qu'il répondit : « Si vous le demandez, c'est que vous ne le saurez jamais. » Fats Waller, dans une circonstance similaire, aurait répondu : « Si vous ne le savez pas, ne vous en mêlez pas. » Ces histoires sont peut-être apocryphes, mais elles reflètent une attitude commune à tous les musiciens de jazz, aux critiques et aux amateurs de jazz. Au cœur de cette musique gît quelque chose d'inexplicable que l'on peut sentir mais qu'on ne peut expliquer. Notamment cette pulsion rythmique particulière, que l'on appelle habituellement swing et que l'on ne saurait analyser.

Mais la musique de jazz, comme toute autre musique, est un fait artistique, physique et comme tel est susceptible d'être évalué. La vérité c'est que le musicien de jazz professionnel a une idée plus précise de ce qu'il fait et des raisons qui l'animent qu'il ne veut ou ne peut le dire. Il est trop facile d'affirmer que les musiciens de jazz sont incapables de s'exprimer en paroles; quelques-uns savent très bien analyser leur art. Mais le fait est que l'image du musicien de jazz, bafouillant et parlant uniquement dans le jargon de son métier, comporte une certaine part de vérité. D'une façon générale, le jazzman trouve souvent difficile de rendre clair même à un connaisseur ce qu'il exprime dans sa musique. Nombreux sont ceux que les questions embarrassent et troublent. En conséquence ils se réfugient dans les clichés faciles de « swinging » (swinguer), de « cooking » (chauffer), de « high energy » (d'intense énergie) et de « telling your story » (raconter toute une histoire).

Pour cerner la difficulté que nous avons à comprendre dans quelle mesure la musique de jazz est remarquable et unique, il faut se dire que ses meilleurs critiques et analystes sont ceux qui ont été d'abord formés par la musique classique. Quelques-uns de ces critiques se sont documentés sur les musiques africaines, mais il est inévitable qu'un Occidental, pénétré des notions d'accords, de tons et de mesures, entende à travers son éducation classique des choses qui, quoi qu'elles ressemblent beaucoup à la musique de Bach ou de Jerome Kern, sont en fait dominées par des conceptions radicalement différentes. Nous devons absolument comprendre que le jazz existe en lui-même. Cette musique ne peut être analysée avec les critères de la théorie musicale classique pas plus que la poésie ne peut l'être avec les critères de la prose. Par exemple, dans la musique classique on cherche à atteindre un certain timbre — je veux dire qu'il existe un son de trompette ou de violon idéal que l'instrumentiste essaie d'obtenir à l'intérieur de limites précises. Dans la musique de jazz le timbre est absolument personnel et varie non seulement d'un instrumentiste à un autre, mais d'un moment à l'autre, dans une certaine séquence musicale, pour les besoins de l'expression, tout comme les instrumentistes dans la musique classique enflent ou diminuent le son pour varier le sentiment. Dans la musique classique, chaque note a une hauteur déterminée (quelques légères variations sont autorisées) et peuvent se mesurer mécaniquement. Dans la musique de jazz, la hauteur peut varier considérablement et dans certains cas même les notes sont toujours et délibérément jouées « out of tone » (un peu « faussées ») selon les critères classiques. La musique de tradition classique, tout au moins dans sa forme habituelle, est basée sur la distinction entre le mode majeur et le mode mineur. Le blues, un des éléments importants de la musique de jazz, n'est ni majeur ni mineur. Il obéit à un mode complètement différent. Dans la musique classique, le rythme de base est implicite dans la ligne mélodique elle-même, on peut facilement « battre la mesure ». Dans la musique de jazz, le rythme de base n'est pas implicitement défini par la ligne mélodique, mais doit être énoncé par la section rythmique. De toute évidence le jazz obéit à des principes autonomes et il ne peut être compris d'après les critères de la musique classique.

Je pense pouvoir rendre plus clair ce que je viens de dire en citant comme exemple les quatre premières mesures d'un solo célèbre de Joseph « King » Oliver, un des pionniers de la musique de jazz à La Nouvelle-Orléans. Ce solo, c'est celui de « Dippermouth Blues ». Dans ces quatre premières mesures, Oliver ne joue que six notes et si l'on voulait absolument noter ce passage en écriture classique, cela ne donnerait qu'un fragment mélodique banal et inconséquent. Mais il est certain que ce passage est plus important qu'on ne pourrait le croire, car il a été très admiré et copié maintes fois par les musiciens de jazz de l'époque et encore de nos jours. Il est encore joué ainsi par des musiciens dont les pères n'étaient même pas nés quand Oliver l'enregistra. Ce qui est important en l'occurrence — d'une importance cruciale en fait — c'est la façon dont Oliver *infléchit* les notes.

En premier lieu, les deux notes principales sont les « blue notes » (les notes bleues) qui n'ont rien à faire avec nos gammes diatoniques normales. Leurs hauteurs ne sont pas déterminées selon les normes classiques, elles varient dans le moment même où elles sont jouées. En second lieu, leur timbre — le son même de ces notes — change au cours de leur émission, grâce à l'emploi qu'Oliver fait de sourdines, et aussi de contractions de la gorge. En troisième lieu, les notes elles-mêmes ne commencent pas ni ne finissent sur un temps de la mesure, ou même entre les temps de la mesure, procédé courant dans la syncope classique, mais elles échappent au temps initial, comme si ce temps ne comptait pas et était sans importance. Et pour parachever la complexité, le solo est conçu d'après une figure syncopée et compliquée qui suffirait à désarçonner la plupart des musiciens classiques les plus capables. Ceci est un bon exemple du talent d'Oliver et aussi de ce qui incombe à un musicien de jazz tandis qu'il improvise. Je veux dire qu'il garde un sens du tempo immuable en dépit de la difficulté de la syncopation et de la façon personnelle dont il place les notes de la mélodie, selon son tempérament et semble-t-il en dehors du rythme. On peut apprendre aisément à se taper sur la tête d'une main, tandis qu'on se frotte le ventre de l'autre, mais essayez donc de le faire sur des tempos différents, surtout si quelqu'un bat le rythme sur un tambour selon un tempo encore différent.

Ce que nous devons absolument comprendre, c'est que ces notes jouées par Oliver ressemblent au canevas qu'utilise un peintre. L'important est constitué par les timbres mouvants, sa façon de varier la hauteur spécifique des notes et plus particulièrement encore l'indépendance entre le rythme de base et la façon dont il place la mélodie. Dans la musique classique, les notes – dans le cas qui nous occupe les notes bleues ré et si – constitueraient le cœur du sujet et tout changement de dynamique pourrait être considéré comme un changement dans la coloration. Mais pour Oliver, les notes sont simplement des points de repère, sur lesquelles s'articule sa musique. Cette distinction est absolument primordiale. Les musiciens de jazz s'attachent moins à la *nature* des notes ou accords qu'ils jouent qu'à la façon dont ils les interprètent. Un jazz merveilleux et parfait en tous points peut se faire sur une ou deux notes, ce qui n'est pas le cas dans la musique classique. Ce qui importe, comme le dit la vieille chanson : « Ce n'est pas ce que l'on fait, c'est la façon dont on le fait. »

Les différences entre la musique de jazz et la musique classique dont je viens de parler sont des différences techniques mais il existe aussi un contexte social différent qui est plus difficile à déterminer. La plupart des musiciens de jazz aiment jouer pour un public vivant surtout un public composé de danseurs. Ils reçoivent en retour quelque chose de ces gens qui réagissent, qui se sentent concernés tout comme eux par leur musique.

Cet élément social du jazz provient de son héritage africain. Mais en dépit des éléments africains, quoique ce soit très à la mode de le dire, le jazz n'est pas une musique africaine. Il y a trop d'éléments, de composantes qui proviennent de la musique classique pour qu'on l'appelle ainsi. Son instrumentation, ses principes de base concernant l'harmonie, ses structures viennent plutôt de l'Europe que de l'Afrique. A vrai dire, nombreux sont les pionniers, parmi les plus importants, de cette musique qui ne faisaient pas partie de la culture noire mais étaient des « Créoles * de couleur », métis de Blancs et de

* A l'encontre de la terminologie française, créole voulant dire blanc né sous les tropiques, le mot désigne dans son acception américaine, et surtout à La Nouvelle-Orléans et en Louisiane, les gens de couleur métissés de sang latin.

Noirs, de couleur claire, qui avaient des bases de culture plus européennes que noires. Des peuplades africaines qui ne sont pas familiarisées avec le jazz ne comprennent pas plus cette musique que les musiciens de jazz ne sont aptes à comprendre les musiques africaines à la première audition. Le jazz est une véritable synthèse qui combine des principes et des éléments provenant aussi bien des musiques classiques ou populaires occidentales que des musiques africaines. De même que la couleur verte a une existence en elle-même et n'est pas simplement une variation du bleu et du jaune dont elle est composée, de même le jazz n'est pas une variété de musique classique ou de musiques africaines, c'est une musique sui generis. Un point encore plus important : la pulsation rythmique du jazz, comme nous le verrons plus en détail, n'est pas une modification quelconque de formules rythmiques africaines ou occidentales mais quelque chose de complètement différent et dans une large mesure de beaucoup moins rigide. Mais si la musique de jazz n'est pas une musique africaine, elle n'en est pas moins la création de descendants d'Africains de couleur, tout d'abord ceux des plantations, des camps de résiniers et des riverboats – puis ensuite ceux des ghettos des grandes villes, en premier lieu La Nouvelle-Orléans, ensuite New York, Saint Louis, Chicago, Memphis, Detroit et les autres.

Il ne serait pas juste de parler de musiciens de jazz blancs comme de simples imitateurs de la musique négro-américaine. Des musiciens blancs ont joué de la musique de jazz presque depuis le début et lui ont apporté d'importantes contributions au fur et à mesure de son développement. Mais les principaux artisans du jazz furent des Noirs et pour les Noirs le commencement de tout avait été l'Afrique.

L'Afrique est un continent quatre fois plus grand que les États-Unis et comprend une grande diversité de peuples et de cultures. Mais en dépit de cette diversité, il y a certaines caractéristiques qui sont communes à la plupart des cultures africaines. L'une de ces caractéristiques, c'est l'importance des rapports sociaux que l'on trouve souvent dans les sociétés tribales, mais que la plupart d'entre nous, issus de cultures occidentales ou européennes, avons de la peine à concevoir. Notre vie, surtout en Amérique, où la liberté individuelle est tant vantée, est organisée autour de notre personne. Nous identifions notre essence individuelle à notre vie privée. L'Africain, au contraire, ne fait pas une distinction aussi nette entre sa vie privée et sa vie publique. Beaucoup d'événements comme la naissance, la mort, le mariage et même la vie sexuelle que nous considérons comme des événements « privés » ou familiaux sont pour l'Africain l'affaire de tout le groupe. La naissance, le rite de la puberté, le mariage sont célébrés par la communauté tout entière. John Storm Roberts dans son livre *Black Music of Two Worlds* (La musique noire de deux mondes) s'exprime ainsi :

> Le Malien Dunduza Chisiza traitant de la question de « la personnalité africaine » dans le *Journal des Études Modernes Africaines* en 1963 soutient qu'il y a des aspects communs parmi les communautés africaines. Il a remarqué que les Africains ne sont pas enclins à la méditation comme les peuples orientaux et ne sont pas « chercheurs curieux »

> comme les Européens, mais sont en premier lieu des « observateurs pénétrants », se fiant plus à l'intuition qu'à des procédés de raisonnement. D'autre part ils excellent dans les relations personnelles. Chisiza découvrit aussi qu'ils préfèrent être à la poursuite du bonheur plutôt que de la vérité ou de la beauté. La vie idéale pour les Africains est communautaire, écrit-il, basée sur des relations familiales fortes et inspirées par un amour mutuel aboutissant à un sentiment général de respect (l'expression en swahili pour « ma maison » se traduit par « notre maison »). Toutes les activités, depuis la chasse, la moisson, jusqu'aux loisirs, sont communautaires. La générosité et le pardon sont encouragés, la malveillance et la vengeance sont abhorrées. De plus, les Africains sont connus pour leur sens de l'humour et leur aversion pour la mélancolie.

L'Africain se sent très attaché à son groupe. Il s'identifie à sa tribu de la même façon qu'un jeune garçon s'identifie à son équipe de sport : ses triomphes et ses défaites sont ressenties personnellement. Pour l'Africain, ce qui concerne la tribu le concerne personnellement. Et ce qui le concerne concerne aussi la tribu.

Ce sens d'unité avec le groupe est exprimé en Afrique, comme dans beaucoup d'autres cultures, par le rituel. Il y a un rituel pour le mariage, pour l'enterrement, pour la chasse, la moisson, mais il y a aussi un rituel pour des activités beaucoup plus banales comme la prière ou même l'abattage du bétail.

En dehors du rituel, l'Africain a un autre moyen pour affirmer son lien avec le groupe, et c'est la musique. Elle imprègne sa vie aussi fortement qu'un rosier grimpant s'agrippe à une treille. Dans notre monde, la musique est souvent présente, mais ce n'est rien en comparaison de la préoccupation musicale profonde, constante, qui habite l'Africain.

La musique pour lui est un ciment social. C'est un moyen d'extérioriser la plupart de ses sentiments envers sa tribu, sa famille, les gens autour de lui. En Afrique, une partie seulement de la musique est produite pour le plaisir esthétique, une partie relativement mince, car la musique a une fonction rituelle ou sociale. C'est-à-dire qu'elle sert de cadre à une autre activité ou lui ajoute de l'intensité. Elle permet souvent d'exprimer les émotions que cette activité évoque.

Ceci posé, il n'est pas étonnant que la musique africaine ait un tel éventail de formes variées, chacune adaptée à une activité particulière. Il y a les chants rituels, chantés ou joués aux naissances, aux morts, pour les rites de la puberté, etc. Il y a aussi les chants pour d'autres occasions employés pour inspirer du courage aux chasseurs, aux guerriers, pour pleurer les hommes tombés dans la bataille ou pour célébrer une victoire. Il y a même des chants pour toutes sortes d'événements mineurs : par exemple, certaines tribus ont un chant pour célébrer la perte d'une dent chez l'enfant. Il y a aussi les chants de travail, chacun rythmé selon le genre – le fait de tirer les filets de pêche, de battre le grain, de biner les champs, de couper des arbres. Il y a les chants de louange chantés par des professionnels payés pour cela, des chants d'insultes employés pour venger un affront. Puis il y a beaucoup de musique appartenant à des groupes spéciaux, car étant donné la nature sociale de l'Afrique, les sociétés sont compartimentées en sous-groupes : clubs, organisations fraternelles, sociétés pour les enterrements, associations de chasse et tant d'autres. Et ces organisations ont habituellement leurs chants spéciaux et leurs danses pour accompagner leurs activités : des chants funèbres spéciaux pour un membre décédé, de la musique pour des rituels de chasse, des chants, des danses pour célébrer l'admission des initiés à la qualité de membre à part entière.

La musique, dans la société africaine, joue un rôle analogue à celui de la parole dans la nôtre. Ernest Borneman, un des premiers ethno-musicologues à écrire sur le jazz, dit des Africains : « Le langage et la musique n'avaient pas de compartimentations strictes. » Dans plusieurs langues africaines, la hauteur du son des syllabes dans un mot change la signification du mot. Par exemple, en yoruba le mot *öko* signifie « mari » si les deux syllabes ont la même hauteur de son, « houe » si la première syllabe a un son plus bas que la seconde, « canoë » si la seconde syllabe est prononcée plus bas et « lance » si les deux syllabes ont toutes deux un son bas. Cette relation entre la hauteur des sons et leur signification explique le fonctionnement des tambours parlants. Les musiciens qui tapent sur les tambours ne font pas une sorte de code en morse mais émettent la hauteur des sons de vrais mots. Ulli Beier, qui a si bien étudié les tambours parlants du Yoruba, dit : « La nature du langage explique alors comment le tambour peut parler. De même que les langues sémitiques sont intelligibles lorsqu'elles s'écrivent uniquement avec des consonnes, de même en va-t-il pour les nombreuses langues africaines lorsqu'elles sont représentées uniquement par des hauteurs de son différentes. » La parole et la musique tendent ainsi à se chevaucher ou à fusionner. Une personne racontant ce qui lui est arrivé peut tout à coup se lancer dans un chant au moment dramatique ou émouvant. Des plaideurs chantent parfois une partie de leurs cas. En revanche, les chants eux-mêmes peuvent tout à coup devenir parole ; les chants africains contiennent beaucoup de ce que nous appellerions des récitatifs.

En quoi tiennent donc ces musiques ? Leur caractéristique la plus marquante est que le corps y participe. Cette musique est émaillée de battements de mains, de frappements de pieds et par-dessus tout de l'usage de la voix. Les musiques africaines sont avant toute chose des musiques vocales. Tous les Africains ne peuvent pas tous battre des tambours ou jouer d'autres instruments, mais tous chantent — en solo, dans des groupes de travail, ou en réponse à un meneur de jeu. En gros par exemple, le chant africain est fait en unisson avec peu d'harmonie, du moins telle que nous la concevons.

Cependant, quoique la musique vocale domine dans toute l'Afrique, celle-ci ne manque pas de musique instrumentale. Le tambour, comme chacun le sait, prédomine, allant des tout petits tambours tenus à la main jusqu'aux grands tambours d'un mètre vingt ou un mètre cinquante, sur lesquels s'assoient à califourchon les instrumentistes lorsqu'ils en jouent. Outre les tambours proprement dits, il y a une multitude de claquettes, de raclettes, de cloches, de crécelles — ce qu'on appelle des idéophones, qui sont utilisés essentiellement pour créer du rythme. Par opposition, les instruments sur lesquels on peut jouer une mélodie sont beaucoup moins courants et consistent surtout en quelques types d'instruments à anches d'une étendue limitée, des conques marines, des instruments faits d'une défense d'éléphant et autres choses semblables qui d'habitude ne jouent qu'une ou deux notes ; une variété d'instruments à cordes comme les coras, ou encore des genres de xylophones ou instruments comparables qui, eux aussi, sont limités à une demi-douzaine de notes (quoique quelques grands xylophones aient une étendue de deux ou trois octaves).

La raison de cette pauvreté d'instruments mélodiques contrastant avec le nombre considérable d'instruments à vent, à cordes et à claviers que nous possédons est très simple : la musique est surtout rythmique. Il sera très peu aisé pour le non-musicien de comprendre la complexité et la difficulté – pour nous tout au moins – des rythmes africains. Peut-être que la meilleure façon de se faire une idée est d'essayer de taper du pied deux fois alors que les mains tapent trois coups, tout ceci simultanément. Voici quelque chose qu'un musicien entraîné arrive à faire facilement, un instrumentiste normal des classes secondaires devrait aussi en être capable. Mais maintenant, tout en gardant le rythme du pied régulier, essayez de diviser chaque battement de la main en deux ou trois ou tentez de diviser quelques-uns de ces battements de main parfois en deux et parfois en trois ou encore de les syncoper. Cette forme rythmique est quelque chose de très difficile, même pour un professionnel très habile. Mais l'Africain le fait aisément, et il ne le fait pas sur un seul battement, mais sur plusieurs dont quelques-uns semblent à nos oreilles occidentales sans rapport réel avec le reste de la percussion.

Cette percussion produite par des rythmes entrecroisés est au cœur de toutes les musiques africaines. A.M. Jones, un des principaux chercheurs en matière de musique africaine, a dit : « Voici l'essence même des musiques africaines, voici ce que l'Africain recherche. Il veut jouir de la complexité d'une opposition de rythmes. » Tous les types de musiques africaines ne sont pas toujours de ce genre ; certains reposent sur un rythme libre – c'est-à-dire sans tempo nettement défini – notamment les chants funèbres et les incantations rituelles. Mais presque toutes les musiques africaines sont profondément attachées à ce rythme entrecroisé et complexe. Invariablement, il y a cette base rythmique, ce rythme de fond qui peut être fourni par un joueur de tambour, mais est aussi parfois exprimé par les pieds d'un danseur ou par les battements de mains de la foule ambiante. Éventuellement, ce rythme de base deviendra même « silencieux » – non énoncé mais implicitement ressenti par la foule et les instrumentistes –, tout comme nous pouvons sentir la pulsation d'une mélodie sans pour autant marquer le temps avec le pied. Sur ce rythme de base se superposent une ou deux lignes rythmiques ou mélodiques émises par des percussionnistes, des danseurs, des vocalistes ou d'autres instrumentistes selon un schéma défini par chaque type de musique. En gros, ces dessins rythmiques, pris chacun séparément, sont des figures relativement simples, que n'importe quel musicien classique pourrait réaliser quoique quelques-uns de ces dessins comportent de sérieuses difficultés de syncopation. Le problème réside dans le fait de garder intrinsèquement votre rythme initial, tandis qu'autour de vous d'autres rythmes se déroulent, quelques-uns seulement très légèrement différents du vôtre, d'autres n'ayant avec lui qu'un rapport très lointain. Toujours le jeu qui consiste à se taper sur la tête tout en se frottant le ventre.

Ces dessins rythmiques ne sont pas la plupart du temps improvisés. Ils sont plutôt répétés, souvent pendant de longs moments, jusqu'à ce que le chef des percussionnistes ou des danseurs, ou encore quelqu'un d'autre, donne le signal pour passer à une autre formule rythmique. La beauté de la musique réside dans la façon dont les lignes rythmiques s'enchevêtrent, se joignent et se quittent, tantôt se contrariant et tantôt s'unissant. Une concentration intense de l'auditeur provoque parfois un sentiment de déplacement, comparable à l'effet qu'on peut expérimenter lorsqu'on est assis dans un train et qu'un autre train voisin commence à quitter la gare. Pendant un moment, on est comme suspendu dans l'incertitude, ne sachant qui bouge de soi-même, des trains ou de la gare. Dans les musiques africaines, remarque le musicologue connu Richard A. Waterman, « l'énoncé des accents hors du tempo initial doit menacer mais ne jamais détruire le mouvement métronomique inconscient et naturel de l'auditeur, celui que l'auditeur ressent implicitement ». Une des formules de rythmes entrecroisés, la plus importante dans les musiques africaines, est le contraste entre des mesures à deux et à trois temps, entre des dessins rythmiques à deux, quatre ou huit temps par séquence, superposés à des dessins à trois ou six temps.

Plusieurs lignes rythmiques sont çoncues comme des mesures de mètres triples et doubles qui alternent. Dans d'autres cas, les deux mètres se chevauchent simultanément, produisant une tension et un contraste. Ce type particulier de rythmes entrecroisés n'est pas le seul à être utilisé. Les contrastes rythmiques peuvent devenir extraordinairement complexes, comme je l'ai indiqué. Mais le rythme entrecroisé de deux, superposé au rythme de trois, se retrouve partout en Afrique au-dessous du Sahara.

Il est peu étonnant, vu le sens du groupe qu'a l'Africain, que la musique associée à toute activité fasse corps avec cette activité et ne soit pas un simple accompagnement. Les battements de main de la foule, les mouvements des danseurs, les coups qu'ils donnent avec des fléaux sur la terre font partie intégrante du tout, qui combine mouvement, musique et autres sons en une seule unité. Les battements de mains, le son provoqué par les fléaux, même les ondulations silencieuses du corps du danseur ou de la danseuse sont ressentis comme un autre contre-rythme ou un ensemble de contre-rythmes aussi important pour le tout que ce que jouent les percussionnistes. Si un musicien africain désire faire comprendre un chant de travail à un ethno-musicologue, il évoquera, vocalement, le son de la hache, du fléau ou de la pagaie.

Quoique le rythme soit au cœur des musiques africaines, la mélodie en constitue aussi une partie. Et nous voilà devant le sujet épineux des gammes africaines sur lequel les ethno-musicologues ont discuté depuis des dizaines d'années.

Une gamme, on le sait, est une série de notes placées d'après un ordre de hauteur du son. Dans la musique classique il y a deux gammes de base, la majeure et la mineure; la mineure peut varier de trois façons. Chacune de ces gammes a pour base la note tonique, le do pour la gamme en do, le ré pour la gamme en ré, ainsi de suite – d'où sont tirées les mélodies. Ces gammes sont

Orchestre tribal africain. Notez la profusion de tambours et les deux balafons munis de résonateurs consistant en gourdes évidées.

« diatoniques » — c'est-à-dire qu'elles sont bâties sur des combinaisons de demi-tons, distance entre deux notes se suivant, et de tons, distance entre des notes alternées.

On fait usage cependant dans la musique classique de tradition occidentale, surtout pour la musique folklorique, de gammes différentes. Un certain groupe de gammes est construit sur ce que nous appelons les « gammes pentatoniques » car on n'emploie ici que cinq notes. Il y a plusieurs types de gammes pentatoniques. Ces gammes sont très communément employées et se trouvent dans une grande variété de cultures. De tous les types possibles, la plus commune parmi ces gammes pentatoniques est celle qui se bâtit sur la gamme diatonique en omettant la quatrième et la septième note. Par exemple, dans la gamme de do, la pentatonique de cette gamme consisterait en do, ré, mi, sol, la. Cette gamme pentatonique est commune dans le monde entier, non seulement dans les musiques africaines : elle se trouve à la base du folklore écossais et irlandais ainsi que chez les Indiens américains, elle fait partie des

musiques populaires de Chine, du Japon, de la Thaïlande, des civilisations perdues du Mexique et du Pérou ainsi que d'autres lieux encore. Par sa présence sur des instruments anciens, on peut arriver à dater ces gammes pentatoniques et les faire remonter au moins à l'an 2800 avant Jésus-Christ. (Fait curieux, une de ces gammes pentatoniques comprend les notes noires d'un piano ordinaire. En tournant autour d'elles, on peut produire des mélodies bâties sur cette gamme pentatonique particulière.) L'usage de la pentatonique est si universellement répandu que l'on commence à penser qu'il y a quelque chose de fondamental dans cette gamme.

Et à vrai dire, c'est un fait, la musique n'est pas une chose arbitraire. Nombre de ses principes sont dérivés de la physique du son. Ceci est vrai, pour des raisons techniques, en ce qui concerne la gamme pentatonique. En un sens, cette gamme sort de la nature, aussi sûrement que les couleurs d'un peintre sortent elles aussi de la nature. Ce qui nous intéresse dans cette gamme, c'est qu'elle élimine les demi-tons que l'on trouve normalement dans la gamme diatonique et consiste en intervalles d'un ton, ou même plus. La signification exacte de ce fait est difficile à estimer, mais on a le sentiment très net que la gamme pentatonique, d'un emploi si répandu dans tant de cultures, est à un point de développement antérieur aux autres gammes, notamment la gamme diatonique de la musique classique ou les modes des musiques de l'Inde.

Quelle qu'en soit la raison, il est clair en tout cas que les musiques africaines, surtout celles de l'Afrique Occidentale d'où provenaient la plupart des esclaves, ne connaissent guère les demi-tons qui font partie de la musique classique. Mon analyse sur dix chants, provenant surtout de l'Afrique Occidentale, et transcrits par A.M. Jones, ne contient que fort peu de demi-tons. Dans neuf des dix chants, il n'y a pas du tout de demi-ton ; dans le dixième un dessin mélodique employant des montées et des descentes de si à do apparaît environ six fois. Mais même ces demi-tons sont illusoires, car d'après Jones, lorsque les demi-tons apparaissent dans cette musique, l'une ou l'autre des notes est augmentée ou diminuée de telle sorte que l'intervalle en est élargi – il se peut que la note supérieure soit légèrement diésée ou encore que la note inférieure soit bémolisée – donnant comme résultat un intervalle approximatif de trois quarts de ton.

Jones a aussi découvert une autre gamme très employée en Afrique ; il l'appelle la gamme « équi-heptatonique ». Comme notre gamme diatonique, elle comporte sept notes, mais au lieu de représenter des demi-tons ou des tons entiers, elles sont très également espacées de sorte que, à nouveau, on y rencontre des intervalles d'un peu plus d'un demi-ton, mais de moins d'un ton entier (à nos oreilles occidentales, cela semble épouvantablement faux). Ici encore, ils évitent le demi-ton, et à mon avis ce principe vaut non seulement pour les musiques tribales des Africains, mais encore pour la plupart des musiques du monde.

Il y a d'autres caractéristiques provenant des musiques africaines qui se firent sentir plus tard aux États-Unis. L'une d'elles est l'emploi habituel de la formule basée sur l'appel et la réponse, dans laquelle un instrument ou un vocaliste répond à un autre. Un exemple courant consiste pour le meneur de jeu à chanter une ligne mélodique, ou deux, à laquelle répond toute l'assistance, comme dans le passage suivant :

MENEUR : Donne de la chair à l'hyène au lever du jour
CHŒUR : Oh ces larges lances
MENEUR : La lance du sultan est bien la plus large
CHŒUR : Oh ces larges lances
MENEUR : Je te vois maintenant – je ne désire voir personne d'autre
CHŒUR : Oh ces larges lances
MENEUR : Mon cheval est aussi grand qu'un haut mur
CHŒUR : Oh ces larges lances

Il est évident que ce genre de chant à répons peut être conçu de différentes façons. Il se peut que la réponse serve à donner du temps au meneur pour qu'il trouve les paroles suivantes, mais sans aucun doute sa fonction majeure est de permettre à toute l'assistance d'y participer.

Une autre caractéristique importante de cette musique est la recherche d'une rudesse de timbre dans la voix – ce que dans le jazz on appela « dirty tone » (un son sale).

Pendant qu'ils chantent, les Africains ne s'escriment pas à trouver un genre de son pur ou idéal comme nous Occidentaux le faisons. Ils ne briguent pas d'avoir une voix douce. Ils emploient au contraire une variété de techniques pour épaissir la texture du son : ils utiliseront un vibrato forcené ou des grincements, et par moments le chant devient un cri ou un gémissement. Le chant en falsetto, ou un chant approchant du falsetto, est de pratique courante dans certains groupes. On note aussi une tendance au récitatif. Ernest Borneman a écrit : « Quand nous voulons appuyer sur un mot, nous élevons notre voix – c'est-à-dire que nous montons de ton. Mais dans ces langues africaines où le changement de ton sur une syllabe peut changer la signification du mot entier, on ne dispose plus que d'un moyen pour souligner un mot : *le timbre.* On peut changer la *couleur du son*, l'*émission de la voix*, le *vibrato* sur chaque syllabe sur laquelle on veut mettre l'accent. » Encore une fois pour l'Africain, la musique et la parole se rejoignent.

Les instrumentistes aussi ont des moyens pour corser le timbre de leurs instruments. Le piano à pouces ou senza, qui consiste en plusieurs lames de métal taillées pour reproduire tel ton et fixées sur une caisse de résonance, peut comporter de petits bouts de métal attachés à chaque lame et qui vibrent. Un tambour peut être muni de perles ou de coquillages qui vibrent à chaque coup frappé. Pour éviter encore plus la pureté du son, ils emploient des notes hors de leur justesse intrinsèque ou encore les infléchissent. En général, les Africains ne sont pas aussi rigoristes pour la justesse de la note que nous, Occidentaux, sommes exercés à l'être. D'une manière caractéristique, pour commencer une phrase, ils attaqueront la note plus bas pour ensuite la monter à la hauteur voulue et à la fin de la phrase abaisseront la note qui avait été attaquée à la hauteur voulue. Ils la laisseront trembloter légèrement de telle sorte qu'elle semblera fausse aux oreilles d'Occidentaux.

Une autre caractéristique des musiques africaines, qui a eu une influence sur le jazz, c'est une tendance à laisser une séquence d'un chant se répéter pour un certain temps, jusqu'à ce que le meneur de chant ou le percussionniste en chef décide que cela a assez duré et change de séquence ou de formule. Associé à cela, il y a l'emploi de la dernière note d'une séquence répétée comme première note de la reprise, à la manière d'un serpent avalant sa queue. Cette fin ouverte a une importance particulière au-delà de sa signification musicale. Dans la plupart des cultures africaines, la transe ou état de possession est une figure importante dans les cérémonies religieuses. Cet état est amené généralement par la danse, qui peut durer pendant plusieurs heures, sur un flot de musique interminable. Le possédé était présumé l'avoir été par un dieu ou un esprit saint et s'en trouve ainsi sanctifié. On peut débattre sur la façon dont cet état est produit et sur le degré de conscience qui reste au possédé. En tout cas, il est indubitable qu'une musique répétitive, et jouée durant très longtemps, est essentielle pour atteindre cette situation particulière.

La musique classique est généralement construite sur une formule architecturale ou dramatique, sur des séquences de quatre, huit ou seize mesures, et ainsi de suite. De petites unités en bâtissent ainsi de plus grandes, et celles-ci en constituent de plus grandes encore. Certaines parties de l'œuvre sont récapitulées, le tout avance dans une série de tensions et de résolutions pour atteindre un point culminant ou pour repartir ailleurs. Ce genre de musique avec son déplacement continuel de degrés de tension ne pourrait absolument pas produire des états de transe; pour ceci, ce dont on a besoin, c'est une structure musicale à laquelle on peut rajouter encore et encore des éléments sans en changer l'atmosphère.

La relation entre les musiques africaines et les états de possession, ainsi que les gammes pentatoniques et les déplacements du timbre, ont passé dans la musique de jazz. Tout bon observateur remarquera tout de suite que l'une des caractéristiques les plus évidentes dans n'importe laquelle de ces musiques dérivées d'Afrique – le jazz, le rock, la musique du gospel, la musique des grands orchestres de l'époque dite « swing » – a été une tendance vers une sorte de nonchalance dans la musique associée habituellement à des formes de danses répétitives ou même acrobatiques. Ce n'est pas la seule chose commune entre les musiques africaines et la musique classique. La gamme pentatonique n'est pas complètement différente de notre gamme diatonique. En fait, elle a été utilisée notamment dans la musique du folklore écossais et irlandais, et ceci jusqu'à notre siècle. Des rythmes contrastés, quoique à un degré beaucoup plus rudimentaire, ont existé dans la musique de l'Europe pendant des siècles : quelques-unes des polyrythmies de l'école hollandaise de Ockeghem et Obrecht sont très complexes, comme ont pu le constater ceux qui ont essayé de les reproduire. Et les Européens chantent eux aussi des chants spécifiques pour les occasions spéciales – dans nos églises, nos stades de football et de rugby, aux réunions d'anniversaires, aux assemblées d'étudiants, à Noël et au Nouvel An. Mais les différences entre les musiques africaines et les musiques de tradition occidentale existent réellement et elles sont significatives. La question demeure de savoir comment elles se sont synthétisées pour produire cette nouvelle musique étonnante que nous appelons le jazz.

CHAPITRE II

La transplantation en Amérique

Lorsque le Noir, l'esclave africain, arriva sur le Nouveau Continent, il n'avait autre chose avec lui que le peu de vêtements qu'il portait sur le dos et ses souvenirs secrètement enfouis. Quelques esclaves avaient peut-être pris avec eux un instrument de musique. Le pourcentage des morts pendant la traversée d'Afrique en Amérique fut effroyable et nombre de trafiquants comprirent que la musique aidait le Noir à ne pas tomber dans un désespoir fatal. Mais on peut dire en vérité que le Noir arriva en Amérique les mains vides.

Cependant on ne pouvait lui ôter ce qu'il avait dans la tête aussi facilement que ce qu'il possédait extérieurement. Il avait sa langue, sa religion, sa philosophie, ses traditions, sa façon propre de faire les choses et la question était de savoir comment et jusqu'où on pouvait modifier tout cela, pour qu'il s'adapte à de nouvelles manières de vivre.

Ceci s'appliquait aussi bien à la musique qu'à la langue, à la religion ou à n'importe quoi d'autre. Ce qui pouvait survivre est resté, ce qui ne le pouvait pas se modifia souvent au point de ne plus être reconnaissable. Il y a eu pendant des années des discussions fort nombreuses sur ce qui reste d'africain dans la musique négro-américaine. Quelques critiques voient l'ensemble du jazz, des blues, des spirituals et tout le reste de cette musique négro-américaine comme essentiellement africain. D'autres insistent sur le fait que les africanismes ont été noyés par la musique de tradition européenne, classique ou populaire, qui était et est toujours celle de la culture dominante. Ces discussions tombent à côté de la question. Ce que nous devons comprendre, c'est que les esclaves noirs américains et leurs descendants ont développé leur culture à eux, qui a comme point de départ, en partie seulement, la culture blanche qui les entourait. Cette mise au point a été faite par Herbert G. Gutman dans son étude capitale *The Black Family in Slavery and Freedom* (La Famille noire pendant et après l'esclavage *). Gutman explique, par exemple, que tandis que les mariages entre cousins étaient fréquents, parmi les Blancs, ils étaient pratiquement inexistants parmi les Noirs. Ceux-ci avaient, dans ce cas précis, développé une éthique sur la sexualité qui n'était pas dérivée de la culture blanche, mais qui avait été créée à partir des conditions dans les-

* Nous traduisons les titres des livres littéralement pour la compréhension du lecteur.

quelles ils vivaient. De même que les esclaves noirs ont fondé une moralité sur les relations sexuelles, qui diffère de celle des Blancs, de même ont-ils créé une pratique musicale propre qui, tout en participant, dans une certaine mesure, de la musique des Blancs, en diffère notablement. Il est absolument essentiel qu'un tel concept soit bien perçu. Nous nous sommes efforcés d'envisager cet *ensemble* de musique des Noirs de jadis, genre par genre — c'est-à-dire les chants de travail, les spirituals, les « field hollars », les cris des marchands itinérants, etc. Mais ce qu'il faut bien comprendre, c'est que toutes ces formes musicales variées ont été et sont construites sur les mêmes principes. Le Noir créa des procédés et des pratiques musicaux avec lesquels il produisit et continue à produire tous les genres de musique dont il avait, dont il a toujours besoin. L'homme blanc avait fait exactement la même chose au cours des siècles. Une sonate de Beethoven, un air de Richard Rodgers pour un show, une chanson à boire de certaines associations sont très différents au niveau affectif, mais tous utilisent les mêmes gammes, la même conception modale, les mêmes structures de temps.

Nous avons besoin d'un terme pour définir ces genres musicaux. Malheureusement le meilleur terme : « musique américaine noire » a été utilisé pour couvrir tous les genres, depuis les spirituals jusqu'au jazz d'avant-garde. Les premiers commentateurs l'appelaient « musique des esclaves », expression qui ne convient évidemment pas à la musique créée pendant la période de l'après-guerre civile et je crois que nous devrions employer le terme « musique populaire des Noirs américains », malgré les inconvénients que l'usage de ce terme pourrait entraîner.

Cette musique prit corps petit à petit. Tout d'abord, les Noirs continuèrent, autant qu'ils le pouvaient, à jouer leurs différentes musiques africaines. Dans le Sud, les tambours et les instruments à vent bruyants furent généralement bannis, car de gros propriétaires craignaient qu'on ne les utilisât pour faire des signaux codifiés afin d'avertir les esclaves ou les mettre en garde. La musicologue Dena J. Epstein croit que le banjo, le seul instrument « moderne » provenant directement de l'Afrique, fut employé lorsque les tambours et les instruments à vent furent interdits. Mais, dans le Nord, où il n'y avait pas une masse aussi importante d'esclaves (qui pouvaient présenter une menace de révolte), les Noirs avaient le droit d'organiser des « festivals » de musique et de danse qui ressemblaient beaucoup à ce qu'avaient fait leurs précurseurs africains.

Les plus connus de ces « festivals » furent les « Pinkster » festivals, nom dérivé de la célébration de la Pentecôte à l'église. Un « Pinkster » (pour pentecoster) festival pouvait durer pendant plusieurs jours, parfois même une semaine. Des centaines de Noirs se réunissaient sur un terrain en plein air destiné à cet usage. Ceux qui le pouvaient se déguisaient — avec un uniforme de l'armée britannique ou avec un mélange d'oripeaux trouvés on ne sait où. Il y avait des tambours africains, une large variété d'instruments faits d'os, de coquillages ou de bois qui étaient probablement imités d'après des modèles africains et, peut-être, aussi, quelques instruments européens comme des flûtes ou des violons. Puis on faisait des discours, on choisissait un roi et la danse continuait jour après jour, allant jusqu'à des états de transe et de possession. Il est évident que ces festivals avaient un caractère presque complètement africain, seulement un peu modifié pour s'adapter aux circonstances. Malgré la défense d'utiliser les tambours dans les plantations, de tels festivals eurent lieu, néanmoins, dans le Sud, surtout à La Nouvelle-Orléans, où ils se tenaient tous les dimanches, au fameux Congo Square, au moins jusqu'en 1855. C'est là qu'on avait droit d'organiser les fêtes et les Noirs purent garder ainsi vivantes leurs traditions musicales africaines, aux alentours de La Nouvelle-Orléans. Mais la plupart des festivals disparurent, au-delà du XVIIIe siècle, à part ceux du Congo Square. En tout cas la grande majorité des Noirs, ceux qui travaillaient dans les plantations du Sud, n'avaient pas la permission d'y participer. Sans un rituel formel qui pût contenir leur héritage africain, la musique des esclaves perdit de sa force originale. Pendant les XVIIe et XVIIIe siècles, beaucoup, sinon la plupart, des Noirs entendirent énormément de musique de tradition classique et populaire européenne. Les Noirs qui fréquentaient l'église apprirent à chanter des hymnes. D'autres s'exercèrent à jouer de la musique européenne avec des instruments qu'ils construisaient eux-mêmes, en copiant les Blancs qu'ils entendaient. A mesure que le temps passait, certaines des façons de jouer des Blancs pénétrèrent les vieux systèmes africains ; les deux formes commencèrent à se fondre et c'est ainsi que naquit la musique populaire négro-américaine.

Pour les Noirs, une forme importante de la musique était constituée par les chants de travail. Il est curieux de constater que les Européens n'ont jamais eu une forte tradition de ces chants. Les chants de marins qui servaient à rythmer les efforts des marins tirant les cordages ou virant au cabestan étaient assez courants, mais les travaux monotones des moissonneurs, des bineurs et des sarcleurs, des tondeurs de moutons, des balayeurs et des lavandières, toutes choses que les Européens ou d'autres peuples accomplissaient en commun, se faisaient sans ou presque sans musique. Il en résulta que, dans ce domaine, le Noir n'avait aucune tradition culturelle locale qui puisse l'influencer et il fut libre d'employer sa propre musique. Les propriétaires blancs approuvaient : pour eux, un Noir qui chantait était un Noir « heureux » et, en tout cas, moins enclin à faire des esclandres. Mais les Noirs eux-mêmes insistaient pour chanter, car cela rendait leur travail monotone moins dur. La musique leur donnait de la force. Par conséquent, les chants de travail devinrent un des éléments importants de la tradition musicale noire et ce jusqu'au début de ce siècle, quand le travail manuel commença à céder la place à la machine.

Les chants de travail étaient variés à l'infini dans leurs fonctions, leur style et leur contenu. Les chants employés, par exemple, au cours des réunions prévues pour le décortiquage du maïs étaient simplement destinés à se distraire d'un travail assommant. Une description de l'une de ces réunions a été donnée par un observateur du XIXe siècle, Lewis Paine :

> Un fermier lève de son champ un tas de maïs de cinquante à cent mètres de long sur trois à sept mètres de large et trois mètres de haut... Il s'arrange pour que cela se passe un soir de lune. Le fermier lance alors une invitation générale aux jeunes dames et messieurs du voisinage pour qu'ils viennent et amènent leurs esclaves, car cela demande un grand

> nombre de gens pour décortiquer une telle pile de maïs... Les invités commencent à arriver à la nuit tombée et bientôt, on peut entendre, dans toutes les directions, les esclaves chantant les chants de plantation, tandis qu'ils arrivent sur la scène du travail. Quand ils sont tous là, l'hôte fait les propositions suivantes à la compagnie : « Vous pouvez décortiquer tout le tas en travaillant jusqu'à onze heures, ou alors diviser le tas et les travailleurs " feront la course ". » D'habitude, on accepte cette dernière offre. Chaque équipe choisit deux des meilleurs chanteurs et des plus dégourdis parmi les esclaves pour grimper en haut de la pile et pour commencer à chanter, tandis que tous les rejoignent, en chantant le refrain.

Dans ce cas, les chants apportaient de la gaieté et encourageaient les travailleurs. Mais plus fréquemment, le rythme des chants épousait la cadence du travail en lui-même. Un chant de batelier rythmé par le mouvement des avirons en constitue un exemple et avait pour titre « Sold off to Georgy » (On m'a vendu à Georgy). Un jeune homme de Baltimore, James Hungerford, en avait relevé les paroles, en 1832 :

SOLO : Adieu mes compagnons, les esclaves
CHŒUR : Oho, oho
SOLO : Je m'en vais vous quitter
CHŒUR : Oho, oho
SOLO : Je m'en vais quitter ce vieux pays
CHŒUR : Oho, oho
SOLO : On m'a vendu à Georgy
CHŒUR : Oho, oho

Les paroles d'un chant de travail n'avaient pas toujours un rapport direct avec le travail. Elles pouvaient faire allusion au fait de ramer ou de décortiquer le maïs, mais elles avaient souvent un rapport plus direct avec ce que le chanteur avait envie de dire : les difficultés de la vie, la religion, le vieux maître ou n'importe quoi. Un chant revenait souvent : le chant d'insultes ou le chant de dérision provenant directement de la tradition africaine. Hungerford fut étonné d'entendre le batelier noir se moquer de la famille blanche qu'il transportait, taquiner les jeunes filles à propos de leurs « beaux », ou encore exposer leurs points faibles personnels.

La primauté du chant de travail est due au fait que l'esclave passait beaucoup plus de temps à l'ouvrage qu'à n'importe quelle autre occupation. Mais un autre genre de chant d'esclaves attira particulièrement l'attention des Blancs. Ce fut le spiritual. A l'époque coloniale, les Noirs, s'ils priaient Dieu, le faisaient dans les églises des Blancs. La musique faite dans ces églises d'antan était plutôt rude. Le chrétien moyen du XVIIe siècle ne savait pas bien lire et encore moins la musique. Il était donc de coutume que le ministre officiant, ou quelque autre personne d'importance, lise tout haut les hymnes, ligne après ligne, aux assistants. Les livres d'hymnes n'avaient pas de musique et on les chantait donc sur les airs que connaissait la congrégation. Ce système n'était guère favorable à des sons doucereux et le chant de ces congrégations d'autrefois était souvent très rude et manquait d'ensemble. Mais aussi pénible qu'il fût, les Noirs y participaient de tout leur cœur.

Mais, on le sait, le dessein de créer une nouvelle nation américaine accentua le schisme entre les nordistes et les sudistes, surtout au sujet de l'esclavage. Dans le Sud, la réaction à la menace que constituait l'abolition de l'esclavage durcit les positions. Le concept de l'homme noir que l'on aurait pu, peut-être, libérer, commença à disparaître. Il y eut une poussée vers la stricte ségrégation et cela prit, notamment, la forme d'une exclusion des Noirs des églises blanches. Ceux-ci furent d'ailleurs heureux de s'en aller, lassés qu'ils étaient d'être des citoyens de seconde classe dans la maison de Dieu, et, dans les premières années du XIXe siècle, des églises réservées aux Noirs virent le jour. Ces églises, bien entendu, avaient besoin de musique. Au commencement, les nouvelles congrégations noires adoptèrent en gros les hymnes des Blancs, notamment les hymnes méthodistes de John Wesley. Mais, à mesure que le temps passait, et que l'influence de la culture blanche s'affaiblissait, le système musical contenu principalement dans les chants de travail commença à se glisser dans les hymnes. Il est difficile de dater avec précision ce changement, mais il est probable qu'il intervint au début du XIXe siècle, pas longtemps après que les églises pour Noirs furent fondées, et ce changement a dû certainement être achevé vers 1850. De cette façon, la musique d'église des Noirs adopta les procédés de la musique populaire négro-américaine.

En même temps il se développait un mouvement de renouveau religieux parmi les Blancs, connu sous le nom de « The Second Awakening » (Le Second Réveil). Ce mouvement était basé sur la notion d'un retour à une expérience religieuse plus émotionnelle que celle qui résultait de la pratique formaliste et compassée du XVIIIe siècle. Une particularité du Second Réveil fut le « Revival Meeting » (Assemblée pour le Renouveau Religieux). Ces assemblées extraordinaires duraient plusieurs jours et se tenaient dans les champs ou dans les bois. Là, des cités de tentes se construisaient et la nuit, la scène était parsemée de feux à perte de vue. Des centaines et des centaines de fidèles se tenaient devant une chaire improvisée pendant des heures, parfois durant toute la nuit, pour écouter des sermons exaltés et chanter des hymnes fervents. Au cœur de ces cérémonies on assistait à des manifestations de ferveur exceptionnelle qui poussaient quelques-uns des membres de la congrégation, pleurant ou criant, à se faire accepter dans l'église pour sauver leur âme. Des états de transe ou de possession se produisaient souvent et parfois les assistants parlaient en langues *.

Ces Assemblées pour le Renouveau Religieux étaient manifestement un parallèle culturel aux rituels religieux africains. Les Noirs avaient un véritable besoin de telles manifestations. Au commencement, les Noirs partageaient les Assemblées des Blancs, leurs propres camps jouxtant ceux des Blancs. Lorsque la tradition de cette cérémonie religieuse chargée d'émotion, comportant souvent des cas de possession, commença à dépérir dans les églises des

* De nos jours un phénomène analogue se reproduit dans les églises baptistes. Le ministre ou des membres de la congrégation s'expriment dans une langue imaginaire, au gré de leur inspiration.

Blancs, elle continua chez les Noirs, dont beaucoup, au commencement du XIXᵉ siècle, pouvaient se souvenir de cérémonies semblables survenues, pendant leur enfance, en Afrique.

Je n'ai pas l'intention ici de débattre des différentes sortes d'expérience éprouvées par les Noirs durant leurs cérémonies religieuses, mais nous devrions en connaître une particularité importante, le « ring shout », une forme de danse accompagnant la prière spirituelle, le spiritual. Une description très connue en est donnée dans *The Nation* (La Nation).

> Lorsque la cérémonie proprement dite de la réunion religieuse est terminée, on repousse les bancs contre les murs et, jeunes et vieux, hommes et femmes, des jeunes gens tirés à quatre épingles, des ouvriers agricoles à moitié nus, les femmes la plupart du temps avec des mouchoirs de couleurs gaies noués sur la tête et des jupes courtes, des garçons portant des chemises déchirées et des pantalons d'homme, des jeunes filles pieds nus – tous se tiennent debout au milieu de la pièce –, et quand le « sperichil » (spiritual) est entonné, tous commencent d'abord à marcher puis, petit à petit, l'un derrière l'autre, tournent en rond en traînant les pieds. Le pied est à peine levé du sol et la progression est produite surtout par un mouvement de secousses et de saccades qui agitent entièrement le « crieur ». Bientôt, tous sont inondés de sueur. Parfois le « crieur » danse silencieusement, parfois, tout en dansant, il chante le refrain du spiritual et, parfois, tous les danseurs chantent le spiritual en entier. Mais, plus souvent, un groupe vocal, composé de quelques-uns des meilleurs chanteurs et de « crieurs » fatigués, se tient debout, sur le côté de la pièce, pour aider les autres, chantant les couplets et tapant dans leurs mains ou sur leurs genoux.

Le spiritual qui était partie intégrante de la cérémonie nous est familier, à la plupart d'entre nous, dans les versions édulcorées qui, plus tard, firent partie du répertoire scolaire de chansons. Dans sa version originale le spiritual était souvent interprété selon un système de demande et de réponse. Les paroles avaient souvent trait à quelque histoire biblique ou à l'expérience vécue d'un esclave noir. En voici un, typique :

> Je connais le lever de la lune, je connais le lever des étoiles
> « Mets ce corps en terre »
> Je marche dans le rayon de lune, je marche dans la lumière des étoiles
> « Pour mettre ce corps en terre »
> Je marcherai dans le cimetière, je traverserai le cimetière.
> « Pour mettre ce corps en terre »
> Je me coucherai dans la tombe et j'étendrai mes bras.
> « Mets ce corps en terre. »

Les chants d'église et de travail constituaient la plus grande partie de la musique des esclaves, mais il n'y avait pas que cela. Le Noir, selon sa vraie personnalité, mettait de la musique dans sa vie partout où il le pouvait. Une forme musicale sur laquelle on a souvent fait des commentaires était le field hollar (cri des champs). En voici une description :

> Tout à coup un esclave émit un son comme je n'en avais jamais entendu auparavant, un cri long, fort et musical montant et descendant et se cassant en falsetto. Sa voix résonnait, à travers les bois, dans l'air clair et glacial de la nuit, tel un clairon. Tandis qu'il était reprise par un autre, puis par un autre et par plusieurs autres en chœur.

La fonction exacte de ce cri des champs n'a jamais été très bien définie. Certains commentateurs disent que cela aidait les esclaves à « décharger leur cœur », à se soulager, mais cela n'explique pas grand-chose. Dans la description de ce qui se passait, il y a un clair effort d'appel et de réponse, suggérant que le cri était destiné à rassurer le travailleur, à lui faire comprendre qu'il n'était pas seul ; mais d'autres analyses de cris des champs indiquent que, parfois, ils étaient émis par un travailleur solitaire, sans que réponse s'ensuive. Peut-être étaient-ils des sortes de signaux destinés à prévenir qu'un surveillant arrivait ou que des Blancs se trouvaient dans le voisinage. Nous l'ignorons. Musicalement parlant, le cri consistait en une série de notes d'une hauteur à peu près indéterminée et émis semble-t-il sur un rythme libre.

Il y avait aussi les cris des vendeurs des rues. Il est plus facile, moins fatigant, on le sait, de chanter que de crier, et j'ai entendu, jusqu'en 1950, des vendeurs blancs dans les rues de New York City. Une vendeuse de fraises, dont parle Eileen Southern dans son beau livre, *The Music of Black American* (La Musique des Noirs américains), vantait sa marchandise de cette façon :

> Je vis à six kilomètres de la ville
> Je vais en pleine gloire ;
> Mes fraises sont sucrées et saines
> Je vais en pleine gloire ;
> Je les ai portées sur ma tête pendant six kilomètres
> Je vais en pleine gloire.

Il y avait des chansonnettes aussi bien pour enfants que pour adultes, comme les variations sur Musical Chairs (Les Chaises Musicales) ou Drop the Handkerchief (Laisse tomber le mouchoir).

Après la guerre civile, quand des Noirs étaient punis par les autorités civiles, plutôt que par les anciens propriétaires d'esclaves, on assista au développement de tout un répertoire de chansons de prisonniers, dont la plupart s'inscrivaient dans les perspectives des chants de travail. Il existait aussi toute une variété de chansons de caractère satirique, ainsi que nous l'avons déjà vu. Il y avait des chansons sur les « pattyrollers » – c'est-à-dire les « patrouilleurs », les hommes faisant partie des patrouilles qui étaient supposés faire régner l'ordre parmi la population de couleur, qui devaient théoriquement remettre les Noirs « à leur place ». Il y avait encore d'autres chants – dont des spirituals – qui faisaient allusion à ceux qui désiraient s'échapper pour trouver la liberté. Ces chants et ces spirituals empruntaient leurs métaphores à la Bible et faisaient allusion aux Juifs s'échappant de leur servitude en Égypte.

Il est donc évident que la musique des Américains de couleur du XIXe siècle, tout comme celles des différentes ethnies africaines, était d'un caractère essentiellement fonctionnel.

Une certaine partie de cette musique des Noirs américains était produite pour le plaisir. Mais, dans la plupart des cas, elle était en étroite relation avec des activités précises : le labeur, le culte, la prière, la danse.

Même les field hollars, par la pratique desquels un Noir se libérait d'une forte charge d'émotion, rappellent une des caractéristiques essentielles que l'on retrouve à travers toutes les ethnies africaines et qui consiste à passer de la parole au chant, quand l'émotion arrive à une tension presque insupportable.

Mais, de plus, tout comme en Afrique, les thèmes de ces chants étaient en étroite relation avec les préoccupations ou l'humeur des chanteurs : le labeur, la lassitude, les soucis, le vieux maître de la plantation, telle ou telle grande fête, le surveillant, la solitude, la mort.

Les paroles de ces chants n'étaient pas nécessairement appropriées à l'occasion. Des chants, dont les textes concernaient la religion, pouvaient être chantés pendant les travaux, ou pouvaient faire l'objet de chœurs exécutés par des soldats, autour du feu de camp. La fonction principale des paroles de ces chants consistait à exprimer une attitude à l'égard de quelque aspect de la vie de la communauté de couleur. Mais nous savons beaucoup plus de choses sur les paroles des chants de l'ethnie de couleur des États-Unis, au XIXe siècle, que sur la musique même de cette ethnie. En effet, les paroles des chants pouvaient être relevées, transcrites, mais, comme les chercheurs du XIXe siècle devaient le constater, la musique, en raison de son caractère et de ses particularités, ne pouvait guère être notée.

Dès l'époque de la guerre civile, une poignée de chercheurs blancs, en majorité des habitants du Nord des États-Unis, qui étaient entrés en contact avec les gens de couleur du Sud, à cause de la guerre et des événements qui suivirent, commencèrent à étudier la musique noire.

Les plus importantes collections de chants des Noirs furent *Slave Songs of the United States* (Les Chants d'esclaves des États-Unis) par William Francis Allen, Charles Pickard Ware et Lucy Mac Kim Garrison, publiés en 1867, et *Slave Songs of the Georgia Sea Islands* (Les Chants d'esclaves des îles de la mer de Georgie), patiemment réunis par Lydia Parrish, pendant une trentaine d'années, depuis 1909.

Ainsi que l'ont fait remarquer ces chercheurs, il était à peu près impossible de noter cette musique avec les systèmes de notation classique. Lucy Mac Kim Garrison a notamment écrit, à ce sujet, ce qui suit :

> Il est très difficile, presque impossible, d'exprimer totalement le caractère de ces chants d'esclaves de couleur, en utilisant simplement la notation musicale habituelle. Les multiples inflexions musicales inattendues, produites par la gorge des vocalistes, et les étranges effets de rythme, par une seule voix qui intervient à des intervalles irrégulièrement répartis, me semblent presque aussi difficiles à noter sur une partition, que le chant des oiseaux ou les sons produits par une harpe éolienne.

Thomas P. Fenner, dans l'ouvrage intitulé *Cabin and Plantation Songs* (1873) (Les Chants des cabanes d'esclaves et des plantations), déclare : « Les esclaves emploient fréquemment des tonalités et des sons que nous n'avons aucun moyen de noter avec le système de notation classique. »

De son côté, Lydia Parrish fait observer que « malheureusement notre système de notation de la musique classique ne peut absolument pas se plier à la notation de la musique traditionnelle des gens de couleur ».

Les difficultés, en gros, venaient du fait qu'il subsistait, dans la façon de chanter des Américains de couleur, beaucoup de caractères inhérents aux différentes musiques de l'Afrique. La notion de justesse absolue n'était pas aussi rigoureusement observée que dans le chant en musique classique. Ou peut-être cette notion était-elle tributaire d'autres critères esthétiques. Le procédé de liaison entre les notes était d'une pratique constante. La ligne mélodique était sans cesse colorée par de soudains bonds dans le falsetto, le son était corsé par l'usage de contractions ou de dilatations de la gorge, et il faut aussi noter que le vocaliste marquait l'intensité d'un passage par des trilles et des tremblements rapides de voix, tout cela se rapprochant de ce qu'on nomme mélisme.

Les témoignages de ces chercheurs sont encore renforcés par une étude intitulée : *Phonophotography in Folk Music* (La Phonophotographie en musique populaire). Cet ouvrage consiste en une comparaison systématique de la façon de chanter des Américains de couleur et la pratique du chant classique, par Milton Mettfessel ; l'ouvrage a été publié en 1928. Mettfessel et ses collègues travaillaient à l'aide d'appareils qui, d'après eux, photographiaient, en quelque sorte, le son, et leur permettaient une analyse complète et subtile de chaque son, de chaque note. Mettfessel, dans cet ouvrage, dit notamment : « Le Noir, en général, se débrouille toujours pour commencer à émettre un son plus bas et pour rapidement l'élever... Ce qui l'intéresse, évidemment, ce sont tous les embellissements et les procédés rythmiques qu'il peut apporter à la ligne mélodique. Pour lui les vibratos tendent à devenir larges et rapides, et, à la fin des phrases, quand il doit bientôt reprendre son souffle, il abaisse la tonalité, quelquefois d'une note en dessous. »

Tous ces procédés – les liaisons, les notes « coulées », les portamentos, les brusques falsettos, les mélismes – font partie des caractères des diverses musiques africaines qui se sont transmises de générations en générations et qui sont demeurées, à un degré ou à un autre, dans les styles de chants de l'ethnie de couleur des États-Unis, au XXᵉ siècle, surtout dans des endroits retirés, sans contacts suivis avec les régions environnantes, comme les îles de la mer de Géorgie, visitées par Lydia Parrish. Mais, comme je l'ai déjà dit, il est important de comprendre qu'il ne s'agit pas là de caractéristiques des différentes musiques africaines « *plaquées* » sur de la musique savante ou populaire de provenance européenne que les Noirs auraient assimilées sur le sol des États-Unis.

Cette musique populaire de l'ethnie américaine de couleur provient d'une fusion, d'une synthèse de genres de musiques, les unes provenant de l'Afrique, les autres de l'Europe. Donc, il y a, il y avait, dans ces différents styles vocaux, non seulement des procédés et des pratiques d'origines, les unes africaines, les autres européennes, utilisés parallèlement, mais des principes, tirés de ces divers genres musicaux, étaient *réinterprétés* de façon nouvelle.

Trois caractéristiques principales dominent dans la musique populaire de l'ethnie de couleur américaine.

La première est une conception du tempo qui implique un effort pour reproduire, même dans les mélodies bâties sur des critères classiques, quelque chose qui rappelle les rythmes croisés propres aux musiques de l'Afrique.

D'un reportage contemporain, nous extrayons ceci : « Une chose très remarquable au sujet de ces chants de bateliers est qu'ils semblaient souvent chantés un rien, un soupçon derrière le temps. Dans " Rainfall " (Averse), par exemple, la séquence " Believer cry holy " (Croyant crie ta foi) semblait occuper un petit peu plus que le coup d'aviron (auquel elle aurait dû correspondre), le mot " holy " étant, en effet, prolongé jusqu'au commencement du coup d'aviron suivant. En réalité, je pense que Jerry pesait sur les avirons et les maintenait relevés hors de l'eau, un instant, avant de les y plonger de nouveau. »

D'autres récits parlent de mélodies qui se déroulent en dehors d'un rythme défini. Mais comme nous ne pouvons pas nous fier à des transcriptions qui ne sont jamais rigoureuses, nous ne savons pas du tout comment les chanteurs auxquels elles font allusion utilisaient les temps.

En revanche, nous avons à notre disposition des enregistrements de musique populaire noire des États-Unis effectués au XXe siècle, pour la plupart réalisés pendant les années trente et quarante, par John et Alan Lomax, auxquels va toute notre reconnaissance. A partir de ces documents, à partir des travaux de Lucy Mac Kim Garrison, de Lydia Parrish et des autres, et à partir de ce que nous savons de la musique de jazz de nos jours, il est possible de tirer des déductions sur l'utilisation des rythmes et des tempos dans la musique populaire négro-américaine. Il semble évident que les chanteurs, au moins dans certaines parties de leurs prestations, abandonnaient le canevas du rythme de base pour improviser des lignes mélodiques qui, essentiellement, étaient rythmiquement libres.

Une phrase mélodique ne commençait pas nécessairement sur le temps ou sur la moitié de l'espace situé entre deux temps (comme cela se produit dans la syncopation de la musique classique ou populaire de tradition occidentale), mais à n'importe quel moment et sans aucune référence au schéma rythmique du thème, et les notes suivantes de la phrase musicale étaient, elles aussi, complètement indépendantes du rythme de base et de la métrique du thème.

Cela nous rappelle le vieux truc des rainures et des carrés (dessinés par ces rainures) sur le trottoir : dans la musique classique ou populaire de tradition occidentale, le ou la vocaliste marche régulièrement, assure son pas au milieu du carré, ou alors syncope en mettant le pied sur la rainure. Mais dans l'ancienne musique populaire négro-américaine, le ou la vocaliste sautillait d'une façon libre et désordonnée le long du trottoir, comme si les rainures et les carrés n'existaient pas.

Examinons l'exemple suivant, une transcription d'une mélodie bien connue intitulée « Rock me Julie » (Berce-moi Julie).

C'est un fatras du point de vue rythmique, un véritable galimatias et j'inclinerais à penser que c'est la tentative même de celui qui a voulu transcrire un fragment de ligne mélodique – tentative si maladroite – qu'elle a abouti à ce piteux résultat – qui n'a rien à voir avec quelque structure de tempo possible.

Il est d'ailleurs probable que, dans de nombreux cas, ces fragments de mélodie qui peuvent nous sembler complètement « *arythmiques* » faisaient partie, en réalité, de ce modèle musical de trois sur deux, que l'on retrouve dans les différents types de musique africaine.

Il y a dans le département des Archives de musique populaire de la Bibliothèque du parlement américain une remarquable chanson enfantine intitulée : « Old Uncle Rabbit » (Le Vieil Oncle lapin), dans laquelle un des enfants chante en trois temps, alors que la voix enfantine qui lui répond chante en deux temps. C'est une chose qu'aucun enfant élevé dans la tradition de la musique classique ne pourrait arriver à faire, sans un entraînement adéquat. Il est probable, aussi, que ces figures mélodiques de trois sur deux n'étaient pas toujours jouées ou chantées exactement comme nous essayons de les retranscrire, mais jouées ou chantées de façons variées, de telle sorte que la note du milieu soit plus accentuée. Nous verrons, au fur et à mesure des développements de la musique de jazz, une telle figure mélodique qui revient sans cesse :

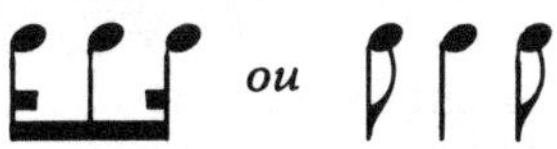

Ce genre de figure se rencontre dans la plupart des différentes musiques africaines, dans le rag-time et dans la musique de jazz et naturellement nous le rencontrons dans les diverses transcriptions de la musique populaire de l'ethnie de couleur des États-Unis. Lydia Parrish, par exemple, nous a fait la description d'un chant des îles de la mer de Géorgie, intitulé : « Rochan Mh Moomba », qu'elle a entendu chanter par un homme qui, lui-même, l'avait appris de Dublin Scribbin, lequel était né en Afrique. Ce chant comporte surtout des paroles d'une des langues en usage en Afrique, et utilise comme figure mélodique principale, dans huit des seize mesures, la figure « classique » transcrite ci-dessus, ou encore deux variations de cette même figure :

Un autre chant recueilli par Lydia Parrish est un chant funèbre intitulé « Moonlight, Starlight » (Lumière de la lune, lumière des étoiles) et comporte cette figure mélodique caractéristique :

Et c'est là que nous pouvons constater la *fusion*, la *synthèse*.

Les vocalistes appartenant à l'ethnie de couleur des États-Unis, n'ont pas recréé aux États-Unis le système des rythmes croisés que l'on peut entendre dans les différentes régions africaines, produits la plupart du temps par des ensembles de percussions. Mais ils ont retenu le *principe* des rythmes croisés et ont trouvé un moyen de l'exprimer, à nouveau, en détachant, par moments, la ligne mélodique du rythme de base qui, en général, la soutient.

Ce principe est un des caractères dominants de la musique de jazz. Sans cesse, sans répit, tandis qu'un style succède à un autre, nous verrons les musiciens de jazz trouver le moyen d'improviser leurs lignes mélodiques, indépendamment du schéma rythmique sur lequel ils jouent. Des mélodies, des fragments de mélodies « *arythmiques* » ont été observés, dans cette musique, dès ses débuts. Plus tard les boppers ont opéré un changement dans la métrique, ils ont articulé les lignes mélodiques sur les second et quatrième temps, produisant un effet de contraste avec la section rythmique accentuant plutôt les premier et troisième temps. Ils ont, de plus, bousculé la métrique, phrasant en fragments de trois, ou de cinq mesures, ou encore en fragments de mesures, qui contrastaient avec le temps normal « carré » du thème tel qu'il avait été conçu et écrit.

Et même plus tard, John Coltrane et ses disciples commencèrent à improviser des mélodies de caractère modal, sur un accord de « contraste » ou une pédale dans les basses et, d'une façon générale, se sont fait une règle de se détacher, à de fréquents intervalles, de l'harmonie convenue du morceau.

Qu'on le fasse harmoniquement, rythmiquement ou par un agencement de la métrique, ce procédé, qui consiste à libérer, par moments, la mélodie d'un accompagnement explicitement énoncé, a toujours constitué une des caractéristiques capitales de la musique négro-américaine et de la musique de jazz, dès les débuts et jusqu'à nos jours. Et il ne faut pas oublier que ce procédé a été pratiqué et développé par les Américains de couleur, pour reproduire, d'une certaine manière, quelque chose qui rappelle les rythmes croisés omniprésents dans les différentes musiques de l'Afrique.

La seconde caractéristique majeure de la musique populaire de l'ethnie de couleur américaine du XIXᵉ siècle est la manière dont les gammes ont été utilisées. En cette matière nous nous trouvons sur un terrain un peu plus sûr. Comme on peut s'y attendre, beaucoup de chants sont basés sur la gamme pentatonique si répandue dans les différentes musiques populaires, dans les différents folklores, dans le monde entier. D'autres chants s'organisent sur ce qui nous semble être la gamme diatonique classique. Quelques-uns de ces chants sont construits sur une gamme pentatonique ou diatonique mais, en quelque sorte, tronquée.

« Sold off to Georgy » relevé par Hungerford est construit sur une gamme de quatre notes : la, do, ré, mi, ce qui est probablement une gamme pentatonique dont le sol est absent. Mais si l'on ne considère que les gammes, il y a encore d'autres caractéristiques à noter. Et tous les chercheurs, tous ceux qui ont entrepris la transcription de ces chants, ont rencontré de grandes difficultés lorsqu'ils ont voulu noter cette musique, selon les critères et la notation en usage dans la musique classique. Fenner a essayé d'indiquer certaines notes « aussi près que possible de la septième diminuée dans " Great Camp Meeting " (Grande réunion de Revival), " Hard Trials " (Dures épreuves) et d'autres chants... Ces tons, poursuit-il, sont de justesses variables, allant parfois jusqu'à un intervalle entier, suivant l'inspiration du chanteur ».

Ce fut Henry Edward Krehbiel, un excellent musicologue de la fin du siècle dernier, qui s'efforça de préciser les caractéristiques de cette musique populaire, en usage dans l'ethnie de couleur des États-Unis. Il déclare notamment : « Mademoiselle Mildred J. Hill, de Louisville, qui a rassemblé, pour moi, quelques-uns des chants les plus caractéristiques de ma collection – des chants exécutés par une vieille femme qui avait été esclave dans la région du comté de Boyle, dans le Kentucky –, nota avec le plus grand soin toutes les déviations de ce qui représente, pour nous, la justesse parfaite. D'après ces documents, je suis arrivé à la conclusion que les Noirs sont naturellement portés à ce que j'appellerais des " aberrations " d'intervalles, non seulement quand il s'agit de la septième, mais aussi quand il s'agit de la tierce. » Une fois de plus nous pouvons nous fier au témoignage de Mettfessel (qui utilise les appareils qu'il a nommés « phonophotographiques »). Dans un des chants qu'il a analysés, « I Got a Muly » (J'ai une mule), il a découvert qu'il n'y avait ni la tierce majeure, ni la tierce mineure, mais « que les intervalles se groupaient entre la tonique mineure et la tierce majeure ». Il a appelé cette note « tierce neutre ». Il a trouvé beaucoup de ces notes dans la musique populaire qu'il a étudiée.

C'est en abaissant très légèrement ces notes, la tierce et la septième de la gamme diatonique, que l'on peut éliminer les demi-tons que les musiques de l'Afrique occidentale prennent tant de peine à éviter. Et là, de nouveau, nous constatons la *fusion*, la *synthèse* qu'ont opérées, inconsciemment, mais avec une grande sûreté, une grande opiniâtreté, les Américains de couleur : la mise en œuvre d'un des principes de base des différentes musiques africaines pour l'adapter aux circonstances nouvelles de leur condition. Dans les musiques de l'Afrique, les demi-tons étaient évités, surtout par l'usage de la gamme pentatonique, ou d'autres gammes qui ne les comprennent pas. Bien entendu, au début, les Américains de couleur utilisaient énormément les gammes pentatoniques. Mais à mesure que l'usage de la gamme diatonique classique : do, ré, mi, cette gamme que nous connaissons depuis notre enfance, s'imposait aussi aux Noirs américains, ceux-ci commencèrent à abandonner les demi-tons, en abaissant la tierce et la septième.

La troisième caractéristique importante de cette musique populaire des Américains de couleur est constituée par l'usage général de sons vocaux gutturaux, de sons vocaux raclés, de falsettos, et de mélismes (comme nous l'avons déjà vu), pour donner une certaine couleur à la ligne mélodique, pour donner à cette ligne mélodique plus de variété et plus d'intensité expressive. Tous ces effets semblent avoir leur origine directe dans les musiques de l'Afrique mais, comme un amateur de jazz le comprendra d'emblée, ces principes se sont étendus, ensuite, à la musique instrumentale.

En définitive, comme il est de règle dans la plupart des musiques africaines, il n'y avait pas, au début, dans cette musique populaire de l'ethnie de couleur des États-Unis d'Amérique, de véritable harmonie, au sens où nous l'entendons quand nous parlons en termes de musique classique de la tradition occidentale. Un chanteur pouvait bien « entrer », à certains intervalles plus ou moins réguliers, au-dessus ou au-dessous de la ligne mélodique énoncée par la majorité des vocalistes, mais cela ne voulait pas dire qu'il harmonisait la ligne mélodique (comme nous l'entendons en termes de musique classique).

Ainsi, c'est évident, les Noirs des États-Unis continuèrent délibérément à pratiquer une musique dans laquelle on pouvait entendre une extraordinaire quantité d'éléments culturels provenant des diverses musiques africaines, et cela pendant près de trois siècles.

A ce propos, Richard A. Waterman a dit :

> Il y a deux raisons principales qui concourent à expliquer pourquoi des éléments culturels, provenant des musiques de l'Afrique ont continué à influencer les styles musicaux des Américains de couleur.
> En premier lieu, les groupes de Noirs des États-Unis d'Amérique sont demeurés, longtemps, relativement homogènes en ce qui concerne l'usage et la pratique de schémas culturels, ce qui a été encore renforcé par la solidarité mutuelle des groupes sociaux. Une telle attitude a garanti la conservation, le maintien d'un grand nombre de valeurs culturelles, lorsque ces valeurs n'entraient pas directement en conflit avec des schémas culturels provenant de la culture euro-américaine.
> En second lieu, il y a assez de similitudes entre les musiques de l'Afrique et la musique classique de tradition occidentale pour permettre un véritable *syncrétisme*. Tout cela a permis à beaucoup d'aspects des styles musicaux provenant des différentes musiques africaines de passer dans la catégorie des traditions que l'on ne songerait nullement à condamner, sous le prétexte qu'elles ne se conforment pas aux normes habituelles acceptées.

Comme je l'ai déjà indiqué, ce tableau de la musique populaire négro-américaine a été dessiné à l'aide de nombreux témoignages recueillis et aussi à partir d'hypothèses et de déductions; mais il est absolument évident que les Noirs des États-Unis avaient créé une nouvelle tradition musicale. Ce n'était pas simplement de la musique de tradition européenne, avec quelques « embellissements » d'origine africaine ni, non plus, comme certains chroniqueurs anciens ont parfois semblé le croire, de la musique rendue un peu « crue », de caractère rendu un peu « primitif », par une soi-disant maladresse des Noirs américains pour tenter de reproduire correctement de la musique classique ou populaire de tradition européenne.

C'était une musique d'une profonde originalité, une musique spécifique, très expressive, et dont le rôle a été capital dans la survie et dans la culture des descendants des esclaves. Et c'est à partir de cette musique que les Américains de couleur ont créé cette riche culture musicale des « ring shouts », des spirituals, des blues, des formes archaïques qui se sont peu à peu transformées en rhythm and blues, en soul music, des fields hollars, des chants de travail, des chants de prisonniers, des chants de jeux et de fêtes.

Mais il est évident que ces Américains de couleur ne pouvaient ignorer la musique de la culture blanche qui les entourait. Quelques-uns d'entre eux la connaissaient et même la pratiquaient, et cela dès les débuts de l'esclavage. Ce fut tout d'abord la danse qui permit à des hommes de couleur de se familiariser avec la musique du milieu blanc. La danse jouait, on le sait, un rôle très important dans la société américaine du XVIIIe siècle, et dans toutes les classes de la société. Il en résulta une très forte demande de musiciens.

Les orchestres de danse de l'époque comprenaient, en général, des instruments de percussion, des fifres, des flûtes, des instruments de cuivre comme le bugle et, ce qui semblait le plus important, des violons. Souvent, il n'y avait pour seul joueur qu'un violoniste. (Ce qu'on a l'habitude d'appeler de nos jours les country groups descendent directement de ces anciens orchestres de danse.) Dès cette époque, on sollicita constamment les esclaves qui semblaient les plus doués d'apprendre la musique, d'apprendre à jouer de divers instruments de musique. Eileen Southern dans *The Music of Black Americans* * nous a apporté, sur ces faits, une précieuse documentation. Dans certains cas les propriétaires d'esclaves n'hésitaient pas à acheter à leurs esclaves des violons et d'autres instruments de musique pour avoir, sous la main, des musiciens capables de jouer pour la danse. Beaucoup d'esclaves affranchis se mirent à étudier sérieusement la musique populaire ou classique d'origine occidentale, pour gagner de l'argent. Dès la fin du XVIIIe siècle, il y avait, aux États-Unis, une corporation importante de musiciens professionnels de couleur, les uns étant des affranchis, les autres des esclaves, qui avaient trouvé là un moyen providentiel d'échapper au labeur harassant des plantations. Eileen Southern cite d'innombrables placards destinés, soit à rechercher des esclaves en fuite, soit à attirer l'attention d'acheteurs éventuels d'esclaves, dans lesquels sont mentionnés l'habileté musicale, les dons musicaux de ces Noirs. L'un de ces placards tirés de la *Gazette de l'État de Virginie*, numéro du 6 août 1767, est ainsi rédigé :

> A VENDRE : Affaire excellente. Un jeune et beau nègre, âgé de 18 ou 20 ans. Possède toutes les qualifications d'un serviteur très convenable et très raisonnable. Il a voyagé dans différents pays. Il joue du cor d'harmonie. Il est venu récemment de Londres et il a avec lui deux costumes tout neufs et son cor d'harmonie. L'acquéreur de l'esclave peut s'en rendre aussi possesseur.

Dans ce qui précède, les traditions africaines sont confrontées à de puissantes traditions locales, les puissantes traditions de la culture blanche des États-Unis.

* Ouvrage traduit en français sous le titre : *Histoire de la musique noire américaine*. Édit. Buchet Chastel.

Les chants de travail des Noirs américains étaient imprégnés, bien sûr, de nombreux éléments d'origine africaine car ces chants n'avaient pas à rivaliser avec des chants de travail... de Blancs. Mais il y avait, en revanche, beaucoup de musique de danse d'origine blanche, que les Noirs avaient été forcés d'apprendre et, c'était inévitable, les formes de musique blanche devinrent dominantes, même dans les danses que les Noirs jouaient pour eux-mêmes. Là, nous faisons de nouveau appel au témoignage de James Hungerford :

> Sur les bancs placés contre le mur extérieur de la cabane, de chaque côté de la porte, étaient assis plusieurs vieux nègres et vieilles négresses qui venaient des quartiers d'esclaves du voisinage. Ike chantait les *paroles* d'une gigue d'un ton monotone tout en battant la mesure en tapant alternativement des mains l'une contre l'autre, puis tapant des mains sur son corps. Une douzaine de garçons et de filles noirs dansaient sur le sol de terre battue devant :
>
> « La porte de la vieille cabane » *
>
> Leur idéal semblait consister dans la rapidité des mouvements de leurs jambes. Quelques-uns des danseurs imprimaient à leurs pieds un mouvement si rapide qu'on ne pouvait plus les distinguer au clair de lune. Cependant, quelle que fût la rapidité de ces pas, leur bruit sur le sol marquait le tempo et s'accordait parfaitement avec la mélodie, en en soulignant toutes les nuances. Quelle allégresse dans les mouvements ! Tous ces gens semblaient prendre un immense plaisir à danser et à écouter la mélodie.

Sur la plantation, théâtre des observations d'Hungerford, il y avait un homme du nom de Oncle Porringer, domestique de la grande maison, qui jouait du violon aussi bien pour accompagner les danses de ses frères de couleur que les danses des Blancs. Et Hungerford semble indiquer qu'il n'y avait aucune différence de style musical, de musique pour les uns ou les autres. Hungerford décrit, ainsi, une soirée dansante des Blancs pour laquelle Oncle Porringer et un autre esclave du voisinage jouaient :

> Il y avait une grande agitation parmi les Blancs. Les messieurs se dépêchaient de trouver ou retrouver une partenaire, leur cavalière qui, probablement, avait déjà été retenue pour la première danse. Les jeunes gens — qui immédiatement après le dîner s'étaient éparpillés par petits groupes le long des rives de la crique ou dans les bois tout proches — regagnaient le théâtre principal de la soirée. Les jeunes filles se hâtaient, elles aussi, en direction de la pelouse destinée aux danses, entre les tables et les rives de la crique. Ceux des nègres et des négresses qui devaient s'occuper de leurs maîtres et de leurs maîtresses se tenaient, autour de la pelouse, aussi près que le respect de leurs supérieurs blancs le permettait.
>
> Au fond, dans un espace séparé par des tables de l'endroit réservé aux Blancs, les domestiques noirs qui n'avaient pas à demeurer auprès de

* « The Old Cabin Door », vieille chanson d'esclave.

leurs maîtres ou de leurs maîtresses improvisaient leurs propres danses. Leurs éclats de rire indiquaient à quel point ils s'amusaient.

Il s'agissait donc d'une danse de Blancs que ces Noirs imitaient et, selon toute probabilité, parodiaient, jusqu'à un certain point. C'est ainsi qu'est né le fameux cake-walk, une danse dans laquelle le déploiement de parures et de fanfreluches, les pas d'une emphase un peu maniérée et les accessoires, consistant surtout en chapeaux haut-de-forme et en cannes, composaient un genre de spectacle parodique haut en couleur et très swinguant. Du point de vue de la plupart des Blancs, la pratique du cake-walk constituait une tentative, de la part des Noirs, frustes et ignorants, d'émulation par rapport à leurs supérieurs. Mais il est hors de doute que l'homme de couleur considérait le cake-walk comme une parodie subtile des attitudes de Blancs de la haute société qui veulent « se donner des airs ».

De toute façon l'habileté à jouer des instruments de musique était considérée comme un avantage, aussi bien parmi les gens de couleur que parmi les Blancs, et les propriétaires encourageaient ceux de leurs esclaves doués ou possédant déjà un certain talent d'instrumentiste, à apprendre la musique et à se perfectionner. Comment ces esclaves apprenaient-ils la musique ?

Eileen Southern a émis l'hypothèse selon laquelle ils devaient acquérir la musique et la pratique de l'instrument en autodidactes.

Un musicien de couleur remarquable fut Newport Gardner, né en 1746. Il était incontestablement doué d'un talent rare, il apprit seul à lire, d'abord l'anglais, puis la musique. A l'âge de quarante-cinq ans il obtint son affranchissement, probablement grâce à l'argent qu'il avait gagné en enseignant le chant, et il ouvrit une école de musique.

Un autre célèbre musicien de couleur fut Frank Johnson, né en 1792, qui avait la réputation d'être un des meilleurs instrumentistes de son époque (il jouait du bugle et du cor d'harmonie).

Il fut invité à jouer à Buckingham Palace et la reine Victoria lui fit cadeau d'un bugle d'argent.

Les Noirs n'étaient donc pas confinés dans les fonctions de musiciens jouant uniquement pour la danse.

Elizabeth Taylor Greenfield (1808-1876), qui était née esclave, donna, comme cantatrice, des concerts à travers les États-Unis et, tout comme Frank Johnson, fut invitée à donner un récital à Buckingham Palace. De nombreux Noirs composaient de la musique et certains d'entre eux devinrent assez célèbres, comme Samuel Snaer (né en 1833), Edmund Dédé et Richard Lambert. Il y avait, à La Nouvelle-Orléans, un orchestre symphonique composé de musiciens de couleur et on comptait de très nombreux orchestres de concert. A New York il y avait un théâtre noir appelé le Bocage africain, où les ballets et les pièces de théâtre en tous genres se succédaient.

Les instrumentistes de couleur étaient très demandés dans les fanfares militaires. Un artiste, Robert Andrew Parker, qui fait autorité en matière d'uniformes militaires, a noté que depuis au moins le commencement du XVIIIe siècle, beaucoup d'unités et de régiments européens, en particulier les

Allemands, les Austro-Hongrois et les Français, utilisaient des fanfares composées d'instrumentistes de couleur. Était-ce uniquement à cause de la couleur de leur peau ou à cause de leurs dons musicaux et de leur talent ? Selon la coutume, si les hommes de troupe étaient habillés d'uniformes rouges avec des cols et des parements blancs, les musiciens portaient des uniformes blancs avec des cols et des parements rouges. De même, si les hommes de troupes portaient des peaux d'ours de couleur noire et montaient des chevaux de couleur brune, les musiciens portaient des peaux d'ours blancs et montaient des chevaux blancs. Et certains pouvaient en déduire que si les hommes de troupe avaient des visages à la peau blanche, les musiciens devaient avoir des visages à la peau sombre.

Cette tradition traversa l'Atlantique et, pendant la Première Guerre mondiale, il y avait, en France, plusieurs fanfares militaires américaines composées de musiciens de couleur. Quand ces musiciens accomplis étaient démobilisés, ils organisaient souvent leurs propres fanfares pour participer à des défilés et des parades, pour participer à des concerts ou pour jouer par plaisir. Aux États-Unis la tradition ininterrompue des fanfares composées de musiciens noirs, pour les défilés, les parades et les festivités, remonte ainsi au XVIIIe siècle.

Vers le milieu du XIXe siècle, on trouvait donc des artistes de couleur qui travaillaient dans deux domaines bien distincts : leurs propres musique et culture et, à un moindre degré, la musique classique ou populaire de tradition européenne – cette musique qu'ils avaient trouvée dans la culture des Blancs qui les environnaient – Herbert Gutman a, lui aussi, fait remarquer que les Noirs du Sud des États-Unis étaient, en général, élevés dans un contexte « biculturel ». Ils bénéficiaient, en effet, des apports de deux cultures : la blanche et la noire. C'est ainsi qu'en matière de musique ils se conduisaient exactement comme ils le faisaient dans d'autres aspects de la vie. Mais vers 1850, il se développa une troisième sorte de musique rattachée à des racines culturelles noires – une sorte de pseudo-musique d'esclaves qui eut une certaine influence sur le développement de la musique populaire des États-Unis.

Les Blancs américains ont, pendant presque toute la durée de l'histoire des États-Unis, été intrigués (et parfois même fascinés) par certains aspects de la culture noire. Cette fascination s'est manifestée surtout depuis 1840 et peut-être même avant, par un intérêt pour la musique de l'ethnie de couleur des États-Unis. Les uns après les autres, les Américains blancs ont connu des périodes d'engouement, pour les « coon » songs *, les chansons de plantations, les chants de travail, les ministrels shows, le ragtime, les spirituals, les blues traditionnels, le pseudo-jazz des années vingt, le style boogie woogie et, de nos jours, les gospel songs, le rhythm and blues et la musique soul.

Au XIXe siècle apparut le ministrel show. Si l'on en croit Robert C. Toll, auteur de l'ouvrage intitulé *Blacking Up* **, cette forme de théâtre, dans laquelle des acteurs blancs se noircissaient le visage, remonte à l'époque colo-

* Ce que l'on pourrait traduire par « chansons de négros ».

** *Se noircir le visage.* On verra que les artistes blancs qui participaient au ministrel show se noircissaient le visage et ainsi grimés parodiaient et caricaturaient les Noirs.

niale. Mais le ministrel show, comme une des formes théâtrales fixée et définie ne commença à être connu que dans les années 1840. Dès les années 1850, les manifestations du ministrel show se répandirent dans tout le pays et jouissaient d'une vogue considérable. Les acteurs étaient des Blancs qui se noircissaient le visage. Le répertoire consistait en plaisanteries, en bons mots, en chants et en saynètes comiques, qui prétendaient représenter la vie des Noirs sur les plantations.

Le Noir était, en général, représenté comme un être stupide et ignorant, qui ne pensait qu'à se donner du bon temps et à singer, d'une façon grotesque, ses supérieurs, son maître ou sa maîtresse. Il y avait aussi, dans ces spectacles, tout un sentimentalisme un peu niais : la séparation, du fait de l'esclavage, des êtres qui s'aiment et la mort des esclaves fidèles et loyaux ; tout cela devait mettre la larme à l'œil aux spectateurs. Comme la tension qui devait provoquer la guerre civile s'accentuait dans le pays, le ministrel show qui, à cette époque, était très populaire dans le Nord des États-Unis (New York fut pendant longtemps le centre du ministrel show) comportait une large part de propagande nordiste. Mais, après la guerre civile, le personnage du nègre ridicule et comique reprit sa place dans ces manifestations. La musique des ministrels shows était surtout écrite par des Blancs. Elle était, naturellement, supposée être de la musique typiquement noire, mais en fait c'était de la musique populaire du type le plus ordinaire, plus ou moins bien faite et parée, parfois, de figures rythmiques du genre ragtime. L' « œuvre » de Stephen Foster provenait directement de cette forme de théâtre.

Les promoteurs des différentes formes du ministrel show s'efforçaient de présenter leurs spectacles comme une peinture parfaitement « authentique » de la vie des Noirs sur les plantations. D'où l'idée de faire jouer des artistes de couleur.

La première troupe de ministrel show composée d'artistes noirs fut organisée en 1855. Et ce genre de troupes théâtrales composées uniquement de comédiens de couleur se multiplia aux États-Unis. Le répertoire, cependant, ne changea guère et dans certains cas les artistes furent amenés à foncer encore plus leur teint, à se grimer d'une façon caricaturale et à « charger » leurs rôles. Mais cette vogue des artistes de couleur jouant dans les ministrels shows entièrement noirs eut une très grande importance. Elle suscita la création d'une profession nouvelle : celle des artistes, acteurs, fantaisistes, chanteurs, danseurs, instrumentistes de couleur.

Quelques-uns d'entre eux connurent un immense succès, même en comparaison de leurs homologues blancs. L'un de ces artistes de couleur de ministrel show, James Bland, écrivit quelques-unes des chansons les plus connues aux États-Unis comme « Carry Me Back to Old Virginie » (Ramène-moi à ma vieille Virginie) et « Oh, dem Goldes Slippers » (Oh, ces pantoufles d'or). Parmi les autres artistes venus des ministrels shows, citons W. C. Handy (qui recueillit et édita un grand nombre de blues), Bert Williams, Ernest Hogan et deux des plus grandes chanteuses de blues « classique », Ma Rainey et Bessie Smith.

Ce ne fut pas toujours du « gâteau » pour les artistes de couleur des ministrels shows. Ils étaient, en général, payés beaucoup moins bien que les Blancs qui travaillaient dans le même contexte ; souvent, les organisateurs blancs de spectacles les exploitaient honteusement et les trompaient sans vergogne ; ils avaient la plus grande difficulté à se loger pendant les tournées, du fait de la ségrégation. Il leur arrivait de voyager dans des wagons « privés », loués pour la circonstance, dans lesquels ils habitaient. Il leur arrivait, en outre, d'être l'objet de violences de la part des Blancs. Mais pour la plupart des artistes de couleur la possibilité d'entrer dans le monde du spectacle était d'une importance capitale et cela valait la peine de prendre des risques.

Ce ministrel show dura jusqu'à la fin du siècle dernier. A cette époque naquit, des cendres du ministrel show, pourrait-on dire, le variety show ou vaudeville. Les artistes de couleur en furent les vedettes et continuèrent à jouer un rôle important dans l'industrie du spectacle. Citons, par exemple, Bert Williams, Bill « Bojangles » Robinson, Ethel Waters, Sammy Davis junior, Redd Fox – qui devinrent tous de grandes vedettes.

Si nous remontons un peu en arrière, à côté des ministrels shows, et dans un genre d'un bien meilleur ton, il y avait les chorales et les chœurs composés de vocalistes de couleur, qui étaient censés chanter de la musique religieuse authentique – la musique religieuse de l'ethnie de couleur des États-Unis d'Amérique. Le premier en date, le plus célèbre, de ces chœurs fut celui des Fisk Jubilee Singers qui, en 1871, partit en tournée afin d'aider à trouver des fonds pour le programme de construction de la Fisk University. Ce chœur eut un immense succès et fut suivi d'autres groupes. Leur répertoire était basé sur la musique religieuse des églises qu'ils fréquentaient. Mais cette musique était très édulcorée, simplifiée, schématisée, et on lui donnait un tour très classique pour que le public blanc puisse la comprendre et l'apprécier. Adaptation inévitable puisqu'il fallait aussi que cette musique fût transcrite et notée, en partitions, suivant le système de notation de la musique classique, afin qu'elle puisse être publiée et, bien entendu, beaucoup de caractéristiques de cette musique religieuse, comme les notes criées hors du ton, les effets de falsetto et les figures en tempo libre, hors du temps de base, disparurent, du moins dans ces tournées et concerts.

Tout comme les chansons écrites par Stephen Foster, les spirituals qu'une partie du public blanc entendit, lors de ces concerts, à cette époque, aux États-Unis ou en Europe, étaient assez éloignés des spirituals authentiques tels que ces artistes avaient pu les entendre ou les pratiquer dans leurs églises. (Se rapporter au chapitre 26 pour la musique noire religieuse des États-Unis de nos jours).

Parallèlement aux ministrels shows, aux chœurs de musique religieuse et autres types de musique populaire, se développa, aux États-Unis, à la fin du XIXe siècle, une variante de la musique populaire noire que l'on a pu fort justement appeler de la « pseudo-musique noire ». Ce genre bâtard fut l'œuvre de nombreux « compositeurs » blancs et aussi de quelques « compositeurs » de couleur. A ce sujet, citons Bland et aussi Richard Milburn, lequel écrivit : « Listen to the Mocking Bird » (Écoutez l'oiseau moqueur). Mais à quelque ethnie qu'ils appartinssent, ils n'oubliaient pas qu'ils écrivaient, avant tout, pour des publics blancs, et la musique qu'ils produisirent était de la musique blanche, de la musique pour les Blancs – musique dans laquelle ils s'effor-

The Fisk Jubilee Singers. Photographie probablement prise au cours des premières années 1870.

çaient de glisser quelques inflexions empruntées aux musiques de l'ethnie de couleur des États-Unis. Ces inflexions consistaient souvent en une tendance aux harmonies plagales *, consistant, notamment, en un usage constant du sixième degré de la gamme (la dans la gamme de do). On notait aussi, dans ces musiques, un certain emploi de syncopations tenant lieu de ces rythmes croisés que l'on trouve dans la majorité des musiques de l'Afrique.

Il y avait cependant des artistes de couleur qui s'efforçaient de se tenir plus près des traditions des musiques populaires noires authentiques. Rupert Hughes, qui avait visité New York à la fin du XIXe siècle, a parlé de ce qu'il a appelé « l'impudente détermination de Ernest Hogan à demeurer hors du ton et hors du tempo ». Mais l'immense majorité des partitions de cette « pseudo-musique noire » et des prestations qu'en offraient les artistes était édulcorée et se rapprochait fâcheusement de la musique populaire blanche la plus banale.

L'afflux d'artistes de couleur dans le show business et dans l'industrie de la musique populaire et aussi les préjugés des Blancs de la classe moyenne, selon lesquels les professionnels du théâtre et de la musique occupaient, dans l'échelle sociale, une place à peine plus élevée que celle des prostituées, firent que le show business et l'industrie de la musique furent désormais presque exclusivement réservés aux gens de couleur.

Entendons-nous, ce n'était pas une profession dans laquelle on ne trouvait que des gens de couleur, mais il y avait quand même énormément de Noirs.

Si l'on se rapporte à des chiffres recueillis par Herbert Gutman, sur 5 267 Noirs vivant à New York, dans les quartiers San Juan Hill et Tenderloin, en 1905, 119 étaient des musiciens, des acteurs, des fantaisistes. C'est-à-dire 1 sur 20 adultes mâles. En 1925, sur 10 585 adultes de couleur mâles, 1 sur 30 était musicien. Mais il y avait deux fois plus de garçons de café ou de restaurant, et deux fois moins de tailleurs.

Donc, en 1890, on comptait quantité d'artistes de couleur dans le domaine de la musique. Certains, comme Harry Burleigh, Will Marion Cook, et d'autres, écrivaient de la musique, dont des œuvres classiques dans la tradition occidentale. Sans oublier Bert Williams, W. C. Handy, etc., qui composaient, jouaient et dansaient dans les ministrels shows ou dans les variety shows.

Il y avait des millions et des millions d'artistes, de chanteurs de couleur inconnus et talentueux qui jouaient et chantaient leur propre musique religieuse, dans leurs églises.

Bientôt, de toute cette musique, émergerait un nouveau genre musical destiné à exercer une influence profonde et durable sur la musique, dans le monde entier, un siècle plus tard. Ce serait le blues.

* Voir *infra*.

Après la Guerre de Sécession, la musique était devenue une profession dans laquelle les Américains de couleur tenaient une place prépondérante. On voit ici un orchestre à cordes qui se produit à l'occasion d'un spectacle organisé par des Blancs. Il s'agissait peut-être de célébrer un événement sportif.

CHAPITRE III

Une musique originale : le blues

L'histoire de l'évolution du blues ne sera, probablement, jamais complète. Les premiers disques de blues n'ont été enregistrés qu'au début des années vingt, à une époque où cette forme musicale avait déjà atteint son plein développement.

Où, quand et comment les blues ont-ils commencé à se manifester et à se développer ? Il n'existe aucun document relatif à ces questions. Il n'y a, à ma connaissance, aucune référence aux termes « blues » ou « les blues » dans les chroniques du XIXe siècle, concernant la musique des Américains de couleur, et ces textes ne nous livrent aucune description de genres musicaux qui évoque la forme des blues. Une fois de plus, nous en sommes réduits aux conjectures.

On a souvent supposé que les blues pouvaient découler des spirituals, parce que ces deux formes musicales sont d'un caractère triste, mélancolique. A vrai dire, les spirituals sont souvent joyeux, et les blues, s'ils ne sont pas généralement gais, deviennent parfois comiques et souvent pleins d'allusions sexuelles. Il me semble clair que les blues ne proviennent pas uniquement des spirituals, mais bien de la pratique musicale commune, dont on retrouve les reflets et les échos dans les chants de travail, les chants de prisonniers, les cris des marchands ambulants, tout comme dans les spirituals.

De toutes ces formes musicales, ce sont les chants de travail dont l'influence me semble avoir été prédominante.

La caractéristique dominante des chants de travail était la forme des demandes et réponses. Le meneur de jeu chantait un motif mélodique auquel les hommes répondaient par une très courte phrase, parfois même une seule syllabe synchronisée avec le mouvement des avirons ou la chute du marteau ou de la masse. Tout cela bâti sur un rythme très lent : un travailleur brandit sa hache, un autre abat son marteau ou sa masse sur une broche alors qu'on établit une ligne de chemin de fer, tire sur un aviron, relève une chaîne d'ancre ; les mouvements se succèdent à un rythme dont les différentes phases n'excèdent pas deux secondes chacune, et qui est, en général, beaucoup plus lent. Dans le chant très rythmé « Looky, Looky Yonder » (Regarde, regarde là-bas), dans la version qu'en donne Leadbelly, le bruit des coups de hache, simulé par le halètement du chanteur, revient approximativement toutes les quatre secondes. Dans cette même version le meneur de jeu chante sa partie sur un tempo beaucoup plus rapide, insérant vivement chacune des séquences qu'il improvise entre les coups simulés de la hache qui suivent un rythme plus lent et lourdement accentué.

Les paroles du chant étaient improvisées par le meneur de jeu à mesure qu'il chantait et étaient généralement tirées d'un fond commun de thèmes : les prévarications et la dureté des employeurs, les injustices sociales, les inconstances des amants, le comportement de l'homme de paille du patron, du « capitaine », les points faibles de tel ou tel autre travailleur, le mal du pays, les tribulations d'une vie itinérante et d'autres choses semblables. Et c'est ici que je trouve une bonne raison de croire que les blues proviennent surtout des chants de travail : pour moi, le contenu des blues a beaucoup plus de points communs avec celui des chants de travail qu'avec celui des spirituals. La structure des premiers était en effet déterminée par les cadences du travail lui-même. De ce fait, sa forme assez simple se compose d'une série de séquences dont les sens s'apparentent quelquefois. Ces séquences sont couplées, comme dans un distique, la seconde séquence complétant et commentant ou concluant la première comme dans ce chant de prisonnier :

Le meneur de jeu : Je me demande pourquoi
Les autres travailleurs : Oho Seigneur
Le meneur de jeu : Oui je me demande pourquoi je suis depuis si longtemps dans cette prison.

Dans d'autres cas les paroles s'organisent autour d'un thème commun ou racontent une histoire, comme dans ce chant qui rythme les coups de marteau :

Eh bien Dieu dit à Norah (mis pour Noah = Noé) :
« Tu vas aller dans la forêt.
Toi qui es un homme juste. »
Mais Noé fut alarmé.
« Que ferai-je dans la forêt ?
— Ne veux-tu pas me construire une arche, monsieur ? »

Dans d'autres cas encore, les paroles se rapportent au travail à accomplir lui-même, comme dans ce chant qui encourage les ouvriers à décharger les rails :

Va jusqu'au camion, bande tes muscles.
La tête haute !
Jette le rail à terre !
Bravo ! c'est très bien !
Retourne au camion et prends-en un autre.

Il y avait une bonne part de récitatifs dans ces chants de travail, des passages qui étaient parlés, ou criés ou encore chantés en falsetto et l'étendue vocale tendait à se limiter à deux ou trois notes. La ligne mélodique, cependant, était basée sur les gammes et comprenait ces notes hors du ton normal que l'on retrouve dans la musique des Américains de couleur. Parmi les hommes qui pratiquaient ces chants de travail beaucoup vivaient dans des camps de résiniers ou dans des villages de tentes le long des lignes de chemin de fer en construction, où ils n'avaient pas grand-chose à faire pendant les moments de loisir.

Il était tout naturel qu'ils passent leurs soirées à chanter. Il faut bien se dire que beaucoup de ces chants avaient de multiples usages : on les chantait dans les champs de coton, aussi bien qu'au cours des services religieux, dans les camps militaires, comme dans les docks. Pendant les moments de loisir, les chants de travail hantaient les souvenirs des travailleurs de couleur et ils les chantaient sans se lasser. On peut supposer que quelque part, à un moment ou à un autre, a pu se développer, provenant et participant à cette musique de loisirs, une nouvelle forme, plus rigoureuse, plus précise que celle des chants de travail, dont la fonction principale était de parler des choses qu'un travailleur noir ou une ouvrière de couleur avaient à exprimer sur leur vie.

Nous n'avons aucune certitude sur l'époque à laquelle les blues ont commencé à se faire entendre. Certains auteurs ont avancé que les blues ont pu prendre naissance dès le début du XIXᵉ siècle, mais il est difficile de le vérifier. Comme je l'ai déjà souligné, il n'existe aucune description de quoi que ce soit qui ressemblerait au blues dans les écrits du XIXᵉ siècle. Ce terme lui-même n'apparaît sur une partition musicale qu'en 1912, quand « Memphis Blues » et « Dallas Blues » furent publiés.

Ma Rainey, une des premières grandes chanteuses de blues dont nous sachions quelque chose, est née en 1896 et devait avoir entendu quelque forme rudimentaire de blues pendant son enfance. Aussi tout ce que nous pouvons dire au sujet des blues, considérés sous un aspect de musique originale, c'est qu'ils ont probablement commencé à se développer à partir d'autres genres de musique populaire, singulièrement les chants de travail, au cours des années 1880 ou 1890, pour revêtir un caractère défini vers 1910.

Heureusement, longtemps après que les blues eurent atteint leur forme achevée, quelques vieux chanteurs étaient toujours actifs et pratiquaient un style plus primitif. Beaucoup parmi ces vétérans enregistrèrent des disques durant les années vingt et même au cours des années trente. La musique qu'ils ont ainsi gravée a été appelée le « country blues » (blues ruraux) et, comme la forme de cette musique est beaucoup plus relâchée que la forme rigoureuse des blues modernes, nous pouvons en déduire qu'elle reflète un genre musical datant des débuts de l'évolution des blues – il s'agirait donc d'une forme musicale pouvant se situer entre les chants de travail et les blues « classiques », qui apparurent vraisemblablement un peu avant 1920.

Comme il en est des blues modernes, ces blues anciens étaient divisés en trois parties égales, chacune comprenant une seule phrase versifiée. En général, mais il y a des exceptions, la seconde phrase répétait la première, la troisième complétait et concluait le tout, comme c'est souvent le cas pour les chants de travail :

Si tu me vois venir, ouvre toute grande ta croisée
Si tu me vois venir, ouvre toute grande ta croisée.
Mais si tu me vois partir, baisse la tête et pleure.

En général à chacune de ces phrases répondait une courte phrase musicale, ou « remplissage ». L'instrument qui répondait ainsi au chanteur pouvait être le propre banjo ou la guitare du chanteur lui-même, le piano ou un autre instrument accompagnant le chanteur ou, dans le cas d'un blues moderne, tout l'orchestre ou une section de l'orchestre de, par exemple, Count Basie. Dans le blues évolué, avec sa forme rigoureuse, chacune des trois parties comprend exactement quatre mesures : la partie purement vocale s'étend sur deux mesures et demie et le « remplissage » occupe le reste. Mais dans les blues anciens, le chanteur était libre d'étirer la première, la deuxième ou la troisième partie aussi longtemps qu'il le désirait. Presque toujours il rajoutait une mesure à la fin de la première partie pour sa « réponse », son « remplissage » instrumental. Mais souvent il ajoutait une mesure ou quelques temps supplémentaires à la fin de chaque partie. Finalement il étirait la dernière partie en ajoutant deux temps de plus. Il est quelquefois assez difficile de battre la mesure (dans le sens ordinaire que l'on donne à cette expression) en écoutant ces blues de forme ancienne.

Le tempo naturel de tels blues ne semble pas être l'habituel 4/4 de base, mais un tempo de moitié moins vif, suggérant celui, plus lent, des chants de travail, ou, peut-être, tendant à exprimer des rythmes entrecroisés. Un exemple particulièrement intéressant est fourni par l'enregistrement, par Big Bill Broonzy, d'un blues bien connu qu'il appelle « Joe Turner N° Two » (Joe Turner n° Deux) et qui date, affirme-t-il, de 1890. Ce thème principal, qui est entouré de récitatifs, est étiré jusqu'à seize mesures parce que Big Bill Broonzy prend tout son temps pour ses « réponses », son « remplissage » instrumental. Mais, et c'est là le plus important, la « réponse », le « remplissage » fourni par la guitare arrivent avec deux temps d'avance, de sorte que toute la métrique de cette composition se trouve soudain décalée. Tout ceci, est-il besoin de le souligner, est entièrement contraire aux principes qui régissent la musique classique mais est à la base des musiques de l'Afrique. De toute façon, il est clair que ces blues de forme ancienne ne sont soumis ni à une métrique fermement établie, ni à un cadre rythmique bien déterminé, et on peut en déduire qu'ils provenaient de formes musicales encore plus libres comme les chants de travail.

Cependant la caractéristique primordiale du blues consiste en sa ligne mélodique. La ligne mélodique du blues provient, et cela dès le début, des gammes généralement employées dans les musiques populaires des Noirs américains. Mais, et c'est là le point crucial, dans la ligne mélodique se rencontrent ces notes que, d'après les règles de la musique occidentale, nous pouvons dire « hors du ton », – notes qui sont couramment utilisées dans les musiques de l'Afrique – et que l'on appelle les *notes bleues*. Beaucoup de choses inexactes ont été dites à leur propos. On a souvent prétendu que ces notes bleues sont des notes mineures, en l'occurrence la tierce mineure et la septième mineure (dans la gamme de do, le mi bémol et le si bémol) que l'on rencontre dans l'harmonie de la musique classique. W. C. Handy lui-même a pensé qu'il en était ainsi et durant les années 50, tous les représentants des écoles dites « funky » – mouvement composé de musiciens de jazz de couleur – ont prétendu la même chose. Mais, pour moi, les notes bleues représentent ces notes « hors du ton » que j'ai évoquées plus haut – que le musicologue Krehbiel a été un des premiers à avoir étudiées – et qui proviennent directement des musiques africaines. Il faut bien comprendre que, dans la gamme de do, elles ne correspondent ni à mi majeur, ni à mi bémol, donc mineur, mais qu'on pourrait les localiser quelque part entre ces deux degrés. On ne peut pas les jouer au piano; elles se situeraient alors entre les touches. Théoriquement elles ne pourraient pas être jouées sur des instruments à pistons ou à clefs comme la trompette ou la clarinette, ou sur des instruments à cordes dont le manche est pourvu de barrettes comme la guitare ou le banjo – tous instruments pour lesquels la hauteur des sons est déterminée. Mais, pratiquement, on peut jouer les notes bleues sur tous les instruments à l'exception des instruments à clavier ou de ceux du type xylophone.

Si l'on admet ma définition de la note bleue, on ne peut pas substituer des notes bleues à toutes les notes de la gamme indistinctement. Dans la pratique du jazz, il est toujours loisible d'attaquer une note un peu plus bas que sa hauteur normale et de monter ensuite jusqu'à son niveau normal. Et il est de même possible, quoiqu'on ne l'observe que plus rarement, de faire descendre, de sa hauteur normale, la fin d'une note. Mais, pour moi, une vraie note bleue ne consiste pas en un simple abaissement ou une simple élévation de la note dans la gamme diatonique, mais elle représente, comme je l'ai déjà dit, un son bien défini, hors du ton de la gamme sur laquelle le morceau est écrit, avec sa place bien déterminée entre certains degrés de cette gamme.

Spécifiquement les notes bleues remplacent la tierce et la septième dans la gamme diatonique: mi et si dans la gamme de do. Je voudrais être très explicite à ce sujet: les vocalistes de blues du passé n'abaissaient pas la hauteur des notes sans discrimination et selon leurs fantaisies. Ils obéissaient à des règles bien définies qui commandaient l'usage des notes bleues sur les septième et troisième degrés, à la place des septième et troisième degrés normaux de la gamme diatonique. Cela ne veut pas dire que les tierces et septièmes majeures et mineures ordinaires ne fussent pas employées, mais elles ne l'étaient que modérément. En règle générale, les notes bleues remplaçaient les septièmes et les tierces de la gamme diatonique. Il y a eu, parmi les critiques de jazz, des discussions sur l'existence d'une troisième note bleue: la quinte bleue. Certains en ont affirmé l'existence, d'autres l'ont niée. Effectivement, elle existe, mais sa fonction n'est pas aussi précise que celle des autres notes bleues. Elle est en effet souvent employée à la place de la quinte normale dans la gamme diatonique quand on l'utilise comme note de passage. Mais la quinte normale est toujours utilisée quand elle est la dernière note, ou note de résolution, de la phrase musicale. C'est-à-dire, quand la quinte apparaît dans le milieu d'une phrase musicale comme note de passage relativement peu importante, on peut la remplacer par la quinte bleue. Mais quand la quinte est la note finale de la phrase musicale – note donc importante et vers laquelle les autres notes tendent – elle sera toujours une quinte normale.

(La quinte bleue n'a absolument rien à faire avec ce que l'on a appelé la quinte diminuée du mouvement bop. La quinte diminuée est une note bien définie de la gamme chromatique qui peut être jouée sur un piano – sol bémol dans la gamme de do – ; et c'est le chromatisme de la révolution bop qui l'a introduite dans la musique de jazz.)

Ces notes bleues, il faut bien le comprendre, ne peuvent pas se définir par une hauteur déterminée par rapport aux degrés de la gamme diatonique. Elles tendent à « se balader », tantôt s'infléchissant un peu vers le bas, tantôt remontant légèrement. Winthrop Sargeant, dans son ouvrage : *Jazz: Hot and Hybrid*, un des meilleurs essais qui, dans le passé, aient été consacrés à la musique de jazz, affirme que la septième bleue est, en quelque sorte, plus immuable que la tierce bleue et je crois qu'il a raison.

Mais ce qui est le plus intéressant à propos de notes bleues c'est leur utilisation dans la ligne mélodique des blues.

En général, la première des trois phrases musicales d'un blues commencera sur une septième bleue longuement tenue et fortement accentuée, puis descendra soit sur la quinte soit sur la tonique, en passant par une quinte bleue ou par une tierce bleue ou encore par les deux. La seconde des phrases sera similaire à la première, mais la première note sera la tonique supérieure. La troisième phrase peut commencer par la septième bleue, mais plus souvent, comme pour défier la règle, elle commencera autrement. Cette troisième phrase se terminera normalement sur la tonique.

Ce schéma de blues est très courant, mais ce n'est pas le seul, loin de là. Dans certains cas la première note sera une quinte, la phrase musicale descendra en passant par une quinte bleue et par une tierce bleue jusqu'à la tonique. On entend cela très souvent chez Bessie Smith.

Mais il y a encore un autre type de phrase musicale couramment utilisée et qui est caractéristique de la manière de Billie Holiday. Cette phrase musicale commence sur la tierce bleue, puis elle descend en passant par la septième bleue pour se résoudre sur la quinte plus bas.

Naturellement, il faut se garder de trop généraliser. Ce que je viens de dire ne constitue pas un ensemble de règles immuables, mais quelques-uns des processus couramment utilisés par les artistes de blues dans leurs interprétations. Pourtant, certaines généralisations peuvent être valables. En premier lieu, la ligne mélodique des blues descend au lieu de monter. En second lieu, ces lignes mélodiques commencent très souvent sur une note bleue.

Enfin, ces deux caractéristiques font que les phrases musicales du blues commencent en force, cette force allant en s'atténuant à la fin des phrases.

Tout ceci est l'opposé des habitudes musicales classiques. En effet, dans la musique classique, la ligne mélodique peut aussi bien monter que descendre, on n'y emploie pas de notes qui, comme les notes bleues, ne font pas partie du système diatonique ; enfin, le point culminant de la force expressive se place plutôt à la fin qu'au début de la phrase musicale.

Harmoniquement, le blues a de quoi dérouter celui qui n'est habitué qu'à la musique classique. Celle-ci, depuis l'époque de Bach, a été bâtie sur deux modes, le mode majeur et le mode mineur. La principale différence entre ces deux modes, ce qui les distingue l'un de l'autre, consiste en ceci : la tierce est-elle majeure ou mineure ? Le blues, quant à lui, n'utilise ni une tierce majeure ni une tierce mineure, il emploie une tierce bleue. De sorte qu'il ne se joue ni sur le mode majeur, ni sur le mode mineur, mais sur un mode bien à lui, le mode que l'on pourrait appeler bleu. Un vocaliste de blues peut parfaitement utiliser toute l'étendue de la gamme diatonique et même, parfois, les tierces et septièmes diatoniques au lieu des tierces et des septièmes bleues.

Mais un blues parfaitement authentique peut être bâti juste sur la tonique, la tierce bleue, la quinte bleue, la quinte normale et la septième bleue. A mon avis ce groupe de notes constitue la gamme fondamentale du blues.

Un dernier point sur lequel je voudrais insister à propos de ces blues anciens : ils finissent en général sur une septième mineure que l'on peut entendre dans un accord de guitare ou de piano, ou qui est la dernière note d'un petit motif de conclusion. Voici encore quelque chose de tout à fait opposé à la pratique classique.

Parmi les hommes qui ont chanté ou joué ces blues ruraux et primitifs, deux artistes émergent : Blind Lemon Jefferson et Huddie Ledbetter, ce dernier plus connu sous le sobriquet de Leadbelly.

Jefferson est né, aveugle, en 1897, dans une ferme près de Wortham, au Texas, à environ une centaine de miles au sud de Dallas. Comme beaucoup d'aveugles noirs de son époque, il apprit la musique pour pouvoir gagner sa vie. Très tôt, alors qu'il n'était encore qu'un adolescent, il joua dans des soirées et des bals dans les fermes de la région. Quand il fut âgé d'une vingtaine d'années, il se trouvait à Dallas, jouant dans les bordels, les bars, les cafés ainsi que dans des bals ou des soirées privées. Un peu plus tard, comme d'autres musiciens de couleur, il commença à faire des tournées dans le sud des États-Unis. La compagnie de disques Paramount entendit parler de lui et, entre 1926 et 1929, il enregistra quatre-vingts faces de 78 tours, qui connurent un très grand succès dans la population de couleur américaine.

On a dit de Jefferson qu'il était un être peu évolué, grossier, débauché et ivrogne, mais Pete Welding, qui fait autorité en matière de blues, s'élève contre ces assertions, citant les témoignages de plusieurs musiciens qui connaissaient bien Jefferson et le considéraient comme un homme charmant et chaleureux. Blind Lemon Jefferson est mort jeune, vers 1930, sans que l'on connaisse les circonstances de sa disparition prématurée.

Paradoxalement, Leadbelly, le plus célèbre des protégés de Jefferson, était plus vieux que ce dernier. Leadbelly était né au début des années 1880 et avait commencé sa carrière professionnelle alors qu'il n'avait que quinze ans, gagnant 50 cents par nuit, plus la boisson. A l'âge de seize ans il se maria, devint père de famille et aux environs de 1910 il se trouvait à Dallas s'occupant des affaires de Blind Lemon Jefferson. Apparemment Leadbelly était un homme irascible, brutal et violent car il fut emprisonné trois fois, deux fois pour meurtres et une fois pour avoir agressé une femme. Les Lomax, qui le connaissaient bien, prétendent qu'il avait agi en état de défense légitime, mais quoi qu'il en soit, il passa de longues périodes en prison durant les premières cinquante années de sa vie. Il fut enfin relâché quand John Lomax le découvrit. Celui-ci fut tellement emballé par le talent de Leadbelly qu'en 1934, il le fit se produire devant le gouverneur du Texas, Pat Neff, et le gouverneur de la

Une photographie publicitaire de Blind Lemon Jefferson.

Louisiane, O.K. Allen ; les deux hommes, conquis, accordèrent leur pardon au guitariste-chanteur. (Du moins Lomax l'affirme-t-il. Frédéric Ramsey junior, quant à lui, assure que le prisonnier avait été normalement libéré à l'expiration de sa peine.) A sa sortie de prison, Lomax l'amena à New York, en fit son chauffeur et entreprit de l'enregistrer. Quelle aubaine pour les journalistes et les éditeurs de magazines ! Un assassin qui se doublait d'un grand chanteur de musique folklorique ! Leadbelly commença à donner des concerts et à passer dans des clubs. En 1949 il se produisit à Paris. Quand il mourut, en décembre 1949, il jouissait d'une certaine popularité. Jefferson et Leadbelly furent peut-être les plus connus des chanteurs de blues ruraux, mais le nombre de ces derniers était énorme et on peut les entendre de nos jours par douzaines grâce aux disques qu'ils enregistrèrent durant les années vingt et trente. Les blues qu'ils ont créés sont, sans conteste, l'une des formes musicales les plus émouvantes et les moins éphémères de ce siècle. Comme le sonnet, cette forme musicale est concise, d'une structure parfaitement équilibrée, et nous sommes conviés à partager un moment d'intense émotion musicale chaque fois qu'elle déploie ses sortilèges. La base harmonique du blues dans son développement final, cette toute petite constellation formée de la tonique, de la sous-dominante et de la dominante, a été pendant des siècles au centre du système harmonique de l'Occident et sur elle se sont bâtis des siècles de musique.

La structure du blues, en trois parties, évoque les trois actes de la pièce classique ou encore le début, le milieu et la fin de la formulation aristotélicienne du drame. Son mélange d'influences européennes et africaines lui a conféré cette qualité de poésie littéralement envoûtante dans laquelle les auteurs anciens ont si souvent cru reconnaître le cri tourmenté de l'esprit des ténèbres. Il n'est pas étonnant, étant donné sa perfection concise et achevée, que les musiciens de jazz y aient fait sans cesse retour. Pendant près d'un siècle, ils ont été fascinés par le blues et, même de notre temps, ils retournent sans cesse au blues, source rafraîchissante et enrichissante.

CHAPITRE IV

Scott Joplin et la folie du ragtime

Le blues et les spirituals ont été les pierres angulaires sur lesquelles le jazz s'est construit et ils continuent aujourd'hui à marquer cette musique. Mais une autre forme de la musique des Américains de couleur, qui se développa à peu près à la même époque que le blues et la musique religieuse noire eut dans la formation initiale du jazz une importance égale. Ce fut le ragtime.

Faire des recherches sur la façon dont le ragtime s'est développé n'est pas plus aisé que de découvrir comment le blues et les spirituals sont nés. Heureusement, nous avons une bonne source d'information dans l'ouvrage « *They All Played Ragtime* » (Ils jouèrent tous le ragtime) écrit par les spécialistes Rudi Blesh et Harriet Janis. Les deux collaborateurs effectuèrent leurs recherches principalement dans les années 40 lorsque les premiers musiciens de ragtime étaient encore vivants et qu'eux-mêmes avaient la possibilité d'avoir des informations de première main sur la grande période du ragtime. Nous ne pouvons percevoir que d'une façon très peu claire ce qui se passait dans la période antérieure lors de la naissance et de la première évolution du ragtime.

Quoique le ragtime fût joué sur presque tous les instruments qui existent aussi bien que par des orchestres ou des grandes formations, ce fut essentiellement une musique de pianistes. Ses débuts remontent aux efforts que firent des Noirs américains des XVIIIe et XIXe siècles pour replacer dans leur musique ce qui pouvait rappeler les rythmes entrecroisés qui se trouvent au cœur des musiques africaines. Comme nous l'avons vu, il y a une formule musicale que l'on rencontre sans cesse dans la musique populaire des Noirs américains.

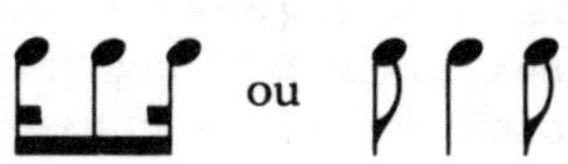

Cette figure rythmique est présente partout dans la musique de l'Afrique occidentale. C'est aussi la formule rythmique de base dans le ragtime et la formule classique du jazz. Elle apparut dans la musique populaire très tôt (dès 1843 dans « Old Dan Tucker », Le vieux Dan Tucker) et tous les Américains la connaissent car ce sont les trois notes qui ouvrent « Turkey in the Straw » (Le dindon dans la paille). C'est en fait une variante de ce rythme de trois temps sur deux temps qui constitue un principe si important dans les rythmes entrecroisés de l'Afrique occidentale. Dans le système classique, chacune des trois notes jouée sur une mesure à deux temps ou à quatre temps a une valeur égale. Les Africains, avec leur sens plus subtil du rythme, ne donnent pas nécessairement aux trois notes la même valeur. C'est exactement ce que nous avons ici : une figure de trois notes jouées sur une mesure de deux ou quatre temps et dans laquelle la note du milieu est deux fois plus longue que la première et la troisième. Dans leurs efforts pour comprendre cette figure rythmique et d'autres figures semblables et, d'après leur terminologie, des Blancs et des Noirs, éduqués selon le système musical classique, voient une syncopation dans ce « ragging » (rythme déchiqueté) de la mélodie, tel qu'on l'appelait. Le terme de « syncopation » s'applique à une note ou une figure musicale qui commence entre les temps ou qui est écrite de telle façon que les notes principales tombent entre les temps de la mesure. Dans l'exemple donné ci-dessus, la syncopation est ressentie sur la note du milieu qui tombe entre les temps, quoique la troisième note de la figure commence aussi sur la seconde moitié du temps. La syncopation est une formule assez courante dans la musique classique, par exemple le recueil de Bach « L'Art de la fugue » en est rempli. Le lecteur peut ressentir quelque chose qui ressemble à la syncopation en tapant des mains entre chaque pas tandis qu'il marche.

Mais la syncopation est une formule de musique classique et non pas une formule de musique africaine. Ce qui semblait être de la syncopation aux voyageurs qui transcrivaient des fragments de thèmes africains était en fait un entrecroisement de rythmes (ou rythmes croisés). Les notes n'étaient pas placées d'une façon précise entre les temps, mais étaient placées légèrement en avant du temps ou après. Les phrases étaient étirées hors de leur longueur normale et les notes tombaient en avant du temps. L'effet général produit était comme si la mélodie se trouvait détachée du rythme de base, tellement détachée qu'elle semblait flotter au-dessus.

Blesh et Janis parlent d'un joueur de ragtime né en 1875, Walter Gould, connu sous le sobriquet de One Leg Shadow (Ombre à une jambe) qui rapportait : « Le vieux Sam Moore jouait du ragtime sur les quadrilles et les scottishes quand je suis né... Il est né bien avant la guerre civile. » En tout cas, il est certain qu'aux environs de 1870 et peut-être bien avant, les musiciens comme Jess Pickett, Sam Gordon, Sammy Ewell, Jack the Bear (Jack l'Ours), One Leg Willie Joseph et des douzaines d'autres qui ont disparu faisaient des compositions entières, employant les formules « ragged » au-dessus d'un rythme de base produit par la main gauche. Ces musiciens étaient des voyageurs. Beaucoup d'entre eux étaient des amateurs ou jouaient à mi-temps : le chanteur ou le joueur de banjo des soirées amusait ses compagnons de travail sur les docks ou dans les camps de chemin de fer. Mais d'autres étaient des professionnels. Ceux-ci, comme W. C. Handy (connu pour son « St. Louis Blues ») allaient partout dans le pays, accompagnant les théâtres ambulants que ce fussent des minstrels ou des vaudevilles. Quelques-uns travaillaient sur les riverboats, ces beaux bateaux aux roues d'aube qui souvent transportaient des orchestres pour l'amusement des passagers. Les meilleurs de ces musiciens furent les pianistes, les « professeurs » qui faisaient tinter l'ivoire, et allaient jouer dans les bordels, les tripots, les saloons et dans les clubs sis dans les ghettos des grandes villes pour une clientèle qui était souvent mélangée racialement.

Il y avait une camaraderie, un sens de la fraternité parmi ces hommes. Il est certain qu'ils avaient l'esprit de concurrence. Jelly Roll Morton raconte l'histoire, citée par Blesh et Janis, de son arrivée dans un saloon de St. Louis où se réunissaient des pianistes. Il y était inconnu mais quand il dit qu'il jouait du piano on l'invita à s'asseoir au piano pour pouvoir juger de ses capacités. Le pianiste en fonction lui demanda s'il savait lire la musique. Jelly répondit que oui – prétention vraie à trente pour cent.

> Il y avait beaucoup de musique étalée sur le dessus du piano droit (dit Jelly) et il me demanda si je savais lire et je lui répondis que je lisais un peu. Évidemment il me proposa les quelques morceaux difficiles et c'était facile pour moi, car je les connaissais très bien et je jouai toute la musique qui se trouvait là. A ce point, il convoqua d'autres pianistes qui étaient supposés être de bons lecteurs. Ils m'amenèrent tous les airs de Scott Joplin. Je les connaissais tous par cœur de toute façon à cette époque, alors je les jouai tous. Finalement ils me présentèrent un morceau « Poète et Paysan ». Paraît-il, à St. Louis, si on était capable de jouer « Poète et Paysan » correctement, c'était le fin du fin. Je connaissais ce morceau depuis des années, mais lorsqu'ils le mirent devant moi, je commençai à le regarder comme si je ne l'avais jamais vu de ma vie – et il m'avait fallu deux mois de travail avant de pouvoir le jouer comme il faut. Alors je commençai à jouer le morceau et il fallait que je tourne la page mais ce n'était pas possible car les passages étaient si rapides que je n'en avais pas le temps, et Mr. Matthews attrapa la musique posée devant moi et dit : « Diable, ne nous commettons pas avec ce gars, c'est un crack ».

Mais la notion de compétition n'empêchait pas un esprit amical de régner. En filigrane il y a toujours eu un sens de la communauté qui faisait partie de l'attitude des Noirs des États-Unis entre eux de tous temps. Les musiciens s'encourageaient mutuellement, ils se montraient leurs effets spéciaux, ils apprenaient à leurs copains rivaux leurs meilleurs morceaux. En particulier les plus âgés, plus expérimentés ou des musiciens avec plus de technique étaient censés aider les moins avancés en âge ou en savoir-faire.

Il est important de savoir que les musiciens noirs américains, même jusqu'à une époque récente, n'ont pas eu le système d'éducation musicale bien défini, qui est normal dans la culture des Blancs. J. H. Kwabena Nketia, une autorité en musique africaine, dit qu'en Afrique « une instruction traditionnelle n'est pas organisée sur une base formelle, car l'on croit que le don naturel d'une personne et sa capacité de développer ce don par elle-même sont essentiels. Le principe d'enseignement semble être d'apprendre par l'expérience des autres. Être exposé à des situations musicales et y participer sont des méthodes d'instruction plus employées que des leçons formelles ». Cette façon de faire qui fut amenée par les Noirs d'Afrique continua à être la forme des études et de l'éducation musicale aux États-Unis. Un apprenti-musicien chez les Blancs commençait d'abord à apprendre comment jouer de son instrument pour pouvoir ensuite jouer la sorte de musique qu'il avait choisie. Le musicien noir pratiquait son instrument à l'inverse : il apprenait à jouer d'abord les mélodies qu'il aimait et à faire dessus certains effets. Le Noir voulait avoir seulement assez de technique pour pouvoir faire ce qu'il voulait. Là où un trompettiste blanc, par exemple, ferait des gammes dans tous les tons, le Noir n'apprenait un nouveau ton que lorsqu'il en avait besoin pour un morceau dans ce ton.

Cette façon d'apprendre la musique est très significative dans le développement de la musique de jazz. Beaucoup de ce qui se passe dans le jazz est très subtil et ne peut être écrit ou même expliqué dans des termes simples. Un système d'étude de la musique pratiqué normalement n'aurait pu cerner ces détails éminemment importants ; la seule façon qu'a un musicien de jazz pour les comprendre, c'est de les entendre pour essayer de les reproduire. Si les premiers musiciens de jazz, les pionniers, pour ainsi dire, avaient eu une éducation musicale d'après nos normes, le développement de cette musique eût été tout autre et peut-être qu'elle n'aurait pas existé. D'un autre côté, cette façon d'apprendre la musique soi-même poussait à l'expression individuelle. Le jeune musicien ne prenait pas l'habitude de reproduire ce qui était placé devant lui par son professeur – souvent des exercices fastidieux. Au lieu de cela, il choisissait les sons, les fragments de mélodie, les chansons, qu'il voulait reproduire et il développait une technique valable pour exprimer son choix. Il aurait pu se concentrer sur la vitesse, sur un son large, sur un certain type d'harmonie. Mais quoi qu'il fît c'était une réflexion sur sa conception musicale.

Ce système avait des imperfections et des manques sérieux cependant, car il tend à mener le musicien dans un cul-de-sac technique d'où il ne peut sortir. Peu de musiciens de jazz de couleur jusqu'aux années 40 étaient capables de jouer de la musique classique un peu difficile car ils n'avaient pas la sorte de technique que cela exigeait. Néanmoins, c'était, en soi, la meilleure façon d'apprendre à jouer la musique de jazz. Plus d'une fois le jeune musicien noir se choisissait un musicien pour le guider – ou une série de musiciens – qu'il admirait et essayait de copier. Celui-ci, pour le remercier de son admiration, lui montrait comment il obtenait certains effets et d'autres trucs du métier.

Nombreux furent les premiers pianistes de ragtime à prendre leur essor de cette façon. La plupart d'entre eux probablement ne pouvaient guère lire la musique. Cependant parmi eux, dès les débuts, il y en eut qui eurent une formation classique, mais en fait très peu d'entre eux ont pu suivre des cours dans des conservatoires. Ces musiciens ont donné une forme à cette façon de jouer « ragged » (au rythme déchiqueté). D'un style, ils ont fait un genre particulier. Ils ont non seulement composé des œuvres, mais ils les ont écrites et éventuellement les ont fait publier et avec ce procédé ont fini par rendre la musique plus classique. Les notes bleues disparurent, écartées par les pianistes dont l'instrument, le piano, ne pouvait les produire. Les tournures « ragged » dans les mélodies furent converties en syncopation classique et la mélodie était arrimée au rythme de base avec seulement une syncopation rigide suggérant les rythmes croisés africains.

Dès 1890 un groupe de musiciens dont Tom Turpin, James Scott, Artie Matthews, Scott Hayden et Eubie Blake, a commencé à constituer un répertoire de ragtimes qui ont survécu jusqu'à nos jours. Nous ne savons pas qui fut le premier pianiste de ragtime. La première fois qu'on utilisa ce terme, il semble que ce fut pour le titre du morceau « My Ragtime Baby » (Ma fiancée du Ragtime) par Fred Stone, publié en 1893, mais Stone était un fantaisiste populaire et non un pianiste de ragtime. De toute façon, quel que fût le premier à employer ce terme, le plus grand parmi eux selon l'opinion universelle fut Scott Joplin.

Nous connaissons Joplin surtout par le livre de Blesh et Janis, quoiqu'il y ait eu d'autres écrits sur le sujet, le plus important semblant être une thèse non publiée par Addison Walker Reed. Joplin est né en 1868 à Texarkana, une ville du nord-est du Texas. Son père, un ouvrier sur les voies de chemin de fer, jouait du violon ; sa mère chantait et jouait du banjo. Ce ne fut donc pas surprenant que les trois fils, Will, Robert et Scott fussent attirés par la musique. Il y avait un piano dans une maison voisine, probablement là où Mme Joplin travaillait comme domestique – et Scott commença à tapoter dessus. Il s'avéra rapidement qu'il était doué et son père racla tous les fonds de tiroir pour pouvoir acquérir un piano à queue, carré, d'un modèle ancien. Ce n'était pas aussi extraordinaire qu'on aurait pu le penser, qu'une famille pauvre de Noirs ait pu posséder un piano. Aux États-Unis il y eut comme une folie pour le piano pendant les dernières décades du XIXe siècle. Des parents pauvres et noirs ayant des ambitions pour leurs enfants pouvaient tout aussi bien acheter un piano que des parents pauvres de nos jours investir de l'argent dans une encyclopédie. En tout cas, Scott put commencer à travailler son instrument. On commença à parler du jeune garçon noir et talentueux dans le quartier et, en peu de temps, Scott eut un professeur – d'après Blesh et Janis, un Allemand qui lui donna des leçons pour rien. Quoi qu'il en soit, nous savons que Joplin fit des études pianistiques classiques et possédait une assez grande connaissance des grands compositeurs classiques des débuts du XIXe siècle et aussi d'avant cette période. Joplin fut donc, depuis son enfance, un musicien qui avait étudié et avait une solide base en théorie musicale. Il connaissait certainement la tradition musicale des Noirs, celle des ring shouts et des chants de travail car il employa quelques-unes de ces formes dans son opéra *Treemonisha.* Mais son répertoire principal fut la musique romantique classique du XIXe siècle qui a été fourrée dans la tête de centaines de milliers de jeunes pianistes américains, filles et garçons, depuis le temps de Joplin jusqu'à nos jours.

La mère de Scott Joplin eut apparemment une grande influence sur sa vie. Elle semble être grandement responsable de son activité de pianiste en l'encourageant et en le poussant à en faire, et certainement *Treemonisha,* qui est centré sur une figure à la Jeanne d'Arc, fut en partie un tribut de Scott à sa mère. Elle mourut en 1882 lorsque Scott avait quatorze ans et peu de temps après il partit de la maison pour devenir un de ces musiciens itinérants qui jouaient dans tous les États-Unis.

Mais Joplin n'était pas simplement un de ces pianistes itinérants qui ne pensaient qu'à s'amuser et dépenser de l'argent. Il n'a jamais été ce genre de viveur qu'étaient quelques-uns de ses aînés. C'était un homme tranquille, réservé, même timide, à la figure ronde, au teint foncé. C'était un ami bon et loyal, et généreux pour aider autrui. Sous cet aspect sans éclat se cachait une ambition forcenée pour devenir quelqu'un, pour réussir quelque chose de significatif dans ce qu'il appelait son art. En ce sens il fut probablement le premier Noir américain à se prendre pour un vrai artiste travaillant dans une forme musicale de la culture noire.

Les voyages successifs de Scott Joplin l'amenèrent aux environs de 1885 à St. Louis qui devait rester sa résidence de base pendant près de vingt ans. Il travailla dans tout le pays aux alentours, parfois allant plus loin, jouant pour tous les engagements qu'il pouvait obtenir et se faisant par la même occasion une réputation, dans l'Ouest et le Sud-Ouest, comme un des meilleurs pianistes de son genre. Par deux fois durant cette période, il vécut dans la ville de Sedalia, terminus du train dans le centre du Missouri. Il est évident qu'il prenait sa musique très au sérieux dans le fait que, à la fin des années 1890, alors qu'il avait presque trente ans, il se fit inscrire au collège George Smith pour les Noirs, une institution dirigée à Sedalia par l'église méthodiste. On ne sait pas ce qu'il y étudia, mais cette école faisait des cours très avancés sur la théorie musicale et l'on présume que Scott suivit ces cours. En même temps il jouait du cornet dans un petit orchestre de cuivres, il était le chef d'un orchestre de danse et, de temps en temps, faisait une tournée avec un groupe vocal appelé le Texas Melody Quartette (comprenant ses deux frères) qu'il avait mis sur pied et dirigeait. Il est très évident qu'avec toute cette activité, Joplin était, à l'âge de trente ans, un musicien tout à fait accompli, instruisant, dirigeant, arrangeant la musique, chantant et jouant probablement d'autres instruments en plus du piano. Il s'était mis aussi à composer. Ses premiers morceaux furent des chansons sentimentales, typiques de son temps et pas meilleures que des milliers d'autres. Mais dès 1897 l'engouement pour le ragtime commença à se produire. Ce fut une véritable toquade, une autre de ces formes de musique tirée du folklore noir et occidentalisée. Pareil à ces folies similaires, comme le retentissement du jazz des années 20, la toquade pour les orchestres dits « swing » des années 30 et le boom que fit la musique « soul » des années 60, le ragtime fut associé à une danse et dans ce cas particulier ce fut le cake walk.

Les Blancs, évidemment, se mirent au diapason et entre 1900 et 1915 le ragtime fut plus joué que la musique populaire des États-Unis. Il y eut des concours de ragtime avec des prix allant jusqu'à 25 000 dollars. Il y eut des écoles de ragtime, des livres pour apprendre le ragtime. Le mouvement s'étendit jusqu'en Europe et des compositeurs inclurent des thèmes de ragtime dans leurs œuvres, le plus connu étant le « Golliwog's Cake walk » de Debussy.

Joplin fut pris dans le boom. En 1899 il montra quelques-unes de ses compositions à un éditeur. L'une d'elles, « Original Rags », fut prise par l'éditeur. Parmi celles dont ne voulut pas l'éditeur figurait une composition que Joplin avait nommée d'après le Club Maple Leaf (Club de la Feuille d'Erable), un beuglant sis à Sedalia. Joplin s'y connaissait mieux que l'éditeur. Il avait dit à un ami : « Le " Maple Leaf Rag " va faire de moi le roi des compositeurs de ragtime. » Peu de temps après, par bonheur, un petit vendeur d'airs à la mode du nom de John Stilwell Stark entendit Joplin jouer son morceau au Maple Leaf Club. Il l'aima et offrit de le publier. Joplin accepta l'offre. Cette rencontre fut cruciale dans la vie des deux hommes. John Stark, né en 1841, fut élevé dans une ferme au Kentucky. D'abord fermier, puis vendeur de glaces et ensuite revendeur de petits orgues et de pianos aux alentours de Chillicothe, il atterrit à Sedalia où il ouvrit un magasin de musique. Dans les relations entre Stark et Joplin, pour une fois, nous avons à parler d'autre chose que d'un Blanc exploitant un Noir. Stark était un homme d'honneur et de principes. Non seulement il fit une avance de cinquante dollars à Joplin pour son « Maple Leaf Rag » – une bonne somme pour l'époque – mais encore il signa un contrat donnant à Joplin des royalties sur les ventes de son morceau. Le morceau fut instantanément un best-seller, se vendant à plusieurs centaines de millions d'exemplaires en six mois, et de ce fait Stark put monter son affaire à St. Louis. Durant les dix années suivantes il continua à être l'éditeur, l'ami et le confident de Joplin.

A partir de ce moment, Scott Joplin fut sinon riche, du moins à l'aise finan-

Une des rares photographies de Scott Joplin datant probablement de 1911.

cièrement. De plus, sans être célèbre il était bien connu. Le « Maple Leaf Rag » fut le morceau le plus populaire parmi les ragtimes et reste aujourd'hui le plus aimé des amateurs de ce style. Joplin lui-même fut reconnu ainsi qu'il l'avait prédit, comme le compositeur le plus éminent des ragtimes. Quoiqu'il continuât à toujours se produire en public, le succès du « Maple Leaf Rag » permit à Joplin de ne plus jouer dans les lieux de divertissement et de se dévouer surtout à la composition et à la direction d'élèves. En tout, Joplin édita trente-trois ragtimes, à peu près deux douzaines de chansons, valses et morceaux pour solos, ainsi qu'une méthode. Il laissa, lorsqu'il mourut, dix autres morceaux qui furent publiés récemment seulement. Ces morceaux n'étaient pas écrits à la va-vite. Dans une bonne année, Joplin écrivait peut-être quatre ragtimes et deux chansons (c'étaient souvent des ragtimes simplifiés auxquels on ajoutait des paroles et qu'on publiait comme « chansons ». Joplin transforma ainsi nombre de ses ragtimes). Il était très sérieux en ce qui concernait sa musique et travaillait dur. Tandis que les années passaient, la texture de ses ragtimes devint plus dense et la syncopation était moins apparente. Ce fut un choix artistique et non pas commercial. Pour bien vendre les ragtimes il suffisait de les rendre faciles à jouer et ainsi le pianiste amateur pouvait aller jusqu'au bout sans difficulté. Seulement les très bons amateurs s'essayaient aux œuvres de Joplin écrites à la fin de sa vie, et il faut une bonne technique pour jouer comme il faut le « Maple Leaf Rag ».

Joplin méprisait les ragtimes populaires très simplifiés – le plus connu étant peut-être le « Alexander's Ragtime Band » d'Irving Berlin. Il décriait ces pianistes de ragtimes qui les jouaient de plus en plus vite pour faire de l'effet. Il ne permettait pas la liberté rythmique, insistant sur le fait qu'un ragtime devait être joué uniquement comme il avait été écrit.

Cette dernière recommandation était d'une grande importance. En effet, elle suggère que de nombreux joueurs de ragtimes prenaient des libertés avec la ligne mélodique – que, en somme, ils continuaient à jouer leurs ragtimes à l'ancienne façon. Il est difficile de s'en assurer car la plupart des ragtimes au piano que nous possédons étaient enregistrés sur rouleaux plutôt que sur des disques et nous ne pouvons dire au juste à quel point ils étaient conformes à la musique écrite. Toutefois, il existe quelques disques très anciens de ragtimes au banjo qui montrent bien que les musiciens prenaient des libertés avec le tempo strict. Quelques-uns des morceaux enregistrés de Sylvester « Vess » Ossman, un banjoiste fort connu de cette époque, surtout dans son enregistrement de « St. Louis Tickle » sont joués avec une telle liberté que cela donne une qualité presque jazzistique aux ragtimes.

Dans l'esprit de Scott Joplin, néanmoins, un ragtime était un morceau de musique strictement composé, travaillé avec autant de soin qu'une étude de Chopin et devait être pris avec autant de sérieux. Effectivement, le ragtime tel que nous le connaissons aujourd'hui a une forme très stricte. La main gauche marque un tempo régulier. Ceci peut se faire sous forme de « walking bass » *(basse ambulante)* – c'est-à-dire une suite de notes simples ou d'octaves qui montent ou descendent sur le clavier – ou encore à la manière « stride » où la main gauche attaque une seule note ou une octave sur le premier et le troisième temps de la mesure, le deuxième et le quatrième temps étant des accords, ceci produisant cet effet de « boum tchic – boum tchic » si connu d'un certain style de piano. Sur cette ligne de basse au tempo franc, la main droite joue une mélodie très syncopée et, dans les ragtimes classiques, souvent très complexe.

Pour la mélodie deux façons de procéder sont caractéristiques : la première est la répétition – familière aux amateurs de Bach – où un thème est joué, puis répété plus haut ou plus bas, d'habitude à un intervalle de seconde ou de tierce ; la seconde façon consiste en l'appel et la réponse, dans laquelle un second thème est joué en réponse à l'autre. Le ragtime est écrit d'habitude en mesures classiques de 2/2, 2/4, 3/4, 4/4 et 6/8.

La plupart des thèmes de ragtime sont bâtis sur des figures mélodiques de deux ou quatre mesures qui sont répétées ou variées suffisamment pour former un air de seize ou trente-deux mesures. Un ragtime peut comporter trois, quatre ou même cinq airs, d'habitude répétés ou revenant par intervalles, de la même façon qu'un rondo classique qu'un homme comme Joplin devait certainement connaître.

De toute évidence je suis en train de généraliser, mais nombreux sont les ragtimes qui sont ainsi bâtis d'une façon ou d'une autre. Mais la généralisation tient bon. Le ragtime est une musique qui a ses règles, une musique qu'aucun des maîtres du clavier à l'époque baroque n'aurait eu de difficulté à comprendre.

Ceux des lecteurs qui auront joué dans les fanfares de leurs écoles reconnaîtront immédiatement quelque chose de très familier dans la construction des ragtimes. En effet, quoique le ragtime ait eu plusieurs sources, surtout des musiques pour la danse comme les quadrilles et les scottishes, il est certain qu'il doit beaucoup aux marches.

La fanfare remplit un rôle important aux États-Unis et comme nous l'avons vu notamment pour les Noirs pendant des décades. La marche était une forme musicale très populaire et tout à fait connue des musiciens noirs et il est à peine surprenant qu'elle ait joué un rôle vital dans la formation du ragtime. En fait, de nombreux ragtimes sont spécifiquement appelés marches sur les partitions. Le « Champagne Rag » de Lamb et « The Fascinator » de Scott étaient tous deux qualifiés de marches.

Au moment de l'entrée en guerre des États-Unis lors de la Première Guerre mondiale on commençait à avoir moins d'engouement pour le ragtime.

L'excès de l'engouement puis l'intérêt croissant pour le jazz et les blues, l'ennui provoqué par ce qui, à la base, avait une forme assez limitée, tout se combina pour qu'on l'abandonnât. Mais Joplin lui-même s'était déjà tourné vers d'autres activités. Il avait quitté St. Louis vers 1907, en partie à cause de son chagrin à la mort de sa fille en bas âge, et aussi à cause de son divorce. Il partit pour New York, où Stark s'était déjà établi, et se remaria, avec Lottie Stokes, qui le soutint avec une grande loyauté. Il n'écrivit plus guère de ragtimes mais se consacra à des compositions classiques. En 1909 il édita cinq ragtimes et, durant les huit années qu'il eut encore à vivre, n'en édita plus que cinq. En 1903 il avait déjà composé un opéra dans le genre ragtime *A Guest of Honor* (Un hôte d'honneur) qui avait été joué une ou deux fois et avait disparu plus tard, probablement lorsqu'on put disposer de tous ses écrits après sa mort. Et à New York il se consacra à un nouvel opéra, *Treemonisha*.

L'intérêt que prenait Joplin pour cette œuvre était d'une nature obsédante. Stark refusa de la publier, car il savait qu'il n'en tirerait pas d'argent. Joplin donc s'arrangea pour la faire publier et pendant des années chercha des commanditaires pour la faire représenter.

Personne ne voulait de cet opéra. Jusqu'à un certain degré, ceci était dû à un snobisme musical dans le milieu des compositeurs blancs qui ne voulaient pas admettre un Noir comme leur égal. Mais ce n'était pas seulement ça, car le théâtre musical noir existait à New York : dès 1898, *Clorindy*, un show musical écrit par Will Marion Cook et le poète noir Paul Lawrence Dunbar avait été représenté à New York et à Londres. La vérité est bien que *Treemonisha* fut une œuvre bourrée d'imperfections. Joplin par contre était persuadé de sa valeur et, en 1915, il monta l'opéra lui-même, sans décors et jouant lui-même la musique au piano. Le public de Harlem, composé pour la plupart de Noirs, n'applaudit pas et à la fin de la soirée Joplin était brisé. Il était déjà en tout cas dans un état terrible dû à une syphilis très avancée. Après cette année-là, il travailla très peu et le 13 avril il mourut dans une institution pour fous. Il fut cependant pleuré, ses funérailles à Harlem furent impressionnantes et coûteuses. Il avait peut-être failli dans son grand rêve, mais ses ragtimes l'avaient fait connaître du grand public.

En travaillant à une forme de musique plus étendue et prise à la tradition classique, Joplin succombait à une impulsion que ressentirent aussi nombre de musiciens de jazz qui sont venus après lui. James P. Johnson, Duke Ellington, Bix Beiderbecke, Woody Herman, Stan Kenton, Ornette Coleman, pour n'en nommer que quelques-uns, ont tous écrit des pièces étendues, d'une forme classique, que ce soit une symphonie, un poème musical ou autre chose. La qualité de telles pièces est d'habitude inégale, quoiqu'il y ait de rares exceptions et on soupçonne les musiciens d'avoir l'ambition de travailler pour une forme « prestigieuse » plutôt que d'être poussés à la création de ces œuvres par un besoin artistique.

Dans *Treemonisha* nous voyons tous les dangers auxquels peut succomber un compositeur, dépassé par une mauvaise conception de l'opéra. Le livret conte les essais d'une jeune fille noire, mystique, qui rêve de sortir son peuple de ses superstitions pour l'amener à s'épanouir. C'est un mélange d'absurdités avec une intrigue ténue et invraisemblable. Les paroles du livret sont incroyables de naïveté et manquent de nuances. La musique va du moyen au moyennement intéressant. Comme de nombreux critiques l'ont souligné, dont Gunther Schuller, qui dirigea l'opéra à Broadway, Joplin se servait du langage musical de 1830 alors qu'il était contemporain de Malher, de Schönberg et de Stravinsky. Cependant, malgré ses nombreux défauts, *Treemonisha* vaut d'être entendu en tant que composition mineure et imparfaite. Joplin y inclura plusieurs morceaux tirés de la tradition plus ancienne de la musique africaine, notamment « We're Goin' Around » (Nous tournons autour), un jeu en rond et « A Real Show Drag » (Une vraie danse lente) qui termine l'opéra. Ces morceaux figurent parmi les morceaux les plus gais écrits par un Américain et je ne doute pas qu'ils deviendront une part de notre héritage, et qu'ils seront chantés et dansés par les enfants des écoles pendant des générations.

La mort de Joplin aurait pu marquer la fin du ragtime mais en fait le ragtime n'était pas encore mort. Pendant les décades suivantes une poignée d'enthousiastes le firent revivre. Ils ont fondé des clubs, ont fait imprimer des partitions, ont recherché de vieux manuscrits et jouèrent la musique quand ils le pouvaient. Leur dévotion fut récompensée. En 1971 un musicologue et pianiste, Joshua Rifkin, qui avait été un fanatique du jazz pendant son adolescence, s'amouracha de l'œuvre de Joplin et fit un enregistrement de ses morceaux pour Nonsuch, une petite marque qui se spécialisait en musique baroque et de la Renaissance aussi. Le disque, à la surprise de tous, devint un best-seller. Un producteur de cinéma eut vent de ce petit boom pour le ragtime et se servit de « The Entertainer » de Joplin comme musique de fond pour un film, *The Sting.* Une petite recrudescence d'intérêt pour le ragtime s'ensuivit et on monta *Treemonisha,* d'abord en 1972 au Memorial Arts Center d'Atlanta, puis en 1975 à Broadway où l'opéra eut une critique gentille en général. Joplin, finalement, avait réussi.

Mais en vérité ce sont ses ragtimes qui lui donnèrent une longue renommée. Le ragtime s'est trouvé une place permanente en tant que musique de réelle valeur – pas une grande musique peut-être mais une musique qui, très bien jouée, a un charme léger et gracieux et qui possède aussi ses propres caractéristiques.

DEUXIÈME PARTIE

La Nouvelle-Orléans : l'éclosion du style « classique »

CHAPITRE V

Les premiers sons du jazz

La légende stéréotypée sur l'origine de la musique de jazz peut se résumer ainsi : cette musique est née à La Nouvelle-Orléans et aux alentours de cette ville et a remonté le Mississippi jusqu'à Memphis, St. Louis et finalement Chicago, par les bateaux à aubes. Cette légende a été sérieusement mise en doute récemment par des historiens du jazz, en particulier par Ross Russell qui, dans son étude très sérieusement documentée : *Jazz Style in Kansas City and the South-West* (Le style de jazz à Kansas City et dans le Sud-Ouest) retrace le développement de la première période du jazz dans les États du Kansas, de l'Arkansas et du Texas. C'est une mode, de nos jours, que d'insister sur le fait que le jazz est né spontanément de la culture de l'ethnie de couleur des États-Unis, dans un certain nombre d'endroits et tout spécialement à New York, Kansas City, Chicago et St. Louis.

Cependant, en vérité, la vieille légende est presque certainement l'expression de la vérité. Le jazz est bien né à La Nouvelle-Orléans et dans les environs de cette ville, et la musique de jazz s'est bien répandue, quoique pas toujours grâce aux bateaux à aubes, dans le reste du pays. Il y a plusieurs raisons qui rendent vraisemblable cette dernière version de l'histoire du jazz. La première est constituée par le témoignage de vieux musiciens. Ceux qui ont vécu à l'époque à laquelle le jazz a commencé à sortir des ghettos ont toujours assuré que les musiciens de La Nouvelle-Orléans jouaient une musique d'un genre différent, que les autres musiciens s'empressèrent de copier. Un clarinettiste de Memphis, Buster Bailey, a dit que dans sa ville natale les musiciens n'ont commencé à vraiment improviser qu'après avoir entendu les disques de jazz des musiciens de La Nouvelle-Orléans et aussi, que le mot « jazz » n'avait jamais été utilisé par eux jusqu'à ce moment-là. Un autre clarinettiste, Garvin Bushell, dans une étude publiée dans *Jazz Panorama* (Panorama du Jazz), un recueil de témoignages rassemblés par Martin Williams, ne s'exprime pas autrement que Buster Bailey ; il affirme que les musiciens de couleur du nord des États-Unis ont appris le jazz en écoutant les instrumentistes de La Nouvelle-Orléans. Quant au contrebassiste George « Pops » Foster, qui nous a laissé une autobiographie très sincère (écrite en collaboration avec Tom Stoddard), il s'exprime ainsi : « Quand les musiciens de La Nouvelle-Orléans parcouraient le pays, les musiciens de l'Est comme ceux de l'Ouest, tous s'efforçaient de jouer comme les musiciens de La Nouvelle-Orléans. » Mais il y a encore autre chose : le témoignage des enregistrements. L'écoute de ces documents démontre à l'évidence que La Nouvelle-Orléans et les alentours de cette ville sont bien les lieux de naissance de la musique de jazz. Sans aucune exception, tous les disques de jazz enregistrés avant 1925 et peut-être même avant 1924, par des musiciens de couleur ou des musiciens blancs, ont été réalisés par des gens de La Nouvelle-Orléans ou de la région environnante, ou alors par des musiciens qui imitaient vraiment en tous points le style de La Nouvelle-Orléans. Un excellent exemple de ce que je viens d'avancer nous est fourni par les anciens disques de Bennie Moten, un des plus importants chefs d'orchestre du sud-ouest des États-Unis tout au long des années 20 et jusqu'au commencement des années 30. Dans les disques les plus anciens de Bennie Moten, comme « Elephant Wobble », enregistré en 1923, on entend un orchestre jouant ce que l'on appelait du ragtime avec quelques rares inflexions de blues de la part du cornettiste. Le clarinettiste Woody Walder imitait, alors, le clarinettiste blanc de La Nouvelle-Orléans Larry Shields, dont le style, tel qu'on peut l'entendre dans les disques de l'Original Dixieland Jazz Band, avait influencé beaucoup d'instrumentistes. Dès 1925, avec l'enregistrement de « 18th Street Strut », l'orchestre de Moten était devenu un groupement de style Nouvelle-Orléans, influencé par le Créole Jazz Band de King Oliver, qui avait commencé à enregistrer en 1923. Walder jouait alors à la manière de Johnny Dodds, le clarinettiste de King Oliver, et le cornettiste Lammar Wright avait maîtrisé le rapide vibrato terminal, marque caractéristique du style de La Nouvelle-Orléans.

S'il fallait d'autres preuves pour confirmer l'assertion que La Nouvelle-Orléans a bien été le berceau de la musique de jazz, on les trouverait à l'écoute des enregistrements des orchestres blancs locaux. Au début des années 20, quelques-uns de ces orchestres blancs jouaient un jazz de qualité supérieure à tous les autres, à l'exception des meilleurs orchestres de couleur de La Nouvelle-Orléans. Les New Orleans Rhythm Kings, dont je parlerai en détail un peu plus loin, jouaient, en 1922, quand ils enregistrèrent leurs premiers disques, du jazz de meilleure qualité que celui de certains orchestres de couleur de la même époque. Un autre groupe de musiciens blancs qui devait enregistrer sous le nom de Original Crescent City Jazzers ou sous celui de Arcadian Serenaders, en 1924, était presque aussi bon que les New Orleans Rhythm Kings.

Ce groupe, dont seuls se souviennent les historiens des débuts de la musique de jazz, comprenait un très bon clarinettiste en la personne de Cliff Holman et deux excellents cornettistes : Wingy Manone et Sterling Bose qui, tous deux, devaient devenir des jazzmen réputés au cours des années 30 et 40. Le fait que des Blancs de La Nouvelle-Orléans s'initiaient à l'idiome du jazz, avant les Noirs des autres régions des États-Unis, prouve clairement que ce genre musical était bien né dans cette ville.

Si l'on y réfléchit bien, la primauté de La Nouvelle-Orléans, dans la genèse et le développement de la musique de jazz, peut se déduire des caractéristiques évidentes de la ville elle-même. La Nouvelle-Orléans fut, pendant longtemps, une espèce d'anomalie dans les États-Unis d'Amérique. Fondée en

1718 par Jean-Baptiste Le Moyne, sieur de Bienville, la ville, dès le début, fut, par vocation, une cité du Sud. Elle était vouée à la culture franco-espagnole. Elle faisait partie de la civilisation des Caraïbes et non pas du monde anglo-saxon du Nord. Sa patrie spirituelle était la France. Il régnait, dans la ville, un esprit de libéralisme qui se manifestait par une attitude pleine d'indulgence à l'égard du plaisir – une des caractéristiques des cours royales françaises.

La ville se voulait une espèce de Paris-sur-Mississippi et s'efforçait de bien jouer ce rôle. Henry A. Kmen, dans son étude très documentée, *Music in New Orleans* (La Musique à La Nouvelle-Orléans), nous livre un portrait d'une ville qui pendant près de deux siècles a été imprégnée de musique et de danse. Un nordiste qui avait visité la ville a dit que l'amour de la danse y atteignait « un excès incroyable et que ni un froid mordant ni une chaleur oppressante n'auraient pu détourner les habitants de leur passion pour la musique et la danse ».

Mais la musique n'était pas uniquement destinée aux danseurs. A certaines époques il y eut jusqu'à trois troupes de musiciens, chanteurs et acteurs d'opéra, ce qui est étonnant pour une ville qui comprenait alors moins de cinquante mille habitants. Il y avait aussi, en permanence, beaucoup d'orchestres symphoniques et notamment, aux alentours de 1830, The Negro Philharmonic Society (La Société Philharmonique des gens de couleur).

Ce qui est le plus intéressant au sujet de cette foisonnante activité musicale, c'est qu'elle était dans une certaine mesure biraciale. Les orchestres de danse, qui pouvaient comprendre jusqu'à une quinzaine de musiciens, étaient le plus souvent composés de musiciens noirs aussi bien pour un public de danseurs de couleur que pour un public blanc. (Ils pouvaient même être des orchestres mixtes : c'est ainsi que la Société Philharmonique des gens de couleur, lorsqu'il lui manquait des musiciens, recrutait, pour l'occasion, des instrumentistes blancs). Les Blancs des couches aisées de la société fréquentaient ce que l'on appelait les Bals des Quarteronnes*. Plus tard, pour prendre leur revanche, des femmes blanches, qui s'estimaient frustrées, prirent l'habitude d'aller à ces bals pour y dénicher un partenaire. Il n'y a aucun doute que ces bals aient revêtu ouvertement un caractère de relations sexuelles. Un journal de l'époque les décrit comme « des orgies inter-raciales ».

Il ne faudrait pourtant pas s'abuser jusqu'à penser que les Noirs ont été alors considérés, du point de vue social, comme les égaux des Blancs, ou que la majorité des gens de couleur a échappé à une vie de travaux très durs. La Nouvelle-Orléans était bien une ville du Sud. Mais, pendant presque un siècle et demi, de la fondation de la ville jusqu'à la guerre civile, la musique et la danse ont multiplié les occasions pour les Blancs et les gens de couleur de s'entremêler, si ce n'est comme égaux, du strict point de vue social, du moins comme des partenaires au cours de maintes manifestations de caractère social.

La Nouvelle-Orléans était donc très différente des autres villes américaines sous beaucoup de rapports. Elle était très libérale, très tolérante à l'égard des

* Jeune fille ou femme métisse possédant un quart de sang de couleur et trois quarts de sang blanc.

plaisirs de la vie, elle regorgeait de musique – elle était sans conteste la ville américaine la plus totalement vouée à la musique – et elle offrait aux Noirs une possibilité de s'exprimer bien plus grande que celle qui leur était réservée dans les autres parties du sud du pays.

Mais il y avait peut-être à La Nouvelle-Orléans quelque chose d'encore plus important pour l'historien du jazz; la ville abritait aussi une culture d'un caractère unique : celle des Créoles dits « de couleur ».

La culture des Créoles * de La Nouvelle-Orléans et de la Louisiane n'a pas toujours été bien comprise. Il y a des gens à La Nouvelle-Orléans, aujourd'hui, qui prétendent qu'il n'y a pas de « Créoles de couleur ». Les « Créoles de couleur » eux-mêmes se défendaient d'être des Nègres jusqu'à une époque très récente où le mouvement « Black is beautiful » (le Noir est beau – la Couleur noire est belle) a convaincu les gens que le fait d'appartenir de près ou de loin à la race noire était naturel et même enviable. Un écrivain originaire de La Nouvelle-Orléans, M. H. Herrin, dit, dans son ouvrage *The Creole Aristocraty* (L'Aristocratie Créole), que le terme « *Creole* » ne doit pas être employé pour désigner des gens de sangs mêlés, et il a écrit cela en 1952. D'après lui (et aussi d'après de nombreux Blancs de La Nouvelle-Orléans) les Créoles sont des descendants en ligne directe de Français ou d'Espagnols qui étaient nés sur le Nouveau Continent, par opposition à ceux qui ont immigré plus tard. Le terme de Créoles en est donc venu à désigner les gens de La Nouvelle-Orléans ou d'ailleurs dans la région des Caraïbes, qui descendaient des colons qui s'étaient installés depuis longtemps dans ces régions. C'était donc pour les Créoles une fierté que d'appartenir à cette catégorie. Mais après la cession de la Louisiane aux États-Unis (Traité de Paris), en 1803, les « Américains » (comme on les appelait en Louisiane) commencèrent à venir s'installer à La Nouvelle-Orléans et dans les environs et, peu à peu, assumèrent des situations privilégiées de pouvoir, de prestige et d'influence. Les Créoles se virent de plus en plus menacés en tant que classe sociale. Ils se serrèrent les coudes, durcirent leur attitude et déployèrent tous leurs efforts pour préserver leur culture européenne. Ils continuèrent à parler entre eux un patois français, ils imitèrent la culture française et, ceux qui pouvaient le faire, envoyèrent leurs enfants étudier à Paris.

Une des habitudes bien françaises que les hommes perpétuèrent fut d'entretenir des maîtresses. Une des coutumes qui se développa rapidement parmi la plupart des Créoles fut de choisir comme maîtresses des jeunes filles de couleur de sangs mêlés et de peau claire, qui étaient très nombreuses dans le Sud. La plupart du temps les hommes entreprenaient des négociations avec les mères des jeunes filles qu'ils convoitaient, tout comme s'il s'était agi de fiançailles. Ils installaient leurs conquêtes dans de petites et coquettes maisons du Quartier Français, qui devenaient, pour eux, comme un second foyer.

* Le mot créole, en français, désigne une personne blanche, née de parents blancs, dans des régions intertropicales, par exemple dans les anciennes colonies françaises. Dans son acception générale américaine, ce mot désigne des personnes ayant du sang de couleur, de teint clair, et issues plus spécialement de père ou de grands-parents d'origine française, ou espagnole, ou portugaise (latine selon la terminologie américaine).

Le résultat de cette habitude fut la prolifération d'une sous-classe de « Créoles de couleur », dont les couleurs de peau variaient à l'infini. Ces « Créoles de couleur » parlaient français, s'enorgueillissaient de posséder quelque culture, et, surtout, se défendaient énergiquement d'être des nègres. Ils vivaient, après tout, au sein d'une société dans laquelle les Noirs n'étaient pas seulement tout à fait en bas de l'échelle sociale mais surtout étaient des esclaves (ou, plus tard, des descendants directs d'esclaves). Les « Créoles de couleur » qui étaient de peau très claire étaient tentés de « passer de l'autre côté », et de rejoindre la société des « Créoles blancs ». Plusieurs y réussirent.

Durant la première moitié du XIXe siècle et pendant une bonne partie de la seconde, les « Créoles de couleur » réussirent à se maintenir dans une situation précaire et spécifique, bien séparés de la masse des Noirs. Mais après la guerre civile, les Blancs du Sud établirent des lois oppressives du type Jim Crow* dont le but était de rejeter les Noirs dans l'esclavage – cet esclavage dont ils avaient été libérés si peu de temps auparavant.

Pour les « Créoles de couleur » ces nouvelles lois étaient accablantes. Le Troisième Code Législatif de la Louisiane stipulait que quiconque avait du sang africain devait être considéré comme un Nègre. Les « Créoles de couleur » qui, jusqu'à cette époque, s'étaient considérés plus comme des Blancs que comme des Noirs, s'aperçurent brusquement qu'ils avaient été frappés d'une espèce d'anathème. Soudain privés des situations plus ou moins influentes qu'ils avaient réussi à occuper, privés de l'abondance ou du bien-être dans lesquels ils avaient eu l'habitude de vivre, et même, parfois, de leurs moyens d'existence, ils s'efforcèrent finalement de préserver quelques bribes de la vieille culture créole. Bon gré mal gré, ils furent contraints de se rapprocher de plus en plus des Noirs et ceci jusqu'en 1890, date à partir de laquelle leur situation s'améliora quelque peu, mais d'une façon assez marginale. Cependant, ils continuèrent à lutter de toutes leurs forces contre l'assimilation pure et simple à la masse des Noirs. Ils continuèrent à habiter « en ville », dans le Quartier Français, alors que les Noirs vivaient plus loin, de l'autre côté de Canal Street.

Les « Créoles de couleur » gardèrent leur patois français, ils renforcèrent encore leurs liens familiaux et ils continuèrent à élever leurs enfants parfois sans luxe mais avec une « décence » qui se rapprochait de la « stricte moralité », à la manière de la bourgeoisie française.

Un des aspects de leur culture auquel ils se cramponnèrent désespérément fut la musique. Être capable de la chanter ou de jouer du piano ou d'un autre instrument était un des meilleurs témoignages de culture et les jeunes Créoles étaient fortement encouragés à étudier la musique. Comme toujours, pour les parents de « race blanche », il n'était pas question que leurs enfants (créoles) deviennent des musiciens professionnels. Dans l'Amérique du XIXe siècle, le musicien professionnel occupait le même rang social que les acteurs, juste au-dessus des prostituées. Le « Créole de couleur » voulait que ses enfants fussent des musiciens accomplis mais qu'ils demeurent des musiciens amateurs. Cela signifiait qu'ils devaient fréquenter l'Opéra, qu'ils devaient se mettre au

* Jim Crow : personnification des lois et des usages ségrégationnistes.

piano pour divertir leurs amis réunis au salon ou pour jouer, en amateurs, dans un ensemble de caractère symphonique. Étant donné ce choix, il était inévitable que les « Créoles de couleur » eussent refusé d'avoir quelque rapport que ce soit avec la musique populaire des Noirs. Les Créoles étaient surtout, quoique pas uniquement, des gens de la ville. Ils n'avaient aucune tradition des chants de travail ou des field hollars. Par ailleurs, étant catholiques, ils ne fréquentaient pas l'Église baptiste ou la Sanctified Church * avec ses spirituals et sa gospel music fortement teintés de musiques africaines et avec ses ring shouts **.

Le « Créole de couleur » était ce que l'on appelait alors un « vrai » musicien. Il savait lire la musique; il méprisait l'art de l'improvisation; il connaissait bien le répertoire classique des arias, des chansons à la mode et des marches, c'est-à-dire tout ce qu'était censé connaître un musicien de race blanche. Cela est d'une importance capitale : le musicien créole appartenait à la tradition exclusivement classique européenne. Il méprisait, généralement, les Noirs qui habitaient au-delà de la *ligne de chemin de fer* ***, qui ne savaient pas lire la musique et qui jouaient ces « low down » **** blues.

Alice Zeno, mère du vétéran clarinettiste de La Nouvelle-Orléans, George Lewis, a dit qu'en 1878 dans les bals et les réceptions organisés par les « Créoles de couleur » les gens dansaient la valse, la mazurka, la polka et les quadrilles. « Il était hors de question, pour moi, a-t-elle ajouté, de danser des danses comme le Slow Drag... Oh non! Mais que ces danses des Créoles étaient gracieuses et élégantes. »

De leur côté, les Noirs de La Nouvelle-Orléans avaient, bien entendu, leur propre musique. En dépit de la culture de caractère urbain et quelque peu décadente de la ville, une certaine tradition africaine s'était maintenue à La Nouvelle-Orléans. Les danses de caractère africain, à Congo Square (la Place du Congo), eurent lieu jusqu'en 1855 et cette tradition de danse se poursuivit clandestinement durant une très longue période. Il est donc possible et même probable que certains musiciens noirs aient bénéficié d'une expérience de première main de cette sorte de musique néo-africaine. On peut supposer que les Noirs de La Nouvelle-Orléans avaient peut-être moins l'expérience des « field hollars » *** que les autres Noirs des campagnes de la Louisiane et du sud du pays, quoique quelques-uns de ces Noirs de la capitale de la Louisiane eussent l'habitude d'un constant va-et-vient entre la ville et les plantations, mais ils connaissaient les chants de travail pour avoir travaillé sur le port, dans les

* L'Église baptiste est caractérisée par le « preaching » (ce mot sera défini plus loin) et les gospel songs (même remarque). Toutes les manifestations de ferveur, de la part des fidèles ou des ministres du culte sont gorgées d'émotion. Ces caractères sont encore plus accentués dans la Sanctified Church.

** Danses de caractère religieux, mêlées de chants, que pratiquaient les esclaves.

*** D'après le pianiste Cecil Taylor, c'est une véritable ligne de démarcation.

**** Les blues les plus authentiques, les vrais blues, ceux qui n'ont pas été commercialisés ou édulcorés.

***** Court fragment mélodique, sorte de ritournelle, qu'un esclave, plus tard un travailleur des champs, criait, à tue-tête, pour se faire reconnaître et qui constituait, en fait, sa proclamation d'identité.

docks et sur les digues et les « levees » *, certains d'entre eux s'étaient fait une spécialité des différents cris des marchands ambulants qui vantaient leurs marchandises dans la rue. Et, naturellement, ils pratiquaient les spirituals et la gospel music dans leurs églises. Ainsi donc les Noirs de La Nouvelle-Orléans participaient de la tradition de la musique populaire de leur peuple, presque certainement d'une manière encore plus variée que les travailleurs des plantations. Il faut ajouter que beaucoup de musiciens noirs étaient parfaitement à l'aise dans le domaine de la musique populaire des Blancs.

Les Noirs, à l'inverse des « Créoles de couleur » ou des Blancs, ne ressentaient pas la moindre honte à devenir des musiciens professionnels. Après tout, être un musicien professionnel constituait un moyen bien plus facile de gagner sa vie que de suer sang et eau comme homme d'équipage d'un bateau transportant des bananes sur le Mississippi. Même s'ils n'étaient musiciens qu'occasionnellement, cela leur conférait un certain prestige, leur réservait beaucoup d'agrément et leur rapportait un peu d'argent supplémentaire.

Dès 1890, La Nouvelle-Orléans était une ville offrant cette extraordinaire diversité de genres musicaux. Il y avait les opéras et les orchestres symphoniques, les groupes pratiquant la musique de chambre composés de Blancs ou de Créoles. Il y avait quantité d'orchestres de concert fameux composés de « Créoles de couleur », comme celui que dirigeait John Robichaux : L'orchestre symphonique du Club Lyre, un ensemble de vingt-cinq exécutants qui jouaient un répertoire de morceaux classiques, ou encore la fanfare de l'Excelsior Brass Band, dont la carrière s'étendit de l'année 1890 jusqu'à la période de la Dépression économique. Il y avait d'innombrables groupes, des fanfares plus ou moins permanentes ou organisées selon la demande, recrutées parmi les Noirs ou les « Créoles de couleur », qui jouaient des marches pour les parades dans les rues, des marches funèbres pour les enterrements et des airs populaires ou des ragtimes pour les pique-niques, les soirées et les réceptions. Il y avait, enfin, les pianistes travaillant dans les cabarets, les boîtes, les bouges et les bordels. La musique était partout.

La Nouvelle-Orléans était aussi une ville où fleurissaient les clubs, les sociétés, les « organisations », comme on les appelait. Les Blancs, les Noirs et les Créoles avaient tous leurs clubs professionnels, sportifs, mondains ou à vocation d'associations fraternelles. Parmi les Noirs et les Créoles beaucoup de ces clubs étaient aussi organisés comme des « mutuelles propres à assurer à leurs membres un enterrement décent » – une tradition qui vient en droite ligne de l'Afrique où presque tout le monde appartenait à un groupe qui assurait à ses membres une somme d'argent et des cérémonies en vue d'un enterrement décent.

Quels que fussent leurs buts, ces organisations ne faisaient rien sans musique. Un bal, une sortie des membres d'une de ces associations, une parade de rue pour célébrer tel ou tel événement, un enterrement, tout se passait en musique – tradition tout à la fois en usage en Afrique occidentale et à

* Le mot américain « levee » (du mot français « levée ») ne désigne pas un ouvrage de maçonnerie mais un remblai de terre destiné à contenir les eaux d'un fleuve, d'une rivière, d'un cours d'eau. On le retrouve dans quantité de chants de travail, de blues, de spirituals.

La Nouvelle-Orléans. En vérité, bien souvent, on organisait des parades de rue avant tout pour le plaisir de la manifestation. C'était une occasion pour montrer de beaux uniformes, pour jouer de la musique, pour bien manger et bien boire. Voici comment s'exprime Pops Foster dans son autobiographie :

> Dès que je devins un musicien professionnel, je passai le plus clair de mon temps près du lac Pontchartrain. Le dimanche c'était notre grand jour de sortie. Au bord du lac et à Milneburg on pouvait compter jusqu'à trente-cinq ou quarante orchestres et fanfares. Les différents clubs organisaient, chacun, un pique-nique. Ils avaient leur propre orchestre ou fanfare, ou alors ils les retenaient à l'avance. Toute la journée vous mangiez du gumbo de poulet, des haricots rouges avec du riz, du barbecue, vous buviez de la bière ou du clairet. Les gens dansaient au son des orchestres, ou se contentaient d'écouter la musique. Ils allaient aussi se baigner, louaient des bateaux ou encore se promenaient sur les digues et les jetées.

Danny Barker, dont Shapiro et Hentoff rapportent les propos dans ce document exceptionnel *Hear Me Talkin' to You* (Écoutez donc ce que j'ai à vous dire) a apporté, sur la musique à La Nouvelle-Orléans, ce délicieux témoignage :

> Voici un de mes meilleurs souvenirs, moi qui suis un gosse de La Nouvelle-Orléans : nous étions un tas de mômes en train de nous amuser et tout à coup nous entendions de la musique. Cela surgissait soudain, comme un phénomène naturel, comme si nous avions assisté, je ne sais pas, à une aurore boréale — peut-être. Les échos de cette musique, que des hommes jouaient, éclataient avec évidence, mais nous ne savions pas trop d'où cela venait. Aussi commencions-nous à trotter, puis à courir — « Ça vient d'ici ! Non, ça vient de par là-bas ! » Et plus d'une fois après avoir couru un bon moment nous nous retrouvions quelque part, mais loin de la musique. Mais les échos de cette musique pouvaient vous tomber dessus à tous les moments... comme ça. La ville était pleine des échos de la musique.

Pour l'historien du jazz, une des époques cruciales des années qui ont précédé le XXe siècle fut l'apparition et le développement du blues comme musique instrumentale, et non pas seulement vocale. Une fois de plus, dans ce domaine, il nous faut procéder par déduction. Ce qui rend la tâche de l'historien de jazz si ardue c'est que nous n'avons aucun moyen de savoir, d'une façon précise, comment sonnait le jazz du début. Il n'y avait pas encore les disques et les témoignages des contemporains de cette époque sont souvent contradictoires et embrouillés, — cela, en partie, parce que fort peu des musiciens professionnels de cette époque possédaient un bagage musicologique suffisant pour décrire, d'une façon précise, la musique qu'ils avaient alors pratiquée.

Il a fallu attendre 1923 pour que l'écoute des nombreux disques enregistrés dès cette époque nous apporte la certitude que nous entendons bien ce qui représente une tendance musicale générale et non pas des exemples musicaux isolés et non représentatifs de leur temps.

Il faut dire aussi que nombreux étaient les pionniers de La Nouvelle-Orléans qui n'enregistrèrent pas du tout. Néanmoins, beaucoup de témoignages contemporains de l'époque montrent clairement qu'à partir de 1900, et même un peu avant, quelques artistes noirs, et même de petits orchestres, jouaient des blues instrumentaux, surtout, semble-t-il, pour accompagner ces danses de caractère nettement sexuel que l'on appelait « Slow Drag » dans les bouges.

Ce style de blues instrumentaux a pris très certainement naissance du fait des tentatives, de la part des instrumentistes à vent, surtout des cuivres, pour imiter le son de la voix humaine sur leurs instruments. En utilisant des effets de sons grâce à une contraction ou, au contraire, une dilatation de la gorge, en utilisant un vibrato produit par les lèvres et, aussi, en utilisant une infinie variété de sourdines, les musiciens qui jouaient des instruments de cuivre pouvaient infléchir les sons et produire des notes bleues ainsi que les sonorités rudes et rauques caractéristiques des voix chantant des blues.

Dès 1900, et même un peu avant, les orchestres de blues, jouant des blues instrumentaux, constituaient une attraction commune dans les boîtes de nuit, les dancings et les bouges.

Coïncidant avec la vogue des blues instrumentaux, il y eut cet autre mouvement musical important de l'époque, l'épanouissement du ragtime.

De même que dans les années 60 un musicien de jazz devait pouvoir jouer du rock and roll ou du rhythm and blues s'il voulait travailler régulièrement, de même en 1900 un musicien devait avoir des morceaux de ragtime dans son répertoire.

Pour les musiciens qui pouvaient lire la musique, le fait de jouer des morceaux de ragtime pour leur public ne présentait aucune difficulté. Mais pour ceux qui ne savaient pas lire la musique – et ce devait être le cas pour la plupart des Noirs – c'eût été un travail inhumain que d'apprendre d'oreille tout un morceau complexe de ragtime, avec ses basses et ses lignes mélodiques compliquées s'entrelaçant, et ses différents thèmes.

Ce qui devait arriver en fait était que le musicien qui menait, qui jouait la première voix, apprenait la ligne mélodique de deux ou trois thèmes d'un morceau de ragtime donné et les autres musiciens s'efforçaient d'apporter une approximation valable des parties de basse ou des harmonies de ce morceau.

Nous en arrivons à la conclusion qu'approximativement entre 1895 et 1910 s'était créée et s'était peu à peu développée une corporation de musiciens de La Nouvelle-Orléans et des environs qui étaient à l'aise dans une grande variété de répertoire : blues, spirituals, morceaux de ragtime, marches, airs populaires et différents thèmes d'ouvertures d'opéras classiques ou semi-classiques et quelques créations individuelles. N'oublions pas par exemple que, pendant des années, Armstrong a cité des fragments d'opéras (comme « Louise ») ou de chansons populaires (comme « Johnny Get a Gun » : Johnny, prends un fusil) dans ses improvisations. D'une façon générale, les « Créoles de couleur » évitaient de jouer des blues, leur préférant une musique plus « distinguée », tandis que les Noirs, qui, souvent, n'étaient pas capables de lire la musique, se tournaient plutôt vers des formes musicales plus rudes dans lesquelles foisonnaient les notes bleues et les rythmes syncopés de la tradition musicale noire.

Mais ces différents courants musicaux convergeaient peu à peu vers un genre musical spécifique : marches, spirituals, ragtimes, chants de travail, blues, ouvertures, fragments d'opéras, musique de caractère africain mais « européanisée », musique de caractère occidental et européen mais « africanisée » — tout cela commença à se mélanger, à se fondre dans une synthèse harmonieuse et complète pour offrir un genre musical, une musique qui n'avait jamais existé en tant que telle, auparavant, une musique qui, en moins de trente ans, devait progressivement s'évader des bouges, des terrains de pique-nique, des bordels et des rues de La Nouvelle-Orléans et partir à la conquête du monde entier.

D'après le pionnier, compositeur, chef d'orchestre et superbe pianiste de La Nouvelle-Orléans, Jelly Roll Morton, cet extraordinaire événement eut lieu en 1902. Aussi peu vraisemblable qu'il puisse paraître d'attribuer une date précise à la création de la musique de jazz, il faut reconnaître que différents événements qui se produisaient à La Nouvelle-Orléans nous permettent de supposer que la musique de jazz, telle que nous la connaissons, a bien commencé à prendre forme entre les années 1900 et 1905.

Un fait important est qu'à l'issue de la guerre hispano-américaine en 1898, le marché du sud des États-Unis fut inondé d'instruments de musique d'occasion soldés par l'armée quand les unités militaires furent dissoutes. La Nouvelle-Orléans est l'un des ports les plus proches de Cuba ; en conséquence, à partir de 1900, à quelques approximations près, les boutiques d'occasion de la ville regorgèrent de clarinettes, de trombones, de tambours, de caisses claires et de cornets, tous instruments que même un Noir très pauvre pouvait s'offrir.

Il faut bien se représenter que dans les vingt-cinq ou trente années qui suivirent la Guerre de Sécession, quand la plupart des Noirs du Sud vivaient dans une pauvreté qu'il nous est difficile d'imaginer de nos jours, l'acquisition d'un instrument de musique n'était pas une chose aisée, surtout pour un enfant. Louis Armstrong ne posséda jamais un véritable instrument de musique jusqu'à ce qu'on lui en donnât un dans la maison de redressement le Waifs' Home (Foyer pour jeunes abandonnés) où il avait été placé à l'âge de quatorze ans. Et aussi récemment qu'en 1944, les parents d'Ornette Coleman eurent à racler les fonds de tiroir pour lui acheter un saxophone d'occasion. Jusque vers 1900 la plupart des Noirs du Sud bricolaient eux-mêmes d'une façon purement artisanale leurs instruments : leurs guitares à partir de boîtes à cigares et de fils métalliques, les tambours et instruments de percussion à partir de boîtes de fer-blanc, de bidons de toutes tailles et de fûts métalliques, les basses ou contrebasses à partir de bassines munies de manches à balai. La quantité d'instruments de musique d'occasion, provenant des surplus de l'armée, qui inonda le marché à La Nouvelle-Orléans autour de 1900, permit donc pour un nombre sans cesse croissant d'enfants et d'adolescents noirs de commencer à s'exercer sur des cornets, des trombones, des clarinettes, etc.

Un autre facteur qui contribua, quelque peu, à développer la nouvelle musique fut l'extension et le développement du quartier de plaisir et des bordels. La ville de La Nouvelle-Orléans avait de tous temps eu la réputation d'une ville de plaisirs. Cette cité fut, en effet, et pendant longtemps, la seule ville d'importance dans toute cette partie du pays, durant les XVIIIe et XIXe siècles. Elle constituait un attrait irrésistible pour les trappeurs, les bûcherons et les populations des régions forestières, pour les bateliers et tous ceux qui travaillaient le long du Mississippi et des rivières et cours d'eau du pays, qui venaient en ville y vendre leurs marchandises et y faire la bombe. Mais il y avait aussi les matelots et hommes d'équipage des bateaux de mer qui venaient relâcher dans le port et, par la suite, il y eut, à La Nouvelle-Orléans, une base navale de la marine de guerre des États-Unis. Tous ces hommes avides de plaisirs provoquèrent le développement d'une florissante prostitution, de tripots innombrables et d'un trafic d'alcool et de drogues des plus prospères. En 1897, afin de renforcer le contrôle de ces activités immorales, les édiles de la cité décidèrent d'assigner un quartier de la ville aux bordels. On baptisa très vite ce quartier Storyville, du nom de Joseph Story, le magistrat municipal qui fut chargé de l'application du décret. (De nos jours, les musiciens locaux appellent invariablement ce quartier « le District »). Il faut dire que le rôle de Storyville dans la genèse et le développement de la musique de jazz a été très surestimé par les écrivains d'autrefois, et ceci jusqu'à une période récente. Aussi bien Bechet que Jelly Roll Morton insistent sur le fait que c'était surtout des pianistes (parfois des guitaristes) qui travaillaient dans les bordels, les musiciens d'orchestre ne jouant qu'occasionnellement au cours de soirées dans le quartier de Storyville. Par moments, quelques-uns d'entre eux ont pu travailler, plus ou moins régulièrement, dans les plus grands cabarets du quartier, mais l'essentiel de l'activité musicale des pionniers de la musique de jazz à La Nouvelle-Orléans s'exerçait dans les parades de rues, les pique-niques, les soirées, réceptions et bals privés, les enterrements et autres manifestations semblables. Cependant Storyville fournissait plus ou moins sporadiquement du travail aux musiciens et cela a pu contribuer, pour ceux qui y travaillèrent, à développer leur technique et à affiner la musique elle-même. Mais la création du district de Storyville aussi bien que la profusion des instruments de musique à La Nouvelle-Orléans furent des facteurs secondaires dans la création et l'essor de la musique de jazz. L'événement principal fut la rencontre et la fusion des styles musicaux des Noirs et des « Créoles de couleur ». Les Noirs avaient amené la tradition musicale afro-américaine et principalement les blues, les Créoles avaient apporté leur instrumentation, leur formation classique et les traditions musicales de la musique classique. Avant 1900, très probablement, la plus grande partie de la musique des Noirs, à La Nouvelle-Orléans était ou vocale ou jouée sur des instruments de fortune. C'étaient les fanfares ou les orchestres créoles qui dominaient dans les parades de rues, dans les salles de danse et sur les terrains de pique-nique. Mais comme les Créoles furent amenés à s'associer de plus en plus étroitement avec les Noirs, Créoles et Noirs commencèrent à se mêler fraternellement, aussi bien dans les fanfares et dans les orchestres que dans le public. Alors il ne leur restait plus qu'à s'influencer mutuellement et à accepter une parfaite synthèse de leurs différents apports musicaux.

Cette synthèse impliquait deux processus dont on ne peut minimiser l'importance capitale. En premier lieu, les formes musicales qui, peu à peu, devaient devenir une des composantes majeures de la musique de jazz, comportaient toujours un rythme de base explicitement formulé – et cela ne se retrouve pas dans la majeure partie de la musique classique.

Les morceaux de ragtime comportaient ce que l'on appelle les basses « stride »*; les marches étaient rythmées par les battements du tambour, de la caisse claire; les danses étaient scandées par le bruit des pieds sur le plancher ou le parquet. Ceci n'était pas dû au hasard : les Noirs, avec leur ancestrale tradition des rythmes croisés, étaient portés à écouter ou pratiquer une musique avec un rythme de base explicitement formulé. Dans la mesure où les musiciens noirs se rapprochaient de plus en plus des Créoles, ils commençaient à pratiquer le répertoire créole de marches, de ragtimes et de danses variées. Quelques musiciens noirs avaient, bien entendu, toujours pratiqué ce répertoire, mais, par la suite, comme on pouvait se procurer aisément de véritables instruments de musique à des prix raisonnables, un tel répertoire devint de plus en plus familier à la majorité des musiciens noirs. Inévitablement, ceux-ci, élevés dans la tradition de la musique populaire afro-américaine, faisaient, en quelque sorte, flotter librement la ligne mélodique au-dessus du rythme de base, à certains moments au moins – et cela inconsciemment, appliquant ainsi ce principe de base de la musique populaire afro-américaine, qui consiste à asseoir la ligne mélodique, comme si elle s'opposait au rythme de base du morceau. Dans le même moment, les jeunes « Créoles de couleur », en dépit des objections que pouvaient leur opposer leurs parents, écoutaient les blues que l'on jouait dans les cabarets et les bouges noirs et se mettaient, à leur tour, à parsemer leur musique de notes bleues et à en transformer, implicitement, le rythme de base en lui substituant ces rythmes entrecroisés, partie inhérente de toute musique noire. Les Noirs et les « Créoles de couleur » se rencontraient donc sur le même terrain. Lesquels firent les premiers pas? C'est une question sans importance. Un très gros pourcentage des pionniers du jazz était constitué de « Créoles de couleur » et à l'évidence, d'après les témoignages et les enregistrements, les premiers vrais grands musiciens de jazz, comme Jelly Roll Morton et Bechet, étaient surtout des « Créoles de couleur ». Mais quelques-uns des premiers pionniers étaient des Noirs.

Le second processus impliqué dans le développement de la musique de jazz a consisté dans l'assimilation de formes musicales à deux temps à celles comportant un rythme de base à quatre temps. Un mot d'explication à ce sujet ne me paraît pas superflu. Dans la musique, en général, on peut percevoir un rythme implicite, sous-entendu – rythme sur lequel nous pouvons battre des mains, taper du pied ou bien évidemment danser. Ces temps, dans la mesure, ne sont pas cependant énoncés en général, de façon régulière, chaque temps, chaque battement venant l'un après l'autre, comme le tic-tac régulier (dans cet exemple, il vaudrait mieux forger le néologisme tic-tic) d'une pendule, mais s'organisent en mesures à deux, trois, quatre ou autre nombre de temps. A l'intérieur de ces mesures il y a des espèces de hiérarchies de temps forts et de

* Style de piano solo caractérisé à la main gauche par un accord plaqué sur les temps faibles alternant avec une note basse jouée sur les temps forts.

temps faibles. Dans la mesure à deux temps, le premier est fort, le second faible. Dans la mesure à trois temps, le premier temps est fort, les deux suivants faibles. Dans la mesure à quatre temps le premier et le troisième temps sont forts, le second et le quatrième sont faibles, et ainsi de suite. Dans la plus grande partie de la musique classique que l'on a l'habitude d'entendre, ces mètres (ce mot pris dans le sens de forme rythmique dans la poésie), ces mesures (ce mot pris dans le sens musical) ne sont pas soulignés par la batterie ou d'autres instruments de rythme, mais sont implicites dans les lignes mélodiques. Les notes les plus importantes sont placées sur les temps forts, les moins importantes sur les temps faibles, d'autres notes encore moins importantes se placent entre les temps. Les accents, les commencements et les fins de phrases, les changements harmoniques ou les changements dans l'instrumentation, le dessin, l'allure, la silhouette de la mélodie elle-même, tout cela est bâti en fonction du mètre de base, de la mesure du morceau de musique en question.

Bien entendu, le compositeur aura voulu, quelquefois, nous surprendre, nous dérouter en plaçant une note importante sur un temps faible ou en accentuant, en plaçant des accents qui semblent en opposition avec le mètre de base, mais s'il se complaît à faire trop de choses de ce genre, alors *un changement d'attitude mentale* nous conduira à entendre comme des temps faibles ceux qui auraient dû être des temps forts. Les marches, qui jouèrent un rôle si important dans le répertoire musical de La Nouvelle-Orléans, étaient jouées à deux temps, eu égard au fait que l'homme en train de marcher n'a que deux jambes. Les morceaux de ragtime étaient, en apparence, écrits dans différents rythmes, mais, en fait, la plupart de ces pièces sont subjectivement ressenties comme si elles étaient écrites à deux temps. Cet effet provient bien plus de la façon dont la ligne mélodique est phrasée, que de ce qui se passe vraiment dans les basses. Mais, de toute façon, à une certaine époque, que l'on peut situer à la fin du XIXe siècle ou tout au début du XXe siècle, les musiciens de La Nouvelle-Orléans commencèrent à donner à leur musique un rythme de base à quatre temps. C'est-à-dire qu'au lieu de jouer lentement deux temps par mesure, ils jouaient quatre temps deux fois plus vite. Jelly Roll Morton a prétendu qu'il avait été le premier (mettons un des premiers) à jouer à quatre temps au lieu de jouer à deux temps – dans son cas particulier il marquait la mesure par un battement de pied – probablement aux alentours de 1920 : c'est sans doute en se basant sur cette assertion qu'il lui paraissait légitime de se donner comme l'inventeur de la musique de jazz.

Mais cette conversion de deux temps en quatre temps demeurait imparfaite. Les basses continuaient à énoncer seulement le premier et le troisième temps de la mesure. Les banjoistes, quant à eux, marquaient la mesure de haut en bas puis de bas en haut sur les temps intermédiaires, de telle sorte que le son des premier et troisième temps différait de celui du second et du quatrième temps. Les drummers faisaient quelque chose de semblable.

Le système de basse que l'on emploie le plus couramment dans la musique de ragtime consiste dans une alternance des types de sonorité. Dans cette musique, normalement une note isolée ou une octave est alternée avec un accord ou une partie d'un accord, afin de produire la sonorité familière :

« boum-tchic, boum-tchic » de ce que l'on a appelé, par la suite, le style de piano « stride ». L'effet produit n'était pas celui d'un temps fort et d'un temps faible lui succédant dans une mesure à quatre temps, mais bien celui de deux séries de deux mesures à deux temps alternant. Il sembla tout naturel aux anciens drummers des orchestres de ragtime ou des débuts de la musique de jazz d'essayer de produire le même effet en tapant un seul coup sur le premier et le troisième temps et deux coups rapides et successifs sur les second et quatrième temps de la mesure – ou, pour le formuler dans les termes que j'ai déjà utilisés, ils faisaient alterner des mesures à deux temps composées de noires, avec des mètres composés de paires de croches :

Il est difficile de se représenter d'une façon précise comment jouaient les anciens drummers de La Nouvelle-Orléans. Comme le son de la batterie menaçait de perturber tout le fonctionnement des appareils enregistreurs, les drummers étaient souvent placés loin de la machine, ou alors on leur demandait de ne se servir que des woodblocks (blocs de bois produisant différents sons). En conséquence ils étaient, en général, à peu près inaudibles dans les enregistrements les plus anciens.

Les deux drummers les plus connus de cette période sont Warren « Baby » Dodds, frère du clarinettiste Johnny Dodds et Zutty Singleton. Dodds avait été le drummer de l'Oliver's Creole Jazz Band. Dodds et Singleton enregistrèrent avec Armstrong et beaucoup d'autres musiciens importants, à Chicago et dans la région, durant les années 20. Heureusement, nous pouvons entendre Dodds assez bien enregistré sur quelques faces de disques gravés par l'orchestre de Joe Oliver.

Dans le fameux « Dippermouth Blues », il joue uniquement des woodblocks, mais nous pouvons supposer qu'il en jouait comme il l'aurait fait s'il avait joué sur sa batterie, ailleurs que dans un studio d'enregistrement. Dodds joue beaucoup de paires de notes frappées d'une manière presque égale sur chaque temps de la mesure. Il produit ainsi, par moments, ce que l'on appelle un effet de « shuffle* ». Mais généralement, cependant, il pratique le système beaucoup plus courant, c'est-à-dire qu'il fait alterner des coups frappés isolément avec deux battements rapprochés et ceci sur chaque temps. Sa façon de jouer est très fournie, si on la compare avec le jeu de batterie plus simple, plus sobre, qui devait être celui des drummers de la période dite « swing ».

Les sections rythmiques de La Nouvelle-Orléans avaient donc un pied dans chaque camp. Elles énonçaient quatre temps par mesure, plutôt que deux temps, le tout avec plus ou moins la même force, le même poids. Cependant, si l'on écoute bien les enregistrements anciens, elles jouaient le premier et le troisième temps d'une façon différente de celle dont elles jouaient le second et

* Shuffle : effet produit sur la caisse claire qui évoque le bruit produit par les pieds d'un danseur traînant les pieds sur un plancher.

le quatrième. C'était, en quelque sorte, un compromis entre le 2/4 et le 4/4 et l'effet produit était un genre de *mouvement de balancement d'avant en arrière, d'arrière en avant*, qui devint un des éléments les plus excitants de la musique. Bien entendu ces nouveaux procédés ne se développèrent que progressivement. De nombreux Créoles se refusèrent à adopter, en bloc, l'esthétique des Noirs. Le célèbre Lorenzo Tio continua, durant les années 20, à jouer avec un style doux et coulant, fluide et précis, style qui ne comportait que peu d'inflexions propres à la musique de jazz. Mais cette fusion, cette synthèse entre les pratiques, les habitudes musicales des Noirs et celles de la musique classique amorcées aux alentours de 1900, s'étaient si bien réalisées dans les années précédant ou suivant de peu l'année 1910, que les musiciens devaient bien reconnaître qu'il y avait là quelque chose de nouveau.

Ils n'appelaient pas leur musique jazz ; ils l'appelaient encore « ragtime » ou encore ils disaient qu'ils jouaient « hot* ». Ce ne fut probablement qu'une dizaine d'années après que les expressions « ils jazzent leur musique », ou « jazzons donc ce truc », qui comportaient des implications de caractère sexuel, furent mises en usage.

La musique de jazz des débuts fut construite avant tout d'après trois formes musicales : les morceaux de ragtime, les marches et les blues et spirituals. Quelques formes musicales de danse étaient aussi pratiquées par les musiciens de cette époque : c'est ainsi que le thème célèbre : « Tiger Rag » provenait d'un quadrille bien connu d'origine française. Mais les genres musicaux de base étaient les blues, les morceaux de ragtime et les marches qui, comme nous l'avons vu, sont de structures similaires. Zutty Singleton, né en 1898, a dit à ce sujet : « De mon temps nous avions les blues et le ragtime. Les musiciens jouaient les blues à peu près une ou deux fois dans la soirée, divers morceaux de ragtime puis, par exemple, une composition originale. »

Pops Foster a écrit, de son côté, « Ce que les gens appellent le jazz aujourd'hui était, à l'époque, appelé ragtime... Depuis à peu près 1900, il y avait trois genres d'orchestres à La Nouvelle-Orléans et dans les environs. Il y avait ceux qui jouaient du ragtime, ceux qui jouaient de la musique douce et, enfin, ceux qui ne jouaient absolument que des blues. »

Comme une grande partie de la musique de jazz des débuts était jouée en plein air, sur les terrains de pique-nique et dans les rues, il est facile de comprendre la prédominance des fanfares. Si la musique de jazz était née en Nouvelle-Angleterre**, où on ne peut faire de musique en plein air que cinq mois par an, une telle musique aurait pu revêtir des formes radicalement différentes.

Dans le sud du pays, la forme musicale pratiquée par des fanfares prévalut. Ces fanfares pouvaient comprendre de nombreux musiciens, des vingtaines d'instrumentistes parfois, mais les orchestres de Noirs et de Créoles de la région de La Nouvelle-Orléans étaient beaucoup plus réduits. Ils étaient composés, en général, d'un cornet, d'un trombone, d'un ou deux autres instruments de cuivre comme le saxhorn alto ou baryton, d'une clarinette ou d'un

* C'est-à-dire qu'ils jouaient avec force, avec ferveur, avec chaleur.

** Région du nord-est des États-Unis.

piccolo. La section rythmique était composée d'une caisse claire, d'une grosse caisse et d'un tuba. On ne se servait pas, à cette époque, des saxophones. John Joseph, né en 1877, affirme qu'il apporta le premier saxophone à La Nouvelle-Orléans en 1914. Quand de tels groupes jouaient à l'intérieur ou sous une tente, ou pouvait y ajouter un violon aussi bien qu'un banjo et, si cela était possible, un piano; on substituait alors une contrebasse à cordes au tuba.

Les musiciens de cette époque reculée n'improvisaient pas dans le sens que nous avons l'habitude de donner à ce terme, quand nous voulons signifier qu'un musicien de jazz invente une ligne mélodique complètement nouvelle sur une suite d'accords à l'intérieur d'un cadre harmonique donné. Ils étaient, plutôt, ce que l'on pourrait appeler des « enjoliveurs », des « embellisseurs ». Le tromboniste, par exemple, avait une partie de basse, qu'il avait élaborée pour les thèmes de son répertoire, partie de basse qu'il variait légèrement à chaque fois et qu'il adaptait pour faire valoir ou inspirer ce qu'un autre instrumentiste jouait, ou alors il modifiait sa partie sous l'inspiration du moment. Le clarinettiste pouvait broder légèrement une partie autour d'un instrument jouant la mélodie. Plus important que les notes que jouaient ces artistes était

L'orchestre de jazz de Buddie Petit. La photographie date probablement de 1920. Le clarinettiste est Edmond Hall. (Collection George Hoefer.)

ce qu'ils faisaient tout en jouant ces mêmes notes. Ils faisaient exactement ce que vous pouviez espérer qu'ils fassent, connaissant les critères de cette musique. Tout d'abord ils syncopaient fortement afin de donner à leur musique une allure de ragtime qui était, nous l'avons vu, la musique la plus populaire du moment. En second lieu, ils durcissaient leur sonorité, lui donnant plus de corps, la rendant plus rude chaque fois qu'il leur semblait devoir le faire, parfois grâce à l'emploi de sourdines, parfois obtenant un vibrato au moyen des lèvres, parfois colorant le son par une dilatation ou une contraction de la gorge.

En troisième lieu, ils utilisaient au maximum les tierces bleues ou septièmes bleues au lieu des tierces et septièmes de la gamme diatonique – probablement pas d'une façon constante mais à chaque fois qu'ils rencontraient ces tierces et ces septièmes dans la musique qu'ils jouaient, à des moments où il leur semblait qu'ils pouvaient émouvoir leur auditoire.

En quatrième lieu, ces musiciens adoptèrent un procédé qui devint caractéristique du jeu des artistes de La Nouvelle-Orléans et qui se répandit par la suite parmi tous les instrumentistes de jazz. Ce procédé c'est le vibrato terminal placé à la fin de certaines notes tenues ou de certaines phrases. Dans la musique classique, la règle générale pour les instrumentistes à vent est d'éviter le vibrato. A l'encontre de cela les musiciens de La Nouvelle-Orléans, surtout les cornettistes, prirent l'habitude, à la fin des notes tenues ou des phrases musicales, d'avoir un vibrato particulièrement rapide et ce procédé devint, lui aussi, le cachet de la musique de La Nouvelle-Orléans.

Enfin, ces musiciens phrasèrent à partir du rythme de base, c'est-à-dire à partir de la mesure à quatre temps. *En somme ils se mirent à jouer avec swing.* Notons cependant qu'on peut supposer que beaucoup de musiciens des débuts de la naissance de cette musique, que nous appelons de nos jours « jazz », ne jouaient pas tous avec beaucoup de swing ou bien ne swinguaient guère, surtout parmi les plus vieux des Créoles. Mais d'autres devaient swinguer, et le plus connu de ces derniers était Buddy Bolden. On l'a souvent cité comme étant le premier en date des musiciens de jazz. Certains écrivains lui ont attribué la création de cette musique. Beaucoup parmi les pionniers de la musique de jazz ont affirmé que Bolden était le meilleur des musiciens noirs de son époque.

Né sous le nom de Charles Bolden en 1868, il devint un personnage fanfaron, célèbre par son irrésistible penchant pour l'alcool et pour les femmes, donc bien fait pour accréditer une légende ou pour entrer de son vivant dans la légende. Selon divers auteurs, il tenait une boutique de barbier et publiait une gazette à scandale intitulée « The Cricket » (Le Cri-cri). Il commença à subir les premières atteintes de la folie dès les premières années du siècle et fut envoyé à l'East Louisiana State Hospital en 1907. C'est là qu'il mourut en 1931. Cela c'est au moins la légende, mais cette histoire a été remise en question par Samuel B. Charters, qui est une autorité en ce qui concerne l'histoire des premiers musiciens de La Nouvelle-Orléans. Charters dit qu'en premier lieu il y avait un certain nombre de musiciens répondant au nom de Bolden à La Nouvelle-Orléans à cette époque, et qu'en second lieu il existe une photographie d'un cornettiste du nom de Charles Bolden qui jouait dans des minstrel shows à New York en 1908, donc un an après l'hospitalisation supposée de

La seule photographie connue de Buddy Bolden (debout, tenant son cornet). La photographie doit dater de 1895. Le tromboniste est Willie Cornish, le clarinettiste (assis) est Frank Lewis. (Collection Willie Cornish.)

Bolden. Quoi qu'il en soit, Charters dit encore : « Peu de musiciens de cette période reculée se souviennent de lui comme ayant été un musicien de jazz dans le sens moderne du terme. Il semble avoir attiré l'attention en étant le premier parmi les jeunes artistes à jouer les nouveaux styles de musique : les cake walks syncopés (les cake walks joués selon un rythme de ragtime) et ce que l'on appelait alors les walk arounds, tandis que les musiciens créoles jouaient les quadrilles de bon ton. »

Buddy Bolden et les musiciens qui l'entouraient étaient selon toute probabilité des musiciens qui jouaient surtout des blues et complétaient leur répertoire par des airs populaires et des thèmes tirés des marches, avec en plus des morceaux de ragtime. Bolden était presque certainement en activité dans les années qui précédèrent ou suivirent l'année 1900, et il pratiquait un type de musique de transition que l'on peut situer entre le ragtime et le jazz, entre la musique populaire noire de ses ancêtres et la musique de jazz qui peu à peu allait faire son apparition. Mais quel était le genre de musique qu'il jouait exactement, nous ne le savons pas et hélas ne le saurons jamais.

Étant donné que la fusion, la synthèse de la tradition noire américaine et des traditions européennes qui devait donner naissance à ce que l'on est convenu d'appeler jazz est formée de tant de courants divers, il est nécessaire de procéder à une rapide récapitulation :

Au début les esclaves noirs ont rassemblé les éléments des deux musiques pour créer ce que j'ai appelé la musique populaire afro-américaine (la musique religieuse, celle des chants de travail, des field hollars, des ring shouts) et c'est de là que les blues sont nés. Parallèle à ce mouvement a existé un mouvement semblable déclenché par des Blancs et par la suite, par des Noirs, grâce auquel des éléments de la musique populaire afro-américaine se sont fondus avec des éléments de la musique populaire occidentale ou européenne pour créer une version européanisée de la musique populaire noire : les spirituals, les chants des ministrel shows et une grande variété de genres de ce que l'on appelait musique de vaudeville. Un troisième mouvement parallèle, ce dernier déclenché par des Noirs, aboutit à la création du ragtime (en combinant de nouveau des éléments de musique populaire noire avec des formes occidentales pianistiques). Nous avons donc autour de l'année 1890 *trois types séparés et distincts* de synthèse de musiques de caractère africain et de caractère occidental : le ragtime et la musique populaire afro-américaine surtout représentés par les blues – ces deux musiques ayant été créées par les Noirs – et la version popularisée de la musique populaire des Noirs, qui fut principalement l'œuvre des Blancs. Dans les années se situant entre 1890 et 1910 ces trois courants ont convergé. Il y eut plusieurs pressions pour forcer cette convergence mais l'une des plus importantes fut l'obligation pour les « Créoles de couleur » dont la culture était plus européenne que noire, de se fondre dans la population de couleur et par conséquent d'adopter leur culture. Et alors que la fusion s'opérait, aboutissant à la musique appelée jazz, ses premières manifestations commencèrent à se répandre partout, d'abord dans la société des Noirs, puis très rapidement dans celle des Blancs jusqu'à ce que, dans les années 20, le public américain en prenne pleinement conscience et donne même son nom à une époque : l'ère du jazz.

CHAPITRE VI

La diaspora des musiciens de La Nouvelle-Orléans

Le 26 février 1917, cinq musiciens blancs de La Nouvelle-Orléans entrèrent dans les studios Victor de New York et enregistrèrent le premier disque de jazz. C'était l'événement le plus significatif dans l'histoire du jazz. Avant que ce disque ne soit sorti le jazz était une obscure musique folklorique jouée par quelques centaines de Noirs et une poignée de Blancs à La Nouvelle-Orléans et rarement entendue ailleurs.

Quelques semaines après la sortie du disque, le 7 mars, le jazz devint une nouvelle folie nationale et les cinq musiciens blancs étaient célèbres. Ils appelaient leur orchestre l'Original Dixieland Jass Band et les morceaux qu'ils enregistrèrent ce jour-là s'intitulaient « Livery Stable Blues » (Le Blues de l'écurie de chevaux de louage), qui donnait la vedette à un cornet hennissant et un trombone meuglant, et « Dixieland Jass Band One-Step » (le One-Step (danse) du Dixieland Jass Band) qu'on appelle en général de nos jours « Original Dixieland One-Step » (l'orthographe ancienne du mot « jass » a vite changé. On emploie d'habitude aujourd'hui l'orthographe moderne quand on se réfère à l'orchestre). Comme exemple de la façon dont les mythes persistent dans le jazz, à chaque fois qu'on parle de ce disque on prétend qu'on ne put employer de grosse caisse car elle faisait sauter le burin d'enregistrement. H. O. Brunn, le biographe de l'orchestre le dit, ainsi que Rudi Blesh, cependant astucieux dans le texte de pochette qu'il a rédigé pour la réédition, en microsillon, du disque RCA. Néanmoins, on peut parfaitement entendre la grosse caisse retentir tout au long du disque.

Pendant des décades, ceux qui ont écrit sur la musique de jazz ont été exaspérés par le fait que l'honneur d'avoir gravé le premier disque de jazz ait incombé à ce groupe particulier, plutôt qu'à un orchestre de Noirs. Comme dans beaucoup d'autres cas ce fut en grande partie une question de chance : la version communément acceptée c'est que Freddie Keppard refusa d'enregistrer auparavant car il ne voulait pas que quelqu'un pût « voler son truc », quoique, d'un autre côté, l'on prétende qu'il avait enregistré, en 1916, mais que l'enregistrement n'a jamais été publié. L'Original Dixieland Jazz Band était en théorie un groupe où chacun collaborait, mais en fait il était dominé par le cornettiste Nick La Rocca, qui non seulement s'occupait de la direction musicale de l'orchestre, mais était aussi l'homme d'affaires du groupe. La

Rocca est né le 11 avril 1889. Il était le fils d'un émigré italien, fabricant de chaussures et qui jouait un peu de cornet en amateur.

Nick commença à se produire à La Nouvelle-Orléans et dans les villes environnantes avec les orchestres de « gosses » qui foisonnaient dans la cité. Ils étaient payés en vivres, ou en boissons, ou alors touchaient des sommes insignifiantes. Pendant son adolescence il fit partie d'une vague fraternité de musiciens blancs qui jouait de la musique « hot », face à la grande masse des musiciens noirs. Parmi ses compagnons figuraient Larry Shields, plus tard clarinettiste de l'Original Dixieland Jazz Band, Léon Rappolo, clarinettiste qui eut une certaine influence et enregistra tôt avec les New Orleans Rhythm Kings, les frères Brunies qui gravèrent aussi des disques. Bientôt La Rocca commença à travailler avec Jack Laine, un chef d'orchestre bien connu à La Nouvelle-Orléans. Autodidacte, Nick ne savait pas lire la musique, mais c'était un assez bon musicien et comme il avait des qualités pour diriger, Laine l'employa comme chef d'orchestre.

Puis en décembre 1915, d'après Brunn, un patron de cabaret de Chicago du nom de Harry James, qui était venu à La Nouvelle-Orléans pour voir un match de boxe, eut l'occasion d'entendre un orchestre de musique « hot » dirigé par le drummer Johnny Stein. Dans cet orchestre se trouvait Nick La Rocca. (D'après Stein ce fut en 1916 et un acteur, Gus Chandler, qui découvrit l'orchestre.) Toujours est-il que l'orchestre Stein fut retenu pour jouer dans un cabaret de Chicago au commencement de 1916. Ce n'était pas le premier orchestre « hot » à aller dans le Nord. Un autre groupe blanc, Tom Browns Ragtime Band (L'orchestre de ragtime de Tom Brown) était allé à Chicago deux ans auparavant et des orchestres noirs avaient commencé à essaimer autour de La Nouvelle-Orléans dès 1912. Mais l'orchestre Stein se maintint à Chicago en partie parce que le cabaret était un endroit où allaient des gens du show business qui aidèrent à faire connaître cette musique toute neuve. L'orchestre resta à Chicago plusieurs mois. A la suite d'une contestation à propos de salaires, Stein fut évincé et l'orchestre prit le nom de Original Dixieland Jazz Band. Au commencement de 1917, cet orchestre fut engagé pour jouer à New York dans un grand restaurant où l'on pouvait danser, Reisenweber's, situé au coin de la 58e Rue et de la Huitième Avenue.

En deux ou trois semaines, le groupe fut la sensation de New York. On le payait mille dollars par semaine. On le retenait partout et c'est à cause de cette célébrité récente qu'il y eut les premiers enregistrements. A ce moment-là, le personnel du groupe consistait en Nick La Rocca au cornet, Eddie « Daddy » Edwards au trombone, Larry Shields à la clarinette, Henry Ragas au piano et Tony Sbarbaro à la batterie. Le premier disque se vendit à plus d'un million d'exemplaires, une réussite extraordinaire à cette époque! Au moins une partie de cette récente popularité provenait des bruits de cour de ferme que l'on pouvait entendre dans « Livery Stable Blues ». Durant les quelques années suivantes l'orchestre enregistra une douzaine de disques (de 78 tours), fit une tournée en Angleterre, devint de plus en plus commercial, et cessa d'exister au milieu de 1920, à cause de conflits internes et aussi de l'état névropathique de La Rocca. L'orchestre fut reconstitué en 1936, avec succès, mais il n'avait plus d'impact et se désintégra assez vite, toujours à cause d'histoires internes. De nos jours les enregistrements de l'Original Dixieland Jazz Band ne présentent plus guère d'intérêt sauf pour les historiens. La plupart des auditeurs contemporains trouvent cette musique terne ou déroutante. Cependant son influence à son époque fut énorme. Pendant une période de deux ou trois ans, avant que d'autres orchestres de jazz aient commencé à enregistrer, ce fut le seul à avoir du succès. Tout le monde aux États-Unis, même ceux que la musique à la mode laissait relativement indifférents, connaissait leurs enregistrements. De jeunes musiciens, surtout blancs, mais pas uniquement, appréciaient cette nouvelle musique, l'étudiaient mesure par mesure, jouant et rejouant les disques jusqu'à apprendre par cœur les différentes parties sur leurs propres instruments. Des orchestres connus se virent pris par cette vogue à laquelle ils ne pouvaient résister et, partout, on en entendait qui jouaient un genre d'imitation du jazz, avec une sorte d'édulcoration du rythme du ragtime. L'influence de l'Original Dixieland Jazz Band fut évidemment plus forte sur les Blancs que sur les Noirs, cette musique emplissant pour les Blancs un vide culturel. Cependant le clarinettiste noir Buster Bailey convint que même à Memphis, où l'on était un peu familier avec la musique de La Nouvelle-Orléans, ces premiers enregistrements de l'Original Dixieland Jazz Band causèrent une certaine sensation.

La seule question qui reste en suspens est de savoir dans quelle mesure la musique de cet orchestre reflétait la musique des Noirs de La Nouvelle-Orléans ou même celle d'autres orchestres blancs. En effet, la musique jouée par l'Original Dixieland Jazz Band n'a guère de similitudes avec celle enregistrée, en 1923 et aux alentours de cette date, par les musiciens noirs de La Nouvelle-Orléans comme le Creole Jazz Band de Joe « King » Oliver ou encore par des musiciens blancs comme les New Orleans Rhythm Kings. La meilleure façon de la cataloguer serait de dire que c'est un genre de ragtime évolué. De toute façon, La Rocca et son biographe Brunn ont toujours insisté sur le fait que la musique du groupe ne provenait pas de la tradition noire mais fut « inventée » par le groupe lui-même. Certainement ces musiciens et d'autres comme eux croyaient qu'ils jouaient du ragtime, ou une variante quelconque, mais ne reconnaissaient pas le rôle des Noirs dans la genèse du ragtime. Malgré les démentis de La Rocca, la tradition noire était bel et bien là ; mais c'était plus un reflet de l'ambiance de La Nouvelle-Orléans qu'une imitation littérale des Noirs. Comme résultat de cette orientation les éléments venus du classique sont très apparents. La ligne mélodique est lourdement syncopée, mais s'attache très fermement au tempo comme dans le ragtime, avec très peu de rythmes entrecroisés. La batterie de Sbarbaro (appelé plus tard Spargo) est particulièrement pesante et les notes bleues ont complètement disparu.

Cependant il ne serait pas juste de nier que cet orchestre, par certains côtés, fut un orchestre de jazz. D'abord l'instrumentation était l'instrumentation classique des orchestres de La Nouvelle-Orléans, dérivée de l'orchestre de marche : cornet, clarinette, trombone devant, avec le support de la section rythmique. Ensuite, quoique de nombreux membres du groupe, surtout La Rocca, prétendissent être les auteurs des thèmes joués, en fait, c'étaient surtout des pastiches de thèmes pour les marches, le ragtime et les airs traditionnels qui faisaient partie du répertoire connu à La Nouvelle-Orléans, pour la

L'Original Dixieland Jazz Band. De gauche à droite Tony Sbarbaro (qui, plus tard, se fit appeler Spargo), Eddie Edwards, Nick La Rocca, Larry Shields, Henry Ragas. (Photographie Culver.)

plupart conçus ou développés par des Noirs. Et finalement, même si l'Original Dixieland Jazz Band ne « swingue* » pas réellement à la vraie façon du jazz authentique, il y parvient parfois presque. Pops Foster a dit en parlant du groupe de La Rocca : « Leur orchestre était un des orchestres les plus " hot " à La Nouvelle-Orléans. » En somme, la musique de l'Original Dixieland Jazz Band tient le milieu entre le jazz et ses précurseurs. Elle fut probablement plus typique de la musique « hot » de 1910 que du jazz de 1920 pratiqué par King Oliver, Jelly Roll Morton et Sidney Bechet.

Quoique difficile à étiqueter, cette musique eut sans aucun doute une influence. Tout à coup le jazz devint un produit commercial. Dans les cinq années qui suivirent la sortie de « Livery Stable Blues », des milliers de jeunes aspirants-musiciens, transportés par la nouvelle musique, montèrent des centaines d'orchestres, généralement atroces à tous les points de vue. Ils commencèrent à jouer pour la danse, dans des cabarets et enregistrèrent.

Mais ce soudain boom du jazz de cette décade (qu'on vint à appeler « l'Age du Jazz ») ne fut pas entretenu seulement par des considérations commerciales. Ce qui mit tout en branle c'était la rencontre fortuite de plusieurs mouvements sociaux qui n'avaient pas de relation entre eux, le premier étant la philosophie anti-idéaliste associée au mouvement artistique de la soi-disant Génération perdue. Désillusionnés par cette guerre, qui devait en théorie mettre fin à toutes les guerres, les jeunes se rebellèrent contre ce qu'ils considéraient comme l'hypocrisie de la génération antérieure. Humainement parlant, cela voulait signifier qu'on était libre de « s'amuser », ce qui se réduisait, d'habitude, au sexe et à l'alcool. En art, cela signifiait l'expérimentation et le renversement des formes anciennes comme James Joyce le faisait dans le roman, Ezra Pound pour la poésie, O'Neill pour le théâtre, Picasso pour la peinture. Le jazz cadrait gentiment avec ces deux façons d'être: c'était amusant, « sexy » et c'était de surcroît une nouvelle forme de musique.

Donc les générations des années 20 adoptèrent le jazz — dans des versions faussées ou édulcorées, évidemment — et firent leur cette musique. Tout le long des années 20 et 30, des artistes et des intellectuels, à Londres et à Paris, aussi bien qu'à New York et Chicago, mirent un point d'honneur à admirer Duke Ellington et Bessie Smith. Ils achetèrent leurs enregistrements (en 78 tours) et, lorsque c'était possible, allaient les entendre, surtout à Harlem (New York). Carl Van Vechten, un romancier habitant New York et ayant des relations dans le monde de la société et des arts, fut spécialement influent dans le mouvement de promotion du jazz et, dès 1930, des intellectuels européens écrivaient très sérieusement des articles sur cette nouvelle musique.

Ce qui contribua encore à cet engouement pour le jazz fut la folie pour la « danse de salon » qui commença après 1910. David Ewen dans *The Life and Death of Tin Pan Alley* (Vie et Mort de Tin Pan Alley *) dit :

> La passion pour le ragtime qui saisit les États-Unis fut suivie par celle de la « danse de salon ». Ceci n'était pas une coïncidence, c'était la

* Cette notion de swing, si complexe, si difficile à définir, sera peu à peu précisée dans cet ouvrage.
** Quartier de New York où les éditeurs de musique légère foisonnent.

> cause et l'effet. Avant 1910, les « danses de salon » telles que la polka, la valse et les scottische étaient dures pour l'endurance et le souffle, même pour les jeunes. Il fallait des périodes de dix à quinze minutes pour se reposer entre les danses... Mais le ragtime changea tout cela. Le rythme à 2/4 ou 4/4 encourageait la création de genres de danses plus simples. Appelez cela comme vous voulez – le turkey trot (trot du dindon) ou le grizzly bear (l'ours brun) ou le bunny hog (l'étreinte du lapin) ou le camel walk (marche du chameau) ou le lame duck (canard boiteux) – que les mouvements soient un bercement ou un balancement ou un glissement, les nouvelles danses amenées par le ragtime ne nécessitaient guère plus que de marcher tout autour de la salle avec un partenaire qui vous enlace.

Pour s'amuser les Américains dansaient et des salles de danse virent le jour partout. Les patrons de restaurants s'aperçurent qu'il leur fallait louer des orchestres pour permettre aux convives de danser pendant les repas, quelque chose d'inouï jusqu'à ce jour.

Le Dr William C. Parker, qui était à l'Université de l'Indiana pendant les premières années 20, raconte :

> Nous sortions pour aller danser deux ou trois fois par semaine. Il y avait d'habitude une souscription pour organiser une soirée de danse n'importe quel soir. Cela pouvait coûter vingt-cinq ou cinquante cents. On ne buvait pas beaucoup alors. Les jeunes filles ne buvaient pas du tout et les garçons sortaient en catimini pour boire un peu de vin. Les orchestres jouaient pour deux ou trois dollars par nuit. Cinq dollars c'était bien payé. Dans le campus nous avions la plupart du temps des orchestres de trois ou quatre musiciens. Bix (Beiderbecke) venait d'habitude avec un orchestre de peut-être quatre ou cinq musiciens. Ils jouaient d'oreille – je ne leur ai jamais vu une partition.

Bientôt la folie de la danse provoqua une demande de musiciens qui, au moins pour un certain temps, excéda le nombre des musiciens valables. Boyd Bennett, musicien qui jouait déjà avant 1920 dit : « Il n'y avait pas assez de bons lecteurs de sorte que de nombreux musiciens jouaient uniquement d'oreille. » Tout ceci fut bon pour les musiciens de jazz capables d'improviser mais il est à noter que les pionniers du jazz des années 20, même quand ils ne jouaient pas très bien, trouvaient toujours du travail.

Un troisième facteur important et qui contribua à faire entrer le jazz dans la vie des Américains était constitué par le mouvement des Noirs pour sortir de leur état de servitude. Pour une large part ceci fut amené par le boom du travail occasionné par la Première Guerre mondiale de 1914-1918. En nombre infini, des Noirs se mirent à émigrer de leurs cabanes rurales des terres du Sud vers les cités industrielles du Nord. Pendant les années de guerre et immédiatement après, un demi-million de Noirs s'exilèrent et s'en allèrent dans le Nord à Detroit, Chicago, Philadelphie et New York. Cinquante mille Noirs débarquèrent rien que dans le South Side de Chicago. Pour ces gens, la migration vers le Nord représentait plus qu'un changement géographique.

Cela signifiait entrer dans une vie très différente de celle dont ils avaient l'habitude.

Ils allaient au Nord avec un esprit d'aventure, pour trouver une vie nouvelle, d'autres possibilités. Bon nombre d'entre eux, cependant, attirés par l'appât du gain, par l'espoir d'une vie facile, se trouvèrent déracinés, isolés et ils avaient peur. Ils recherchèrent tout ce qui pouvait leur rappeler leur foyer d'antan, un parent, un visage familier, la cuisine des Noirs du Sud, la religion, leur musique. Cette nostalgie des Noirs dans les cités du Nord pour leur musique fut profitable aux musiciens de ragtime, de blues et à ceux qui commençaient à jouer du jazz dans le Sud. Les musiciens vinrent du Sud dans les cités du Nord, où les entendirent non seulement les Noirs mais ceux des Blancs qui voulaient bien s'aventurer à Harlem (New York) ou dans le South Side (Chicago). Parmi ces Blancs se trouvaient de jeunes musiciens qui s'essayaient à apprendre cette nouvelle forme d'art. Cependant le gros public n'eut guère connaissance de cette musique, de première main, elle lui vint « filtrée » par les musiciens de musique de danse qui s'y intéressaient et incorporaient des éléments de jazz à leur jeu. Un dernier facteur, encore, qui contribua à sortir le jazz de son ghetto de La Nouvelle-Orléans fut la mécanisation des divertissements par le disque. Mais l'enregistrement des disques n'était pas la première invention mécanique à avoir un impact sur le développement du jazz. Le piano pneumatique avait été très important dans le boom du ragtime car il permettait aux gens qui jouaient mal d'entendre les ragtimes de Joplin, Matthews, Turpin, Lamb, etc., chez eux. D'autre part c'était un moyen fantastique pour apprendre à jouer aux jeunes musiciens aspirants. Que de jeunes pianistes de ragtime et plus tard, de pianistes « stride* », ont appris à façonner leurs styles en suivant les accords tels qu'ils étaient reproduits par le mécanisme du piano pneumatique: Duke Ellington était de ceux-là.

Le phonographe cependant était beaucoup plus maniable que le piano pneumatique et il gagna vite une place capitale dans la culture du vingtième siècle. Son rôle dans l'histoire du jazz ne doit pas être sous-estimé. Comme le jazz est une musique improvisée, sans l'enregistrement il aurait à peine pu exister. C'est toujours principalement par le disque que ces nouvelles générations de musiciens ont été attirées par la musique et ont appris à la jouer elles-mêmes. Depuis Bix Beiderbecke en 1919 copiant les lignes mélodiques de cornet de Nick La Rocca, en écoutant les disques de l'Original Dixieland Jazz Band, à l'étudiant en musique contemporain qui apprend « A Love Supreme » de Coltrane, les jeunes enthousiastes du jazz ont trouvé leur école dans les enregistrements. Et, bien entendu, sans les disques, des gens comme Beiderbecke, Bessie Smith, Billie Holiday, Louis Armstrong ne seraient que des légendes romantiques, existant seulement dans les mémoires de vieilles personnes qui auraient pu les entendre. Les nouveaux musiciens (s'il continue d'en exister) n'auraient jamais su comment jouaient les anciens.

Le premier gramophone jouable fut conçu et construit par Edison en 1877, quoiqu'un Français, Charles Cros, semble avoir eu la même idée à la même époque. Ces machines étaient souvent trop onéreuses pour être achetées par

* Se reporter au chapitre XII.

une famille, mais, dès 1890, des milliers étaient en service dans les saloons et les drugstores, où pour dix cents, une demi-douzaine d'auditeurs pouvaient entendre un disque en se servant d'écouteurs. La musique, la plupart du temps, était celle des fanfares, des ragtimes, des monologues comiques, des soli de trompette. A la fin du siècle, les premières arias chantées à l'opéra et des morceaux de concert firent leur apparition. En 1902, le gramophone avait fait assez de progrès pour que la qualité du son fut assez bonne et dans la même année les deux compagnies, Victor et Columbia, mirent en commun leurs brevets et vinrent en tête de la production. Très vite les prix des gramophones baissèrent.

Entre 1910 et 1920, il y eut le boom de la danse. Non seulement les musiciens en profitèrent, mais les compagnies de disques découvrirent que les gens danseraient chez eux avec des disques. A la faveur du boom occasionné par la danse et aussi à cause de l'intérêt naissant des gens pour cette nouvelle musique de jazz, les compagnies de disques firent des affaires extraordinaires. En 1914, 27 millions de disques de 78 tours furent vendus ; en 1921 on atteignait 100 millions. En même temps, quelques-uns des brevets d'enregistrement arrivaient à expiration ce qui permit à un tas de nouveaux venus d'entrer dans ce champ d'action. Cette recrudescence dans les affaires des compagnies de disques créa, évidemment, une demande de musiciens et c'est ainsi que tant de musiciens de jazz ont été enregistrés.

Tous ces facteurs réunis ont créé une musique qu'on appela jazz. En fait ce que le public entendait surtout était simplement de la musique de danse et des arrangements sur des airs connus auxquels on avait ajouté des inflexions jazz. Cette musique commerciale qui fut jouée aussi bien par les Noirs que par les Blancs avait un rythme sautillant ; les musiciens se servaient de sourdines, pour produire des sons gutturaux ou des vrombissements supposés être caractéristiques du jazz et parfois faisaient des notes coulées pour suggérer les notes bleues. En jouant cette sorte de musique, nombre de musiciens devinrent célèbres et même, dans quelques cas, riches. Le plus connu fut Paul Whiteman.

Né en 1890, Paul Whiteman fit des études musicales pour devenir violoniste classique. Il travailla avec les orchestres symphoniques de Denver et de San Francisco. En 1919 il devint le chef de l'orchestre de danse dont il faisait partie et en quelque deux ou trois ans en fit l'orchestre le plus populaire dans le pays. Tandis que la folie du jazz s'étendait, il se donna le titre de « Roi du Jazz ». Il était absolument incapable de jouer du jazz lui-même, mais il avait une bonne oreille et, à un moment ou à un autre, la plupart des meilleurs musiciens blancs de l'époque travaillaient dans son orchestre. La musique jouée était lourde, trop copieusement orchestrée, emplie de passages prétentieux supposés suggérer la musique « sérieuse » et manquait presque totalement de ce qu'implique le jazz. Cependant, les musiciens de jazz dans l'orchestre, surtout Bix Beiderbecke, avaient le droit, de temps en temps, de prendre de petits solos.

Et voici la musique que le public blanc de l'époque prenait pour du jazz. De toute façon, ce public n'établissait pas beaucoup de distinctions et, en conséquence, beaucoup de vraie musique de jazz lui parvenait. Ceci était important car, ainsi, les pionniers du jazz pouvaient travailler régulièrement tout en développant leur art, et ils pouvaient aussi se faire beaucoup enregistrer. L'accès à des milliers d'enregistrements par les meilleurs musiciens de jazz fut la conséquence de l'intérêt suscité par cette musique de La Nouvelle-Orléans.

La diaspora des musiciens de jazz de La Nouvelle-Orléans, commencée dès la seconde décennie du XXe siècle, eut son essor en 1917, lorsque le quartier des bordels de Storyville fut fermé sous la pression du ministère de la Marine de guerre des États-Unis, car il y avait une base navale à La Nouvelle-Orléans. Quoique l'effet sur l'emploi des musiciens fût moins dramatique que l'ont proclamé certains écrivains – les musiciens travaillaient surtout dans d'autres lieux de La Nouvelle-Orléans comme nous l'avons vu. Mais ce fut un effet symbolique, qui, combiné avec le désir de gagner plus d'argent à cause du développement des ghettos noirs du Nord, provoqua le départ de la plupart des meilleurs musiciens de La Nouvelle-Orléans. Deux de ceux-ci eurent plus tard une grande influence sur l'histoire du jazz. Ce furent Joseph « King » Oliver et Sidney Bechet.

Sidney Bechet est une figure singulière dans le jazz. La plupart des musiciens aiment rester ensemble. Bechet était essentiellement un voyageur allant de La Nouvelle-Orléans à Chicago, à New York, puis à Londres, à Paris et retour, jouant dans n'importe quel contexte musical qu'il trouvait sur place.

Son autobiographie *Treat it Gentle* * (Traitez la musique avec douceur) est un livre dans lequel on est surtout frappé par l'absence de relations suivies à long terme au cours de la vie de son auteur. La raison principale de cet état de choses était certainement son attitude de « prima donna ». Bechet essayait de dominer les musiciens dans les orchestres où il se trouvait et d'habitude y réussissait. Ceci, évidemment, ne le faisait pas particulièrement aimer de ses collègues musiciens. Mais il n'était absolument pas un homme froid et distant. Pointilleux et exigeant, il était passionné, dans sa vie et dans sa musique. S'il était distant ce n'était pas tellement à cause d'une certaine réserve mais de dissensions entre lui et les autres. Il fut une fois expulsé de Londres car, ayant eu une dispute avec une prostituée, il avait parlé trop crûment au juge devant lequel il comparaissait. Puis une autre fois il fit onze mois de prison en France pour avoir tiré sur un musicien, dans la rue, à Paris. Il eut une courte et tumultueuse liaison avec la grande chanteuse de blues Bessie Smith. Quoique se rebiffant toujours et difficile à vivre, Bechet fut sensible au monde et sa passion et sa chaleur humaine sont évidentes dans sa musique.

Vu son caractère, il n'est pas étonnant que Bechet fut le musicien le plus individualiste dans l'histoire du jazz. Duke Ellington qui s'intéressa beaucoup à Bechet disait de lui : « Je crois qu'il était unique en son genre dans cette musique. » Ellington n'est pas le seul à penser cela. L'influence de Bechet sur les premiers musiciens de jazz fut très forte.

Sidney Bechet naquit en 1897 dans une famille typique de « Créoles de couleur ». Son père était assez foncé de peau, mais sa mère était assez claire pour « *passeblanc* ». Ils avaient, comme la plupart des Créoles, des aspirations à vivre en bourgeois. Bechet parle avec orgueil de son père qui allait à une école

* Traduit sous le titre français *La Musique c'est ma vie*, Éd. de la Table Ronde.

payante où il apprit à lire et à écrire l'anglais et le français. Il jouait un peu de cornet, mais il gagnait sa vie en faisant des chaussures « fines et belles ». Les membres de sa famille étaient fiers d'eux-mêmes. Il y a une photo de Sidney faite dans un studio de photographe et prise quand il avait à peu près trois ans, qui le montre en robe avec un ruban dans ses cheveux, s'appuyant sur deux albums de photos empilés sur un coffre sculpté.

Le frère aîné de Bechet, Leonard, qui devint plus tard dentiste, jouait de la clarinette et du trombone. Sidney, d'après ses dires, avait appris à jouer de la clarinette tout seul. Il chipait celle de son frère, enfermée dans un tiroir du bureau, et apprenait à jouer en cachette. Il dit avoir étudié avec George Baquet, Créole jouant surtout de la musique classique et plus tard avec Big Eye (« Grand Œil ») Louis Nelson ainsi qu'avec Lorenzo Tio, tous deux figurant parmi les plus anciens musiciens de La Nouvelle-Orléans dont nous ayons entendu parler. Quel que fût son professeur, il est raisonnable de dire qu'il était un prodige, un musicien né, qui, depuis le commencement, jouait comme il le voulait pour exprimer quelque chose de personnel. A onze ou douze ans il jouait régulièrement à La Nouvelle-Orléans avec des orchestres de jeunes et apparemment, à l'occasion, tout aussi bien avec des adultes. Dès qu'il eut quatorze ans il commença à partir de chez lui pour jouer dans diverses villes. En 1918 il était à Chicago où Will Marion Cook l'entendit. Will était un compositeur et chef d'orchestre de couleur bien connu qui avait écrit la musique pour le show noir *Clorindy*, en 1898. Cook emmena Bechet à New York, puis, en 1919, en Europe avec un groupe relativement nombreux de musiciens. Ce n'était pas tellement un orchestre de jazz que de concert, jouant probablement aussi bien des ouvertures que des ragtimes et des morceaux à la mode. Bechet qui jouait en tant que soliste improvisateur en devint la vedette. Ernest Ansermet, un éminent chef d'orchestre symphonique suisse, écrivit, dans une revue, ce passage souvent cité : « Il y a dans le Southern Syncopated Orchestra un extraordinaire clarinettiste virtuose qui est, paraît-il, le premier de sa race à avoir composé des blues parfaitement structurés sur la clarinette... je veux donner ici le nom de cet artiste de génie, quant à moi je ne l'oublierai jamais – c'est Sidney Bechet. »

Si Bechet n'avait pas déjà assumé sa condition de « vedette », des commentaires de ce genre l'auraient certainement poussé à le faire. Il joua dans l'orchestre de Cook et dans d'autres groupes, à Londres et à Paris, et ce fut à Londres qu'il découvrit un instrument dont il n'avait jamais joué auparavant, le saxophone soprano. Comme nous le verrons plus tard, les saxophones étaient, en 1920, des instruments encore nouveaux, les musiciens commençaient tout juste à les prendre au sérieux. Il y avait beaucoup de sortes de saxophones, allant du saxophone basse jusqu'au soprano et au sopranino. Les saxophones soprano avaient deux formes, l'incurvé qui ressemblait à un petit saxophone-alto, et le droit qui était comme une grosse clarinette en métal. L'instrument que trouva Bechet fut le soprano droit. Il le maîtrisa rapidement et devint ainsi le premier saxophoniste de quelque importance dans le jazz. Il joua du soprano de plus en plus – quoiqu'il ne lâchât jamais totalement la clarinette – jusqu'au jour où il en fit son instrument.

Bechet retourna aux États-Unis dans les premières années 20, après les problèmes variés qu'il eut à affronter, à Londres et à Paris, et, pendant vingt ans, travailla principalement aux États-Unis. Il partit cependant avec l'orchestre de Noble Sissle, en 1929, à Paris et joua aussi en Allemagne et en Russie en 1930, en compagnie du trompettiste Tommy Ladnier. Il retourna finalement à Paris en 1949 pour un concert. Les Français, pour qui il était maintenant un artiste connu, le reçurent à bras ouverts. Il était, après tout, un Français lui-même. Et en 1950 il s'établit en permanence en France où il mourut en 1959, couvert d'honneurs.

Bechet fit ses premiers disques en 1923, après son premier séjour en Europe, avec un groupe appelé Clarence Williams Blue Five. Williams était un de ces musiciens composant ce groupe naissant de professionnels dans les affaires de la musique noire, qui dirigeaient des orchestres, organisaient des séances d'enregistrement, composaient des thèmes – ou les adaptaient d'après la musique qu'ils entendaient autour d'eux – et les publiaient. Parmi les hommes qui sortaient de l'ordinaire à ce moment-là, il y avait W. C. Handy qui avait fait partie d'orchestres de ministrels et adapta des blues pour que des musiciens blancs pussent les jouer. Plus tard il devint ainsi éditeur de musique ; son compagnon Harry Pace fut le fondateur de Black Swan, la première compagnie de disques appartenant à des Noirs. Il y eut aussi Perry Bradford qui organisa, très tôt, de nombreuses séances d'enregistrements pour les grands chanteurs de blues et les musiciens de jazz. Aucun de ces hommes n'était vrai musicien de jazz, mais comme ils connaissaient le goût des Noirs et savaient qui étaient les meilleurs chanteurs et musiciens noirs, ils pouvaient agir comme intermédiaires entre les musiciens et les Blancs qui contrôlaient à peu près tout le commerce de la musique. Clarence Williams était un pianiste qui avait commencé à jouer dans les cabarets et les maisons closes de Storyville. Il avait fait des tournées avec des shows de ministrels, puis s'était établi à New York pour être au centre du commerce de la musique. Pendant les années 20, Clarence avait organisé de très nombreux enregistrements, pour lesquels il jouait en tant que pianiste d'orchestre ou comme accompagnateur de chanteurs ou chanteuses de blues comme Bessie Smith. Il avait connu Bechet à La Nouvelle-Orléans et l'employait souvent pour des enregistrements.

Un des premiers fut « Shrevport Blues » sous le nom de Clarence Williams Blue Five. Bechet dépasse de cent coudées ses compagnons dans ce disque. Sa ligne mélodique mouvante coule à travers les figures produites par les cuivres, comme de l'eau claire sur des rochers. Tout le long de sa vie, il fut remarqué pour son invention incessante ; c'est à peine s'il s'arrête pour respirer tandis que les idées coulent intarissablement et cette caractéristique est évidente depuis ce premier enregistrement. Cependant il n'est pas encore à cette époque un musicien de jazz accompli. A certains moments de son jeu, il reste encore la régularité un peu raide du ragtime, cela vient du fait que le musicien attaque la note sur le temps, ou divise sa phrase en huit parties absolument égales. Bechet, en 1923, essayait encore, telle une chrysalide, de se sortir du ragtime. Et dès 1924 il y était parvenu.

Ce fait est évident dans un disque important enregistré par les Red Onion Jazz Babies : « Cake Walkin' Babies » qui comprenait un ami de Bechet de La

Nouvelle-Orléans, le jeune Louis Armstrong. Au moment de cet enregistrement, Bechet est un musicien de jazz accompli et son jeu a très peu changé jusqu'à la fin de sa vie. On trouve ici ce flot de musique sans fin, le gros son « au bord aiguisé et coupant », qui coule à travers les ensembles pour « dominer » la musique, les sons âpres et raclés et, par-dessus, tout le swing infaillible de la ligne mélodique volant par-dessus le rythme de base. L'arrangement inclut des breaks de cornet, de trombone et de saxophone-soprano. (Le break est une façon de jouer courante à La Nouvelle-Orléans où tout l'orchestre s'arrête soudain, tandis qu'un instrumentiste joue tout seul pour un court instant, généralement deux mesures, à la fin, ou presque à la fin, d'un passage). Le break que prend Bechet dans le dernier chorus est un superbe exemple de la façon dont le musicien de jazz étire sa ligne mélodique par-dessus le rythme de base. Ce break est composé de quatre segments de deux mesures. Dans le premier segment Bechet joue une figure répétée en triolet (trois notes au-dessus de deux temps) dans lequel la première des trois notes qui, théoriquement, devraient être égales, est légèrement plus longue et accentuée. Dans le second segment de deux mesures il joue les triolets presque régulièrement. Dans le troisième segment il combine des triolets avec des croches et double-croches pointées. Et dans le quatrième segment ce sont ces dernières qui priment. Il y a une variété rythmique extraordinaire dans ces breaks, ce qui constitue un des cachets du meilleur jazz.

Les figures pointées, soit des croches ou des doubles-croches, valent qu'on s'y arrête, car nous avons affaire là à quelque chose de très important dans la musique de jazz. Dans la musique classique il y a trois façons principales pour insérer deux notes dans un temps : une paire de croches pour laquelle le temps est divisé en deux ; une croche pointée, une double-croche, pour lesquelles la croche pointée vaut les trois quarts du temps et la double-croche le reste ; et, plus rarement, d'autres annotations variées. Mais, dans la musique classique, des expressions beaucoup plus subtiles de rythme seraient très difficiles à lire. Par contre, le musicien de jazz qui improvise, peut faire habituellement, sur un temps de la mesure, plus de divisions subtiles qui résistent, d'ailleurs, à l'analyse. D'autre part, grâce à l'emploi d'inflexions et d'accents de différentes sortes, le musicien de jazz obtient des effets différents. Il est généralement inconscient de ce qu'il fait, il essaie simplement de swinguer. Mais il est assez facile de prouver ce fait, parce que, si on lui demandait de jouer des paires de croches ou des croches pointées et des doubles-croches, telles qu'elles sont écrites – c'est-à-dire telles qu'un musicien classique les jouerait – le swing disparaîtrait et ce ne serait plus du tout du jazz qu'on écouterait.

Probablement les deux tiers, ou les trois quarts, ou peut-être plus, des notes jouées dans la musique de jazz sont des traits composés de ces deux notes pour un temps. Un des moyens, pour un musicien de jazz, de détacher ces traits du rythme de base c'est de les diviser d'une manière non mesurable, en les accentuant de différentes façons, afin qu'elles ne sortent pas aussi régulièrement que des balles d'un fusil mitrailleur. Il y a, en fait, un genre de zig-zag ou de mouvement d'aller et retour dans l'énoncé de cette sorte de traits, comme si l'on suggérait un mouvement d'un pas en avant, puis d'un demi-pas en arrière et il n'est pas surprenant que beaucoup de danses, sur de la

Sidney Bechet. Le trompettiste est Hot Lips Page, derrière Hot Lips Page à la batterie : Freddie Moore. (Collection William P. Gottlieb/ Edward Gottlieb.)

musique de jazz, provoquent un effet de mouvements du corps d'avant en arrière, de pas saccadés, puis de pas traînés.

Dès 1924, Bechet, avec « Cake Walkin' Babies » avait compris ce principe. Malgré la force du jeu d'Armstrong, Bechet domine l'enregistrement. On peut dire, sans risques d'erreur, qu'à cette époque lointaine, il était le meilleur sur un instrument à vent pour la musique de jazz, égalé, peut-être, par le pianiste Jelly Roll Morton et probablement personne d'autre.

Bechet continua à beaucoup enregistrer dans les années 20 et jusqu'au milieu des années 30. Il fit un nombre considérable de disques de 78 tours avec de petits groupes variés, pour la compagnie Victor. Un des meilleurs parmi ces enregistrements est « Maple Leaf Rag », enregistré en 1932 avec le groupe appelé New Orleans Feet Warner, comprenant le trompettiste Tommy Ladnier et le pianiste Hank Duncan avec lequel Bechet jouait souvent à cette période. C'était le classique morceau de ragtime composé par Scott Joplin, mais Bechet prend des libertés avec cette composition. Il domine tout le monde, jouant avec une intensité à la fois fluide et irrésistible qu'on a rarement atteinte dans le jazz. Il y a un court solo de piano au milieu du morceau mais, pour la plus grande partie de l'enregistrement, Bechet s'adjuge la part du lion surtout pendant les six derniers choruses qu'il joue à toute allure, sans même sembler s'arrêter pour respirer, coupant littéralement le souffle aux autres musiciens.

Les dernières années 30 furent mauvaises pour les petits orchestres de jazz. En 1938, Bechet dut se retirer et travailler chez un tailleur pour vivre. Il avait cependant envie de jouer et essaya de convaincre une grande compagnie de disques de lui faire enregistrer le classique « Summertime » de Gershwin. La compagnie refusa, mais Alfred Lion et Frank Wolff, propriétaires de Blue Note, une nouvelle compagnie, spécialisée dans la musique de jazz, voulurent bien l'enregistrer. Ce disque devint, autant que le peut être un disque de jazz, un best-seller. En même temps il y eut un renouveau d'intérêt pour le style de jazz de La Nouvelle-Orléans. Bechet bénéficia en même temps de la vente de son disque et du nouvel intérêt pour ce style de jazz et, durant les années 40, devint une figure célèbre, jouant régulièrement pour des concerts, des programmes à la Radio et dans les studios d'enregistrement Blue Note. En 1944 il fit, pour Blue Note, un solo de clarinette intitulé « Blue Horizon » une de ses meilleures performances enregistrées. C'est tout simplement un blues en mi bémol joué à la vitesse métronomique de 70 à la noire, c'est-à-dire très lentement. C'est à la base un exercice sur les variations de hauteur d'un son, spécialement sur les notes bleues. A cet effet, Bechet accomplit une véritable performance avec des notes longuement tenues, parfois pendant quatre temps. Il infléchit ainsi les notes les faisant monter ou descendre. A la troisième mesure du morceau par exemple, il y a une note qui vous brise le cœur, elle commence comme un sol un peu bas, monte graduellement presque jusqu'au véritable sol pour tomber soudain sur le sol bémol, ou plus bas. L'effet en est saisissant, tangible, comme une catastrophe qui couve, d'une tristesse infinie. Ce disque enregistré près de vingt ans après l'apogée du style de La Nouvelle-Orléans, constitue le meilleur exemple du style de La Nouvelle-Orléans véritablement transcendant.

Il est difficile de mesurer l'influence de Bechet. Personne n'a essayé de le défier au saxophone-soprano et très peu même ont essayé de rivaliser avec lui. Mais durant toutes les années 20 et 30 et même les années 40 – les musiciens de jazz furent terriblement conscients de sa présence. Johnny Hodges, le grand saxophoniste-alto de l'orchestre d'Ellington, le meilleur sur son instrument pendant une longue période, bâtit son style sur celui de Bechet et beaucoup de pionniers ont affirmé que Louis Armstrong, quand il développa sa manière, entre 1923 et 1926, apprit de son collègue de La Nouvelle-Orléans quelques tuyaux sur la façon de phraser.

Sidney Bechet demeure sans conteste une des plus grandes figures de la musique de jazz et nous a légué une œuvre importante.

Bechet était un individualiste, un loup solitaire, le dur, le mariole qui arrive, donne une véritable leçon aux musiciens et aux amateurs et fiche le camp avant qu'on ait pu lui parler... Un autre musicien, qui quitta La Nouvelle-Orléans au même moment que lui et qui eut autant d'influence dans la musique de jazz, fut à l'opposé de Bechet. Je veux parler de Joseph Oliver, un meneur dans son équipe, qui croyait fermement qu'un ensemble orchestral avait plus d'importance que ses membres pris individuellement. Joseph Oliver, un parmi les rois du cornet de La Nouvelle-Orléans, eut comme Bechet une influence énorme.

La façon d'être d'un homme, son caractère ont autant d'importance que son génie, dans la formation d'un art. Pour le musicien de jazz, le problème a toujours consisté dans le fait, contrairement à d'autres artistes, qu'il doit travailler en rapport étroit avec d'autres hommes dont les tempéraments peuvent être très différents du sien et qui sont souvent d'un caractère difficile. L'affaire est complexe du fait que son art se trouve impliqué dans une « industrie » du divertissement dont les buts ne coïncident pas forcément avec les siens. Le problème consistant à travailler avec des personnalités différentes est quelque chose que l'écrivain ou le peintre ne connaissent qu'occasionnellement. Pour le musicien de jazz c'est tous les jours que cela se passe et sa réputation, finalement, peut dépendre de sa façon d'agir autant que de son talent.

Joe Oliver sut, lui, faire face professionnellement à son entourage. C'était un homme grand et fort et plein de confiance en lui-même. Il buvait peu (il chiquait du tabac et, sur le podium, il gardait un crachoir sur lequel il battait parfois la mesure). C'était un homme digne de confiance et on pouvait compter sur lui dans les affaires, quoique plus tard, on ait rapporté qu'il devint peut-être un peu méfiant à l'égard de ses musiciens. Le plus important c'est qu'il avait une conception claire de ce qu'il voulait obtenir de son orchestre, de sa sonorité spécifique et fut capable de mener à bien ses projets.

Le biographe d'Oliver fut feu Walter C. Allen, un spécialiste de la musique de jazz de La Nouvelle-Orléans et de Oliver et Jelly Roll Morton en particulier. Il donne Dryades Street, à La Nouvelle-Orléans, comme lieu de naissance de Joe et 1885 comme date de naissance. La mère de Joe Oliver mourut quand il avait quinze ans et il fut élevé par une tante. A un moment de son adolescence il fut blessé à l'œil gauche. Vers 1900 il commença à jouer avec un orchestre de cuivres de son quartier. Durant les premières années du jazz il copia Bunk

Joseph « King » Oliver et son célèbre Creole Jazz Band. De gauche à droite Baby Dodds, Honore Dutrey, Joe Oliver, Louis Armstrong, Bill Johnson, Johnny Dodds et Lil Hardin qui devait, bientôt, devenir Mme Louis Armstrong.

Johnson, puis joua avec de nombreux orchestres importants – le Henry Allen * Brass Band et l'Original Superior Orchestra parmi d'autres. Aux alentours de 1910 il jouait aussi dans le quartier de Storyville et, à un moment ou à un autre, joua avec presque tous les pionniers de la musique de jazz de La Nouvelle-Orléans. Dès 1915 il était considéré comme un des meilleurs musiciens de jazz dans la cité.

Puis, au commencement de 1918, pas bien longtemps après l'impact produit par les enregistrements de l'Original Dixieland Jazz Band, on demanda au contrebassiste Bill Johnson de La Nouvelle-Orléans de monter un orchestre de jazz pour un cabaret à Chicago appelé Royal Garden. Johnson voulait faire venir Buddie Petit mais celui-ci refusa. Alors Johnson convia Oliver à se joindre à son orchestre. Durant les deux années suivantes Joe Oliver joua à Chicago dans des orchestres différents et avec un personnel changeant. En 1922, Oliver et Johnson firent l'ouverture du Lincoln Gardens qui était le Royal Garden débaptisé. Le personnel de l'orchestre appelé alors King Oliver's Creole Jazz Band comprenait maintenant Johnny Dodds à la clarinette, son frère Warren « Baby » Dodds à la batterie, Honoré Dutrey au trombone, Lil Hardin au piano et Bill Johnson à la contrebasse. Puis Oliver décida d'ajouter un second cornet au groupe. Celui qu'il choisit pour le rejoindre fut un jeune homme de vingt-deux ans, Louis Armstrong. Et, en 1923, cet orchestre commença à faire une des plus importantes séries d'enregistrements dans l'histoire du jazz.

Pour ces disques (de 78 tours), Johnson jouait du banjo car la sonorité sourde de la contrebasse aurait pu faire sauter, prétendait-on, le burin graveur des appareils. Parfois Oliver rajoutait un saxophone. Ces disques du Creole Jazz Band furent enregistrés avant le procédé d'enregistrement électrique. On plaçait les musiciens tout autour de la pièce selon la force de leur sonorité. L'équilibre sonore n'était pas parfait et la plupart du temps, un instrument ou un autre se trouvait plus ou moins étouffé. Mais on est récompensé si on écoute avec soin. Après une demi-heure d'attention, l'oreille s'habitue à la sonorité un peu métallique et assourdie.

Ce qui frappe immédiatement dans le Creole Jazz Band, c'est qu'il s'agit là d'une musique collective – polyphonique, dirais-je. Les enregistrements comprennent généralement un solo ou deux et plusieurs breaks. Mais la plupart du temps les sept musiciens jouent ensemble presque sans interruption. Le chef d'orchestre joue la mélodie sous laquelle Armstrong tisse un contrepoint ou improvise une partie d'harmonisation. Dodds intervient en filigrane, cascadant ou rebondissant à travers la ligne mélodique. Dutrey pourvoit aux liens entre les passages ou fait parfois des séries de notes tenues qui suggèrent l'harmonie de base du morceau. La section rythmique énonce le tempo et l'harmonie de base. En second lieu, ce qui est frappant, dès le début, c'est que l'orchestre ne joue pas simplement une série de solos superposés, comme ce sera le cas, plus tard, pour des orchestres dixieland blancs. Les morceaux du Creole Jazz Band ont une structure. « Froggie Moore », un morceau de Jelly Roll Morton, par exemple, commence avec une introduction de quatre

* Père de Henry « Red » Allen.

mesures, suivie par un thème A qui comporte seize mesures et est répété. Le thème B, lui aussi de seize mesures quoique de caractère entièrement différent, apparaît ensuite. Il est suivi par un retour du thème A. Puis suit un interlude de deux mesures, qui donne à Armstrong le temps de se préparer pour le solo qui suit. C'est le grand moment du disque, un solo magistral qui montre que Louis était déjà, à vingt-trois ans, capable de jouer ce qui le rendit célèbre quelques années plus tard. Puis l'orchestre revient avec le thème B et le disque se termine par une coda de deux mesures (ou tag).

La plupart du temps les orchestres d'Oliver n'improvisaient sans doute pas les ensembles. A cause de la structure imposée d'avance, de la nécessité d'assigner un rôle précis aux quatre instruments à vent – cinq lorsqu'on ajoutait le saxophone dans les studios d'enregistrement – les musiciens du Creole Jazz Band devaient s'en tenir d'assez près à un arrangement préétabli. Évidemment on faisait des variations, mais ceci dans des limites strictes. Comme les membres de l'Original Dixieland Jazz Band, comme presque tous les musiciens de La Nouvelle-Orléans, ils étaient des « embellisseurs ». Le chorus d'Armstrong, aussi merveilleusement construit et expressif soit-il, est une variation sur le thème B et non pas une mélodie toute neuve.

« Riverside Blues » (dans la version Paramount) suit plus ou moins le même modèle – la juxtaposition de deux thèmes totalement dissemblables mais le morceau a son intérêt d'un autre point de vue. C'est un simple blues de douze mesures, en Fa, se distinguant par l'emploi d'un accord de La majeur à la quatrième mesure au lieu du Fa septième habituel. Ce disque est très instructif du fait qu'il contient une série de solos par la clarinette, le trombone et les cornets, basés surtout sur les notes tenues. Parce que ces solos sont très simples et sont pris à un tempo lent, il est possible, pour l'auditeur, d'entendre très clairement la façon dont les musiciens placent leurs notes librement au-dessus et autour des temps au lieu de les placer, strictement, sur les temps. Dodds attaque ses notes légèrement en arrière du temps – pas à chaque fois mais assez souvent. D'un autre côté, Armstrong qui, d'habitude, joue en arrière du temps, place ses notes tellement en avant du temps, qu'on peut les entendre, presque, mais pas tout à fait, comme des syncopes. Une écoute soigneuse de ces deux solos sera très profitable à celui qui étudie la musique de jazz. Il est souvent extrêmement difficile de savoir exactement à quel endroit une note sera placée dans la musique de jazz – si ce sera en avant du temps, ou en arrière, ou, encore, si elle fera partie d'une suite de contre-rythmes qui n'a pas du tout de rapport direct avec le rythme de base. Mais dans les solos dont je parle on peut entendre, avec un peu de concentration, comment les notes flottent librement au-dessus du rythme de base.

Armstrong quitta l'orchestre en 1924 et il y eut d'autres changements dans le personnel. Pendant une année ou deux ce fut une période creuse pour Oliver, puis, en 1926, il retourna dans les studios d'enregistrement avec un orchestre, les Dixie Syncopators. En général les Dixie Syncopators employaient une section de saxophones complète de trois voix. Il fallait à ce moment-là, qu'on employât plus de musique écrite. Mais pour l'auditeur non familiarisé avec cette musique d'autrefois, les Dixie Syncopators offrent une écoute peut-être plus facile pour commencer leur initiation. Tout d'abord la qualité des enregistrements est bien supérieure, on peut entendre *tout* ce que l'orchestre joue. Puis, ensuite, avec moins de lignes mélodiques qui se superposent il est plus aisé de suivre la musique. Mais ce n'est pas de la musique simple comme une audition de « Sugar Foot Stomp » le corroborera. Cet enregistrement est donc une version nouvelle de « Dippermouth Blues » enregistré, déjà, par le Creole Jazz Band, qui contient le solo classique et très imité d'Oliver au cornet. Et voilà exposée ici l'essence même du jazz. En fait il n'y a qu'une poignée de notes mais le tout repose sur la façon dont Oliver les nuance. Les trois choruses sont construits sur la tierce bleue, et Oliver fait constamment varier la hauteur de ces notes. Elles sont colorées par l'ouverture ou la fermeture graduelles d'une sourdine. Et finalement elles sont placées à certains points du tempo de telle façon qu'il est difficile, même après des auditions répétées, de déterminer, avec précision, où elles tombent. En somme, tout le long du solo, les notes qu'utilise Oliver se déplacent, dans le temps, comme se déplacent, dans l'espace, les images d'un kaléidoscope. Il est impossible d'écrire, même approximativement, ce solo à l'aide de n'importe quel système de notation disponible. Parmi les musiciens de jazz des années 20 et 30 ce fut un événement marquant, une révélation. Rien d'étonnant à cela puisqu'il renferme tant d'éléments importants du jazz.

Mais quoique les autres musiciens aient pu lui devoir, les jours de prospérité d'Oliver furent de courte durée. Dès 1928 il avait du mal à garder son orchestre et, en 1930, il ne trouva pas de travail à Kansas City où il s'était rendu. Les causes de cet échec furent nombreuses. La Dépression était arrivée, ruinant les compagnies d'enregistrement et faisant du tort aux cabarets. Oliver souffrait d'un cas aigu de pyorrhée, et finalement perdit ses dents (un musicien jouant d'un instrument en cuivre a besoin de ses dents comme point d'appui de ses lèvres). Le style classique de La Nouvelle-Orléans commençait à se démoder pour être remplacé par d'autres courants. Durant les premières années 30, Oliver dirigea d'obscurs orchestres de danse, faisant des tournées dans les petites villes du Tennessee et les montagnes du Kentucky, pour des salaires de misère. En 1934, obsédé par les cars constamment en panne, les organisateurs qui plaçaient son orchestre mais retenaient un pourcentage abusif sur ses gains, il dut laisser partir par manque de travail, huit de ses musiciens.

En 1936, Oliver alla vivre à Savannah, où il tint un magasin de fruits, puis il devint portier dans une salle de jeux. Sa santé n'était pas bonne, il toussait tout le temps, souffrait de crises d'asthme et avait une forte tension artérielle. Mais, a dit « Red » Allen, « son moral ne faiblit pas, il avait tout juste de quoi vivre, se fit remettre des dents et commença même à faire des économies pour avoir de quoi s'acheter un billet pour New York ». Le 8 avril 1938, il eut une hémorragie cérébrale et mourut. Il fut enterré dans le Woodlawn Cemetery, dans le Bronx, à New York, où vivait sa sœur. Avant de mourir il lui avait écrit une série de lettres à sa sœur, reproduites, dans *Hear me Talkin' to You* (« Écoutez-moi donc ») qui sont une des choses les plus poignantes dans les témoignages écrits que nous aient laissés les musiciens de jazz. Il travaillait quinze heures par jour dans la salle de jeux, pour un maigre salaire, et, pourtant, il raconte à sa sœur « J'ai commencé à mettre de côté de l'argent dans une tirelire. J'ai un dollar soixante, et n'y toucherai pas. Je vais essayer d'économiser pour m'acheter un billet pour New York. » Un billet qu'il n'acheta jamais. Peu de temps avant sa mort il écrivit qu'il avait du mal à se faire soigner, pour sa tension artérielle, à cause de ses problèmes d'argent et des délais dans les paiements. « Je ne verrai peut-être plus New York de mon vivant... Ne crois pas que j'ai peur parce que j'ai écrit ça. J'essaie de vivre près du Seigneur plus que jamais. Alors je sens que le Seigneur s'occupera de moi. Bonne nuit, ma chère... »

Mais il est évident que Joe Oliver a eu sa revanche. Aujourd'hui ses disques sont écoutés dans le monde entier, surtout en Europe, où l'on se souvient mieux de lui qu'aux États-Unis. Un fait encore plus important c'est que le style de La Nouvelle-Orléans, dont il fut un des premiers interprètes, est la base du jazz traditionnel (ou « trad ») une des formes de jazz les plus jouées aussi dans le monde entier. Le Creole Jazz Band d'Oliver fut le premier groupe de jazz important à être enregistré systématiquement. Au fur et à mesure que l'impact de l'Original Jazz Band s'affaiblissait, ceux qui avaient été attirés par la nouvelle musique d'Oliver commencèrent à réaliser que le « vrai truc » se trouvait dans cet orchestre. Son orchestre n'a jamais été connu du grand public, mais son influence sur les jeunes musiciens de jazz des années 20 fut immense. Ça ils le comprirent, dès 1925, « c'était vraiment le jazz ».

Ce qui est le plus significatif dans les histoires de Bechet et d'Oliver c'est le fait qu'aux alentours de 1923 la vraie musique de jazz s'organisait. Bechet, en 1923, gardait encore des traces de la raideur du ragtime. Armstrong, quoique déjà un musicien plein de force et d'invention, était encore loin du musicien aux idées fantastiques qu'il allait devenir plus tard. En vérité, à part Bechet, Armstrong, Jelly Roll Morton et quelques musiciens de l'orchestre d'Oliver, il n'y a pas de musicien de jazz qui ne soit lourdement marqué par la rigidité du ragtime, cette manière de jouer rivé aux battements de la mesure qu'on appellera plus tard « corny ». Freddie Keppard, certainement un des meilleurs musiciens de La Nouvelle-Orléans, était souvent extrêmement raide. Mais 1923 fut l'année où finalement la musique de jazz fut beaucoup enregistrée. Les gens des compagnies d'enregistrement n'avaient que peu d'idées sur ce qu'était le jazz, mais ils découvrirent le grand débouché qu'elle représentait pour le public de couleur. Et sans aucun système, ils enregistrèrent ce qu'ils pouvaient trouver. Désormais les musiciens, noirs et blancs, possédaient un vaste stock d'exemples musicaux et très vite ils se mirent à les étudier. Parmi les musiciens qui ont enregistré et qui ont eu le plus d'influence sur les autres, citons deux clarinettistes de La Nouvelle-Orléans, Johnny Dodds et Jimmy Noone. Pour de nombreux auditeurs Johnny Dodds résume le style de clarinette de La Nouvelle-Orléans. Pendant la période à laquelle on fit les premiers enregistrements de jazz, Dodds semblait être partout. Il était dans ceux du Creole Jazz Band d'Oliver qui eurent tant d'influence, il enregistra avec Freddie Keppard, Jelly Roll Morton et d'innombrables petits groupes qu'il réunissait ; et le plus important de tout c'est qu'il était le clarinettiste d'Armstrong dans la majorité des disques avec les Hot Five et les Hot Seven. Si on écoute une grande quantité de jazz de La Nouvelle-Orléans, on aura la sonorité de Johnny Dodds à la clarinette qui vous colle tellement à l'oreille qu'elle semble être le modèle de ce style de jazz. Il n'est donc pas étonnant, alors, que, dans l'hagiographie du jazz de ce temps, Dodds soit considéré comme le meilleur interprète sur cet instrument. Aujourd'hui sa réputation a diminué, mais il reste un musicien de grande importance.

Johnny Dodds naquit en 1892. Il travailla avec de nombreux orchestres à La Nouvelle-Orléans, fit des tournées avec Billy Mack's Touring Minstrels, travailla pendant quelque temps sur les riverboats et, finalement, quand il eut un peu plus de vingt ans, commença à jouer avec l'orchestre de Kid Ory. Dodds quitta La Nouvelle-Orléans en 1918 et gagna Chicago où il se joignit à l'orchestre d'Oliver au Lincoln Gardens. Lorsque l'orchestre fut dispersé, en 1924, Dodds joua dans un club, le Kelly's Stables, où il resta jusqu'en 1930. Il enregistra régulièrement pendant cette période avec différents groupes – Jimmy Blythe's Washboard Band, les New Orleans Wanderers, les New Orleans Bootblacks et d'autres groupes sous son nom. A ce moment-là il y avait la Dépression et le travail était de plus en plus dur à trouver, mais Dodds arriva à vivre de sa musique pendant toutes les années 30, jouant dans de petits clubs à Chicago et n'enregistrant que peu. Il mourut en 1940 d'une hémorragie cérébrale, manquant de peu le « revival » de la musique de La Nouvelle-Orléans.

Dodds était un homme sérieux et réservé qui, dans ce métier où l'on boit beaucoup, était une exception car il ne buvait pas d'alcool. Le style de clarinette de La Nouvelle-Orléans tel que le pratiquaient Jimmy Noone ou le clarinettiste favori de Jelly Roll Morton, Omer Simeon, était contrôlé mais décontracté, un chant désinvolte et léger qui coule avec grâce entre les lignes mélodiques dessinées par la trompette. Dodds de temps en temps employait cette manière décontractée de jouer, comme par exemple dans son « Bull Fiddle Blues » avec le Johnny Dodds Washboard Band. Mais plus souvent c'était un musicien doué d'une grande force, recherchant le registre aigu pous souligner les moments intenses et à d'autres moments infléchissant les notes bleues. Ce qui était peut-être le plus remarquable dans le jeu de clarinette de Dodds – ce jeu en dents de scie, caractéristique de La Nouvelle-Orléans – c'est que Dodds faisait moins de divisions inégales du tempo que ne le faisaient des musiciens comme Noone et Simeon. Il jouait la première note distinctement accentuée, beaucoup plus longue que la seconde de la paire de notes et c'était la « chaleur » qui résultait de ce procédé qui le faisait tant admirer par les amateurs du jazz de cette époque. Il est évident que le travail le plus connu de Dodds est contenu dans la cinquantaine de faces (de 78 tours) qu'il enregistra comme membre de l'orchestre des Hot Five et des Hot Seven de Louis Armstrong. Un des meilleurs exemples de son travail se trouve dans « Gully Low Blues » et « S.O.L. Blues ». Ce blues commence avec un passage rapide basé sur les accords de « Sister Kate ». Dodds joue un solo d'une grande force et « emmène tout le monde », puis ralentit le tempo pour un chorus typique de blues passionnel.

Dodds cependant ne jouait pas aussi bien, techniquement, que d'autres clarinettistes de cette époque. Sa sonorité devenait souvent perçante dans le registre aigu et souvent les notes n'étaient pas nettes dans les passages rapides. Mais il était, il ne faut pas l'oublier, un des inventeurs de cet art.

Quoique Dodds eût une plus grande notoriété parmi les amateurs de jazz, à l'époque, Jimmy Noone avait une réputation plus assise parmi les musiciens et, aujourd'hui, nous nous rendons compte que non seulement il avait autant d'influence que Dodds mais aussi qu'il était un meilleur musicien. En effet, plus tard et jusqu'à nos jours, le jeu de la clarinette, dans la musique de jazz, viendra en droite ligne de Noone.

Jimmy Noone était un Créole qui fit des études musicales classiques. Il travailla avec Bechet et le célèbre Lorenzo Tio. Comme Dodds, il travailla à La Nouvelle-Orléans pendant son adolescence et, comme Dodds, il vint à Chicago vers 1917-1918. Il travailla et enregistra avec Oliver, Cook's Dreamland Orchestra, très réputé à l'époque, et, aussi, Tommy Ladnier et Freddie Keppard. Au milieu des années 20, cependant, il travailla surtout avec de petits groupes dont il était le chef. Ces petits orchestres avaient pour les mener un clarinettiste – c'est-à-dire Noone lui-même – et un saxophoniste-alto. Comme Doods, il eut des moments durs pendant la Dépression et joua sporadiquement seulement, dans les années 30. Avec la renaissance de la musique de La Nouvelle-Orléans, à la fin des années 40, il recommença à enregistrer et plus tard travailla sur la Côte Ouest des États-Unis, avec l'orchestre rajeuni de Kid Ory, qui avait un grand succès. Néanmoins, encore une fois, tout comme Dodds, il ne vécut pas pour jouir des fruits du « revival » : il mourut en 1944.

Cependant, si Dodds et Noone eurent des carrières semblables, il y avait de grandes différences dans leur style. Dodds venait de la tradition des Noirs et était un autodidacte. Noone était un Créole, aimait la musique classique et étudia dans sa jeunesse et même à l'âge adulte. A Chicago son professeur fut Franz Schoepp, un clarinettiste d'orchestre symphonique qui fut aussi le maître du très jeune Benny Goodman. En conséquence, au milieu des années 20, Noone n'était pas seulement un des clarinettistes de jazz les plus accomplis, mais figurait parmi les meilleurs instrumentistes (les pianistes stride mis à part). Sa capacité de jouer tout à fait juste, à une grande vitesse et avec beaucoup d'aisance, à un moment où c'était rare, impressionna les autres musiciens, et les clarinettistes surtout se faisaient un point d'honneur d'aller l'écouter. Mais Noone n'était pas seulement un instrumentiste habile, sa conception mélodique était supérieure et sa façon de placer les éléments rythmiques dans le jazz était en avance sur toutes celles des musiciens de son temps. Noone, dès 1927, phrasait d'une manière qui tenait le milieu entre le style de La Nouvelle-Orléans et le style de l'époque dite « swing ». Ainsi parce qu'il était un bon technicien, un improvisateur plein d'invention, qu'il était à la tête de l'avant-garde du jazz, il fut très copié. De lui sort toute une école de musiciens, comprenant Omer Simeon qui jouait chez Jelly Roll Morton, Barney Bigard de chez Ellington, Buster Bailey, le musicien de Saint-Louis, Albert Nicholas et d'autres encore ; et de cette même école sortirent les clarinettistes de l'époque dite « swing » des années 30 et 40 – Benny Goodman, Artie Shaw, Irving Fazola, Peanuts Hucko, Joe Marsala et une kyrielle d'autres.

En raison de sa grande compétence technique, Noone pouvait utiliser au maximum la fluidité naturelle de la clarinette. Il jouait avec une grâce détendue, rare dans le jazz de n'importe quelle époque. Dans cette musique où le jeu des musiciens tend, parfois, à la frénésie, son jeu à lui n'est jamais frénétique. D'habitude Noone commence une ligne mélodique dans l'aigu et descend doucement, parfois par de longs arpèges, parfois dans ces traits en dent de scie, auxquels se prête si bien la clarinette. Dans les choruses pleins de tension de la fin, il monte haut pour descendre en des figures très simples, souvent des séquences de noires. Sa sonorité est toujours pure. En fait, en comparant Dodds à Noone on peut voir très nettement les différences entre la tradition purement noire et la tradition créole de couleur : la première fonçant durement et emplie de notes bleues avec une sonorité rude et peu raffinée, qui provient directement de l'Afrique, la seconde basée sur la conception classique, sur la sonorité, la justesse et l'aisance technique. Ceci ne veut pas dire que Noone ne jouait jamais de notes bleues, évidemment il les jouait superbement, quand il le fallait.

Pour un musicien de sa réputation Noone enregistra très peu, et on peut s'en étonner. Il y a quelques faces de 78 tours où il accompagne des musiciens de blues, un nombre un peu plus élevé de faces avec des orchestres réunis pour l'enregistrement et deux avec Oliver. La plus grande partie de ses enregistrements a été réalisée avec un groupe qu'il dirigeait, généralement appelé Jimmy Noone and his Apex Club Orchestra (d'après un club où il travailla longtemps). Ces faces furent enregistrées avec un groupe comprenant Noone, le saxophoniste alto Joe « Doc » Poston et des sections rythmiques variées.

Les meilleurs de ces disques consistent en une douzaine de faces enregistrées en 1928 (des secondes prises de son ont été rééditées) avec Johnny Wells à la batterie, Bud Scott au banjo et Earl Hines, qui devait devenir un des plus grands pianistes de jazz. Les plus connues de ces faces sont « Monday Date » qui swingue ferme, « Apex Blues », et un rapide « I Know that You Know » où l'on peut entendre un superbe solo de Noone qui est devenu, plus tard, un véritable test pour les clarinettistes. Sont réunies ici toutes les empreintes de génie du style de Noone : les longs traits gracieux descendant autour de la ligne mélodique menée par Poston, les courtes et dures figures mélodiques aux moments d'apogée, la sonorité pure et chaleureuse. « Apex Blues » est spécialement intéressant car nous pouvons distinguer ici la conception qu'a Noone du blues, sa façon de le sentir. Son solo est construit sur une figure mélodique simple et émouvante, emplie de notes bleues, mais jouée avec aisance et une sonorité magnifique. C'est un disque merveilleux.

Peu connu, Joe Poston sert pour ainsi dire, de « repoussoir », mais d'une façon excellente, à Noone, car son improvisation manque d'imagination, mais il est très capable techniquement et son tempo est excellent, de sorte que sa façon de foncer en jouant la mélodie, autour de laquelle Noone enroule ses volutes, semble particulièrement bien venue tout au long du morceau.

Hines est en grande forme. Ces disques constituent une réussite totale et sont aussi « frais » aujourd'hui que le jour où ils ont été enregistrés. Celui qui veut étudier le jazz des premiers temps devrait commencer en écoutant ces morceaux.

C'étaient donc ces musiciens – Noone, Dodds, Oliver et Bechet, avec Jelly Roll Morton et Armstrong, qui étaient en train de sortir le jazz de La Nouvelle-Orléans, pour le faire entendre au monde entier. Tout à coup, les musiciens, partout aux États-Unis, entendirent la nouvelle musique et il devint vite évident que ce que l'on appelait dorénavant le jazz était différent de ce qu'il y avait eu auparavant, différent surtout du ragtime. En un mot, ils apprenaient à faire la distinction entre ce qui *swinguait* et ce qui ne *swinguait pas.* Tous n'étaient pas capables de reproduire ce qu'ils entendaient, Bix Beiderbecke lui-même n'avait pu se libérer d'une certaine raideur qu'à partir de 1925, et même l'orchestre d'Ellington et celui de Fletcher Henderson, tous deux devant être plus tard très importants, ne jouèrent vraiment du bon jazz qu'à partir de 1927, environ. Mais si, après 1923, les musiciens ne pouvaient pas toujours jouer cette musique, ils entendaient la différence entre le jazz et les autres genres de musique populaire. Le jazz n'était plus une musique de La Nouvelle-Orléans, le monde entier portait son attention sur ce phénomène.

CHAPITRE VII

Le grand « Monsieur Jelly Lord »

Dans le monde de la musique de jazz, où l'excentricité est un lieu commun et où l'individualisme est considéré comme une condition sine qua non de réussite, le caractère extraordinairement fantasque de Ferdinand « Jelly Roll » Morton est tout de même extrêmement singulier. Combinard, écumeur de tripot, joueur professionnel, souteneur, tenancier de boîte de nuit, organisateur de spectacles et surtout viveur, Jelly Roll mériterait d'être le personnage principal d'un roman même s'il n'avait jamais composé ou joué une seule mesure de musique. Il était orgueilleux, vaniteux, soupçonneux, superstitieux – mais il était néanmoins un véritable, un authentique artiste. Morton se vantait d'avoir inventé « la musique de jazz ainsi que les stomps * », comme on peut le lire dans les textes de publicité qu'il s'était fait faire, et il fulminait sans cesse contre ceux qu'il appelait ses imitateurs, ses plagiaires et aussi les innombrables musiciens qu'il considérait inférieurs, musicalement parlant. Mais ses pairs, quoique souvent interloqués par son assurance et importunés par ses bravades, admettaient, néanmoins, avec admiration « qu'il n'était pas en peine de prouver tout ce qu'il avançait ».

Un document capital sur la vie de Morton est constitué par *Mister Jelly Roll* (publié pour la première fois sous le même titre, dans une traduction française par Henri Parisot, aux Éditions Flammarion), l'ouvrage que lui a consacré Alan Lomax **.

Ce livre a été adapté d'après une série d'enregistrements que Lomax réalisa avec Morton, en 1939, pour les archives de la Bibliothèque du Parlement des États-Unis. Dans ces enregistrements, Morton parle de La Nouvelle-Orléans, de sa vie, et de la musique de jazz, et illustre tout cela avec des masses d'exemples musicaux qu'il joue au piano ou qu'il chante de sa voix claire et assez douce. L'ouvrage est légèrement marqué par une compréhension du jazz un peu limitée, de la part de Lomax (qui était surtout un folkloriste), les vues doctrinaires de l'auteur sur les rapports raciaux et, enfin, l'opinion de Lomax selon laquelle plus vous êtes foncé, plus « authentique » est la musique que

* Dans la musique de jazz, morceaux extrêmement rythmiques qui poussent l'auditeur à s'extérioriser, à battre la mesure du pied et à danser.

** Cet ouvrage vient d'être réédité aux Presses universitaires de Grenoble.

vous jouez. Mais nous devons témoigner, cependant, toute notre gratitude à Lomax, en premier lieu, parce qu'il a pris l'initiative d'enregistrer Jelly Roll, ensuite, parce qu'il a organisé, dans cet ouvrage, le matériel qu'il avait enregistré d'une façon satisfaisante. Les comptes rendus de première main des débuts de la musique de jazz peuvent se compter sur les doigts d'une main et son ouvrage est, sans conteste, un des deux ou trois meilleurs écrits à ce sujet.

Jelly Roll Morton naquit sous le nom de Ferdinand La Menthe aux environs de 1885, ou peut-être bien, un an ou deux plus tard. Il avait l'habitude de maquiller sa date de naissance suivant les besoins et il maquilla aussi son patronyme. Son père était un Créole de couleur du nom de F.P. La Menthe. A en croire Jelly Roll, ce père était « un des plus grands » entrepreneurs du Sud. Mais si on se réfère au rang social des « Créoles de couleur » aux environs des années 80, il semblerait plus vraisemblable qu'il était simplement un charpentier ou un petit entrepreneur. F. P. La Menthe, que son fils a décrit, aussi, comme un tromboniste amateur, abandonna sa famille quand Jelly Roll devait être encore tout jeune. La mère se remaria avec un homme du nom de Morton qui, d'après Lomax, exerçait la profession de portier d'hôtel ou de club. C'est une constatation douloureuse mais évidente que nous devons faire : Jelly Roll a vécu toute sa vie comme un déclassé. En partie, cette situation pouvait provenir de l'abandon, par le vrai père de Jelly Roll de sa famille et, comme conséquence de cette désertion, un abaissement notable de cette famille dans l'échelle sociale. Mais, incontestablement, une bonne partie de cet état de choses venait de la position anormale et fausse des « Créoles de couleur » dans la société de La Nouvelle-Orléans, – ces « Créoles de couleur » qui avaient lutté sans trêve et sans répit pour éviter d'être relégués au rang des Noirs. Morton était de teint clair et il essaya presque toujours de se faire passer pour Blanc. Il méprisait les Noirs que, à l'occasion, il traitait de « sales nègres » et il ajoutait invariablement que tous les Noirs étaient des fauteurs de troubles. Il se refusait à admettre, sauf peut-être aux premières heures du matin et après une nuit d'insomnie, qu'il n'était pas membre de la majorité blanche. Mais Jelly Roll était bien le seul à feindre de croire qu'il était un Blanc. Il n'était certainement, en aucune façon, accepté dans la société blanche – même si une des premières séances d'enregistrement, comme pianiste, avait eu lieu aux côtés des New Orleans Rhythm Kings, un orchestre blanc. Quant aux Noirs avec lesquels il était forcé de travailler, ils lui tenaient souvent rigueur de vouloir prendre de grands airs. Jelly Roll, en conséquence, s'était placé lui-même, du point de vue social, dans une sorte de no man's land, n'appartenant à aucun milieu, à aucune classe sociale, et pratiquement toutes les portes lui étaient fermées. S'il avait grandi, s'il avait atteint la maturité avec une vue de lui-même et des autres un peu plus réaliste, il aurait pu se fondre dans la culture noire, au sein de laquelle, en réalité, il passa sa vie. S'il avait été élevé dans une société dans laquelle les barrières raciales eussent été plus souples, il aurait pu atteindre à une situation et à une position sociale à la mesure de ses dons et de son talent. Mais ce n'était hélas pas le cas et, à mesure que le temps passait, il souffrit de plus en plus des conséquences de sa folie des grandeurs. Cependant, en dépit de ses prétentions à être le plus grand et à avoir tout inventé, il y avait, en lui, un côté très charmant. Il ressort de son long soliloque, de son retour en arrière sur sa vie et son œuvre, tels qu'ils ont été enregistrés par les archives de la Bibliothèque du Parlement des États-Unis, qu'il était, finalement, un homme charmant et, dans le fond, un type bien. Il montre beaucoup de bonne volonté à confesser ses folies, ses erreurs, ses imprudences et ses regrets. Tout au long de sa vie il continua à envoyer de l'argent à ses sœurs, quelquefois même chaque semaine. A peine une semaine avant sa mort, survenue à Los Angeles, dans un état voisin de la pauvreté, il leur envoya la somme de dix dollars. Les musiciens qui enregistrèrent des disques avec lui estimèrent ce chef d'orchestre idéal, sachant certes ce qu'il voulait et l'exigeant, mais ouvert à toutes les suggestions et laissant ses musiciens parfaitement libres d'improviser leurs solos à leur convenance. Les séances d'enregistrement étaient une affaire d'argent et Jelly Roll Morton était extrêmement sérieux dans sa musique, mais on s'amusait bien au studio. Dès le début de sa carrière musicale et pendant quelques années encore, Jelly Roll considéra sa musique comme un à-côté de sa « vraie vocation », celle d'un mec à la redresse de La Nouvelle-Orléans, d'un véritable expert aussi bien aux cartes et aux dés qu'à l'exploitation des femmes. Mais, inutile de le souligner, son intérêt pour la musique commença très tôt. Il commença à tambouriner sur des poêles à frire et des casseroles alors qu'il n'était qu'un bébé, puis il fit ses classes sur un harmonica à l'âge de cinq ans, puis passa à la bombarde et, enfin, à la guitare ; pour étudier ce dernier instrument il prit des leçons, a-t-il raconté, avec un « monsieur espagnol qui habitait dans le voisinage ». Dès l'âge de sept ans – du moins c'est lui qui le prétend – on le « considérait comme ayant sa place aux côtés des meilleurs guitaristes de la ville ». Il jouait alors, dit-il, dans de petits orchestres à cordes, comprenant, en général, une contrebasse à cordes, une mandoline et une guitare. Mais il continuait à expérimenter d'autres instruments – le violon, la batterie et, apparemment, le trombone. Sa grand-mère, avec laquelle il vécut après la mort de sa mère, survenue quand il avait quatorze ans, encouragea son intérêt pour la musique en bonne Créole qu'elle était. C'est à cette époque que Jelly Roll Morton fut fasciné par le piano. Tout d'abord il essaya de résister à cette fascination « parce que », a-t-il dit « on trouvait, dans notre milieu, que le piano était un instrument pour les dames... Et je ne voulais pas que l'on me prenne pour une tapette. Je voulais me marier, avoir une famille, élever mes enfants et que l'on me prenne pour un homme à part entière parmi les autres hommes, quand je serai un adulte ». Mais il semble bien qu'il ait triomphé de son préjugé pour commençer à étudier le piano avec toute une série de professeurs, dont le plus important, a-t-il dit, était un certain Frank Richards. On ne sait pas très bien quand il se mit à étudier le piano à cause de son habitude d'inventer des histoires. Bien sûr il rajoute ceci : « J'étais considéré comme un des meilleurs jeunes pianistes de la ville. » Faisons la part des choses et replaçons ses affirmations dans le contexte du temps et de l'endroit.

Jelly Roll Morton pouvait évidemment lire et écrire la musique, mais ses pairs ont toujours dit qu'à cette époque il ne pouvait pas lire à vue. Il l'admettait lui-même d'ailleurs. Ce qu'il faisait couramment c'était de travailler un morceau jusqu'à ce qu'il le sache par cœur, avant de le jouer en public. Cependant il connaissait parfaitement les bases et la théorie de la musique classique

– les principes de l'enchaînement des accords et de l'harmonisation – ce qui fait partie du commencement d'un cours de théorie musicale. Il est probable qu'il n'a pas étudié formellement la théorie mais, comme beaucoup d'artistes, il en a déduit ses concepts musicaux d'après ce qu'il jouait au piano. La musique qu'il devait jouer dans sa première jeunesse n'était pas de toute évidence ce que nous sommes convenus d'appeler jazz. Ce devait être l'habituel mélange de chansons populaires, de morceaux de ragtime, de valses, de quadrilles, d'ouvertures et de ces pièces dites de concert qu'apprenaient, alors, presque tous les jeunes pianistes. Il est fort possible qu'il put jouer quelques blues aussi, mais il est certain qu'il ne les jouait pas à la maison, où sa grand-mère aurait pu les entendre.

De toute façon, adolescent, il travaillait comme tonnelier et, la nuit venue, errait dans le quartier de Storyville qu'il appelait « The Tenderloin » *. Sa description du quartier telle qu'elle figure dans le livre de Lomax mérite d'être citée :

> Les rues étaient pleines d'hommes. Il y avait toujours des policiers en vue. Ils allaient invariablement en groupe ou, au moins, deux par deux, ce qui garantissait la sécurité de tout le monde. Des lumières multicolores scintillaient ou brillaient d'un éclat éblouissant. La musique emplissait la rue, sortant de chaque maison. Les femmes se tenaient debout sur le seuil des portes chantant ou psalmodiant différents blues. Les unes semblaient très heureuses, les autres avaient l'air de broyer du noir, d'autres encore paraissaient prêtes à vouloir en finir avec la vie et à s'empoisonner, certaines d'entre elles avaient visiblement en tête de grands projets de sorties, de bals, ou de divertissements en tous genres. Il y en avait qui avaient l'air de vraies dames en dépit de leur déchéance, d'autres étaient des pochardes du type courant, mais il y avait, aussi, celles qui ne pensaient qu'à s'adonner aux stupéfiants, opium, héroïne, cocaïne, laudanum, morphine ou autres drogues.

De la description de ces « dames » Jelly Roll Morton passe à celle des hommes :

> Ces mecs ne voulaient porter qu'une veste de couleur bleue et des pantalons rayés et ces pantalons devaient être très, très serrés. Aussi serrés que la peau d'une saucisse sur la chair de la saucisse. Si vous vouliez parler à l'un de ces gars, il repérait le bec de gaz le plus proche et s'y appuyait des deux mains, le bras tendu, en se tenant le plus loin possible de ce réverbère. Ce manège c'était uniquement pour que ces pantalons de quinze, dix-huit dollars, ne perdent surtout pas leur pli.
> ... Un peu plustard, quelques-uns de ces mecs se débrouillèrent pour faire placer à la pointe de leurs chaussures une petite ampoule électrique qui pouvait être alimentée par une pile dissimulée dans une de leurs poches ; quand ils passaient près d'une souris un peu simplette et qu'ils pensaient pouvoir « se la faire », comme ils disaient, ils pressaient un bouton au fond de leur poche, la petite ampoule s'allumait au bout de

* Tenderloin : au sens propre du mot « filet mignon ». Les policiers chargés de faire régner l'ordre dans ce quartier recevaient tous des « pots-de-vin » de sorte qu'ils pouvaient ne manger que du « filet mignon ».

leurs chaussures, et c'était ainsi que la poulette était avertie de la présence, à ses côtés, d'un prétendant et de l'imminence de ses exigences.

Jelly Roll Morton commença à travailler comme pianiste dans quelques bordels de première catégorie du District de Storyville, où l'on ne buvait que du champagne, où les filles étaient jeunes et attrayantes, où les chambres étaient meublées de lustres de cristal et des inévitables miroirs. Dans ces endroits, les pianistes jouaient en solistes, jouant et chantant ce que les riches clients leur demandaient ainsi que leurs propres compositions. Ils étaient ce que l'on pourrait appeler des amuseurs, des artistes maison, plutôt que des musiciens de jazz ; leur répertoire était un mélange de rengaines, de chansons osées, d'airs sentimentaux à la mode, de morceaux de ragtime, de blues et d'airs de danse, selon le goût des clients.

Le salaire de ces pianistes était fictif ; ils vivaient des pourboires des clients le plus à leur aise.

L'un des plus fameux de ces artistes maison était un homme du nom de Tony Jackson, qui écrivit un succès intitulé : « Pretty Baby ». Jelly Roll Morton admirait beaucoup Tony Jackson. (Jackson avait la réputation d'un homosexuel notoire. Chez les amateurs de jazz a longtemps persisté un mythe selon lequel il n'y a jamais eu d'homosexuels parmi les musiciens de jazz. En fait il n'y a, probablement, ni plus ni moins d'homosexuels dans le jazz que dans n'importe quel autre milieu de la société. Sugar Johnny Smith, un cornettiste, un des pionniers de La Nouvelle-Orléans, était, de notoriété publique, homosexuel ou du moins bisexuel et c'était probablement le cas de Bessie Smith et de Ma Rainey. Il y a d'ailleurs plusieurs homosexuels parmi les musiciens de jazz vivants).

Dans ces bordels, un bon pianiste pouvait se faire vingt dollars chaque nuit, et souvent même beaucoup plus. Mais il valait mieux être en bons termes avec les pensionnaires de tels établissements. En effet, si les filles aimaient bien le pianiste, elles pouvaient suggérer à leurs clients de laisser à l'artiste de substantiels pourboires. Aussi les pianistes ne manquaient-ils pas de nouer des relations de travail avec les filles. De cet état de choses au « maquereautage » il n'y avait qu'un pas. Jelly Roll avait beaucoup de succès et il commença à se faire pas mal d'argent. Mais il commit à cette époque de ses débuts musicaux, une lourde faute. Sans y penser, il dit à sa très fière et autoritaire grand-mère combien d'argent il gagnait. « Ma grand-mère, a-t-il raconté à Lomax, me lança ce terrible regard à la française dont elle avait le secret et me dit en français : " Ta mère est morte et elle ne peut donc plus aider ses filles (elle désignait ainsi les demi-sœurs de Jelly Roll). Elle a confié Amédée et Mimi à leur vieille grand-mère afin de les élever décemment. Un musicien n'est qu'un fainéant et un bon à rien. Je ne veux plus te voir ici près de tes sœurs. Il m'est avis que tu ferais mieux de ficher le camp ! " »

La mère de Jelly Roll était morte, son père l'avait abandonné, et maintenant voilà que sa grand-mère le chassait de la maison. Il marcha, sans but, dans les rues pendant toute la nuit, puis il éclata en sanglots et courut jusqu'à Biloxi, où habitait sa marraine qui fut tout heureuse de lui donner asile. Tout au long de sa vie, Jelly Roll rechercha à la fois l'amour et l'approbation de sa famille, à preuve l'argent qu'il envoya régulièrement à ses sœurs. Il est probable que la terrible rebuffade qu'il avait essuyée, lorsque sa grand-mère le mit à la porte, venant s'ajouter à tant d'autres, contribua à ce terrible besoin de réconfort, de soutien, qui était un des traits les plus marquants de sa personnalité. Après avoir ainsi rompu avec sa famille, Jelly Roll Morton devint, en quelque sorte, un musicien itinérant. C'est à partir de ce moment-là qu'il travailla, successivement, à Biloxi, Meridien, Gulfport et dans un tas de petites villes de la région du Gulf Coast. Plus tard on le retrouve à Chicago, Saint Louis, New York, Houston et sur la côte ouest, revenant de temps à autre à La Nouvelle-Orléans. Il avait toujours la possibilité de gagner sa vie en jouant du piano, mais à cette période de sa vie errante il semble qu'il ait préféré plutôt une carrière de flambeur professionnel et de mauvais garçon. Il prétend qu'il a été un champion dans les jeux de tripot et un joueur de cartes redoutable, un dur, qui portait toujours un révolver, prêt à relever tous les défis. Mais, en fait, ses tentatives pour réussir sa vie en roi de la combine et en prince de l'arnaque se soldèrent par autant d'échecs. Le récit de ses exploits et de ses hauts faits se termine invariablement par une véritable litanie de tristes mésaventures – ses partenaires et associés l'ont sans cesse trahi, ses amies sont toujours infidèles, des compagnons de rencontre l'ont dévalisé ou agressé. En dépit de ses rodomontades et de sa volonté bien établie de jouer les « patrons » et les « parrains », Jelly Roll Morton était au fond un type bien, un homme d'honneur dans ses rapports avec les autres, confiant et ouvert à l'égard de ses amis, généreux pour les membres de sa famille. Il manquait tout simplement du « caractère » nécessaire au forban.

Il est probable que les échecs pour devenir un « dur » et un tricheur professionnel incitèrent Jelly Roll à se concentrer de plus en plus sur sa musique. Aux environs de 1923, quand il se rendit à Chicago, ville où un public de plus en plus nombreux d'amateurs de musique se constituait dans les ghettos noirs du South Side, aussi bien que dans les clubs, cabarets et boîtes fréquentés par les Blancs, il s'était complètement voué à la musique. Il commença à publier ses compositions et ses orchestrations, ses arrangements pour orchestre et, enfin, à enregistrer des disques en tant que soliste et aussi avec différents groupes qu'il dirigeait. Entre 1923 et 1939 il grava environ cent soixante-quinze faces de 78 tours et quelques rouleaux pour piano pneumatique, ceux-ci comprenant une cinquantaine de solos de piano et en outre, une trentaine d'accompagnements de vocalistes et divers autres morceaux.

A part les solos de piano, qui sont presque toujours excellents, les disques qui ont fait sa réputation sont au nombre d'une cinquantaine, enregistrés entre 1926 et 1930, la plupart portant le titre général de Jelly Roll Morton and his Red Hot Peppers (Jelly Roll Morton et ses Piments Rouges). La compagnie de disques Victor considérait que cet orchestre des Red Hot Peppers était son « orchestre hot » numéro un. Ces disques firent de Jelly Roll une des plus grandes figures de la musique de jazz de son époque. Ce sont ces disques qui provoquèrent de la part des musiciens et des amateurs le respect et l'admiration qu'il avait toujours considérés comme son dû. Sa musique éditée et ses enregistrements, en même temps que sa célébrité, tremplin pour être mieux payé, lui rapportèrent beaucoup d'argent. Il commença à acheter des Cadillac et des diamants. Les mauvais garçons, les truands de son époque investissaient leur argent dans les diamants – marchandise que l'on peut emporter partout avec soi et qu'on peut revendre immédiatement quand on veut de l'argent liquide. Quelquefois ils les faisaient sertir dans leur dentition. Cette pratique ne leur assurait pas seulement d'éblouissants sourires mais les garantissait contre le vol. Jelly Roll Morton avait un diamant serti entre deux dents. Il était enfin devenu une personnalité, mais par son travail et son talent.

Les premiers de ses solos de piano, enregistrés en 1923, étaient tirés de ses propres compositions, il devait d'ailleurs en enregistrer de multiples versions. Citons : « Grandpa's Spell », « Kansas City Stromps », « Milenburg Joys », « Wolverine Blues » et « The Pearls ». Il fit, par la suite, des arrangements de ces compositions pour l'orchestre des Hot Peppers.

Dans ses premiers solos de piano on peut entendre, certes, de la musique de jazz, mais dont l'esthétique et les critères ne sont pas encore complètement achevés, pas encore complètement définis. Il y a encore des vestiges de la musique de ragtime dans ces enregistrements. Dans un morceau de ragtime, quand un des temps est divisé en deux croches, elles sont jouées de façon égale, bien que beaucoup des premiers musiciens de ragtime ne furent pas très stricts en la matière. Dans ses premiers solos de piano, Jelly Roll Morton joue encore ses croches d'une façon plus ou moins égale – il est difficile du reste de mesurer très exactement, à l'oreille, leur valeur respective – mais il accentue clairement la seconde de ces deux croches. Il ne le fait cependant pas tout le temps, de sorte qu'il y a des moments, dans ces disques, pendant lesquels il joue d'une façon très proche du ragtime, et d'autres moments où il joue vraiment de la musique de jazz. Ainsi donc, avec Sidney Bechet et King Oliver, Jelly Roll Morton, en 1923, était à la pointe du jazz. Il n'est alors pas étonnant que, dès que l'occasion se présenta pour lui, trois ans après, d'enregistrer des disques de jazz selon ses conceptions, de tels enregistrements soient devenus de véritables jalons dans l'histoire de la musique négro-américaine.

Jelly Roll Morton – et par là la postérité – eut beaucoup de chance à un certain égard : dès 1926 il pouvait faire publier et protéger ses œuvres par une maison d'édition, celle de Walter et Lester Melrose qui s'étaient lancés dans ce genre d'activité en ouvrant, tout d'abord, un magasin de musique. Apparemment, plus par la chance et le hasard que par une volonté déterminée, ils eurent à faire avec les musiciens de couleur qui s'installaient à Chicago durant les premières années de 1920, et se firent une spécialité de publier la musique noire. Ils devinèrent que Jelly Roll Morton présentait de remarquables promesses commerciales pour l'édition musicale et ils travaillèrent d'arrache-pied à les réaliser. Pour un éditeur de musique, à cette époque, les perspectives de gains importants résidaient dans le développement de la notoriété d'un compositeur grâce à la publication de disques à succès. Les Melrose ne furent jamais des éditeurs très importants, mais ils avaient des relations dans les grandes compagnies d'enregistrement et ils obtinrent pour Jelly Roll Morton un contrat avec la maison Victor. En plus de tout cela, les Melrose payèrent et organisèrent des répétitions afin que les musiciens aient toutes les chances d'enregistrer les meilleurs disques.

En conséquence, Jelly Roll Morton put mettre toutes les chances de son côté et tenir ses Red Hot Peppers fin prêts à enregistrer, à chaque occasion, et, surtout, il put travailler au maximum ses orchestrations avec les musiciens avant de passer au studio d'enregistrement. Il n'y avait, parmi les musiciens qu'il utilisait, que peu d'instrumentistes qui fussent capables de lire la musique à vue et beaucoup d'entre eux étaient tout juste à la hauteur des tâches qu'il leur assignait. Il fallait aussi beaucoup de temps à Jelly Roll pour écrire ses orchestrations. Une part importante de cette musique était donc conçue au studio suivant la vieille routine : « Je-voudrais-que-tu-joues-ce-truc-comme-ceci-ou-comme-cela. » Cela nécessitait de nombreuses reprises des différentes parties de la musique – parties qu'il fallait ensuite apprendre par cœur. Surtout quand il fallait enregistrer plusieurs compositions en une seule journée, ce qui était souvent le cas.

Mais quoi que pussent penser les frères Melrose de Jelly Roll Morton – les rapports entre le compositeur-arrangeur-chef d'orchestre-pianiste et eux étaient parfois assez tendus, ils respectaient néanmoins son talent et son expérience et le laissaient choisir les musiciens qu'il voulait et faire les choses à sa convenance. Les orchestrations, les arrangements, n'étaient pas bâclés mais très travaillés et soigneusement répétés. Les musiciens jouaient d'une façon précise et leur sonorité, leur justesse étaient supérieures à celles de la plupart des musiciens de jazz qui enregistraient à la même époque. Enfin, les enregistrements eux-mêmes étaient techniquement excellents, bien équilibrés et d'une grande propreté, et celui qui les écoute de nos jours, les trouvera bien plus agréables à entendre que la plupart des enregistrements de la première période du jazz.

Les musiciens auxquels Jelly Roll Morton accordait sa préférence n'étaient pas nécessairement des improvisateurs doués d'une vaste imagination, mais c'étaient des instrumentistes d'une grande musicalité ; ils jouaient les notes correctement et parfaitement juste. Omer Simeon, que Morton choisit très souvent comme clarinettiste, un « Créole de couleur » de La Nouvelle-Orléans, né en 1902, possédait une sonorité très claire et très fluide avec quelque chose de la facilité de Noone, mais sans avoir la sûreté et l'inspiration de celui-ci. George Mitchell, cornettiste et trompettiste, que l'on peut entendre dans beaucoup des meilleurs disques des Red Hot Peppers, était peut-être un improvisateur limité mais il avait une sonorité chaleureuse et pleine, il jouait juste et il possédait un vibrato terminal plus sobre que celui que l'on pouvait habituellement entendre parmi les musiciens de La Nouvelle-Orléans. Son solo sur « Jungle Blues » enregistré par Jelly Roll Morton and his Red Hot Peppers, une curieuse composition construite sur une pédale, qui semble être la première de cette forme dans la musique de jazz, illustre parfaitement une ligne mélodique fort simple mais pleine de l'esprit du blues. Mitchell, qui est né en 1899, est mort il n'y a pas longtemps à Chicago.

Jelly Roll Morton avait une très grande autorité sur ses musiciens et la façon dont ils devaient jouer lors des séances d'enregistrement. Omer Simeon, évoquant ces séances, a raconté ce qui suit :

> Jelly Roll était très tatillon sur les introductions et les fins des morceaux. Il voulait aussi que les ensembles fussent exécutés strictement selon ses

> conceptions, mais il laissait une liberté complète aux solistes. Il indiquait, naturellement, l'endroit où il désirait un solo ou un break * mais, ceci dit, le soliste jouait absolument comme il le voulait. Vous deviez faire exactement ce que Jelly Roll voulait, ni plus ni moins. Quant à son jeu de piano, c'était un régal, rien que de l'entendre nous donnait le moral. Il n'était pas embêtant mais il était réaliste. Il savait précisément ce qu'il voulait et il faisait appel à des hommes qu'il savait pouvoir jouer ce qu'il avait conçu. Mais Jelly Roll n'était pas un homme à se mettre vraiment en colère. Je ne l'ai jamais vu sortir de ses gonds et il n'élevait jamais la voix.

Tout le soin que Jelly Roll Morton apportait à ses enregistrements ne fut pas vain. Les disques furent invariablement autant de succès tant artistiques que financiers, et, étendant sans cesse son renom, lui permirent d'acquérir diamants et Cadillacs.

On a généralement dit et écrit que Jelly Roll Morton avait été le premier en date des vrais « compositeurs » de la musique de jazz. C'est dire qu'il n'a pas été simple « faiseur » de chansons, d'airs, de thèmes, ni un simple « arrangeur » de la musique des autres, mais qu'il a combiné ces deux fonctions pour véritablement créer, à l'occasion de chaque enregistrement, un morceau de musique, avec un commencement, un milieu et une fin, dans lequel différents thèmes ont été placés les uns à côté des autres, se complétant ou formant contraste, et dans lequel on trouve une suite logique de tonalités. Dans lequel, en somme, on distingue beaucoup des procédés habituels employés dans la musique classique. Jelly Roll Morton savait produire de subtiles gradations ou encore atteindre à une sorte d'apogée dans la musique ; il savait aussi comment faire succéder sans heurt, en douceur, à un certain climat musical, un autre climat musical, formant contraste avec le précédent, puis, tout aussi insensiblement, revenir à l'atmosphère du début. Il était surtout un maître dans l'utilisation de la palette des « couleurs », des sons qu'il pouvait employer. A l'exception de Duke Ellington, aucun compositeur de musique de jazz n'a été capable de doter sa musique des touches ou des éclats de « couleur » qui sont typiques des meilleurs disques enregistrés par les Red Hot Peppers de Jelly Roll Morton. Et ce dernier atteignait, dans ce domaine, à une sorte de perfection et, ceci, avec un nombre d'instruments extrêmement réduit : deux à quatre cuivres, un à trois bois, d'autres fois un à trois saxophones et les instruments habituels de la section rythmique : piano, guitare ou banjo, contrebasse à cordes ou tuba et batterie. Il travaillait avec quelques-unes des « couleurs » de base seulement et il arrivait à faire ce que Matisse réalisa dans le domaine de la peinture.

Le cadre essentiel utilisé par Jelly Roll pour les enregistrements des Red Hot Peppers est celui que l'on assigne, de nos jours, à la petite formation de jazz de La Nouvelle-Orléans qui atteignit sa forme définitive avec le Creole Jazz Band de King Oliver.

* Courte intervention en général de deux mesures, à la fin ou vers la fin d'un passage, au cours de laquelle un soliste improvise sans le soutien de la section rythmique ou de tout l'ensemble.

L'instrumentation de base est constituée par les trois instruments à vent (en général cornet ou trompette, trombone et clarinette) jouant devant une section rythmique, désormais « classique » (piano, guitare ou banjo, contrebasse à cordes ou tuba, batterie). Cette formation joue une musique bâtie sur des morceaux de ragtime, de blues et aussi des marches. A l'intérieur de ce cadre, Morton élaborait une musique plus somptueuse, plus grandiose peut-être, parfois, un peu rococo. Par moments, il combinait blues, ragtime, marches et morceaux de concert dans une seule composition. Il lui arrivait d'ajouter d'autres instruments pour bâtir des séquences harmoniques. Il eut aussi l'idée d'utiliser les instruments de la section rythmique comme voix concertantes. Ces instruments prenaient part, ainsi, à des passages polyphoniques au lieu d'être confinés dans leur rôle habituel : harmonique et rythmique.

Il nous paraît intéressant d'étudier, à ce sujet, « Sidewalk Blues », enregistré en 1926, un des plus vieux disques des Red Hot Peppers. Le disque s'ouvre sur une brève scène de rue d'atmosphère résolument triviale, avec des interjections, des coups de sifflet de policiers et des coups de klaxon (ces derniers produits par l'avertisseur d'une automobile Ford Modèle T, je pense, mais ma capacité d'analyse auditive a, bien sûr, ses limites). Suit une introduction de huit mesures, le piano, le trombone, le cornet et la clarinette jouant, chacun, deux mesures successivement. Le thème d'ouverture (que je désigne, pour la commodité, par la lettre A) est joué par le cornet, accompagné par tout l'orchestre, en stop-time *. Le thème B, qui suit, est joué en improvisation collective (à la manière de La Nouvelle-Orléans). Puis il y a un retour au thème A qui, cette fois, est joué par la clarinette sur un fond de stop-time. Il y a ensuite un bref interlude par tout l'orchestre jouant en harmonie qui module pour arriver au thème C joué par l'orchestre en harmonie jusqu'aux huit dernières mesures qui vont être jouées en improvisation collective. (On aura pu entendre, dans cette dernière section, un break de klaxon qui dure une mesure). Le thème C revient alors mais, cette fois, il est joué par un trio de clarinettes. (Jelly Roll Morton avait fait venir deux clarinettistes supplémentaires au studio uniquement pour jouer ces seize mesures ; le reste du temps, d'après Omer Simeon qui était le clarinettiste-soliste de cette séance d'enregistrement, ces deux clarinettistes supplémentaires étaient restés assis, sans rien faire, leurs instruments reposant à côté d'eux). Ajoutons que derrière ce trio de clarinettes Jelly Roll Morton exécute une partie de piano très rythmique. De nouveau les dernières huit mesures sont jouées en improvisation collective. Il y a ensuite une courte coda (ou tag comme l'appellent, dans leur jargon, les musiciens de jazz américains). Le disque se termine avec un bref retour à la pittoresque scène de rue du début.

Dans le temps très court de trois minutes à peu près, Jelly Roll Morton a utilisé cinq couleurs tonales différentes, sans compter l'introduction, et il les a alternées de sept manières distinctes. Si l'on fait exception des parties du disque jouées en improvisation collective (elles occupent environ un quart de l'enregistrement), aucune couleur tonale n'est répétée. Cette pièce musicale très brève est composée de trois thèmes principaux, d'une introduction,

* Voir explication *infra*.

d'une coda et d'un interlude servant de modulation. Jelly Roll Morton a utilisé trois tons différents : l'introduction est en *si* bémol, les thèmes A et B en *mi* bémol et le dernier thème en *la* bémol, cette séquence de tons différents était, à l'époque, couramment utilisée, surtout dans les marches. De plus, les trois thèmes sont si différents que certainement Morton a visé à un effet de contrastes.

Le thème A est un blues dur, une variation sur le vieux thème de La Nouvelle-Orléans habituellement connu sous le titre : « Bucket's Got a Hole in it ». Le thème B est le meilleur exemple des marches au rythme de ragtime qui étaient si souvent jouées, dans le passé à La Nouvelle-Orléans, ces airs de caractère sémillant et allègre. Le thème final est une marche funèbre, une de ces marches funèbres tirées du répertoire classique, en mineur, jusqu'à ce que, soudainement, elle soit jouée en improvisation collective avec beaucoup d'entrain et même de gaieté. Dans cette dernière portion de « Side Walk Blues », Jelly Roll Morton s'est inspiré des fameuses fanfares qui servaient, à La Nouvelle-Orléans, pour accompagner les convois mortuaires jusqu'au cimetière en jouant une musique funèbre et lugubre et qui revenaient du champ de repos en jouant d'une façon joyeuse et exubérante. Dans cet enregistrement, Morton a utilisé une bonne partie de la musique traditionnelle de La Nouvelle-Orléans. Son sens aigu des contrastes se manifeste avec rigueur et d'une façon spécialement satisfaisante, ce caractère spécifique de sa musique est particulièrement frappant pendant que joue le trio de clarinettes, de la marche funèbre, alors qu'il soutient la ligne mélodique lugubre jouée par les trois clarinettes avec un accompagnement de piano très « hot » en doublant le tempo.

Ces contrastes, cette variété de climats, d'atmosphères, c'est ça le cachet de la musique orchestrale de Jelly Roll Morton. Toute son œuvre orchestrale en porte les multiples témoignages. Il met constamment en œuvre tous les moyens, tous les procédés manifestés par la nouvelle musique, *le stop-time* : le rythme de base habituel derrière un soliste ou un ensemble est remplacé par une ponctuation régulière qui tombe, par exemple, tous les deux temps ou sur les quatrièmes temps ; les *riffs* : le rythme de base est conservé et un ou plusieurs instruments ajoutent une brève figure rythmique pour soutenir le soliste ou un ensemble ; les *breaks* : le rythme de base est suspendu et un soliste joue individuellement (en *solo absolu*) improvisant, le plus souvent, une figure a-rythmique. Il y a encore chez Jelly Roll Morton un procédé selon lequel il bouscule temporairement les accents réguliers de la section rythmique : par exemple il fait passer les basses de deux à quatre temps par mesure, et les fait revenir de quatre à deux temps pour souligner une pulsation rythmique dans certains passages paroxystiques. Ou alors il combine deux ou même trois sortes de figures rythmiques dont l'une double le tempo de la première et la suivante double encore le tempo de la deuxième. Il y a un passage, qui illustre ce dernier procédé de Jelly Roll Morton, dans « Smoke House Blues », ou le tempo double soudain pendant deux mesures pendant le solo de clarinette. Comme Gunther Schuller le fait remarquer dans son ouvrage intitulé *Early Jazz* – ouvrage qui contient une excellente analyse de l'œuvre de Morton – Jelly Roll lui-même, dans le passage que nous venons de signaler, joue des doubles croches, ce qui a pour effet de quadrupler le tempo, nous offrant donc, momentanément, trois différentes figures rythmiques superposées. Ce procédé rythmique apparaît aussi dans une composition intitulée « The Chant » enregistrée le même jour que « Smoke House Blues ». Cette composition s'ouvre sur une longue introduction – un « préambule » serait peut-être le terme adéquat – dans laquelle Morton utilise une variation de ce qu'on appelle généralement un rythme de *habanera*. Cette figure rythmique doit retenir, un instant, notre attention. Jelly Roll lui donne le nom de « la couleur espagnole » et il soutient que toute bonne musique de jazz doit en contenir au moins des traces. Il avait vu juste, mais pas tout à fait pour les raisons qu'il invoque. Cette figure rythmique se retrouve partout dans la musique noire de l'Amérique latine *, et surtout dans la région des Caraïbes :

Ce rythme est familier aux Américains du Nord et aux Européens, du moins ceux qui connaissent les musiques de danse importées de l'Amérique du Sud et tout spécialement le tango et la samba. Il est, en fait, une variation de la figure rythmique « classique » de trois sur deux que l'on trouve si communément dans les musiques africaines, dans la musique populaire négro-américaine, dans la musique de ragtime et dans la musique de jazz.

Le rythme de *habanera* est très proche du rythme habituel sur lequel la majeure partie de la musique de jazz a été improvisée ou composée et Jelly Roll l'a bien senti. Dans l'introduction de « The Chant » il fait alterner le rythme de *habanera* avec le rythme habituel de la musique de jazz. Puis, quand intervient le thème principal, il conjugue les deux, donnant à la trompette ce qu'il appelle la « couleur espagnole » et laissant la clarinette se lancer dans une improvisation d'un style très purement jazz.

En dehors même de cette variété de rythmes, l'introduction de « The Chant » est remarquable par les changements de tonalités : Gunther Schuller a écrit que dans les huit premières mesures, les musiciens passent et repassent de ré bémol à ré naturel, ce qui est vraiment inusité dans la musique de jazz de cette époque. Il y a ensuite huit mesures en si bémol et un retour au ré bémol – ré naturel – avant que commence le thème principal en la bémol. Jelly Roll Morton utilise des centres de tonalités différentes d'une manière relativement subtile pour l'époque.

On voit que dans ses meilleures compositions, Morton utilise un large éventail de procédés musicaux d'une façon à la fois très rigoureuse et très personnelle. Il ne les utilise pas pour une série d'effets plus ou moins gratuits, mais dans un dessein d'organisation et en vue de l'obtention d'un tout parfaitement homogène et unifié. Unir différentes parties en un tout homogène est, certes,

* Amérique latine, ce terme désigne dans les pays de langue anglaise toute l'Amérique du Sud, Haïti et Saint-Domingue, et même Cuba et les Antilles.

un des buts principaux de tout compositeur. Un artiste établit toujours des rapports qualitatifs, mais un grand artiste met toujours en valeur des rapports surprenants et neufs. Jelly Roll Morton n'était peut-être pas un artiste de la stature de Louis Armstrong, mais il était un très grand artiste. Dans les disques enregistrés par les Red Hot Peppers nous nous rendons compte, clairement, que Morton a établi des rapports étonnants entre les solos, les breaks, les riffs et les thèmes pour former, à chaque fois, quelque chose d'unique, d'homogène et pour que chaque œuvre soit une merveille d'équilibre et de grâce.

La plupart des œuvres enregistrées par Jelly Roll Morton consistent soit en solos de piano, soit en morceaux conçus pour être joués par le type d'orchestre qui pratique le style de jazz de La Nouvelle-Orléans. Mais il a enregistré, parfois, en formation plus réduite. Citons la version, en trio, de « Wolverine Blues » et « Mr. Jelly Lord » avec Johnny et Baby Dodds (de l'orchestre de King Oliver) ; une version en trio de « Shreveport Stomp », avec Omer Simeon à la clarinette et Tommy Benford à la batterie. « Smilin' the Blues Away », « Turtle Twist », « My little Dixie Home » et « That's Like it Ought to Be », avec Barney Bigard à la clarinette et Zutty Singleton à la batterie. Citons, encore, « Mournful Serenade » joué en quartette, avec Omer Simeon à la clarinette, Geechy Fields au trombone, Tommy Benford à la batterie. Tous les procédés habituels de Morton sont utilisés dans ces enregistrements : on y trouve les arrangements soigneusement organisés des différents thèmes, les breaks et aussi les changements chatoyants de tonalités. « Shreveport Stomp », une composition enregistrée sur un tempo rapide, contient un solo de clarinette qui passe par plusieurs tons différents, très admiré des musiciens professionnels et des amateurs.

Les enregistrements en petite formation, dont nous venons de parler révèlent Jelly Roll Morton en tant que pianiste à son avantage. Il ne faut pas oublier qu'il n'était pas seulement un compositeur fécond, un orchestrateur, un arrangeur fascinant, un chef d'orchestre de grand talent, mais qu'il était aussi un des plus grands solistes de jazz de son temps. Gunther Schuller le considère comme un pianiste soliste meilleur que tous les pianistes de son époque à l'exception de Earl Hines. Morton était extraordinaire par son imagination, sa musicalité, sa sûreté, son goût et une qualité de swing à la fois flamboyant et aisé. Son style de piano, il l'a lui-même souvent souligné, était organisé sur un mode orchestral. Il employait sa main gauche comme une section rythmique d'orchestre, ou encore pour jouer des figures rythmiques de basses, à la manière d'un trombone jouant dans le style dit « tail gate » de La Nouvelle-Orléans. Quant à sa main droite, elle dessinait des harmonies comme celles que l'on peut entendre jouer par toute une section de cuivres. On peut entendre, pour ainsi dire, des trombones, des clarinettes et d'autres instruments à vent dans le jeu de piano de Morton. Cependant, ne poussons pas cette analogie trop loin, même si Morton l'a souvent reconnue et soulignée.

Plusieurs des meilleures orchestrations comme « The Pearls », « Kansas City Stomps » et « Original Jelly Roll Blues » furent conçues d'abord comme des œuvres pianistiques. Elles regorgent, à l'évidence, de figures de ragtime même quand ces compositions ont été transcrites, orchestrées, arrangées pour

Le grand Jelly Roll Morton en train d'enregistrer, à New York, vers la fin de sa vie. (Collection Otto F. Hess — Bibliothèque de New York.)

l'orchestre. Morton, il faut se le rappeler, était un tout jeune pianiste, à La Nouvelle-Orléans, pendant la grande époque de popularité du ragtime. Il aurait été impossible pour lui de résister à l'influence du ragtime, même s'il l'avait voulu. Il a dû se rendre compte que la musique de jazz était une musique nouvelle qui avait tendance à éclipser le ragtime déclinant, mais les rapports étroits entre ces deux formes musicales ne lui avaient pas échappé. Il a dit : « Le ragtime est un certain style de syncopation et il n'y a que quelques compositions qui puissent être jouées dans ce style. Mais le jazz est un style musical qui peut être appliqué à n'importe quelle mélodie, n'importe quel thème, n'importe quelle composition. »

Cette remarque est d'une rare acuité et d'une rare objectivité de la part de quelqu'un qui se trouve impliqué, engagé dans la transition entre une forme artistique donnée et une forme artistique nouvelle. Elle témoigne du fait que Jelly Roll Morton était un artiste foncièrement *conscient*, peut-être bien le premier de cette qualité dans la musique de jazz. Il savait toujours ce qu'il faisait et pourquoi il le faisait et il pouvait en donner une éclatante démonstration, assis à son piano, chantant ou parlant, comme il l'a enregistré pour les archives de la Bibliothèque du Parlement des États-Unis d'Amérique. Malheureusement pour lui, il avait fait sa glorieuse entrée sur la scène musicale un rien trop tard. Dès 1928, quand l'orchestre des Red Hot Peppers continuait à connaître un succès de popularité grandissant, Louis Armstrong avait déjà enregistré toute la série de ses Hot Five et de ses Hot Seven qui avaient ouvert la voie à une autre forme de musique de jazz. A peu près à la même époque survint la Dépression. Brusquement, sans transition, Morton comme Oliver avait passé de mode. A partir de 1929 ce fut la dégringolade. Les disques des Hot Peppers enregistrés en 1929 ne sont pas tout à fait aussi bons que les anciens, quant à ceux qui datent de 1930 ils sont nettement inférieurs, beaucoup moins variés, moins travaillés et ils sont, aussi, plus conditionnés par la jam session improvisée au studio, que par le talent de compositeur et d'arrangeur de Morton.

Jelly Roll Morton aurait pu survivre à tout cela, mais au même moment la florissante industrie du disque s'effondra presque en l'espace d'une nuit. Dès 1932 la vente totale des disques n'atteignait plus que le chiffre de 5 millions d'exemplaires, soit à peine 6 % de ce qu'elle avait représenté cinq ans auparavant. Il y avait trois causes qui pouvaient justifier cet état de choses catastrophique : en premier lieu, la Dépression, qui avait amenuisé les fortunes ; ensuite, le développement de la radio qui était la marotte du moment et qui, de plus, ne coûtait rien ; enfin, un manque d'intérêt général pour les disques, comme si la mode en était passée, comme si cela n'avait plus l'attrait de la nouveauté. Ce n'était pas tant que les gens eussent complètement cessé d'en acheter, mais beaucoup reléguaient leurs collections au grenier ou les revendaient dans les boutiques d'occasion, ce qui, d'ailleurs, en rendait l'acquisition possible par les collectionneurs de vieux enregistrements.

De toute façon, au commencement de l'année 1930, Morton était très démuni et sa santé se dégradait rapidement. Les musiciens de jazz de son entourage tournaient en dérision ses vantardises, ses prétentions d'avoir inventé le jazz et de faire une musique bien supérieure à celle des autres artistes. Il était devenu le prototype américain de la dérision du vieil artiste d'une époque révolue, un peu cinglé, ne cessant de proclamer que les mœurs anciennes étaient tellement au-dessus de celles du temps présent et que la jeunesse se composait d'ignares qui devraient se montrer pleins de respect à l'égard de leurs aînés. En 1939, il enregistra les disques pour les archives de la Bibliothèque du Parlement des États-Unis. Mais ces disques ne furent accessibles au public que dix ans plus tard. Entretemps, la mode du revival, le regain d'intérêt pour le style de musique de La Nouvelle-Orléans, qui avait fait redécouvrir Bechet et l'avait promu au rang de grand vieil artiste, favorisèrent l'enregistrement de quelques disques par la marque General Records, utilisés surtout dans les juke-boxes.

Mais Jelly Roll Morton était décidément très malade. En 1940, il apprit que sa marraine était morte à Los Angeles, où elle s'était installée. Très affecté par ce décès et espérant qu'un climat plus clément pourrait améliorer sa santé, il attacha sa Cadillac à sa Lincoln, remplit les deux voitures de ses vêtements, et prit la route en direction de la côte ouest. Ce voyage fut une terrible épreuve. Il perdit son chemin deux fois dans d'affreuses tempêtes de neige et arriva à Los Angeles, malade et sans argent. Il arriva à vivoter dans la grande ville de Californie pendant six mois encore et s'éteignit dans cette cité le 1er juillet 1941. Il mourut, comme était mort, avant lui, King Oliver, très discrètement. Personne ne célébra sa mémoire à l'exception d'un petit groupe de musiciens professionnels et d'amateurs de jazz qui avaient beaucoup aimé sa musique.

On a souvent dit que les Red Hot Peppers avaient été les derniers grands champions de l'histoire de la musique de La Nouvelle-Orléans et que Jelly Roll Morton était un homme arrivé trop tard. Je ne suis absolument pas d'accord avec ces assertions. Pour moi, les disques des Red Hot Peppers ont certainement eu une influence profonde et durable sur toute la musique qui a suivi. Il est un fait indéniable que, tout comme en 1926, on trouvait très peu de jazz orchestral vraiment bon enregistré sur disques, à l'exception de ceux de King Oliver. Bien sûr beaucoup d'individualités se révélèrent de grands solistes, tout spécialement Armstrong, Bechet, Beiderbecke, James P. Johnson et Jelly Roll Morton lui-même, mais, à cette époque les grands orchestres qui devaient s'imposer quelques années plus tard – je pense surtout à Ellington, Moten et Henderson – étaient encore en quête de leur style. Les disques enregistrés en 1926 par les Red Hot Peppers de Morton swinguaient, à mon avis, bien mieux et signifiaient beaucoup plus que les autres orchestres de jazz de l'époque et il est bien difficile de croire que les nouveaux venus sur la scène musicale n'aient pas écouté très attentivement les enregistrements faits par Jelly Roll Morton et ses musiciens.

Il paraît que ces nouveaux venus n'aimaient pas Morton. Duke Ellington se trouvait à Los Angeles quand se déroulèrent les obsèques de Jelly Roll et Duke qui, au cours de sa vie, n'a guère manifesté d'hostilité, n'a pas cru bon d'assister à l'enterrement. Malgré tout il me paraît clair que Morton, grâce aux disques qu'il enregistra avec ses Red Hot Peppers, a indiqué à Ellington, Henderson, Moten, Basie, Goodman et les autres, la voie que le jazz pouvait emprunter.

CHAPITRE VIII

Bessie Smith et le nouveau blues

Jusqu'à une époque récente, la plupart des critiques de jazz assuraient que le blues faisait partie de la musique de jazz – non seulement en était une des bases mais continuait à faire partie du tout. De nos jours nous savons que le blues appartient à une tradition différente ; cette tradition a pu se trouver, parfois, intimement mêlée à celle du jazz, mais elle n'en demeure pas moins distincte. Le blues a son public, ses amateurs, ses critiques et ses historiens qui ne seront d'ailleurs pas nécessairement intéressés par le jazz. Le blues, fait plus important, a ses propres musiciens et interprètes, comme B.B. King, Muddy Waters et Bo Diddley, qui ne se confondent pas du tout avec les musiciens de jazz.

Néanmoins, les deux musiques s'entrelacent étroitement. Le jazz est venu certainement des blues et des spirituals, mais, plus tard, l'enfant en est venu à avoir une influence dominante à l'égard des parents. Une prestation de blues moderne est sensiblement différente de celle que l'on pouvait entendre dans la vieille tradition et une part importante de cette différence provient des musiciens de jazz. Le blues des temps anciens, comme nous l'avons vu, n'entrait pas dans le système de la musique classique. Il reposait sur un système modal, ou si l'on préfère sur un système de gammes qui comprend des notes bleues, qui n'existe pas dans la musique classique. Le blues ne se fonde ni sur un mode majeur, ni sur un mode mineur, mais sur un mode différent, le sien propre. Sa division du temps n'était pas rigoureuse : « Stone Pony Blues » par Charley Patton, un chanteur né aux alentours de 1880, ne peut absolument pas être décomposé en mesures à 4/4. Afin de se plier aux dessins de la ligne mélodique, Patton non seulement ajoute ou enlève des temps dans les mesures, mais déplace à tel point ses accentuations que ce qui devrait être le premier temps d'une mesure tombe tout à coup un temps ou deux en avance ou en retard, bousculant toute la métrique. Les premiers en date des artistes de blues, comme Patton, n'accordaient que peu d'attention à la forme. Un blues de cette époque reculée contenait souvent de treize mesures et demie à quinze mesures, au lieu des strictes douze mesures habituelles du blues.

Mais ce n'est pas tout, ces blues anciens dépendaient assez peu d'une structure harmonique ou d'enchaînements d'accords. « The Gone, Dead Train », par un chanteur de blues que l'on ne connaît que sous le pseudonyme de King Solomon Hill, ne comporte aucun changement d'accords.

Ainsi donc ces blues anciens se situaient résolument dans la tradition de la musique populaire noire américaine et cette musique, nous l'avons déjà vu, était difficile à comprendre pour les Blancs musicalement éduqués selon les critères de la musique classique, de la musique occidentale. Ces Blancs se trouvaient dans la quasi impossibilité soit de la transcrire, soit d'essayer de la reproduire instrumentalement ou vocalement.

Mais dans les premières années du siècle actuel, les blues sortirent peu à peu des ghettos noirs ou des fermes et devinrent des éléments importants du show business des États-Unis d'Amérique. Il fallait donc trouver le moyen de les transcrire selon la notation de la musique classique. Ce n'était pas la première fois qu'un tel phénomène se produisait. Les spirituals et le ragtime ont fait parfois l'objet d'une transcription selon les normes classiques. Et cependant ils provenaient de formes musicales négro-américaines, dans le premier cas de la musique des églises fréquentées par un public de couleur, dans le second cas de la musique de danse pratiquée par les artistes de couleur.

Dès 1915, un certain nombre de facteurs sociaux faisaient subir aux blues un changement semblable. L'un de ces facteurs fut constitué par les possibilités de commercialiser les blues. En 1912, W.C. Handy connut un immense succès en publiant la partition de « Memphis Blues ». Deux ans plus tard, il connut un succès considérable en publiant la partition de « Saint Louis Blues ». D'autres éditeurs de musique, des Noirs, moins connus que Handy, publiaient à la même époque des partitions de blues — Handy était, certes, le plus connu de ces éditeurs de couleur, mais n'était pas le premier. Quoique les Noirs achetassent ces partitions, on gagnait beaucoup plus d'argent en les vendant à un autre public, plus étendu, plus nombreux, celui des Blancs. Il avait donc fallu transformer les blues en une forme musicale accessible aux Blancs. L'autre facteur qui entraîna la transcription selon les normes classiques des blues fut constitué par la quasi-impossibilité de produire les véritables notes bleues sur un piano ou de les noter dans un arrangement pour orchestre.

De plus, à mesure que les blues sortaient des camps de résiniers ou des bastringues fréquentés par les gens de couleur, pour faire peu à peu leur entrée dans les salles de danse et les théâtres, on faisait de plus en plus appel à des musiciens capables d'improviser pour les jouer. Un groupe de musiciens improvisant ensemble doit, bien entendu, se baser, pour jouer, sur un tempo commun divisé en mesures rigoureuses et sur un système harmonique cohérent et unifié. La demande croissante de musiciens capables de jouer des blues a contraint de tels artistes à élaborer un cadre rythmique et harmonique pour leurs prestations. Comment cette transformation des blues archaïques en blues contemporains s'est-elle opérée ? En premier lieu par la substitution du cadre rythmique approximatif du blues archaïque en un cadre fixe et immuable de douze mesures ou, pour être plus précis, de trois segments, de trois phrases musicales (pouvant comporter ou non des paroles) de quatre mesures chacune.

La musique populaire, aux États-Unis d'Amérique, a presque toujours été bâtie sur des unités de deux, quatre et huit mesures. Il était donc naturel et logique que chaque séquence, chaque segment, chaque phrase du blues modernisé soient bâtis sur quatre mesures à 4/4. Quant à la forme de trois segments, de trois séquences, de trois phrases, elle provient tout naturellement de la phrase, trois fois répétée, du blues vocal archaïque. Les notes bleues, quant à elles, posaient des problèmes bien plus ardus, car il n'y a rien de semblable dans la musique classique, la musique d'origine et de tradition européenne ou occidentale. Des solutions diverses à ces problèmes furent proposées : W.C. Handy, dans la fameuse première phrase « I hate to see... » de « Saint Louis Blues » substitue, à ce qui aurait dû au début de la phrase être la tierce bleue, une liaison * de la tierce mineure à la tierce majeure, dans ce cas précis si bémol à si naturel. Ce procédé particulier devint un véritable cliché, et fut utilisé pour commencer des milliers et des milliers de solos dans la musique de jazz. Les pianistes trouvèrent une autre solution appropriée à leur instrument : ce fut de frapper les touches commandant la tierce majeure et mineure ou la septième mineure ensemble – Gershwin utilisa ce procédé dans la « Rhapsody in Blue » – ou encore de triller ** ces notes.

Mais la solution la plus généralement adoptée a été la substitution, à ces notes bleues du blues archaïque, de notes appartenant à la gamme diatonique. Ce procédé est, à mon avis, le fruit de l'ignorance. On peut dire qu'il n'y avait pas de musiciens blancs, et très peu de musiciens de couleur, nouveaux venus au blues, après une expérience plus ou moins longue dans d'autres disciplines musicales, qui aient compris exactement ce qu'étaient les notes bleues. Essayant de reproduire ce qu'ils entendaient, ils substituèrent la tierce mineure à la tierce bleue. Cet usage devint si commun que la plupart des musiciens de jazz actuels pensent que la tierce mineure *est* la tierce bleue. Mais pour des raisons techniques, la septième mineure ne put pas être substituée aussi facilement par la septième bleue. En conséquence les musiciens cherchèrent à substituer une autre note à la septième bleue et ils trouvèrent que la note la plus appropriée devait être la sixte (en réalité, cette note devrait être appelée la treizième, mais les musiciens de jazz la nomment invariablement la sixte), un La en prenant la gamme de Do comme exemple. C'est, pensons-nous, d'une façon purement inconsciente que les musiciens mirent en usage ce dernier procédé. Dans les dernières années vingt, les chanteurs de blues commencèrent à l'utiliser chaque fois qu'on s'attendait à entendre la septième bleue et, dès les années trente, ce procédé était communément employé. Un chanteur très prisé, comme Leroy Carr, emploie presque toujours ce procédé, à l'exclusion de la septième bleue. Tout le monde fit de même, aussi, pendant toutes les années trente et jusqu'au règne du bop, vers le milieu des années quarante, on entendit toujours la sixte qui marquait les moments paroxystiques, les moments les plus intenses, dans la musique de jazz et dans la musique populaire plus ou moins inspirée par le jazz. On ne trouve qu'un nombre infime d'arrangements, d'orchestrations, des grandes formations de

* Liaison : terme musical qui signifie le passage d'une note plus haute à une note plus basse ou vice-versa sans nouvelle attaque.

** Triller : terme musical qui signifie une répétition très rapide et plus ou moins prolongée d'une note avec la note immédiatement supérieure ou inférieure.

jazz de la période dite « swing », approximativement écrits entre 1935 et 1940, qui ne se terminent pas sur un accord comportant la sixte ajoutée.

Quant à la quinte bleue, elle avait toujours eu un rôle beaucoup moins important et elle disparut tout simplement.

C'est ainsi que, dès le milieu des années trente, les véritables notes bleues avaient entièrement disparu de la musique de jazz, excepté, bien sûr, dans les prestations et les enregistrements de ceux qui continuaient à œuvrer dans la vieille tradition.

Le troisième changement important, dans la transcription (selon les normes classiques des blues), fut l'établissement d'un support, d'une fondation harmonique, sous la ligne mélodique de douze mesures (trois phrases de quatre mesures chacune) du blues. Le rôle de l'harmonie dans les musiques africaines et leurs dérivés sur le continent américain n'a pas du tout la même signification, le même sens que l'harmonie utilisée dans la musique classique, dans la musique de tradition occidentale.

Or un pianiste, un guitariste, un orchestrateur, un arrangeur de grande formation ne peut travailler que sur des harmonies. En fait, l'harmonie fait tellement partie de la musique occidentale, de la musique européenne, que quiconque exerçant une activité dans les perspectives de cette musique ne pouvait manquer d'y avoir recours.

Mais quel était le système harmonique à appliquer aux blues ? Pour d'obscures raisons la musique populaire négro-américaine montre une très nette préférence pour les cadences dites plagales, c'est-à-dire l'enchaînement de la sous-dominante à la tonique – fa dans la tonalité de *do* majeur.

La musique archaïque de l'Église noire sur le continent américain (surtout l'Église baptiste) employait la cadence plagale. La gospel music actuelle l'emploie de même et, chaque fois qu'un système harmonique est appliqué aux blues archaïques, c'est invariablement le système des cadences plagales.

Les musiciens ou vocalistes de blues appartenant à l'ethnie américaine de couleur ont certainement dû trouver très naturel ce système de cadences. D'un autre côté, une des bases de la musique classique de tradition occidentale est constituée par les harmonies dites dominantes. Dans la tonalité de do majeur ce sont des enchaînements dont fait partie la dominante sol.

Lorsque les pianistes et compositeurs du début du siècle se sont mis à jouer et à écrire des blues, ils ont combiné les deux traditions par un mouvement vers la sous-dominante et retour au commencement du second segment du blues – là où la seconde phrase du blues commence – et un mouvement similaire d'aller et retour vers la dominante, là où le troisième segment – où la troisième phrase commence. Il n'est pas étonnant que la sous-dominante soit demeurée la plus forte des deux cadences.

Par exemple, dans beaucoup des blues joués par l'orchestre de Count Basie on ne tient pas compte, pour les riffs d'accompagnement, du mouvement vers la dominante, dans les mesures neuf et dix.

De même, dans « Jumpin with Symphony Sid », un blues de Lester Young, la mélodie retourne à la sous-dominante, dans les mesures neuf et dix en dépit des enchaînements d'accords qui vont vers la dominante, comme on aurait pu s'y attendre.

Ainsi, selon l'évolution du blues « classique », telle que nous l'avons analysée, le premier segment ne bougea plus, mais demeura dans la tonique, ainsi que l'indique l'enchaînement d'accords suivant :

Do-Do-Do-Do 7e / /Fa-Fa-Do-Do / / Sol 7e Sol 7e Do Do.

Plus tard, de légères variations de ces enchaînements d'accords sont apparues, la plus commune de ces variations est la substitution de fa dans les mesures deux et dix, de fa mineur dans la mesure six et d'un la 7e dans la mesure 8. Mais toutes ces substitutions interviennent toutes dans les mesures secondaires et n'affectent en rien la structure de base du blues. Ainsi donc, les blues, dans une certaine mesure, purent être transcrits selon les normes classiques, acquirent une harmonie de base, furent conditionnés par la gamme diatonique et, enfin, furent dotés d'une structure rythmique régulière. Ces blues sont ceux que nous connaissons dans la musique de jazz actuelle. C'est au cours du développement et des transformations que nous venons de préciser, qu'apparut, sur la scène musicale, un groupe de chanteuses qui domina rapidement la scène du blues. Ces vocalistes sont considérées, de nos jours, comme les chanteuses de blues « classiques ». Leurs noms évoquent les personnalités romanesques et extravagantes de femmes en général bien en chair, aimant la vie, grandes fumeuses, grandes buveuses de gin, dotées de grands appétits sexuels et d'une attitude très indulgente pour les plaisirs quotidiens de la vie : Ma Rainey, Bessie Smith, Bertha Chippie Hill, Ida Cox. Elles furent les idoles du public américain de couleur et aussi d'un certain nombre de Blancs qui s'aventuraient dans les milieux d'artistes de couleur. Certaines d'entre elles gagnèrent des sommes d'argent considérables et exercèrent une profonde influence sur la musique et les autres arts pratiqués par les Noirs des États-Unis d'Amérique.

La musique que chantaient ces femmes adorées du public de couleur — ces chanteuses de blues « classiques » — peut se situer à mi-chemin entre les vieux blues « ruraux », campagnards, illustrés par tant de vocalistes, et les blues modernes des musiciens de jazz. Les chanteuses de blues « classiques » organisaient les lignes mélodiques de leurs prestations ou de leurs enregistrements autour des notes bleues, d'une manière qui était typiquement celle des chanteurs mâles. Dans « Runaway Blues », par exemple, Ma Rainey commence sur la tonique supérieure, descend jusqu'à la quinte, l'infléchit pour en faire une quinte bleue, de là passe à une tierce bleue et se retrouve sur la tonique. Elle répète cette même figure mélodique sans changement appréciable, pour la seconde phrase du blues, elle varie, enfin, cette dernière en utilisant une septième bleue pour la troisième phrase du blues. Cette ligne mélodique particulière était très caractéristique de sa manière et elle était, aussi, très en faveur chez les chanteurs masculins. Ida Cox et Bessie Smith utilisaient toutes deux fréquemment une ligne mélodique tournant autour de la tierce bleue et de la tonique, et nous nous trouvons là, de nouveau, en présence d'un procédé constamment utilisé dans la vieille tradition du blues.

Mais ces chanteuses « classiques », ces grandes chanteuses de blues ne dépendaient pas aussi complètement des notes bleues que n'en dépendaient les chanteurs mâles. Ma Rainey résolvait, de temps en temps une tierce bleue en montant jusqu'à la tierce majeure normale. Bessie Smith fit d'ailleurs de ce procédé sa spécialité. Dans sa merveilleuse version de « Cold in Hand Blues », enregistrée en 1925 avec Louis Armstrong qui l'accompagne au cornet, Bessie Smith, à plusieurs reprises, atterrit sur une tierce bleue, tient la note, jouant avec la hauteur de celle-ci et termine en montant à la tierce majeure. On peut douter que Blind Lemmon Jefferson ait jamais chanté une tierce majeure au cours de toute sa carrière.

Du point de vue strictement rythmique, les chanteuses faisaient en quelque sorte flotter librement leurs phrases au-dessus du rythme de base, ainsi qu'il était d'usage dans toute la musique populaire noire des États-Unis.

Bessie Smith dans sa version enregistrée de « T' Ain't Nobody's Bizness if I do » (« Ça n'regarde personne si je le fais ») chante, en fait, a capella, ses phrases, apparemment complètement indépendantes du rythme de base énoncé par Clarence Williams au piano – rythme de base qui, par moments, est d'ailleurs simplement sous-entendu. En général, pour les chanteuses de blues de cette période, il semblait que c'était surtout les paroles qui avaient de l'importance.

Cette tendance pouvait donner, apparemment, à l'auditeur profane ou distrait, l'impression fallacieuse que la ligne mélodique énoncée par la chanteuse était *arythmique*, alors qu'elle était simplement indépendante. Mais, d'un autre côté, les chanteuses de blues « classiques », sans aucune exception, chantaient dans le cadre d'une stricte métrique, celle du blues modernisé de douze mesures (trois phrases de quatre mesures chacune, ainsi que nous l'avons maintes fois indiqué).

Ces chanteuses de blues « classiques » utilisaient en outre ce système harmonique de la tonique – la sous-dominante – la dominante –, système qui, ainsi que nous l'avons dit, avait été peu à peu adopté à cette époque. En résumé, ces chanteuses de blues « classiques » employaient un phrasé nonchalant et (en apparence seulement) indépendant du rythme de base, une ligne mélodique toujours empreinte des notes bleues, tout cela sur un tempo très strict de douze mesures et un système harmonique parfaitement défini par la pratique générale de la musique de jazz de l'époque.

Ces chanteuses, pour être plus explicite, avaient, inconsciemment, mais parfaitement réalisé une synthèse de ce qui subsistait, dans la musique populaire négro-américaine, des différentes caractéristiques des musiques africaines, *avec* certaines caractéristiques harmoniques et modales de la musique de tradition classique. Dans les blues des vieux chanteurs ruraux, les influences africaines étaient encore très fortes. Dans les blues évolués des musiciens de jazz, les influences de la musique occidentale devenaient de plus en plus évidentes. Mais dans les œuvres de celles que nous avons appelées les chanteuses de blues « classiques », le contraste entre les deux sortes d'influences était encore si marqué et si savoureux qu'on saisit aisément les raisons pour lesquelles pendant au moins une dizaine d'années (dans la période des années 20, ces chanteuses régnèrent, sans partage, sur le monde du blues, aussi bien du point de vue de la qualité artistique que de celui de la popularité. Ce fut un de ces rares moments, dans l'histoire récente de la musique et des arts, pendant lesquels l'artiste pouvait gagner beaucoup d'argent sans aucune compromission et, aussi, pendant lesquels le meilleur, en général, gagnait le plus d'argent.

Pourquoi ces chanteuses de blues « classiques » avaient-elles, plus que les chanteurs de blues ruraux, adopté certaines caractéristiques de la musique classique? La réponse à cette question, croyons-nous, est que la plupart d'entre elles n'étaient pas vouées uniquement aux blues (alors que les interprètes masculins auxquels nous venons de faire allusion l'étaient). Elles étaient considérées par leur auditoire, leur public et les organisateurs qui les employaient, comme des chanteuses populaires (au sens large et nullement péjoratif du terme) appartenant à la tradition des ministrel shows. Elles se considéraient, elles-mêmes, comme des « general entertainers * ». Elles travaillaient moins en cabaret que dans les ministrel shows et les spectacles ou les concerts que nous appelons, en France, de variétés, qui constituaient les principales distractions des Noirs du sud des États-Unis et ne l'oublions pas d'une minorité de Blancs. Ces spectacles et concerts avaient lieu dans des théâtres que desservait un réseau d'organisation appelé : Theater Owners Booking Association (L'Association pour les Programmations au Service des Propriétaires de Théâtres et de Salles de Spectacle) qu'on désignait, en général, par le sigle T.O.B.A. (ce que les artistes sous contrat avec cette organisation traduisaient par Tough on Black Asses – expression qui peut se traduire, en français, par Coriace à l'Égard des Culs Noirs), et que les musiciens et vocalistes de couleur avaient surnommé Tobby Time (Les Épreuves de Tobbie). Ces artistes se produisaient non seulement dans les théâtres et salles de concert mais aussi sous des chapiteaux, qui se déplaçaient de petites villes en petites villes, à travers les campagnes du Sud des États-Unis, à la manière des cirques de l'époque actuelle.

Revenons aux temps des chanteuses de blues « classiques ». Une artiste comme Bessie Smith avait toujours, à son répertoire, des chansons et des rengaines du moment, aussi bien que des blues. Bessie participait, en outre, à des saynètes bouffonnes et burlesques; elle dansait, elle jouait aussi dans des sketches et des genres de farces d'un comique assez trivial, bâtis sur des thèmes ambigus ou sur les sempiternelles querelles de ménage, qui ont toujours figuré dans les spectacles fréquentés par les gens de couleur, depuis une époque reculée, jusqu'à nos jours. Une chanteuse populaire, une chanteuse de variétés (ainsi que nous le dirions de nos jours) comme Bessie, était invariablement présentée au public revêtue de l'habituel accoutrement compliqué de la Star : longue robe de satin, fourrures, colliers de faux diamants, et tout ce qui s'ensuit. Parfois elle était accompagnée par un orchestre relativement important. Ces femmes n'étaient nullement des chanteuses de blues pour un public de résiniers venus des camps de travailleurs au fond des forêts. Elles étaient des entertainers **, des artistes quelque peu maniérées, quelque peu chochottes, ambitieuses et se donnant tout entières à leur art pour subjuguer

* Ce terme, typiquement américain, désigne, sans aucune nuance péjorative, l'immense catégorie des artistes dont le métier est de divertir, de charmer, d'amuser, d'émouvoir, de prendre aux tripes les gens qui les regardent ou les écoutent.
** Voir note précédente pour la signification de ce terme.

un public de connaisseurs. Elles travaillaient selon les fortes traditions du monde du spectacle qui englobait des artistes blancs. Il était donc inévitable que les artistes de couleur qui exerçaient leur profession dans le monde du spectacle, où les Blancs les côtoyaient, fussent très influencés par la musique classique, la musique de tradition européenne.

De même que l'apparition du ragtime et d'une forme de jazz assez commerciale, pendant les années 20, les blues créèrent une extraordinaire sensation dans les villes. Provenant des ghettos noirs, les blues concrétisèrent une des folies de l'époque, tout d'abord dans la population de couleur et puis, dans une certaine mesure, dans la société blanche. C'est un disque intitulé « Crazy Blues » enregistré en 1920 par une chanteuse du nom de Mamie Smith, qui déclencha le mouvement. Mamie Smith était une belle femme, au teint clair, douée d'une voix excellente et puissante, mais qui n'était pas une véritable, une authentique chanteuse de blues. Elle était venue de Cincinnati à New York avec un groupe vocal blanc appelé The Four Mitchells. A New York, Mamie Smith attira l'attention de Perry Bradford, l'un des plus importants imprésarios de couleur s'occupant de musique. Il proposa à la compagnie de disques Okeh d'enregistrer Mamie Smith. La chanteuse se rendit donc aux studios Okeh et grava, en février 1920, deux faces de disques : « That Thing called Love » et « You can't keep a Good Man Down ». C'était de la chanson populaire du type courant et les disques se vendirent assez gentiment. Ils se vendirent même si gentiment qu'il n'en fallut pas plus pour encourager la compagnie Okeh à faire appel encore à Mamie Smith. C'est ainsi qu'en août 1920, la chanteuse enregistra « Crazy Blues ». A la surprise générale, la vente de ce disque dépassa les prévisions les plus optimistes. Les compagnies de disques rivalisèrent pour enregistrer des blues, et soudain, ce fut un véritable boom du blues qui déferla sur le pays. Mais ce fut, tout d'abord, le marché présenté par la population américaine de couleur qui fut l'objet de la fébrile activité des compagnies de disques.

Celles-ci lancèrent ce que l'on appelait alors aux États-Unis des « race » records (des disques surtout destinés à la clientèle de couleur) et établirent de copieux « race » catalogues (donc des catalogues de « race » records) à l'usage des disquaires établis dans les ghettos noirs, ces agglomérations ou quartiers dans lesquels vivaient une majorité de gens de couleur. Des « talent scouts * » envoyés par toutes les maisons de disques parcoururent le pays et surtout le Sud, faisant signer des contrats, sans aucune discrimination, à tous les vocalistes de couleur qu'ils rencontraient, alors qu'un bon nombre de ces derniers n'étaient que de simples artistes de vaudeville ** qui n'avaient aucune disposition particulière pour chanter des blues. Dès 1921, une demi-douzaine de vocalistes de couleur enregistraient des disques. Dès 1923, il y en avait des vingtaines. La sensation du moment, le boom du blues devint une véritable vogue, une véritable folie, non seulement parmi les Noirs, mais aussi parmi

* Sortes d'émissaires envoyés par les compagnies de disques, qui jalonnent tout un pays en vue de dénicher des artistes, éventuellement en puissance.

** Artistes de vaudeville : correspond approximativement à ce que nous appelons artistes de music-hall.

les Blancs, qui, une fois de plus, étaient envoûtés par un genre musical issu des milieux de couleur, en partie, c'est indéniable, à cause des résonances de caractère sexuel qu'ils percevaient dans les enregistrements (lesquels étaient remplis d'expressions à double sens et de sous-entendus douteux).

En fait, toute femme de couleur capable tout simplement de chanter pouvait signer un contrat et être présentée au public comme chanteuse de blues. Beaucoup d'entre elles, comme Sara Martin, qui jouit d'une solide réputation parmi les amateurs de jazz ancien parce qu'elle avait, une fois, enregistré avec King Oliver, étaient assez mauvaises. Quelques-unes étaient tout simplement atroces. Parmi toutes ces artistes, il n'y en eut pas plus d'une douzaine qui ait pu laisser, à la postérité, une œuvre suffisante, en quantité et en qualité, digne d'intérêt.

Citons Bessie Tucker, à la voix robuste et d'un éclat sombre, Clara Smith, dont la voix était moins puissante mais qui avait un contrôle parfait des notes bleues, Trixie Smith, dont la voix n'était pas puissante, non plus, mais dont le phrasé était extraordinairement aisé et coulant, Ida Cox, une très bonne chanteuse de style vaudeville mais qui pouvait aussi chanter superbement les blues, Bertha « Chippie » Hill qui avait une voix au timbre sombre et qui se produisait encore dans les années cinquante. Citons aussi Victoria Spiney, Sippie Wallace et Mae Barnes. Mais il est hors de doute que les plus grandes de cette époque furent Ma Rainey et Bessie Smith.

Ma Rainey fut la première des chanteuses de blues « classique » sur laquelle nous possédions quelques renseignements d'ordre biographique. Elle était née Gertrude Pridgett et, à l'époque où elle se lança dans le monde du spectacle, était de petite taille, bien en chair, de teint foncé, avec des dents en avant et un front haut, qu'elle dissimulait, en général, par un bandeau orné de perles. On la disait bisexuelle. Elle était née le 26 avril 1886 à Columbus, dans l'État de Georgie, contemporaine de Jelly Roll Morton et de King Oliver. On ne sait ni pourquoi ni comment elle était entrée dans le monde du spectacle. Une de ses grand-mères avait été « sur les planches », mais à part ce détail on ne sait rien de plus sur cette grand-mère.

Quoi qu'il en soit, dès 1900, la très jeune fille (elle avait donc quatorze ans) qui devait devenir, un peu plus tard, Ma Rainey, chantait devant des publics de couleur. Dès 1904 (elle avait alors dix-huit ans) elle épousa un artiste, un entertainer, Will « Pa » Rainey et fit, dès lors, partie d'une chaîne de spectacles qui fonctionnait dans le sud des États-Unis. Les époux Rainey travaillèrent pendant quelque temps avec les Rabbit Foot Minstrels, une des organisations de spectacles itinérants les plus connues, puis ils furent engagés par le Tolliver's Circus (le Cirque Tolliver), qui était bien plutôt, lui aussi, une organisation de spectacles de variétés itinérants qu'un simple cirque, dans lequel ils se firent connaître comme « Rainey and Rainey, the Assassinators of the Blues » (Rainey et Rainey, les Bandits du Blues). Il est probable, en outre, que Ma Rainey a surtout travaillé avec les organisations de spectacles qu'elle dirigeait, elle-même, toujours dans le sud des États-Unis. Elle fit quelques incursions dans le Nord, uniquement pour enregistrer des disques. Elle gagna beaucoup d'argent et s'arrangea pour en garder. Elle enregistra son dernier disque en 1928, cessa de chanter professionnellement en 1935 et, dès lors, gagna sa vie en dirigeant quelques petits théâtres et des salles de spectacle en Georgie. Elle mourut en 1939. Elle est enterrée au cimetière de Porterdale, à Columbus, en Georgie.

Ma Rainey enregistra environ quatre-vingt-dix faces de disques de 78 tours entre 1923 et 1928 – correspondant à environ une séance d'enregistrement toutes les six semaines, ce qui nous permet de mesurer sa puissance de travail. Elle possédait une voix plus profonde, plus sombre et plus puissante que celle des autres chanteuses de blues « classiques ». Elle est particulièrement impressionnante dans les tempos lents, ce qui lui permet de jouer avec les notes bleues et de bien étirer ses phrases à travers les mesures. Ma Rainey est au mieux de sa forme dans « Blame it on the Blues » et « Leaving this Morning » enregistrés en 1928. Dans ces deux prestations, elle est accompagnée par Tampa Red à la guitare ainsi que par celui qui était, à l'époque, son directeur artistique : Thomas A. Dorsey surnommé « Georgia Tom », célèbre compositeur de blues et d'autres morceaux de musique négro-américaine qui, après sa « conversion », devint un des compositeurs les plus féconds de musique religieuse et de spirituals.

« Blame it on the Blues » est construit et organisé autour des tierces bleues. Ma Rainey les résout en descendant à la tonique à la fin des choruses*, mais au milieu de l'interprétation elle les résout souvent en remontant jusqu'à la tierce majeure, donc en gardant la ligne mélodique, pour ainsi dire, suspendue. « Leaving this Morning » est interprété d'une façon tout à fait insolite et cela à deux titres : tout d'abord, au lieu de chanter une phrase sur chacun des trois segments habituels, de quatre mesures chacun, du blues, elle chante un bref couplet comportant quatre phrases au lieu du premier segment du blues. Puis elle improvise sur le second et le troisième segment en chantant le titre de la composition plusieurs fois répété. En second lieu, le verse chanté tout au début de ce blues s'organise autour de la sixte, mais ce qui suit ce verse (et qui tient donc lieu de chorus) nous offre des septièmes bleues là où l'intensité émotionnelle atteint un maximum. Il est très rare de trouver la sixte et aussi la septième bleue utilisées dans le même blues. Ces deux blues : « Blame it on the Blues » et « Leaving this Morning » sont, en tout cas, de merveilleux exemples d'interprétation vocale grandiose, d'une expression puissante et littéralement envoûtante.

Mais aussi talentueuse et choyée du public qu'ait pu être Ma Rainey, tout le monde est d'accord pour dire que la plus grande des chanteuses de blues « classique » a été Bessie Smith. Elle exerçait un tel ascendant sur son auditoire, elle émouvait à un tel point le public, que tous ceux qui l'avaient entendue l'adoraient et qu'elle imposait aux musiciens qui l'accompagnaient un respect mêlé de crainte. Le guitariste Danny Barker a dit au sujet de Bessie : « Elle hypnotisait le public. Quand elle entrait en scène vous auriez pu entendre une mouche voler. »

* Dans un sens original, ce terme équivaut à ce que nous appelons le refrain, alors que le mot verse désigne ce que nous appelons le couplet. En règle générale, les musiciens de jazz utilisaient surtout le chorus d'un thème pour leurs improvisations d'où l'expression « prendre un ou plusieurs choruses ». Il en est de même pour les blues, les chanteurs chantant parfois le verse, mais improvisant plusieurs choruses du blues qu'ils ont choisi d'interpréter.

Frank Walker, le directeur artistique des disques Columbia, qui fut chargé d'enregistrer Bessie durant sa carrière, décrit ainsi la chanteuse lors de sa première séance d'enregistrement : « Elle semblait avoir à peu près dix-sept ans – grande, forte et tellement terrorisée – c'était pénible à voir. Mais vous oubliiez tout dès qu'elle commençait à chanter, parce que lorsque Bessie chantait le blues, elle y croyait vraiment. »

Bessie Smith, contrairement à la plupart des artistes de jazz, de blues, de spirituals et de gospel songs, a eu la chance d'avoir un biographe attentif, sensible et méticuleux en la personne de Chris Albertson, un érudit en matière de blues, dont l'ouvrage, intitulé tout simplement *Bessie* est l'une des rares biographies très complètes et superbement rédigées, consacrées à une personnalité de la musique négro-américaine. Albertson s'est arrangé pour dégager les faits qui ont jalonné la vie de Bessie des élucubrations romanesques et mythologiques laborieusement inventées par des plumitifs de seconde zone. D'après Albertson, Bessie Smith naquit à Chatanooga, dans l'État de Tennessee, aux alentours de 1894. Elle était d'une famille de sept enfants et fut élevée dans l'extrême pauvreté qui était alors celle des Noirs dans le Sud des États-Unis. Son père mourut quand Bessie était encore un bébé. Sa mère disparut quand la fillette atteignait sa septième ou sa huitième année. C'est l'aînée des sœurs, Violet, qui s'occupait des jeunes. Quel genre de musique entendit la jeune Bessie et où l'entendit-elle ? Cela personne ne l'a jamais su. Dans le Chatanooga de son enfance il n'y avait certainement pas de musique de jazz. On pouvait, cependant, y écouter, selon toute probabilité, des versions de blues archaïques et aussi des chansons populaires, comme celles des ministrel shows. On suppose que la fillette avait peut-être entendu la musique de ragtime dont la vogue grandissait à cette époque. Le père de Bessie avait rempli une fonction imprécise au sein de l'Église baptiste et il y a de fortes chances pour que la fillette ait assisté aux services religieux du dimanche et qu'elle ait chanté de la musique religieuse : des spirituals.

Quoi qu'il en soit, Albertson dit qu'à l'âge de neuf ans, Bessie chantait aux coins des rues pour ramasser quelques pièces de menue monnaie et, dès 1912, alors qu'elle n'avait pas encore atteint sa vingtième année, son frère Clarence, qui participait à une tournée de music-hall comme danseur et comédien, demanda à son patron de lui faire passer une audition. Elle était grande et forte et assez bien de sa personne. Le patron l'engagea comme danseuse.

Par chance, le spectacle comprenait aussi Pa et Ma Rainey. Bessie demeura peu de temps dans cette troupe et un beau jour se fit engager ainsi que Pa et Ma Rainey dans un autre spectacle. Elle participa à des tournées avec les Rainey pendant un peu plus d'un an, et à l'issue de cette dernière tournée, elle décida de se consacrer au chant et commença à travailler au Club 81, à Atlanta, pour dix dollars par semaine, plus les pourboires, ce qui pouvait aisément doubler son salaire hebdomadaire. Pendant quelques années elle travailla dans des théâtres et des salles de spectacle ou participa à des spectacles itinérants. Dès la fin de la Première Guerre mondiale, alors que le fol engouement pour le jazz commençait à se manifester, elle était une des stars confirmées de la fameuse organisation de spectacles T.O.B.A. On l'entendit dans les villes du Nord du pays aussi bien que dans le Sud. Elle se maria et se sépara vite de son conjoint. C'est à ce moment qu'elle contracta cette habitude de boire énormément qui la poursuivit toute sa vie.

On connaît le succès foudroyant de « Crazy Blues », le disque que Mamie Smith avait enregistré en 1920. Bessie, à cette époque, était simplement une des nombreuses chanteuses que les « talent scouts » des Compagnies de disques avaient découvertes. La Compagnie Edison n'avait pas voulu d'elle. Une autre grande compagnie avait, apparemment, agi de même à l'égard de la chanteuse. La chance ne sourit à Bessie Smith qu'en 1923.

Frank Walker avait entendu Bessie plusieurs années auparavant dans le Sud et n'avait jamais oublié le pouvoir et la magie de sa voix. La Compagnie Columbia, après 1921, était dans une situation catastrophique et il semblait que la faillite fût imminente. C'est dire qu'elle cherchait désespérément à faire un disque à succès qui pourrait inspirer confiance à ses créanciers et commencerait à la renflouer. En 1923, Walker dépêcha le producteur Clarence Williams, qui avait été le premier à enregistrer Sidney Bechet, dans le Sud du pays, pour retrouver Bessie Smith et la ramener dans le Nord. Le premier disque de 78 tours qu'elle enregistra fut « Down Hearted Blues » couplé avec « Gulf Coast Blues ». Ce disque fut très apprécié du public.

Il s'en vendit 780 000 exemplaires en moins de six mois. Et tout sembla venir en même temps ! Cet été-là Bessie épousa un policier de Philadelphie, Jack Gee, qui semble n'avoir fait rien d'autre que de dilapider l'argent qu'elle avait gagné et lui causer des tas d'embêtements. Mais il y avait une fortune à gagner pour Bessie. Bien sûr la chanteuse ne gagnait pas tellement en enregistrant – la plupart du temps elle ne touchait approximativement que 150 dollars par disque – mais il faut bien voir que ces enregistrements provoquaient dans son public une véritable adulation, ce qui lui permettait d'exiger jusqu'à 2 000 dollars par semaine, quand elle se produisait dans un théâtre ou dans une salle de concert.

Pendant les huit ou dix années qui suivirent, elle passa dans des théâtres, des salles de concert ou sous des chapiteaux. Elle s'entendait aux affaires et à la gestion d'un spectacle. Elle avait un don d'organisatrice. Elle s'habillait comme une star, portait des bijoux et voyageait dans un wagon de chemin de fer privé que les tournées de spectacles noirs utilisaient souvent, pour éviter aux artistes les inconvénients et les rebuffades qu'ils auraient pu rencontrer dans certains hôtels ou restaurants, du fait de la ségrégation. L'idée reçue, selon laquelle Bessie était toute innocence et qu'elle a été exploitée sans vergogne par des hommes d'affaires blancs a été réfutée dans la biographie écrite par Albertson. Bien entendu, elle avait été assez mal payée pour les disques qu'elle avait enregistrés, ce qui, d'ailleurs, permit à la Compagnie Columbia de se remettre à flot. Mais il faut savoir que, surtout à cette époque, un salaire standard était la pratique courante dans l'industrie du disque. Mais le plus important pour la chanteuse, c'est qu'elle avait eu en la personne de Frank Walker, un directeur artistique d'une rare sensibilité, très bien disposé à son égard, qui l'admirait, la respectait et avait, pour elle, beaucoup d'affection.

Les ennuis de Bessie étaient le plus souvent son fait. Il y avait, en premier lieu, la boisson : comme beaucoup d'alcooliques, elle pouvait rester assez longtemps sobre, mais quand elle partait en ribote elle pouvait boire... la mer

Bessie Smith. Cette photographie a été prise par Carl van Vechten, un des plus grands spécialistes de la musique négro-américaine. (Collection de Littérature américaine, Bibliothèque Beinecke de Livres et Manuscrits rares. Université de Yale.)

et ses poissons. Elle était violente et emportée : elle arrivait à frapper les gens, et même ses amis intimes quand elle avait bu.

Par moments, ses désirs, son appétit sexuel s'étendaient aussi bien aux femmes qu'aux hommes. Elle fit la conquête de plusieurs filles et femmes qui faisaient partie de sa troupe. Prodigue quand il s'agissait de personnes de sa famille, elle avait tendance à être avare et rapace à l'égard des gens qui travaillaient pour elle. Elle pouvait être, parfois, très brutale. Souvent, dans un accès de ressentiment, elle abandonna son propre spectacle en tournée, laissant toute la troupe en plan.

Cependant il y avait aussi un côté très attachant dans sa personnalité. Elle était d'une générosité exagérée envers les membres de sa famille qui, de leur côté, semblaient d'une grande avidité et ne lui en étaient guère reconnaissants. Elle pouvait être une amie charmante et loyale. Elle se montrait parfois très affectueuse. Elle était toujours prête à rire, à s'amuser, et, bien sûr, à boire. Sidney Bechet qui a eu, avec elle, un violent et bref roman d'amour, a notamment écrit dans son autobiographie « Treat it Gentle » (traduit sous le titre *La Musique c'est ma vie* *) : « Elle a toujours beaucoup bu et elle tenait bien la boisson, mais, parfois, quand elle avait bu pendant une longue période, elle devenait méchante comme si rien ni personne ne pouvait lui faire plaisir. C'est cela qui était très embêtant chez elle, ce truc qui, par moments, ne lui laissait pas de répit, une espèce de méchanceté qui la submergeait. »

Mais, de son côté, Ida Cox, une des seules rivales que Bessie pouvait tolérer, a dit : « Bessie Smith était ma vieille, vieille amie et tout le monde l'aimait, c'est pourquoi tout le monde a été si cruellement éprouvé quand elle est morte à la suite de cet accident d'auto. Naturellement, elle se laissait souvent aller à des extrêmes, mais qui donc n'est pas ainsi ? C'était une personne très coléreuse et elle ne se laissait pas marcher sur les pieds. Mais dans le fond, c'était une très bonne fille. »

Ce qui est sûr, en tout cas, c'est que Bessie Smith était absolument naturelle. Elle disait toujours ce qu'elle pensait et faisait toujours ce qu'elle voulait.

Elle n'aimait guère les Blancs, et ne cachait pas son aversion pour eux, et quelle que soit la somme d'argent prévue par le contrat, elle rompait son engagement et partait s'il lui semblait qu'on ne l'avait pas royalement traitée, car elle était parfaitement assurée qu'elle méritait de grands égards. Ses ennuis étaient en général provoqués par cette disposition qu'elle avait de toujours agir sous l'impulsion du moment et sans se préoccuper le moins du monde des conséquences qui pourraient en résulter. Hélas, le démon qui la poussait à agir ainsi était du genre à entraîner de fâcheuses conséquences.

Analyser le comportement des gens à distance ou rétrospectivement n'est pas raisonnable, mais il est évident que Bessie Smith portait constamment en elle une espèce de rage inconsciente qui ne requérait qu'un prétexte pour éclater, surtout quand elle avait bu.

Ce fait n'est nullement surprenant de la part de quelqu'un qui a été orphelin dès l'âge le plus tendre et qui a grandi dans une extrême pauvreté. Il n'en

* Traduit par Maurice et Yvonne Cullaz, Éditions de La Table Ronde.

demeure pas moins vrai que dès qu'elle avait bu, tôt ou tard, elle provoquait un affrontement et qu'elle n'hésitait pas, en général, à frapper son ou ses antagonistes. Bessie avait, avant tout, un tempérament qui la portait à attaquer et je pense que c'est ce tempérament, cette rage contrôlée qui nous touchent et nous émeuvent dans son œuvre enregistrée.

D'une façon générale je me méfie de toute interprétation littéraire du contenu musical. Les gens qui, dans la musique, entendent « l'humanité à la recherche de la divinité » ou encore « la douleur d'une ethnie ou d'un peuple » m'ont toujours semblé à la quête d'un « message » que d'autres auditeurs seraient peut-être bien en peine de reconnaître.

La musique s'exprime en termes musicaux, les contrastes, l'intensité, l'émotion, la suspension du « discours », la tension, la détente, tout cela est exprimé dans la forme abstraite de la notation musicale. Tout cela est subtilement et malaisément traduisible du moins dans le langage écrit ou parlé. Mais il n'en est pas de même en ce qui concerne la musique vocale, qui, après tout est plus ou moins littérale.

Et c'est encore plus vrai pour une musique vocale comme le blues, qui provient d'une tradition musicale lointainement issue de l'Afrique — tradition dans laquelle le chant revêt souvent la forme du langage parlé ; dans ce cas la fonction même de la musique et du chant semble être de transmettre quelques-unes des inflexions et des intonations, et jusqu'au timbre de la parole.

La voix de Bessie Smith était, au début de sa carrière, très riche et d'une belle rondeur. Cette voix devint plus rude et moins moelleuse à mesure que le temps s'écoulait, légèrement abîmée qu'elle était par l'âge, l'habitude de boire du gin, les cigarettes et peut-être, aussi, la fumée âcre des lanternes Coleman qu'on utilisait, à cette époque, pour éclairer la rampe dans les théâtres. Dans les dernières années de sa carrière elle avait une intonation franchement gutturale, en partie, croyons-nous, pour mieux contrôler son timbre de voix. Mais, parfois, elle utilise délibérément un ton rauque. Écoutez donc les dures aspérités de sa voix quand elle chante « Don't *mess around* with me » dans « Beale Street Mamma » (« Ne viens pas *tourner autour de moi* » dans « La Fille de Beale Street »).

Les aspérités pleines de menaces sont d'un caractère strictement approprié aux paroles de ce blues, elles sont délibérément employées d'une façon contrôlée et retenue. C'est l'exemple parfait de ce que j'ai voulu exprimer quand j'ai évoqué la violence qui semble toujours sur le point d'éclater dans ce qu'elle chante. Il n'y a rien de « larmoyant » ou d' « attendrissant » dans les blues interprétés par Bessie. Ils dominent, ils exigent, ils sont emplis de passion. Mais cette passion n'est pas uniquement de caractère sexuel. C'est le cri rauque et furieux de celle que la vie a blessée. C'est pourquoi nous sommes tous si enclins à écouter ce cri et à le faire nôtre, car qui d'entre nous n'a jamais été blessé par la vie ?

La grande époque de Bessie Smith a duré jusqu'au commencement des années 30, quand l'industrie du spectacle et de la musique commença à battre de l'aile et que l'industrie du disque était à son point mort. Il faut dire aussi que les goûts étaient en train de changer dans le public de couleur aussi bien que dans le public blanc. La population urbaine de couleur était de plus en plus détachée de la musique populaire noire des campagnes et des petites agglomérations – musique qui avait nourri et inspiré le blues. Le nouveau public commençait à donner sa préférence à un genre musical plus accrocheur, plus « à la coule ». Les grandes formations de jazz étaient à la mode et les très jeunes musiciens et amateurs s'éloignaient de plus en plus des formes plus anciennes de la musique négro-américaine, ainsi que Jelly Roll Morton et King Oliver devaient le constater avec désespoir.

Mais l'admiration pour Bessie Smith ne diminua jamais. Elle était à l'abri des modes passagères. Ses possibilités de travail, néanmoins, diminuaient. Quand elle enregistra pour la dernière fois, en 1933, il semblait qu'elle fût, déjà, pour certains, en quelque sorte, une voix du passé. Au cours de cette dernière séance d'enregistrement, elle grava quatre superbes faces de 78 tours : un amusant « Take me for a Buggy Rode », un grondant et fracassant, « Gimme a Pigfoot » et deux blues puissants et déchirants : « Down in the Dumps » et « Do your Duty » (ce dernier n'est d'ailleurs pas strictement en forme de blues). Ces disques démontrent clairement que Bessie Smith était toujours aussi inspirée, si sa voix avait peut-être perdu de son ampleur et de sa belle rondeur. Elle fut accompagnée, au cours de cette ultime séance d'enregistrement par Frankie Newton à la trompette, Jack Teagarden au trombone, Benny Goodman à la clarinette (il ne joue d'ailleurs que dans « Gimme a Pigfoot »), Chuck Berry au saxophone-ténor, Buck Washington au piano, Bobby Johnson à la guitare et Billy Taylor à la contrebasse. Ces disques eurent un énorme succès.

Et puis, vraiment, par la suite, les choses parurent s'arranger. Dès 1937, la situation économique commença à s'améliorer aux États-Unis et les gens voyaient s'éloigner la triste période de la Dépression. Bessie retrouva du travail dans les cabarets et les clubs, on lui promettait des séances d'enregistrements et on lui faisait miroiter des engagements pour un film (auparavant, elle avait tenu le rôle principal dans un court métrage intitulé *Saint Louis Blues*.)

Cet automne-là, Bessie Smith commença une fois de plus une tournée dans le Sud et, pendant le voyage, tôt le matin, le dimanche 26 septembre, elle trouva la mort dans un accident d'auto. Peu de temps après s'accrédita, petit à petit, la légende selon laquelle la chanteuse n'avait pas été mortellement blessée dans cet accident, mais qu'on n'avait pas voulu l'admettre dans l'hôpital réservé aux Blancs où on l'avait tout d'abord transportée, à cause de la discrimination raciale, et qu'elle avait perdu tout son sang, avant qu'on ait pu l'amener à un hôpital pour gens de couleur, où on l'aurait acceptée, soignée et où on lui aurait sauvé la vie.

Tout le monde a cru à cette version de l'accident et à ses conséquences. Ce qui inspira à Edward Albee le thème d'une pièce de théâtre très appréciée du public : *The Death of Bessie Smith* (La Mort de Bessie Smith). Mais si l'on en croit Albertson et d'autres critiques et historiens de la musique négro-américaine qui ont effectué des enquêtes à ce sujet, l'histoire aurait été fabriquée et divulguée, apparemment dans un dessein de propagande de caractère politique. D'après un médecin qui se trouvait sur les lieux du drame, peu de temps après l'accident, nous citons : « L'ambulance qui transportait Bessie Smith ne serait jamais allée à un hôpital réservé aux Blancs, c'est par trop invraisemblable. Là-bas, dans le pays du coton, dans le Sud profond, il ne serait venu à l'esprit d'aucun conducteur d'ambulance, qu'il fût de couleur ou blanc, de vouloir laisser une personne de couleur dans un hôpital réservé aux Blancs. »

D'après ce même médecin, Bessie avait été si grièvement blessée au cours de cet accident qu'elle n'avait presque pas de chance de survivre, surtout si l'on tient compte des moyens médicaux à cette époque et dans cette région.

Ainsi, tout était fini : l'alcool, les joyeuses réunions, la bonne vie, les aventures sentimentales et, surtout, hélas, ce chant profond.

Mais la marque de cette musique est demeurée indélébile. En 1970, la Compagnie Columbia commença à rééditer l'intégrale de tous les disques que Bessie Smith avait enregistrés. Cette intégrale s'est jusqu'à présent très bien vendue et on peut toujours la trouver. Sa voix subjugue tous les publics et des gens qui n'étaient pas encore nés au moment de sa mort tragique en ont la chair de poule.

Au moment de la mort de Bessie Smith, la folie du blues féminin, l'engouement pour les chanteuses de blues touchait à sa fin. Quelques-unes de ces vedettes continuèrent dans cette voie, mais il n'y en eut que fort peu qui commencèrent, comme Ethel Waters, une nouvelle carrière. La plupart furent, peu à peu, oubliées et il n'y en eut plus guère que l'on se souciât d'enregistrer, après 1930.

Cependant, d'un autre côté, il existait toujours un marché assez florissant des disques qu'enregistraient les hommes, les chanteurs de blues, dont beaucoup continuaient à chanter dans la vieille tradition. Ces hommes n'avaient jamais connu le succès qui avait été celui des chanteuses, pendant la période du boom du blues, mais il y a toujours eu une certaine demande pour leurs disques sur le marché. Beaucoup de ces chanteurs, comme Leadbelly, travaillèrent régulièrement jusque dans les années 40, maintenant en vigueur une tradition à l'usage des nouveaux venus ; c'est ainsi qu'un John Lee Hooker continuait à œuvrer selon la vieille tradition, vingt ans plus tard, tenant peu compte des mesures, enracinant toujours la mélodie dans les notes bleues, n'utilisant, toujours, qu'une harmonie réduite. Mais la plupart des nouveaux, des jeunes chanteurs de blues, pratiquaient un art caractérisé par les nouveaux critères du blues modernisé, influencé par la musique de jazz. Bumble Bee Slim, qui avait cependant été formé selon la vieille tradition, chantait et jouait, dès 1931, en respectant, au maximum, la structure de douze mesures, utilisant efficacement la sous-dominante et suggérant, pour le moins, la dominante. Dès les années 30 des chanteurs de blues très populaires comme Big Bill Broonzy, Sonny Terry et Leroy Carr étaient des adeptes convaincus du blues modernisé. On peut percevoir clairement la transition dans les enregistrements de Robert Johnson, un protégé de Son House, lui-même un des partenaires du fameux Charley Patton.

Formé dans la tradition illustrée par le « Stone Pony Blues » de Charley Patton, Robert Johnson ne chante et ne joue pas moins selon les critères du blues modernisé.

Il nous faut citer aussi deux chanteurs adeptes du nouveau style de blues qui, quoiqu'ils soient fondamentalement d'authentiques chanteurs de blues, ont souvent été considérés comme de vrais chanteurs de jazz, ou, ainsi qu'on les a souvent catalogués, des « blues shouters » (des « gueuleurs de blues »). Ce sont Joe Turner (souvent appelé, en raison de sa taille et de sa corpulence, Big Joe Turner) et Jimmy Rushing.

Joe Turner est né en 1911 et a été élevé à Kansas City, dans les dernières années 20 et les années 30, au moment où l'on pouvait, en gros, caractériser l'atmosphère de cette cité comme trouble, tapageuse, tonitruante, abritant toutes sortes de lieux de plaisir. La ville était pleine de clubs et de cabarets, autant d'endroits où pouvaient éclore et se développer les talents d'artistes voués à toutes les formes de musique négro-américaine et de jazz. Joe Turner avait commencé une carrière de barman-chanteur dans des cabarets de jazz, s'associant — de temps à autre — avec l'excellent pianiste de style boogie-woogie Pete Johnson. Turner se fit davantage connaître, en 1938, quand la folie du style boogie-woogie déferla sur New York où il participa à un concert organisé par John Hammond au Carnegie Hall, à la suite duquel il fut engagé au célèbre Café Society, un club qui présentait essentiellement des musiciens et des formations de jazz. Par la suite, Joe Turner enregistra des disques avec quelques-uns des meilleurs musiciens de jazz pendant les trente années suivantes, participa à plusieurs tournées en Europe et est toujours en pleine activité.

Joe Turner a une voix très forte et éclatante, quoiqu'il chante, parfois, des blues sur tempo lent, notamment le fameux « Wee Baby Blues », enregistré avec un petit groupe de musiciens de jazz sous la direction de Art Tatum. Mais il est plus connu comme spécialiste de blues au tempo rapide « criés », « hurlés » et soutenus par un robuste accompagnement très rythmé — soit un piano jouant en style boogie-woogie, soit un orchestre jouant des riffs. Il organise la ligne mélodique autour des tierces bleues ou des septièmes bleues, et, quelquefois, utilise une tonique plusieurs fois répétée qui suggère plutôt le langage parlé que le chant. « Going away Blues », enregistré en 1938, avec le pianiste Pete Johnson, est très intéressant en ce qu'il souligne la transition de la septième bleue à la sixte. Turner commence chaque phrase sur une haute note (entre la septième bleue et la sixte) dont il fait, dès lors, descendre la ligne mélodique. Parfois cette haute note est une sixte, parfois une septième bleue, parfois elle se situe entre les deux. Le style de Joe Turner a peu évolué au cours des années. Enregistré vers le milieu des années 70, avec un orchestre comprenant Dizzy Gillespie, le chanteur « sonne » tout à fait comme il sonnait quarante ans plus tôt, sa voix étonnamment pleine et forte en dépit de l'âge.

Un autre « blues shouter » peut-être encore plus connu que Big Joe Turner, fut Jimmy Rushing, mort il y a quelques années. Il fut le chanteur vedette de l'orchestre de Count Basie de 1935 à 1948. Physiquement de proportion énorme mais de petite taille, Rushing était surnommé par ses collègues, musiciens ou chanteurs, Mr. Five by Five (Monsieur Cinq sur Cinq) et on lui dédia une chanson qui devint très populaire dans les années 40. Comme Big Joe Turner, il était originaire du sud-ouest des États-Unis. Il est né en 1903 à Oklahoma City. Les membres de sa famille aimaient pratiquer la musique et il étudia divers instruments ainsi que la théorie musicale. Il travailla pendant un certain temps en Californie, notamment de temps à autre avec Jelly Roll Morton, puis à Kansas City avec plusieurs des orchestres importants de la région. L'une de ces formations était l'orchestre de Walter Page's Blue Devils qui, par la suite, fut absorbé par l'orchestre de Bennie Moten, lequel, à son tour, devint l'orchestre Count Basie. De même que le style vocal de Big Joe Turner a peu changé au cours des années, de même celui de Jimmy Rushing est resté assez semblable à lui-même pendant toute sa carrière. En 1929, il avait participé à l'enregistrement de « Blue Devil Blues » très inspiré par « Tight like this » de Louis Armstrong. Dans le disque, qui nous offre notamment un solo du jeune (à l'époque) Hot Lips Page, essayant désespérément de reproduire les cadences de Louis Armstrong, Rushing chante comme il le faisait à la fin de sa carrière. Le son de sa voix est encore plus riche et plus plein que celui de Turner, probablement à cause de sa culture musicale classique. Probablement, pour la même raison, il utilise moins de notes bleues que Turner — en pratique pas de tierces bleues et seulement, de temps à autre, une septième bleue. Mais, à part cela, il sort du même moule : comme Turner, il possède une voix très forte de « blues shouter », une voix propre à « gueuler » le blues et il adore chanter soutenu par un accompagnement puissant et très rythmé. L'un de ses chevaux de bataille était « How long Blues », un blues de huit mesures qui était construit sur une série abrégée de changements d'accords du blues :

Do/mi/Fa/Fa mineur/Do/Sol 7e/Do/Do

Jimmy Rushing chantait plus de blues sur tempo lent que Turner. Comme il était un vocaliste de grand orchestre, à une époque à laquelle les grandes formations régnaient sur la musique populaire, il chantait aussi des chansons populaires, des airs à la mode, mais il était essentiellement un chanteur de blues et lorsqu'il lui fallait chanter des chansons à la mode, il les imprégnait de l'esprit du blues.

Parmi les chanteurs de blues que l'on entend, le plus souvent, accompagnés par de grands orchestres, ou par de moyennes ou petites formations de jazz, il faut citer un superbe chanteur, Joe Williams qui, tout comme Jimmy Rushing, s'est taillé une flatteuse réputation dans les rangs de l'orchestre de Count Basie, notamment avec deux compositions de Memphis Slim : « Every Day » et « The Come Back » et aussi « Evening, when the sun Goes Down » de Leroy Carr.

Il faut aussi citer le grand saxophoniste-alto Eddie « Cleanhead » Vinson qui se double d'un prestigieux chanteur de blues, ainsi que Wynonie Harris et Jimmy Witherspoon.

Parmi ceux que l'on pourrait appeler les chanteurs-guitaristes, « fondateurs » du blues enregistré, évoquons Lonnie Johnson, Blind Blake, Son House, Big Joe Williams, Tampa Red, Kokomo Arnold. Parmi les chanteurs-pianistes, citons Leroy Carr, Roosevelt Sykes, dont Memphis Slim devait s'inspirer et Big Maceo. Rappelons encore le grand harmoniste et chanteur Sonny Boy Williamson I (the first), le chanteur Saint Louis Jimmy et aussi T. Bone Walker et Blind Boy Fuller.

Un peu plus tard, se révéleront Lightnin' Hopkins, Memphis Slim (déjà cité) qui réside actuellement en France, B.B. King (déjà cité), Sonny Boy Williamson II (the second) très bon harmoniciste et chanteur, Elmor James, Jimmy Reed, Curtis Jones, Howlin' Wolf, Sunnyland Slim, Little Walter, Big Walter, Champion Jack Dupree, Otis Spann.

Parmi les chanteurs de blues de la génération actuelle, il faut connaître, à côté de centaines de jeunes artistes très doués, Buddy Guy, Junior Wells, Louisiana Red, Willie Maybon, Luther Allison et Sugar Blue qui, depuis trois ans, s'est fixé en France, mais qui doit bientôt rejoindre les États-Unis.

Le rhythm and blues, la soul music, dont la jeunesse noire et blanche est si friande, aux États-Unis et, maintenant, dans le monde entier, proviennent, en ligne directe, de la gospel music de l'Église baptiste et du blues. Son représentant le plus célèbre est celui que l'on appelle, aux États-Unis et dans le monde entier, « The Genius », Ray Charles, fabuleux vocaliste, pianiste, organiste, compositeur, arrangeur et chef d'orchestre, dont les disques ont été des best-sellers dans le monde entier.

Mais n'oublions pas Aretha Franklin, la sœur d'Erma et de Carolyn Franklin, et la fille du Révérend C.L. Franklin, le plus célèbre « preacher » des États-Unis. Il y a encore Otis Redding, un excellent chanteur, James Brown, un des plus grands, le couple formé par Ike and Tina Turner et (maintenant qu'ils sont séparés) Tina Turner seule. N'oublions pas le fougueux saxophoniste-ténor et vocaliste : Junior Walker, ni, non plus, Albert Collins et Johnny « Guitar » Watson. Mais revenons aux blues proprement dits.

Dès la fin de la Deuxième Guerre mondiale, des chanteurs de blues comme Chuck Berry, Muddy Waters, B.B. King et Bo Diddley, qui ont eu une grande influence sur les fondateurs du rock moderne, avaient contribué à favoriser l'évolution du blues encore un peu plus loin de la tradition. Ils utilisaient des rythmes typiquement jazz, rythmes qu'ils doublaient souvent avec une saveur de boogie-woogie. Les notes bleues étaient moins nombreuses et l'harmonie sur laquelle leurs blues étaient construits, parfaitement définie et clairement énoncée.

Quant aux musiciens de jazz, dès les années 30, ils commençaient à considérer le blues surtout comme une suite d'accords bien définis, sur laquelle un instrument peut improviser ou, à partir de laquelle, un orchestrateur, un arrangeur est à même d'écrire des partitions destinées au grand orchestre. Les divers éléments qui constituaient la base et le fondement du blues, ou bien étaient incorporés au système général de la musique de jazz, ou bien étaient en train de disparaître. Les notes bleues demeuraient bien toujours, ici et là, surtout la tierce bleue, mais on avait autant de chances de les entendre dans un solo sur « I got Rhythm » que dans les blues.

Les musiciens de jazz adorent le blues et en jouent sans fin, mais ils ne constituent plus dorénavant une forme d'art spéciale et unique, mais font simplement partie du répertoire de la musique de jazz.

Les blues peuvent être comparés à Lazare, le frère de Marthe et de Marie, ressuscité par le Christ. Dès la fin des années 50, ils étaient devenus, une fois de plus, la source fraîche et jaillissante de laquelle devait surgir une nouvelle forme musicale qui allait inonder le monde entier.

Tout comme le jazz, le rhythm and blues, la soul music, et ce que l'on est convenu d'appeler le rock and roll sont bâtis sur le blues, qui, dès lors, revit plus que jamais dans sa glorieuse pérennité et, aussi, dans sa postérité !

CHAPITRE IX

L'arrivée des Blancs

Dans la musique de jazz, la situation du musicien blanc a toujours été ambiguë. Du fait que le jazz a toujours été considéré, universellement, comme la musique des Noirs américains, le musicien de jazz blanc a souvent été tenu pour un intrus, non seulement par les Noirs qui sont irrités par l'intrusion de Blancs dans ce qu'ils pensent être leur domaine, mais aussi par certains critiques blancs dont quelques-uns croient que seuls les Noirs peuvent jouer du jazz « authentique ». Des Noirs, qui ne sont pas des musiciens professionnels, surtout ceux qui participent aux mouvements politiques les plus militants, ont accusé les Blancs d'avoir volé leur musique et quelques-uns n'ont pas hésité à dire qu'aucun musicien blanc ne peut réellement jouer du jazz. Cependant, beaucoup de musiciens de couleur ont travaillé avec des musiciens blancs et implicitement leur reconnaissent le droit d'être leurs pairs. Mais cependant, ils ne leur ont pas ouvert tout grands leurs bras.

Dans les premières années 20, lorsque beaucoup de musiciens blancs commencèrent à jouer de la musique de jazz, les Noirs tendaient à être flattés par l'attention – dans certains cas par l'adulation – qu'ils recevaient des Blancs, dont nombre d'entre eux n'avaient jamais eu de contacts sociaux avec les Noirs.

Au milieu des années 30 cependant, lorsque des musiciens blancs et plusieurs d'entre eux, d'une façon imméritée, commencèrent à devenir riches et célèbres pendant la période des grands orchestres de l'époque dite « swing », les musiciens noirs, on le comprend, commencèrent à être irrités par ces Blancs, qui pouvaient gagner des salaires plus élevés qu'eux et avoir du travail qu'on refusait aux musiciens noirs.

Les Noirs s'en offensèrent et quand ils eurent l'occasion de retourner la situation, ils la saisirent. Aujourd'hui, dans le marché assez serré de l'offre d'emploi dans la musique de jazz, ce sont, parfois, les Blancs qui se sentent exclus.

L'attitude des Noirs comme propriétaires du jazz a été désignée sous le nom de « Crow Jimism * » par les critiques américains. Il n'y a aucun doute que le jazz a été créé et joué en premier lieu par des Noirs, que la plupart des grands

* Inversion du mot Jim Crow, personnification de la discrimination raciale.

musiciens sont des Noirs et que les évolutions successives et significatives ont été conçues par des Noirs. Mais le fait existe, néanmoins, que les musiciens blancs ont joué des rôles importants, notamment en contribuant à donner au jazz sa forme.

Ce qui est important est de voir que durant les débuts du jazz les Blancs et les Noirs développèrent leur musique séparément, du moins jusqu'à un certain degré. Les Blancs ne conçurent pas la musique exactement de la même façon que les Noirs et ils avaient des idées différentes sur la façon dont elle devait être jouée. Il faut bien comprendre que ces premiers musiciens blancs ne réalisèrent pas toujours que le jazz fut inventé par les Noirs. Quelques-uns en avaient conscience, évidemment. Paul Mares par exemple, un des musiciens blancs de cette époque à La Nouvelle-Orléans dit : « Nous faisions notre possible pour copier la musique des gens de couleur que nous avions entendue, chez nous, à La Nouvelle-Orléans. Nous faisions de notre mieux, mais naturellement nous ne pouvions jouer le vrai style des Noirs ». Mais nombreux furent les musiciens blancs, dans le Nord, qui furent amenés au jazz par l'Original Dixieland Jazz Band et les autres orchestres blancs qui en sortirent. Ils virent dans le jazz une musique de La Nouvelle-Orléans que jouaient les Blancs et les Noirs, mais qu'ils jouaient un peu différemment. Il était entendu que les Blancs ne savaient pas réellement jouer le blues, seuls les Noirs pouvaient le faire. Mais le jazz, pensaient beaucoup de Blancs, n'appartenait à aucun groupe ethnique. En conséquence, un vétéran blanc s'est permis de dire, aussi tard qu'en 1970, que « le jazz ne fut pas inventé par un homme de couleur, il fut inventé par Bix Beiderbecke et les gars de l'orchestre de Jean Goldkette ».

Il y avait à cette époque des raisons sociales qui tendaient à forcer les Noirs et les Blancs à jouer dans des contextes différents. Il est certain que les disques de l'Original Dixieland Jazz Band et leurs initiateurs furent achetés aussi bien par les Noirs que par les Blancs. Quelques orchestres blancs, en fait, se sont donné des noms témoignant qu'ils étaient noirs. Mais les Noirs ne pouvaient pas aller dans les théâtres, les salles de danse ou les cabarets où les Blancs jouaient et tandis que les musiciens de jazz quittaient La Nouvelle-Orléans, pour remonter vers le Nord, notamment Chicago, c'étaient eux que les Blancs entendaient, c'étaient avec eux que les Blancs travaillaient presque exclusivement.

D'un autre côté il fallait pas mal d'audace à des adolescents blancs pour aller rendre visite au ghetto noir. Ils pouvaient toujours aller dans les cabarets où passaient les meilleurs orchestres noirs, s'ils avaient l'air suffisamment adulte. Ces meilleurs orchestres noirs jouaient toujours, depuis le temps de Storyville et jusqu'à une époque relativement récente, pour des publics de Blancs, car c'est là qu'était l'argent. Mais très peu de jeunes Blancs pouvaient avoir un contact réel avec la culture noire. En fait, il est difficile pour les jeunes de nos jours de comprendre quelles barrières existaient entre les Noirs et les Blancs, pendant les premières décades de ce XXe siècle. Les Noirs n'avaient pas le droit de fréquenter les restaurants ou les cabarets pour Blancs, ils ne se montraient pas, en public, sur le même podium ou sur le même terrain de base-ball. On ne voyait pas de Noirs dans les magasins blancs, même dans les épiceries les plus ordinaires. En 1930, peu de Blancs aux États-Unis s'étaient assis pour manger à une table avec un Noir ou avaient eu une conversation de quelque durée avec un Noir, sur un pied d'égalité. Pour des garçons comme Bix Beiderbecke ou George Wettling qui ont grandi dans la région du Midwest des États-Unis, un Noir devait paraître une créature rare et exotique.

L'isolement des Noirs devait inévitablement arrêter les efforts de part et d'autre. Après 1920 donc, les Blancs commencèrent à avoir une tradition jazziste bien à eux laquelle, quoique, sans doute, voisine de la tradition jazziste des Noirs, était néanmoins distincte de celle-ci.

Je ne veux pas trop marquer cette distinction car les musiciens blancs d'autrefois écoutaient les disques enregistrés par des Noirs et plus tard, en devenant des adultes, allaient écouter ces musiciens en personne et occasionnellement jouaient avec eux dans les jam sessions *. Nous ne pouvons commencer à parler de « jazz blanc » et de « jazz noir » car les ressemblances entre eux priment de loin les différences qui, en tout cas, tendirent, peu à peu, à disparaître. Des nuances légères, cependant, existent.

L'arrivée des musiciens blancs dans la musique de jazz coïncidait avec l'intrusion plus vaste et plus généralisée des Blancs dans le domaine de la musique populaire à la mode. La « music-business » (industrie de la musique) commence à peu près à la fin du siècle dernier. Tout à coup on s'aperçut qu'on pouvait faire du fric avec la musique. Et le fric trouve toujours moyen de légitimer ce qui est illégitime. De plus en plus les Blancs commencèrent à envisager de faire une carrière dans la musique à la mode. Tom Whaley, qui fut le copiste et le factotum de Duke Ellington, pendant de nombreuses années, reconnut que pour les Noirs la « music-business » offrait un bon moyen pour bien vivre mais que « après la Première Guerre mondiale ce n'était pas aussi facile. Il y avait une véritable invasion de musiciens blancs et nous devions lutter ». Les Blancs, qui faisaient une intrusion dans le domaine musical, étaient surtout intéressés par le succès qu'ils pourraient avoir en jouant de la musique à la mode, mais quelques-uns furent attirés par le jazz. Les premiers d'entre eux furent les membres de l'Original Dixieland Jazz Band et d'autres qui les fréquentaient. Au moment où leurs premiers disques sortirent, il y avait déjà, à La Nouvelle-Orléans, un certain nombre de musiciens blancs capables de jouer un genre de ragtime évolué et, dès 1920, certains jouaient de l'excellent jazz. Après l'enthousiasme qui suivit la sortie des disques de l'Original Dixieland Jazz Band et l'apparition de l'orchestre à New York, leurs imitateurs accoururent en foule. Les plus importants furent des musiciens de New York qui avaient entendu l'orchestre de première main. Les plus connus de ceux-ci furent le trompettiste Phil Napoleon, le pianiste Frank Signorelli, le clarinettiste Jimmy Lytell et le tromboniste Milfred « Miff » Mole. Ces hommes se mirent à apprendre la nouvelle musique pour faire une opération

* Jam session : rencontre de musiciens provenant d'orchestres différents et qui décident de jouer, gratuitement, pour leur propre plaisir. Cela peut avoir lieu dans un club ou ailleurs.
Dans le jargon des musiciens français, participer à une jam session se traduit par l'expression « faire un bœuf » ou « bœuffer ».

commerciale. Pendant les premières années 20, avec un groupe changeant de musiciens, ils firent des centaines de disques, sous plusieurs noms, le plus connu étant l'Original Memphis Five (De nombreux disques sortirent sous le nom de Ladd's Black Aces (Les As noirs de Ladd) afin de gagner le marché des auditeurs noirs).

Mais, au même moment, un groupe beaucoup plus important de musiciens blancs, admirateurs aussi des disques de l'Original Dixieland Jazz Band, se constituait dans le Midwest. Cet ensemble fut appelé l' « École de jazz de Chicago », car quelques-uns de ses principaux membres avaient étudié à l'Austin High School, à Chicago, et parce qu'il y avait beaucoup de travail pour les orchestres dans et autour de cette cité. Mais en fait tous ces musiciens venaient de diverses régions du Midwest. Bix Beiderbecke était de Davenport, Iowa; Eddie London de l'Indiana; Frank Teschemacher de Kansas City; George Wettling de Topeka; « Pee Wee » Russel de Saint Louis. En fait, quelques autres venaient d'ailleurs : Max Kaminsky était de Brockton, à côté de Boston et Wingy Manone était de La Nouvelle-Orléans.

D'autre part, ces musiciens travaillaient beaucoup à Saint-Louis, Detroit et dans d'autres cités du Midwest et dans l'ensemble il serait plus juste de parler d'une « École du Midwest » plutôt que de « l'École de Chicago ».

Ces jeunes gens commencèrent comme auditeurs et admirateurs de l'Original Dixieland Jazz Band, mais très vite ils subirent l'influence d'un autre groupe blanc de La Nouvelle-Orléans, qui jouait à Chicago en 1919 ou 1920, sous le nom des New Orleans Rhythm Kings. Ils avaient comme chef le trompettiste Paul Mares qui avait été appelé à Chicago pour former un orchestre de style Nouvelle-Orléans afin de profiter de la popularité qu'avaient laissée derrière eux les musiciens de l'Original Dixieland Jazz Band. Mares amena à Chicago, entre autres, le clarinettiste Leon Rappolo qui, quelques années plus tard, fut enfermé dans un asile de fous et le tromboniste George Brunis, qui mourut en 1974, après une carrière de cinquante ans. L'orchestre joua pour une longue période – peut-être pendant deux ans – dans un cabaret, le Friar's Inn qui, disait-on, avait été fréquenté par les gangsters Al Capone et Dion O'Bannion. Cet orchestre, en tant que successeur de l'Original Dixieland Jazz Band attira l'attention des jeunes musiciens du Midwest, qui s'essayaient à jouer du jazz. Ils passèrent nombre d'heures devant le podium de l'orchestre, et parfois eurent la permission de se joindre aux musiciens pour une jam session. Et, lorsque les disques des New Orleans Rhythm Kings parurent, ces jeunes les écoutèrent et les réécoutèrent à satiété. Jimmy Mac Partland, un trompettiste qui faisait partie de l'Austin High School Group raconte : « Ce que nous faisions d'habitude, c'était de mettre le disque en marche – un disque des New Orleans Rhythm Kings évidemment – puis nous écoutions quelques mesures et chacun sur son instrument jouait sa partie. Il fallait accorder nos instruments au diapason du disque sur le gramophone, juste à la même hauteur, et aller de l'avant pour quelques mesures. Puis nous arrêtions le gramophone. Encore quelques mesures plus loin, chacun repérait les notes qu'il devait jouer et allons-y! En avant! Et nous les jouions... ces notes! »

L'orchestre des New Orleans Rhythm Kings dura à peu près cinq ans et enregistra quelque trente faces de 78 tours. Il n'eut pas un succès foudroyant parmi le grand public. Cependant, c'était d'après tous les critères un bon orchestre Nouvelle-Orléans qui swinguait, rythmiquement, peut-être, un peu plus raide que l'orchestre d'Oliver, mais un excellent orchestre de jazz néanmoins. Et si l'on compare ses premiers enregistrements, faits en 1922, avec d'autres enregistrements faits par des musiciens de jazz, la même année et plus tard, on s'apercevra que cet orchestre jouait nettement mieux que les autres, excepté bien sûr les enregistrements faits par des musiciens noirs de La Nouvelle-Orléans.

L'orchestre des New Orleans Rhythm Kings jouait d'une manière que l'on pourrait qualifier de « classique », surtout des ensembles où le trombone soutenait la ligne mélodique de la treompette et ou la clarinette brodait autour. Le jeu est propre et leur justesse dépasse celle de l'orchestre d'Oliver. Mares joue avec une bonne compréhension du style d'Oliver, quoiqu'il joue moins souvent avec une sourdine et Rappolo, sur la clarinette, a une bonne technique aisée, gracieuse, qui est bien en avance sur le style de Larry Shields de l'Original Dixieland Jazz Band. En fait, Rappolo sonne comme s'il avait écouté avec grande attention Dodds de l'orchestre d'Oliver et même, plus probablement, Jimmy Noone.

L'orchestre des New Orleans Rhythm Kings fut celui qui influença en premier les musiciens du Midwest. Bien sûr, dès 1925, ils avaient déjà entendu Oliver, Armstrong, Morton et d'autres musiciens noirs. Muggsy Spanier a toujours imité Oliver toute sa vie; Manone était attiré par Armstrong; Benny Goodman semble avoir beaucoup écouté Noone, à un moment, et Gene Krupa, Baby Dodds. Mais ces musiciens blancs s'inspirèrent avant tout d'autres Blancs. Entre eux, ils avaient leurs idoles, leurs propres façons de jouer, leurs propres règles et aussi des rituels auxquels ils sacrifiaient. Et ils considéraient la musique de jazz avec une attitude totalement différente de celle des Noirs. Un musicien de jazz de couleur était pour les siens une vedette, un héros qui tenait une place prépondérante comme le ferait un crack au basket-ball aujourd'hui. Mais pour ces jeunes musiciens blancs, jouer du jazz signifiait entrer dans un monde défendu. Jouer la musique à la mode était une profession que la plupart des familles blanches, et surtout des familles blanches de la classe moyenne, désapprouvaient catégoriquement. Le jazz avec son contexte de Noirs, d'alcool, de marijuana et de sexe, était une abomination. Dans les années 20 aucun parent blanc des États-Unis n'aurait été heureux à l'idée que son fils pût aller jouer du jazz; les parents de nombre de ces jeunes musiciens en détestaient l'idée. Résultat : ces jeunes gens, la plupart de moins de vingt ans, lorsqu'ils commencèrent, venaient au jazz avec le sentiment qu'ils étaient un groupe de « hors-la-loi » volontaires qui s'étaient consacrés à un « noble idéal ».

En raison de cette attitude, ils se passaient des boulots et enregistraient des disques entre eux. Tout au long des années 20, alors que tout allait bien et que le jazz était en plein boom, ces musiciens travaillaient régulièrement, surtout dans le Midwest, dans nombre d'endroits – dans les cabarets, dans de grandes formations, comme les orchestres de Paul Whiteman ou de Jean Goldkette, qui jouaient de la musique à la mode, dans des universités pour des danses ou des fêtes de fin d'année, avec des groupes créés pour l'occasion. Ils enregistraient aussi fortuitement, le chef d'orchestre engageant ceux d'entre eux qui étaient libres sur le moment. Pendant dix ans ils ont pu surnager, capables de trouver du travail à l'occasion, de sorte qu'ils pouvaient se refuser aux chefs de grands orchestres qui voulaient leur faire faire de la musique commerciale. Et pendant ce laps de temps, ils créèrent leur propre tradition du jazz.

En quoi consistait la différence entre leur musique et celle que jouaient les Noirs ? Pour commencer, le répertoire était différent : tandis que les Noirs jouaient surtout des airs connus à La Nouvelle-Orléans, des blues, des morceaux bluesy basés sur d'habituelles séquences d'accords, les Blancs jouaient surtout pour la danse et interprétaient les airs à la mode à l'époque, « Sugar », « I'm Nobody's Sweetheart Now », « Baby won't you please come home », « Rockin'chair », « Back home again in Indiana » devinrent des airs à la mode parce que ces musiciens les jouaient. Beiderbecke fit quelques-uns de ses meilleurs soli sur des airs comme « Singin' the Blues » « I'm Comin' Virginia », « From Monday on » et « I'll Be a Friend with Pleasure », airs qui seraient tous oubliés aujourd'hui s'il ne les avait pas enregistrés. Les danseurs aimaient entendre leurs airs sentimentaux favoris et ils les aimaient joués sur des tempos moyens avec un peu d'entrain quand même, ce qui permettait de danser le two-step ou le bunny hug qui étaient les danses à la mode à l'époque.

Ainsi les Blancs ne jouèrent guère de blues. Mais il y a une raison pour que les blues ne figurent pas beaucoup dans la tradition blanche. C'est que les Blancs ne comprenaient pas très bien ce qu'était la note bleue, si primordiale dans le blues. Il est évident que sans doute beaucoup de musiciens noirs ne comprenaient pas la théorie de la note bleue, mais ils connaissaient ces notes empiriquement. Les Blancs n'y comprenaient goutte. Je ne peux pas me remémorer une seule note bleue jouée par un musicien blanc jusqu'à la fin des années 20, quand ils commencèrent à jouer les tierces bleues. (Il est probable que Jack Teagarden employait, lui, les véritables notes bleues, mais il n'enregistra pas avant la fin des années 20.)

Mais, compensant cet appauvrissement du vocabulaire musical, il y eut un enrichissement d'un autre côté. Les Blancs, en général, avaient une meilleure compréhension de la musique classique que la plupart de leurs pairs noirs. Quelques-uns d'entre eux comme Goodman, les frères Dorsey, Eddie Lang et Joe Venuti avaient étudié la musique classique pendant leur enfance avant de s'intéresser au jazz. Nombre d'entre eux appliquèrent au jazz des techniques classiques et une compréhension, si élémentaire soit-elle, des principes d'harmonisation classique. Il est certain que quelques Noirs, surtout les pianistes, étaient familiarisés avec la théorie de la musique classique, mais la plupart, les « soufflants » particulièrement, ne l'étaient pas, et il resta aux Blancs la tâche de faire avancer l'harmonie dans le jazz.

Mais si d'avoir un pied bien planté dans la tradition classique donnait au Blanc un avantage, harmoniquement, il le handicapait rythmiquement. Le jeune enfant blanc, travaillant avec un professeur de musique à l'école, apprenait qu'un temps était un temps et qu'une noire était une noire. Chaque note avait une longueur exacte et était attachée fermement à un temps. Depuis le commencement, le plus grave problème auquel les Blancs devaient faire face, dans le jazz, c'était de savoir comment cette notion de « swing », qu'ils pouvaient sentir dans la musique des musiciens noirs de La Nouvelle-Orléans, était produite. Pour la plupart d'entre eux, cela prit de nombreuses années pour comprendre son balancement, et, pendant ce temps, comme le montrent leurs enregistrements, leur jeu souffrait de cette raideur du ragtime, dont les musiciens de La Nouvelle-Orléans s'étaient déjà départis.

Pendant longtemps, durant les années 20, les musiciens blancs avaient une tendance à battre le rythme fort sur le premier temps. Une autre chose aussi était de jouer des paires de notes sur un temps avec la même longueur, au lieu de donner à l'une ou l'autre plus de longueur, de l'accentuer comme cela se faisait de plus en plus. Quelques musiciens de couleur employaient aussi des traits de notes d'une valeur égale, surtout ceux qui venaient de la tradition classique créole, comme Jimmy Noone. Mais, dans ces traits de notes, les musiciens noirs ou créoles accentuaient d'habitude la seconde note d'une paire de notes. Ce fut seulement vers le milieu ou à la fin des années 20 que les musiciens de jazz blancs sentirent généralement cette façon de jouer. En somme, l'improvisation des musiciens blancs suivait le tempo de beaucoup plus près que ne le faisaient les Noirs, à la manière du ragtime.

Puis aussi les musiciens blancs du Midwest manquaient d'un certain sens de la forme qui était apparent dans le meilleur jazz noir. Dans les orchestres de La Nouvelle-Orléans noirs ou blancs, on insistait sur la division du travail : le tromboniste restait immuablement dans le registre grave, là où il ne gênait pas le trompettiste, et le clarinettiste faisait d'autres notes que le trompettiste, et dans une autre direction. Mais les musiciens blancs dans leurs passages d'ensembles tendaient à jouer des soli simultanément. Ceci peut marcher jusqu'à un certain point, lorsque deux instruments à vent jouent à la fois, mais quand vous avez trois ou quatre lignes mélodiques qui ont une relation entre elles, simplement parce que les instrumentistes se guident sur la même séquence de changements d'accords, l'effet produit est souvent le chaos. C'est ce qu'on peut entendre dans le dernier chorus « chacun pour soi » de « I'm Nobody's Sweetheart Now » de Red Mac Kenzie et Condon's Chicagoans, un disque important de ce genre. La trompette joue dans le registre medium, le trombone passe souvent par-dessus, le clarinettiste joue de son côté, le saxophone-ténor fait quelque chose d'embrouillé par-derrière, et aucun ne fait un effort pour coordonner ses dessins mélodiques.

En somme la musique des Blancs de cette période se jouait plus vite, était plus raide, rythmiquement et harmoniquement, et plus « classique » que la musique des Noirs qui provenait de La Nouvelle-Orléans. Mais ce qui rendait cette musique des Blancs populaire et ce qui constitua son attrait, c'était son esprit insouciant et téméraire, un entraînement impétueux et irréfléchi. A ses meilleurs moments cette musique des Blancs possédait une intensité que des groupes noirs n'atteignaient pas toujours et il n'est pas étonnant que ce fut ainsi, car elle avait pour base une philosophie et un esprit de rébellion. Les Blancs se rebellaient contre une culture très ordonnée et réservée dans ses émotions. Ils voyaient le jazz avec tout ce qu'il apportait (ce dont ils manquaient dans l'atmosphère familiale : un esprit indompté, chaleureux et plein d'émotion. Le jazz devait venir du cœur). Et c'est ainsi que quelques-uns d'entre eux refusèrent d'apprendre à lire la musique, de peur que cela ne contrarie le côté émotionnel. Ce qu'on avait dans l'esprit devait sortir comme on le sentait et qu'est-ce que cela pouvait faire si l'on faisait une faute ? En conséquence, cette idée que le jazz c'était « l'émotion libérée », les garda de donner une forme convenue d'avance à leur musique au-delà d'un minimum nécessaire, et cela les handicapa. C'est ce manque de formes convenues d'avance qui donne à leur musique cet esprit téméraire, mais ils devaient sacrifier aux inconvénients que cela comportait.

Évidemment, il est certain que ces hommes étaient des novices, essayant d'apprendre ce que les Noirs avaient entendu dès leur plus tendre enfance – ils baignaient dedans, tout en grandissant. Néanmoins quelques-uns de ces Blancs finirent par devenir de grandes figures du jazz. Parmi les plus connus citons Jimmy Mac Partland, un trompettiste jouant à la façon de Beiderbecke ; Bud Freeman, un des premiers musiciens à résoudre le problème du saxophone-ténor, qui jouait d'une façon un peu lourde mais avec conviction ; le drummer Gene Krupa qui devint très connu et fut une vedette dans l'orchestre de Benny Goodman avant de diriger son propre orchestre ; Adrian Rollini qui était parvenu à faire « swinguer » le saxophone-basse ; et des musiciens comme Tommy Dorsey, son frère Jimmy et Glenn Miller d'un intérêt moindre, comme musiciens de jazz, mais qui devinrent des chefs d'orchestre vedettes pendant l'ère du Big Band (l'ère du Grand Orchestre de jazz).

De tous les hommes associés à ce groupe des Chicagoans trois clarinettistes et un tromboniste ressortent. Les clarinettistes sont Benny Goodman dont nous parlerons plus tard, Pee Wee Russel et Frank Teschemacher. Des années plus tard, quelques critiques sont arrivés à considérer Pee Wee Russell comme un des plus grands clarinettistes de jazz. Mais, dans les années 20, Frank Teschemacher était considéré, par ses camarades, comme le meilleur d'entre eux à l'exception de Beiderbecke. Russell lui-même disait : « Si Tesch avait vécu il serait, maintenant, un des plus grands clarinettistes du jazz », et Budd Freeman : « Teschemacher était un grand artiste, une créature qui n'avait pas assez développé ses facultés avant de mourir. »

Frank Teschemacher est né à Kansas City en 1906, de parents relativement assez aisés, d'extraction germanique. Enfant, il étudia le violon, ainsi que la mandoline et le banjo et était un des plus cultivés parmi les musiciens de jazz de l'époque. A un moment sa famille alla vivre à Chicago. Tesch alla à l'Austin High School, prit le saxophone alto comme instrument et se lia vite avec quelques autres jeunes dans l'école qui s'intéressaient au jazz, par le biais des disques de musiciens blancs surtout ceux des New Orleans Rhythm Kings. Le groupe se composait de Jim Lannigan qui devint un contrebassiste très coté, Dick Mac Portland, un banjoiste, ainsi que Jimmy Mac Portland et Bud Freeman. Ils firent tous leurs efforts pour comprendre cette nouvelle musique et tâcher de sonner comme les New Orleans Rhythm Kings et déjà, avant de sortir de l'Austin High School, ils commençaient à travailler, ensemble ou séparément, avec des orchestres de danse locaux qui jouaient du jazz. Le reste de sa vie, Teschemacher joua pour nombre de chefs d'orchestre, dont la plupart faisaient de la musique commerciale. Il jouait du jazz quand il le pouvait, se joignant souvent aux autres membres du groupe du Midwest pour enregistrer. Il répétait avec un orchestre dirigé par le cornettiste Wild Bill Davison (qui plus tard se fit un nom comme musicien de dixieland), lorsqu'il fut tué dans un accident d'auto. Il avait vingt-six ans.

Ce que Teschemacher aurait fait s'il avait vécu est une question à débattre. Nous devons le juger sur les disques qu'il nous a laissés et ils montrent un musicien, si talentueux soit-il, dont le jeu souffre de handicaps techniques sévères. D'abord ses notes n'avaient pas la sûreté voulue, il lui arrivait parfois de jouer. Ensuite sa sonorité était stridente dans le registre aigu et molle dans le registre grave. Sa conception de l'improvisation était parfois chaotique, ce qui était caractéristique de ces musiciens blancs. Des phrases venaient les unes après les autres sans beaucoup de rapport avec tout l'ensemble. Cependant, Teschemacher, mieux que la plupart des musiciens blancs, comprenait les notes bleues, mais il les utilisait gauchement et sans sûreté, leur imprimant une sorte de trémolo au lieu d'une montée ou d'une descente contrôlées. Elles tremblent au lieu d'aller fermement d'un point à un autre. L'effet en est plaintif.

Cependant, en contrepartie de ces défauts, il y a chez lui un sens sûr du rythme et il possède une conception très personnelle de cette musique, même si elle est parfois chaotique. Il place ses notes à des points intéressants au-dessus du tempo de base et le fait avec une fermeté qui suggère une confiance en ce qu'il fait, donnant parfois ainsi un swing aisé à sa musique. Un exemple typique de son travail se trouve dans son solo de l'enregistrement de « Friam's Point Shuffle » qu'il fit avec un groupe de musiciens du Midwest sous le nom de Jungle Kings. Teschemacher emploie ici deux figures de base. L'une d'elles est composée de séries de croches qui montent et descendent en dents de scie, avec des accentuations sur les temps faibles, un procédé qu'il apprit peut-être de Dodds ou plus probablement de Jimmy Noone. L'autre, aussi bizarre que cela puisse paraître, est une tendance à employer des figures que l'on fait à la trompette – des passages en cadence de longues notes n'ayant pas l'air de suivre le tempo, à la manière de Louis Armstrong ou, alors, il joue staccato des groupes de croches, faisant penser à Beiderbecke. Dans « Wailin Blues » qu'il enregistra avec un orchestre dirigé par Wingy Manone, les Cellar Boys, Teschemacher emploie, dans un bref solo, une demi-douzaine de figures mélodiques qui sortent tout droit d'Armstrong. Teschemacher plus que d'autres aimait jouer staccato et dans ce solo il attaque les notes d'une façon nette. Il est à son maximum ici, jouant d'une façon plus simple et mieux organisée que d'habitude, plaçant ses notes fermement.

Quoique Teschemacher fût admiré avec extravagance par ses collègues blancs, Charles Ellsworth « Pee Wee » Russel acquit, à la longue, une réputation plus durable. Russel est né en 1906 dans les environs de Saint Louis, de parents aisés comme Teschemacher. Tout jeune il étudia le violon, le piano, la batterie et par la suite la clarinette. Il fut attiré par le jazz, d'abord par Alcide « Yellow » Nunez, un Créole de La Nouvelle-Orléans qui enregistra avec un groupe, les Louisiana Five, lequel enregistra en 1919, sitôt après l'Original Dixieland Jazz Band. « Pee Wee » jouait dans le Sud-Ouest et, à un moment, sur un riverboat de la rivière Arkansas, avant de quitter l'école secondaire, avec des orchestres de danse. Il jouait ainsi du jazz alors que cette musique était à peine éclose. Dès 1925, il commença à acquérir une réputation parmi les musiciens du Midwest et travailla avec les meilleurs d'entre eux dans les orchestres de Frankie Trumbauer et Jean Goldkette, tous les deux employant Beiderbecke lorsque Russel en fit partie. En 1927 il partit à New York, où il travailla pendant de nombreuses années surtout avec l'orchestre de Red Nichols, un cornettiste jouant dans le style de Beiderbecke. Nichols dirigeait un orchestre ayant un grand succès commercial et qui jouait de la musique de danse, savamment épicée de solos de jazz, pris par des musiciens de première classe.

Pendant les premières années de la Dépression, « Pee Wee » travailla avec plusieurs orchestres de danse peu connus. Il jouait de divers saxophones et de la clarinette basse ainsi que de son instrument normal, la clarinette. Puis, vers 1937, il y eut un mouvement de musiciens autour du banjoïste et guitariste Eddie Condon qui fonda ce qu'on appela le mouvement dixieland. « Pee Wee » Russel devint une des figures marquantes de ce groupe et jusqu'à sa mort, en 1969, il travailla surtout comme musicien de jazz. Les enregistrements qu'il fit avec différents groupes de Condon, tard dans les années 30 ou dans les premières années 40, lui assurèrent une place dans l'histoire du jazz.

Pendant ses jeunes années Russel joua dans un style rappelant de près Teschemacher; il y avait les notes bleues, les figures mélodiques en dents de scie, l'attaque en staccato. En réalité, ces deux musiciens avaient partagé une tradition dérivée du jazz de Shields et de Rappolo, de Dodds et de Noone – c'est-à-dire la tradition du jeu de la clarinette de La Nouvelle-Orléans à travers la sensibilité blanche. – Cependant « Pee Wee » Russel ne souffrait pas des manques de technique que l'on peut remarquer chez Teschemacher. Il jouait juste et sa sonorité était pleine lorsqu'il le voulait. Il avait un vibrato terminal un peu plaintif, mais il pouvait maîtriser un growl (grincement-grondement) qu'il employait parfois pour un chorus entier.

On peut juger de la façon dont joue « Pee Wee » les premiers temps par une série d'enregistrements qu'il fit avec un orchestre connu généralement sous le nom de Billy Banks Rhythm Makers, c'est un groupe réuni pour l'occasion afin d'accompagner le chant du chef d'orchestre. Cet orchestre mettait en vedette le trompettiste noir de La Nouvelle-Orléans Henry « Red » Allen Junior qui devait faire une longue et brillante carrière dans le jazz. Sur ces disques faits quand Pee avait dans les vingt-cinq ans, le « growl » et les figures capricieuses et hors tempo, qui caractérisèrent son travail plus tard, sont absents. Il joue une ligne mélodique moins « torturée », pour employer ce terme romantique et il est possible d'observer à loisir la façon intelligente, sobre qu'il emploie pour soutenir Allen qui mène l'orchestre, particulièrement dans « Oh Peter » et « Spider Crawl ». Mais le style « torturé » ou tortueux est en évidence, comme en témoigne le chorus de Russel dans « The Eel », cheval de bataille pour Bud Freeman. Avec l'âge, ces tendances s'accentuèrent.

Un des enregistrements qu'il fit pendant la période Condon fut « Sobbin' » (« Sanglotant »). Russel commence son solo avec une tierce bleue longue de presque quatre mesures, certainement une des plus longues de son espèce dans le jazz, et il truffe cette note de growls (grincements) et l'infléchit par des montées et des descentes. Le reste du solo est formé de figures contrastées, qu'il coiffe d'une note montante et descendante construite autour d'une septième bleue qu'il infléchit. Le phrasé torturé dans le travail de « Pee Wee » cache parfois le fait qu'il a d'excellentes idées mélodiques. L'un de ses meilleurs solos peut-être se trouve dans « It's Right Here For You » un brillant exemple de sa conception musicale. Le solo couvre seulement les dix dernières mesures de la mélodie et consiste presque entièrement en noires. La ligne en est simple et logique, habillée d'une légère sonorité rauque et la façon dont il place les notes est exquise. Voici du jazz, le meilleur qui soit.

Malgré son penchant extrême pour l'alcool, « Pee Wee » Russel vécut plus de soixante ans. Tandis qu'il prenait de l'âge, son jeu devint plus suave et le phrasé torturé commença à disparaître. Il commença à s'échapper du style dixieland qui, à cause de la façon très individuelle dont il infléchissait les notes, lui semblait toujours limité et, pendant les vingt dernières années de sa vie, il travailla dans des genres différents, et quelquefois très modernes. Un bon exemple de son dernier travail se trouve sur un disque de 33 tours « Ask me Now » enregistré à l'initiative de Marshall Brown. Celui-ci avait omis d'y inclure un piano, afin que « Pee Wee » ait plus de latitude pour s'exprimer harmoniquement. Les morceaux ont été composés par les musiciens très modernes que sont Thelonius Monk, Ornette Coleman et John Coltrane. Dans cet enregistrement, « Pee Wee » ne joue pas trop de notes et parfois ces notes sont claires comme du cristal, mais si les « growls » manquent, les notes bleues sont là, ainsi que la façon délicate de placer les notes. Cet aspect du style de Russel n'a pas provoqué beaucoup de commentaires, mais peut-être que dans le futur on le trouvera très important. Peu de musiciens de jazz ont ajouté quelque chose d'important à leur œuvre, passé l'âge de trente-cinq ans, mais « Pee Wee » Russel l'a fait à cinquante ans passés.

De plusieurs façons, la carrière de « Pee Wee » Russel a été assez similaire à celle de Jack Teagarden. Celui-ci est né un an avant « Pee Wee ». Tous les deux eurent à jouer dans le Sud-Ouest alors qu'ils n'avaient pas vingt ans — en fait ils ont fait partie du même orchestre pendant un court laps de temps. Tous deux avaient des styles très personnels qui, quoique très admirés, furent difficiles à imiter. Et tous les deux vécurent assez longtemps pour développer pleinement leur talent et nous laisser une quantité impressionnante d'enregistrements.

Waldon Leo Teagarden est né à Vernon, dans le Texas, un petit centre de coton et de pétrole. Vernon avait vu arriver un flot croissant de Noirs depuis le temps de l'émancipation et après. Ces Noirs migraient du Sud pour chercher du travail. Le contact avec les Noirs était une chose normale pour Teagarden, à l'encontre de tant d'autres Blancs du Midwest. Il disait : « Les spirituals que j'entendis — les premiers dont je me souvienne —, ce fut à Vernon dans le Texas. Une petite réunion de renouveau religieux pour les gens de couleur se tenait sous une tente dans un terrain vague à côté de chez nous. On les appelait « Holy Rollers » (Les chanteurs et danseurs sanctifiés) à cette époque... Je m'asseyais dehors sur la palissade et j'écoutais. Et la musique me semblait aussi naturelle que n'importe quoi... Je pouvais les suivre et chanter à mi-voix, avec eux, très facilement ». Un de ses amis musiciens raconte, à propos de Teagarden, que quand celui-ci avait seize ans, en 1921, « ce qui était étonnant

« Pee Wee » Russell. (Collection William P. Gottlieb/Edward Gottlieb.)

chez lui à cette époque, c'est que lorsque nous avions fini notre boulot la nuit, il voulait toujours m'entraîner avec lui pour écouter des orchestres de couleur. Il essayait constamment d'améliorer son style ».

La mère de Teagarden était une pianiste classique qui donnait des leçons et parfois jouait dans les salles de cinéma pendant les films muets. Son père jouait du cornet en amateur. Teagarden, à l'âge de cinq ans, jouait du saxhorn baryton et changea d'instrument à huit ans pour prendre le trombone qui a la même embouchure. (On a beaucoup écrit sur le fait que Teagarden ne pouvait pas arriver à étendre les bras assez loin pour les positions longues du trombone quand il était petit, il aurait donc travaillé, prétendait-on, des positions « factices » pour pouvoir jouer toutes les notes. C'est de la pure blague. Sur le trombone, au-dessus de l'octave du milieu, presque toutes les notes peuvent se faire grâce à deux ou trois positions de la coulisse. L'emploi de ces différentes positions, pas du tout « factices », est d'une technique de trombone normale, pratiquée par tout élève des classes secondaires aux États-Unis. D'autre part, il n'existe pas de positions différentes pour aucune des notes de l'octave du bas de l'instrument. Si le tromboniste ne peut pas les atteindre, il ne peut pas les jouer. En tant que jeune tromboniste, Teagarden aurait évité de jouer des notes au-delà de sa capacité physique, ou, alors, il aurait trouvé un truc pour pouvoir étendre la coulisse comme d'innombrables jeunes trombonistes l'ont fait.)

Teagarden commença des tournées à l'âge de quinze ans, accompagné par sa mère et, pendant sept ans, joua dans la région du Sud-Ouest et dans d'autres régions voisines. A un moment, il resta toute une année avec un groupe appelé Peck's Bad Boys, dirigé par un pianiste légendaire, John Dickson « Peck » Kelley, né en 1898. D'après le témoignage de Teagarden et d'autres, Kelley était un des meilleurs pianistes de son temps, et malgré de nombreuses offres de chefs d'orchestre réputés, refusa résolument d'enregistrer ou de partir de la région comprise entre Houston, Galveston et San Antonio où il passa toute sa vie professionnelle. Une chanson populaire a été écrite plus tard sur lui « Beat me Daddy, Eight to the Bar ». La chanson commence ainsi « Dans un petit village, un vrai trou au Texas / Y'a un gars qui joue, c'est de loin le meilleur pianiste ».

En 1927, Teagarden arriva à New York avec un groupe peu connu, le Doc Ross Jazz Bandits. Le groupe ne pouvait trouver du travail, alors les musiciens se séparèrent et Teagarden, par ses contacts avec « Pee Wee » Russel et Wingy Manone, avec lesquels il avait travaillé dans le Sud, commença à participer à des jam sessions à New York. Il étonna ses compagnons musiciens et, peu de semaines après son arrivée à New York, il était engagé pour les meilleurs boulots. Sa réputation était si extraordinaire que, jusqu'à sa mort, il ne chôma jamais. De 1928 à 1933, il travailla principalement avec Ben Polack, un drummer qui avait joué avec les New Orleans Rhythm Kings et qui, comme Red Nichols, eut une série d'orchestres qui jouaient de la musique de danse, émaillée de solos des meilleurs musiciens blancs de l'époque. En 1933, Teagarden signa un contrat de cinq ans avec Paul Whiteman. Après cela il forma son propre grand orchestre « swing » avec l'espoir de faire beaucoup d'argent. Ses orchestres n'eurent qu'un succès relatif et, en 1946, il renonça à cette activité avec quelque soulagement. A la suite de cela, pendant cinq ans, il travailla dans un orchestre « all star » (composé de vedettes) dirigé par Louis Armstrong, puis après, dirigea plusieurs groupes variés jouant du semi-dixieland. Il fit une carrière longue et satisfaisante, enregistra plus d'un millier de disques, travailla à un moment ou à un autre avec les plus grandes figures du jazz et mourut comblé d'honneurs.

En tant que tromboniste de jazz, Teagarden était d'une grande envergure. A son époque il y avait trois façons de jouer du trombone pour la musique de jazz : le style glissando employé dans les orchestres de La Nouvelle-Orléans ; le style stacatto, rapide, brillant et nécessitant une grande technique, joué par Miff Role et Tommy Dorsey entre autres ; un style legato, développé par Jimmy Harrison, un Noir, et qui provenait du style de La Nouvelle-Orléans. C'est ce style de trombone qui va se développer principalement.

Harrison est né à Louisville dans le Kentucky en 1900. Il fut élevé à Detroit et, adolescent, apprit tout seul à jouer du trombone. Il joua dans l'Ohio jusque vers 1923 et alla alors à New York où il commença à travailler avec divers orchestres. En 1925 il rejoignit l'orchestre de Fletcher Henderson qui devint son foyer musical pour presque tout le reste de sa vie brève. Il mourut en 1931 d'une maladie d'estomac.

A part les solos dans l'orchestre de Henderson, Jimmy Harrison nous a laissé bien peu d'enregistrements et il est difficile de bien comprendre sa façon de jouer. Les meilleurs de ses disques font partie d'une série faite avec un orchestre de studio dirigé par Beeny Carter appelé « The Chocolate Dandies » et comprenant surtout des musiciens de Henderson. Ses deux meilleurs solos sont « Dee Blues » et « Bugle Call Rag » enregistrés avec ce groupe de studio. Harrison essayait de se débarrasser de cette façon de jouer un peu lourde des musiciens de La Nouvelle-Orléans pour obtenir surtout une sonorité coulante jouée legato, principalement dans le registre aigu, qui pour des raisons techniques est plus difficile sur le trombone que sur d'autres instruments à vent. Il était plein d'intensité spirituelle et d'idées, et son influence sur les trombonistes noirs de son époque et plus tard, à travers eux, sur des Blancs, fut immense. Dicky Wells, Claude Jones et Benny Morton, à un moment ou un autre, avaient joué avec lui ou l'avaient remplacé dans l'orchestre de Henderson. Ils sont parvenus à devenir les meilleurs trombonistes de couleur des années 30 et tous doivent beaucoup à Jimmy Harrison.

On pensait souvent que Harrison et Teagarden jouaient d'une façon assez semblable et il est vrai qu'ils s'admiraient mutuellement et jouaient ensemble à l'occasion. Mais en fait c'était des musiciens très différents. Tous deux employaient un large vibrato terminal – dont plus tard Teagarden se défit – et jouaient legato ; tous deux aussi avaient une sonorité légèrement rauque ; mais Harrison n'eut jamais cette façon de jouer fluide et facile qu'avait adoptée Teagarden et peu de trombonistes, même de nos jours, à une époque de haute technique, ont pu l'acquérir *.

* Teagarden ne dit jamais comment il avait acquis ce ton fluide. On a même insinué que c'était « un secret ». Au jugé, voilà ce que j'en déduis : des changements d'harmoniques, amenés par changement de position des lèvres, peuvent se faire en remontant

D'autre part le jeu de Harrison était intense et passionné. Le style de Teagarden a été décrit justement comme « paresseux » et plein d'arabesques. Ce style « paresseux » prit corps du fait que Teagarden jouait autour des temps ou inventait souvent des figures mélodiques qui semblaient ignorer totalement le rythme de base. Il est douteux qu'aucun autre musicien de jazz blanc ou que beaucoup de Noirs aient été capables de se libérer aussi complètement du tempo que ne l'a fait Teagarden.

De plus, Teagarden connaissait parfaitement non seulement la tierce bleue, que les Blancs du Midwest étaient parvenus à comprendre seulement vers la fin des années 20, mais aussi la septième bleue que bien peu de musiciens blancs ont comprise. Il est clair en somme que Teagarden fut le premier des musiciens blancs à comprendre complètement l'essence du jazz des Noirs.

Il n'était pas, tel un Beiderbecke ou un Armstrong, un musicien capable de créer un tout mélodique construit avec un sens dramatique ou architectural, mais, à part cela, sa conception du jazz était sans faille. Il ne joue jamais des enfilades de notes, mais varie ses figures rythmiques et d'habitude met les accents sur le temps faible. Écoutez par exemple son solo dans « Knockin' a Jug » un disque fait avec un orchestre de studio et qui comprend un merveilleux solo de Louis Armstrong. Teagarden débute son second chorus par une séquence de triolets lents. La première de la douzaine ou à peu près de notes monte, jouée sur le temps, jusqu'au si bémol, le reste de la série de triolets est joué sur si bémol une octave plus bas. La note haute est mise en vedette tout à fait à part des notes suivantes avec lesquelles elle est nominalement groupée. Donc les notes restantes semblent ainsi faire, à elles seules, une figure mélodique — une figure qui commence à peu près au tiers d'un temps de la mesure. Toute la figure mélodique est ainsi déplacée du battement du temps. Il y eut peu de musiciens à cette époque qui auraient pu inventer cette figure mélodique ou auraient pu créer tant de choses de si peu.

Teagarden avait seulement vingt-deux ans lorsqu'il enregistra « Knockin' a Jug ». Deux ou trois ans plus tard il perdit le rapide vibrato final, sa sonorité devint moins rauque et toute sa façon de jouer gagna en égalité. Les changements se perçoivent sur une série d'enregistrements qu'il fit avec un orchestre, Eddie Lang-Joe Venuti and their All-Star Orchestra, qui comprenait Benny Goodman et l'un des frères cadets de Jack Teagarden, le trompettiste Charlie Teagarden. Ici, de nouveau, on retrouve l'emploi massif de triolets, ces combinaisons de trois notes soutenues par un tempo à quatre temps, si essentielles aux musiques africaines et à celles qui en sont dérivées — et les figures jouées rubato longues et « paresseuses » qui laissent complètement tomber le tempo. C'est comme s'il était déterminé à prendre tout le temps voulu pour arriver à destination, s'arrêtant ici et là sur le chemin pour examiner la scène autour de lui.

ou en baissant la langue tout aussi bien qu'en changeant la tension des lèvres. Je présume que Teagarden mettait sa langue plus près du palais buccal qu'on ne le fait normalement, ce qui facilite les changements d'harmoniques. Ce système comporte un ennui : la sonorité devient plus mince dans le registre inférieur. Mais c'est en fait la faiblesse majeure du jeu de Teagarden, une sonorité un peu mince dans le registre du bas.

Teagarden n'employait guère de sourdines, mais il y avait un truc bien connu qu'il employait pour arriver à un effet analogue. Il enlevait le pavillon de son instrument laissant seulement la coulisse et au bout de son « demi-trombone » sans pavillon il plaçait un verre à eau ordinaire. Le son produit par ce « demi-trombone » était voilé et étrange. Teagarden aimait jouer dans un ton mineur avec ce dispositif, comme par exemple dans « Tailspin Blues » avec les Mound City Blue Blowers ainsi que le fameux « Makin' Friends ».

Comme Teagarden fut un musicien très « régulier », il est difficile de choisir un disque comme son meilleur. Ma préférence personnelle cependant va à « Jack Hits the Road », fait en 1940, avec un orchestre de studio dirigé par Bud Freeman et comprenant « Pee Wee » Russel. C'est un simple blues, dans lequel Teagarden prend les deux premiers choruses et le dernier. Son jeu dans ce morceau ignore le rythme de base presque totalement ; si l'on isolait son solo de l'enregistrement, il serait impossible de battre la mesure dessus. Par exemple, en ouverture au deuxième chorus, il répète une figure de trois notes trois fois. A chaque fois il les joue juste un peu plus en arrière du temps. Le dernier chorus, pris par Teagarden, commence par un long « slur » (une liaison qui va d'une note à l'autre), dans le registre du bas, inhabituel à Teagarden ; puis à la septième, huitième et neuvième mesure il joue une longue figure rubato – une de ses arabesques – totalement en dehors de tout tempo, qui vous coupe littéralement le souffle. Cet enregistrement est un petit joyau d'un éclat incomparable.

Mais Teagarden était plus qu'un tromboniste remarquable. Le fait étonnant est qu'il est le meilleur et en fait le seul chanteur blanc dans le jazz. Pourquoi si peu de Blancs ont-ils essayé de chanter du jazz et un nombre encore plus restreint ont-ils réussi, est un mystère. Certainement si des Blancs peuvent jouer cette musique, ils devraient être capables de chanter. Mais Teagarden est presque le seul à le faire. Sa voix est sans finesse et un peu nasale et son phrasé, quoique nettement plus simple qu'au trombone, est caractéristiquement « paresseux ». Malheureusement, une trace de sentimentalité, absente dans son jeu au trombone, se fait jour dans le choix des morceaux. Mais sa façon de chanter le blues est parfaitement authentique comme on peut le voir dans « Beale Street Blues » avec le groupe de Lang-Venuti ou dans « Makin' Friends ». N'aurait-il pas joué de trombone, Teagarden aurait néanmoins gagné une place dans l'histoire du jazz pour son chant. Mais évidemment c'est en tant que tromboniste qu'il compte. Sa conception était d'ailleurs si personnelle qu'il n'eut presque pas d'imitateurs. Parmi les Blancs citons Cutty Cutshall, Lou Mc. Garity et Eddie Hubble. Autant que d'autres dans le jazz Jack Teagarden était sui generis.

Depuis que se levèrent, tard dans les années 20, Teagarden, « Pee Wee » Russel, Benny Goodman, Bix Beiderbecke et d'autres encore, il y eut, pour la première fois, un groupe de musiciens blancs qui pouvaient le disputer en talent avec les meilleurs Noirs. Le jazz était encore dominé par les Noirs et ce sera toujours ainsi, mais les Blancs étaient arrivés à quelque chose. Ceci n'est pas pour dire que Blancs et Noirs se mêlaient facilement. Ils se rencontraient, à l'occasion, dans des jam sessions et ont réalisé quelques enregistrements de groupes mixtes, parmi lesquels les séries Billy Banks et quelques disques sin-

guliers comme « Knockin' a Jug » et une version de « Rockin' Chair » qui comprenait en même temps Bix Beiderbecke et Bubber Miley, le trompettiste de Duke Ellington, spécialisé dans le jeu de trompette wa wa *. Mais la plupart du temps les musiciens noirs et blancs ne se mêlaient guère. Et ceci limita avec netteté l'influence réciproque que les deux groupes pouvaient avoir l'un sur l'autre.

Mais l'influence des Blancs existait néanmoins. Les Noirs ont toujours eu beaucoup de réticence à admettre que les Blancs leur aient appris quelque chose en matière de jazz. Il y en a très peu qui diront qu'ils ont essayé, adolescents, d'imiter tel ou tel musicien blanc de jazz. Mais en fait, beaucoup l'ont fait. Un point particulier, c'est que les Noirs étaient impressionnés par la technique des Blancs, celle des musiciens qui jouaient pour la danse comme celle des musiciens qui jouaient vraiment du jazz. L'arrivée des Blancs dans le jazz eut comme effet d'inciter les Noirs à améliorer leur technique. Une autre chose encore, la musique jouée par les Blancs, surtout les arrangements d'orchestres, attira l'attention des Noirs vers ce qui était, en matière de jazz des harmonies avancées. Quelques musiciens de couleur comme Coleman Hawkins et Don Redman de l'orchestre de Fletcher Henderson faisaient des expériences sur des accords plus riches et plus complexes dans les dernières années 20. En général, les Blancs montraient la voie pour l'utilisation d'une harmonie avancée. Mais il est indubitable que ce qui a été le plus important avec la venue des Blancs au jazz n'eut rien à faire avec l'exécution de la musique en elle-même. Ce que les musiciens blancs firent était d'introduire le jazz dans la vie américaine comme une chose courante. A leur suite vinrent les « fans » (admirateurs) blancs. De jeunes Blancs pouvaient s'identifier aux musiciens de jazz blancs, d'autant plus qu'ils étaient du même âge et provenaient des mêmes milieux. Ils ne pouvaient pas s'identifier aux musiciens noirs de la même façon. Puis aussi, il y avait la mystique de la nouvelle musique avec ses côtés « culte » et cela leur avait terriblement plu, surtout aux étudiants d'Université qui étaient familiers avec ce mythe de l'artiste proscrit. Les jeunes jazz fans avaient la sensation d'être admis par les musiciens, de connaître un secret. Pris par cette mystique, ils ont passé des heures interminables à courir les greniers, les caves, les magasins de revendeurs pour trouver les vieux disques de leurs héros, sauvant ainsi de l'oubli beaucoup de jazz d'autrefois que nous possédons grâce à eux. Ils usèrent leurs disques en les jouant très souvent, ils parlèrent de cette musique avec la ferveur des convertis; ils se mirent à analyser, classifier, à faire des discriminations.

Ce culte pour le jazz n'a pas été confiné aux États-Unis. En Europe, dès 1930

* Trompette munie de la sourdine « plunger mute » c'est-à-dire la partie caoutchoutée d'un vulgaire débouchoir de plombier. En ouvrant et refermant le pavillon on obtient un son extraordinairement expressif.

Ci-contre : Jack Teagarden, un des grands trombonistes et chanteurs de jazz, en train d'enregistrer. (Collection William P. Gottlieb/Edward Gottlieb.)

à peu près, surtout à Londres et à Paris, il y eut des groupes semblables d'étudiants intéressés par le jazz. Ce furent ces étudiants, non pas des Américains, qui ont fondé l'érudition en matière de jazz. Les premiers livres écrits sur le jazz le furent par un Belge, Robert Goffin et deux Français, Hugues Panassié, dont *Le Jazz Hot* tenta d'expliquer cette musique à un grand nombre d'amateurs de cette époque et Charles Delaunay qui, en 1936, fit la première, en date, des discographies des disques que l'on pouvait se procurer. Il y eut quelques erreurs dans les ouvrages de ces critiques européens, une mise en valeur parfois erronée, mais l'intérêt historique en est certain. De plus ils furent les premiers à faire une étude sérieuse sur une forme d'art que la plupart de leurs contemporains taxèrent de « musique de pauvres nègres », ou de « musique de sauvages ».

Simultanément les jeunes enthousiastes américains firent la discrimination entre la musique brillante à la mode et le « vrai jazz ». Ils établirent des critères de goût et les premiers canons d'essais critiques. Mais leur enthousiasme avait aussi des inconvénients. Ils étaient souvent dogmatiques et leur vision d'eux-mêmes, en tant que « gardiens de la flamme », les empêcha d'accepter les nouveaux développements de cette musique.

CHAPITRE X

Le premier génie : Louis Armstrong

Louis Armstrong est né dans la pauvreté, il a été à l'école du dur labeur quotidien et a été élevé dans l'ignorance. Par un miraculeux hasard, pour lui et pour nous, il était un génie ! Ce mot de génie a probablement été employé sans rime ni raison, surtout par ceux qui ont consacré leurs travaux à l'étude de la musique de jazz (bien plus que par les critiques d'art, en général, à l'exception de ceux qui se consacrent à la critique cinématographique). Presque tous les musiciens de jazz de niveau moyen ont été, à un moment ou à un autre, taxés de génies et il est évident que ce qualificatif a été ridiculement attribué à des gens qui ne le méritaient nullement. Mais si le mot de génie possède une signification précise, il colle à la personnalité de Louis Armstrong.

J'emploie ce qualificatif pour désigner un artiste dont l'œuvre défie absolument toute analyse. Je vais me répéter, mais il faut que j'insiste sur ce point : un artiste digne de ce nom établit toujours, dans l'exercice de son art, des rapports entre différents éléments. Un grand artiste établit des rapports complètement nouveaux et absolument inattendus, nous émerveillant par ce fait que des éléments apparemment disparates peuvent se trouver heureusement réunis de façon à former un tout, aussi original que d'une extraordinaire et évidente beauté formelle et profonde. S'il s'agit d'un artiste du type courant, habituel, ordinaire, nous pouvons arriver à découvrir, souvent, dans les circonstances de sa formation, de sa jeunesse, de sa vie et par l'étude de sa personnalité certains facteurs de son succès. Avec les génies, il est souvent difficile de déterminer, avec précision, comment ils ont pu réaliser une œuvre qui nous émerveille, nous ravit, nous subjugue, mais parfois nous effraie. Le don mélodique de Louis Armstrong est renversant et on ne peut pas expliquer clairement d'où il provenait et comment s'est opérée sa magie. Que l'on pense bien à ceci : Armstrong n'a commencé à jouer du cornet qu'à l'âge de quatorze ans, un âge relativement tardif pour commencer une carrière musicale. Pendant plusieurs mois, en dépit du fait qu'il ne sut pas lire la musique, il fut le chef de la fanfare de l'école dans laquelle il avait été placé. Quatre ans après, il était cornettiste dans un des meilleurs orchestres de jazz de La Nouvelle-Orléans. Quatre autres années s'écoulèrent et, alors qu'il n'avait pas encore vingt-trois ans, tous les autres musiciens le considéraient comme le meilleur musicien de jazz vivant. A vingt-huit ans il avait déjà gravé une série de disques qui, non seulement devaient changer le cours de l'histoire de la musique de jazz, mais qui demeurent une des œuvres les plus grandioses, les plus achevées de la discographie de jazz jusqu'à nos jours. On sait que le jazz est un art qui a trouvé ses meilleurs interprètes dans la jeunesse : Bix Beiderbecke est mort à vingt-huit ans, Charlie Parker à trente-quatre ans, Lester Young avait gravé ses meilleurs disques avant d'atteindre la trentaine et Billie Holiday avant sa vingt-cinquième année. Il n'est donc pas rare pour un artiste de jazz de réaliser une grande œuvre quand il est encore jeune. Mais le fait, pour un jeune homme, qui a à peine dépassé vingt ans, de régner sans partage sur tous ses collègues musiciens – et c'est le cas pour Louis Armstrong – doit suffire à nous convaincre qu'il a, en lui, quelque chose qui dépasse de beaucoup le simple talent.

Louis Armstrong, par une de ces troublantes fantaisies du destin, naquit à La Nouvelle-Orléans, le 4 juillet 1900 (jour anniversaire de la Fête nationale des États-Unis d'Amérique). John Chilton, un des biographes de Louis Armstrong, met en doute cette date qui, cependant, a été généralement retenue. Ses grands-parents avaient été des esclaves. Son père, Willie Armstrong, était un ouvrier qui passa la plus grande partie de sa carrière professionnelle dans une usine de peinture où, par moments, il était une sorte d'homme de paille représentant le patron. Sa mère, Mary Ann, ou Mayann (c'est ainsi qu'on l'appelait), travaillait surtout comme domestique dans les familles de Blancs. La première épouse de Louis Armstrong était, semble-t-il, une prostituée. La mère de Louis, Mayann, est toujours au centre de la vie affective du jeune Louis Armstrong. Quelles qu'aient pu être ses négligences à l'égard de son fils, son affection maternelle pour lui semble avoir été profonde et il la lui rendait bien. Il a dit : « Les obsèques de Mayann à Chicago, c'est, je crois, la seule fois de ma vie où j'ai vraiment pleuré toutes les larmes de mon cœur, quand ils ont fermé le couvercle du cercueil sur son visage, sur son image bien-aimée. »

Peu de temps après la naissance de Louis Armstrong, Willie Armstrong et Mayann se séparèrent et Louis fut pratiquement élevé par sa grand-mère paternelle, Josephine Armstrong. Louis ne retourna chez sa mère qu'au moment où il entra à l'école. Sa vie avec elle fut typique de celle que l'on menait dans le ghetto : très, très dure. Il nous faut toujours avoir à l'esprit quand nous pensons à Louis Armstrong que le jeune garçon n'était pas seulement « pauvre », mais qu'il était dans un état permanent de frustration, aussi bien physique qu'affective, à un degré invraisemblable. Mayann fichait à la porte ses compagnons de rencontre à intervalles assez réguliers, aussi il y avait toujours allant et venant à la maison une série de ceux que le jeune Louis appelait ses « beaux-pères », quelques-uns d'entre eux battant sa mère à l'issue d'une querelle d'ivrognes. Le jeune Armstrong portait les vieux pantalons que lui abandonnaient généreusement ses « beaux-pères » et il n'avait pas grand-chose d'autre pour se vêtir. Sa garde-robe devait consister en une paire de vieux pantalons et une ou deux mauvaises chemises. Il était souvent pieds nus. Son ordinaire se composait de haricots rouges, de riz, d'okra * et de

* Sorte de légume vert assez charnu et contenant un suc un peu collant qui pousse dans les pays chauds.

restes de viande (provenant probablement de la table des patrons blancs de Mayann). Il lui arrivait, parfois, de faire les poubelles. Il habitait, presque toujours, au cœur du quartier de Storyville, et il était donc le témoin quotidien de la prostitution, de l'alcoolisme sous sa forme la plus abjecte, de la recherche ou de la vente de la drogue, de la violence et parfois du meurtre. Les rues du quartier étaient jonchées de détritus et d'ordures, regorgeaient de rats, et étaient d'une navrante saleté. La seule chose dont on manquait en permanence c'était l'argent. Louis Armstrong dut accomplir de petites besognes dès son plus jeune âge, comme cirer les chaussures du passant, vendre des journaux dans la rue, livrer du charbon dans les maisons. Son éducation scolaire se fit au petit-bonheur-la-chance. Le plus souvent pied nus, vêtu de défroques, vivant généralement des reliefs glanés sur les tables des gens aisés, jouant, suivant les saisons, dans la boue ou dans la poussière de la rue, lorsqu'il n'était pas occupé à quelque besogne servile, cherchant sur les bas-côtés des voies ferrées des plantes médicinales dont sa mère pourrait faire une tisane s'il tombait malade, ce qui doit nous étonner le plus n'est pas qu'il ait pu vivre pour devenir riche et célèbre, mais bien qu'il ait pu vivre et grandir. Ce qui le sauva fut la tendre affection de sa grand-mère, qui lui apporta une certaine sécurité dans sa petite enfance, et plus tard celle de Mayann.

Les relations de Louis Armstrong avec sa mère étaient apparemment d'un caractère assez particulier. Mayann semble avoir considéré Louis comme un jeune frère plutôt que comme son fils. Il était, pour elle, un ami, un allié, un aide quand elle avait des ennuis.

De temps à autre il y avait des gens qui venaient habiter avec eux — sa demi-sœur Béatrice, et, de temps en temps, des cousins. D'ailleurs tous ces enfants étaient parfaitement capables de pourvoir à leurs propres besoins, car Mayann disparaissait parfois pendant plusieurs jours de suite, laissant tout ce petit monde à la maison et comptant sur la gentillesse et la solidarité des voisins. Mais si Mayann semblait, parfois, un peu irresponsable, elle s'occupait tout de même de Louis, à sa manière, bien plus, en tout cas, que son père ne l'avait jamais fait. Armstrong, quelques années plus tard, écrira avec amertume : « Mon père n'avait pas le temps de m'apprendre quoi que ce soit, il était très occupé à courir les filles. » Mais il semble que l'affection de sa mère ait suffi au jeune garçon. Il devint un garçon robuste, pétant de santé et qui s'efforçait au mieux de faire ce que les gens voulaient qu'il fît — c'est-à-dire se faire aimer.

Comme tous les autres pionniers du jazz, Armstrong grandit littéralement entouré de musique — le ragtime, la musique que l'on qualifiait de *hot**, spirituals, marches, musiques de toutes sortes. Jusqu'à ce qu'il eût atteint l'âge de treize ans, il ne lui fut naturellement pas possible de faire l'acquisition d'un véritable instrument de musique, mais il devint un des membres d'un quartette vocal composé de gamins des rues qui, pour gagner quelques sous, chantaient sur les trottoirs dans le style des groupes vocaux très populaires que

* On qualifiait ainsi la musique très forte, très chaleureuse, très rythmique, improvisée par les Noirs et les « Créoles de couleur » — musique qui préfigurait la musique que, plus tard, on désigna sous le nom de jazz.

l'on pouvait entendre alors dans toutes les boutiques de barbiers. Les changements éventuels de chanteurs et par conséquent les changements de voix pouvant survenir dans ces quartettes obligeaient les jeunes chanteurs à se familiariser avec chacune des quatre voix en harmonie, utilisées dans de tels groupements. Cette pratique des différentes voix à assurer dans de tels quartettes contribua certainement au développement musical de Louis.

L'événement capital de sa vie — qui se trouve être aussi un des événements capitaux de l'histoire du jazz — survint en 1903, le jour même du Nouvel An. A La Nouvelle-Orléans, on célébrait traditionnellement cette fête avec un grand luxe de pétards et de feux d'artifice. Le jeune Armstrong s'empara d'un pistolet de calibre 38 appartenant au dernier en date de ses « beaux-pères » et se mit à tirer dans la rue. Un policier qui l'avait vu le mit en état d'arrestation et il fut confié à une maison de redressement réservée à de jeunes délinquants de couleur : The Colored Waifs' Home (La Maison des jeunes abandonnés de couleur). Cela peut nous sembler un traitement bien rude pour un incident aussi insignifiant, surtout à l'égard d'un garçon si jeune. Mais il se peut que le juge chargé de statuer sur cette affaire ait voulu rendre un réel service à l'enfant en le retirant, momentanément, de ce qui pouvait passer pour un milieu fort peu recommandable. Au début, le jeune garçon regretta amèrement sa maison, mais peu à peu se mit à aimer l'institution à laquelle on l'avait confié.

L'école de redressement avait une fanfare ainsi qu'un groupe vocal, probablement une chorale. Louis fit d'abord partie de la chorale, puis le maître de musique, Peter Davis, lui demanda d'entrer dans la fanfare. Il débuta en jouant du tambourin et ses aptitudes rythmiques étonnèrent Peter Davis qui le fit passer au tambour. Peu de temps après, on lui confia le saxhorn-alto, un instrument de cuivre à embouchure, en usage dans les fanfares, apparenté, en quelque sorte, au cornet, à la trompette, mais d'une tessiture plus basse.

Louis se sentit immédiatement à l'aise avec cet instrument. Il devait écrire plus tard : « J'avais été un jeune chanteur pendant pas mal de temps et mon instinct me fit comprendre qu'un saxhorn-alto joue une partie dans l'orchestre, dans la fanfare, tout comme une voix de baryton ou de ténor dans un quartette vocal. Alors je me mis à jouer fort bien *ma partie*, ma voix, sur le saxhorn-alto. »

Il ne nous est pas possible de déterminer ni le genre de musique que jouait cet orchestre de cuivres, ni si les jeunes gens qui le constituaient savaient, en général, lire la musique. On sait que le jeune Armstrong, à cette époque, ne lisait pas la musique. Mais quand il a écrit : « Alors je me suis mis à jouer fort bien ma partie sur ce saxhorn-alto », il veut dire qu'il improvisait facilement d'oreille une ligne harmonique en rapport avec le thème joué par la fanfare.

Une partie importante dans l'ensemble d'aptitudes et d'intuitions qui composent la disposition générale de Louis Armstrong pour la musique est son sens aigu de l'harmonie, et cela à une époque à laquelle beaucoup de musiciens de jazz n'avaient qu'une très faible compréhension de la théorie musicale. A notre époque n'importe quel musicien d'un niveau moyen pourrait faire ce qu'Armstrong faisait sur son saxhorn-alto au sein de la fanfare du Colored Waifs' Home. Mais n'oublions pas que Louis le faisait impeccablement, à l'âge de quatorze ans, sans aucune étude musicale théorique.

Dès le début, l'extraordinaire don du jeune homme pour la musique était donc évident. Peter Davis, le chef de musique de l'établissement, tout comme beaucoup d'autres gens rencontrés au cours de la vie de Louis, se prit d'une grande affection pour le jeune garçon. Davis lui confia la fonction de clairon de l'établissement dès que ce poste fut vacant, puis il se mit à lui enseigner le cornet qui a, pratiquement, la même embouchure que le clairon, et finalement le promut comme chef de la fanfare. Peter Davis, Armstrong en a apporté le témoignage formel, apprit au jeune musicien l'importance de l'émission du son – l'importance de la sonorité – et l'élève réalisa parfaitement cette importance primordiale.

Le séjour du jeune homme au sein de cette institution constitua, pour lui, une expérience très concluante et il se prit à beaucoup aimer la vie de l'école. Il a écrit à ce sujet : « Cet endroit ressemblait bien plus à une maison de repos ou à un pensionnat qu'à une maison de redressement. »

Au bout de trois ans son père intervint pour qu'on le relâche. Cette intervention n'était d'ailleurs motivée que par son désir de faire du jeune Louis le « baby sitter » capable de s'occuper des jeunes enfants qu'il avait eus de son second mariage, pendant que sa femme et lui-même travaillaient.

Le jeune Louis n'aimait pas beaucoup cet arrangement et quand il eut pris fin il fut tout heureux de retourner vivre auprès de Mayann. Il avait à peu près seize ans à l'époque, et se considérait comme un homme. Il commença à gagner sa vie en livrant du charbon dans les maisons pour soixante-quinze cents par jour et, chaque fois que l'occasion se présentait, il allait jouer du cornet dans les bars à Storyville pour un dollar vingt-cinq cents par nuit, plus les pourboires. C'est donc lui qui faisait alors vivre sa mère et le reste de la famille maternelle, comme il devait d'ailleurs continuer à le faire toute sa vie. Ses progrès au cornet étaient étonnants. Avec quelques autres jeunes gens il forma un petit orchestre qui jouait de temps à autre dans les cabarets plus ou moins bien famés, ou dans des bals, des réceptions et des soirées dansantes.

Dans le même temps il se mit à fréquenter le cabaret dans lequel jouait un orchestre dirigé par le tromboniste Kid Ory. C'était Joe Oliver (plus connu, par la suite, sous son glorieux sobriquet de « King » Oliver) qui était le cornettiste attitré de cet orchestre. Oliver, comme d'autres musiciens confirmés l'avaient fait avant lui, se prit d'une profonde affection pour Louis, et lui enseigna quelques trucs du métier. A ce propos il faut signaler au lecteur qu'on a beaucoup écrit et beaucoup épilogué sur l'influence qu'auraient pu avoir sur le jeune Louis Armstrong différents cornettistes originaires de La Nouvelle-Orléans. Les noms le plus couramment cités sont ceux de Buddy Bolden, de Bunk Johnson et de Joe Oliver.

Armstrong a bien dit qu'il avait entendu Buddy Bolden, mais il était trop jeune quand Bolden s'arrêta de jouer pour que ce dernier ait pu vraiment l'influencer.

Armstrong a lui-même démenti les assertions de Bunk Johnson selon lesquelles Johnson aurait été une source d'inspiration sur le jeune cornettiste. Le jeune Louis Armstrong fut, musicalement parlant, un autodidacte. Il est probable que Joe Oliver a donné au jeune musicien quelques tuyaux sur le doigté, l'embouchure *, la façon de respirer et d'autres choses semblables. Peut-être, aussi, Oliver a-t-il fourni à Louis un répertoire des thèmes les plus en vogue à La Nouvelle-Orléans. Mais il est certain que Louis n'a pas fondé ses conceptions musicales et instrumentales d'après celles de King Oliver. Leurs styles sont presque diamétralement opposés, le jeu de Joe Oliver est beaucoup plus introverti, beaucoup plus simple et schématique. Il contraste d'une façon très évidente avec le flamboyant lyrisme d'Armstrong. Mais étant donné l'affection que Joe vouait à son protégé et la confiance qu'il lui accordait, Oliver demanda, de temps à autre, à Armstrong de le remplacer dans l'orchestre de Kid Ory. Tout naturellement, quand Joe Oliver s'installa à Chicago, en 1918, Kid Ory engagea le jeune Armstrong pour remplacer Oliver.

La formation que dirigeait Ory était considérée comme un des meilleurs orchestres de jazz de La Nouvelle-Orléans, et c'est ainsi que Louis Armstrong, à l'âge de dix-huit ans, devint le cornettiste numéro 1 du ghetto.

Pendant les cinq années qui suivirent, Armstrong continua à travailler à La Nouvelle-Orléans, améliorant son style, sa technique, ses connaissances musicales. A ce propos, le temps qu'il passa sur les riverboats fut d'une grande importance. Ces vieux bateaux fluviaux à aubes ne servaient plus guère au transport des passagers le long du Mississippi et ils étaient surtout exploités pour de courtes croisières. On les appelait des « showboats » (des bateaux aménagés pour des spectacles). Certains de ces bâtiments offraient aux passagers qui les empruntaient des excursions, de jour ou de nuit, et regagnaient leur port d'attache après quelques heures de navigation fluviale. D'autres bateaux remontaient le fleuve, s'arrêtant dans les ports de différentes grandes villes du parcours, chaque nuit. Un spectacle était alors organisé et se déroulait soit sur les quais, soit sur le bateau même, pendant une petite excursion sur le fleuve. Il régnait alors une atmosphère de fête et la musique était un des éléments attractifs de la fête. A Saint Louis un pianiste et chef d'orchestre du nom de Fate Marable formait des orchestres et les faisait engager sur les bateaux dont les propriétaires étaient les frères Streckfus.

Il s'agissait de groupements disciplinés qui jouaient un genre de musique strictement réglée et minutée pour l'accompagnement des spectacles. Mais il leur arrivait de jouer du jazz tout aussi bien, et les chefs d'orchestre de ces formations avaient toujours à leur disposition quelques musiciens hot **. En 1918, Fate Marable engagea Armstrong pour une excursion et, pendant les deux ou trois années qui suivirent, le jeune cornettiste travailla de temps à autre sur ces fameux riverboats.

Pendant ces croisières, un musicien spécialisé du mellophone du nom de David Jones apprit à Armstrong les rudiments de la lecture musicale. C'est d'ailleurs un signe certain de la réputation qu'avait alors le jeune cornettiste, que d'avoir été engagé par Fate Marable, alors qu'il ne savait pas encore lire la

* Ce mot a deux sens bien précis : 1° la pièce métallique en contact avec les lèvres et par l'intermédiaire de laquelle l'instrumentiste produit le son ; 2° la façon qu'un instrumentiste a d'emboucher l'instrument.

** Musicien de jazz capable d'improviser avec chaleur et avec fougue.

musique, à une époque à laquelle de nombreux musiciens étaient aussi des lecteurs à vue.

En dehors du temps passé sur les riverboats, Louis Armstrong continuait à jouer à La Nouvelle-Orléans, progressant à pas de géant et se taillant une réputation glorieuse. Il épousa une femme prénommée Daisy, plus âgée que lui, et avec laquelle il passa le plus clair de son temps à se quereller. Puis, en 1922, King Oliver lui demanda de venir jouer avec lui à Chicago *.

Armstrong arriva à Chicago et créa une extraordinaire sensation. Il stupéfia tous les musiciens, tous les amateurs de la nouvelle musique et même tout le public par son style et sa musicalité. Il travailla avec King Oliver au Lincoln Gardens et, peu de temps après son arrivée dans la formation, l'orchestre enregistra ses premiers disques.

Dès ses débuts dans l'orchestre de King Oliver, ses amis et beaucoup de ses collègues musiciens lui conseillèrent de quitter l'orchestre et de voler de ses propres ailes, de créer sa propre formation. Pendant un certain temps il ne voulut rien savoir. Il jugeait qu'il avait contracté une espèce de dette de reconnaissance et il ne voulait surtout pas blesser Oliver. De toute façon, il n'était pas dans la nature de Louis Armstrong d'agir d'une manière que les autres gens auraient tendance à juger sévèrement.

Au début de l'année 1924, il épousa la pianiste de l'orchestre de King Oliver, Lilian Hardin, une femme qui avait une éducation musicale classique. Si elle ne fut pas une musicienne de jazz célèbre, Lilian avait une compétence certaine en matière musicale et elle avait de l'ambition pour son mari. Elle l'aida à parfaire ses connaissances musicales et lui fit travailler la lecture à vue. Durant l'été de 1924, elle parvint à le convaincre de quitter l'orchestre de King Oliver pour travailler au Dreamland Café. A l'automne, le célèbre chef d'orchestre Fletcher Henderson offrit à Armstrong un engagement dans la formation qu'il dirigeait.

L'orchestre de Fletcher Henderson, en 1924, n'était pas ce que nous concevons, de nos jours, comme un véritable orchestre de jazz. C'était un orchestre du genre commercial qui jouait pour la danse et pour accompagner soit des spectacles, soit des vocalistes au cours des séances d'enregistrement.

Henderson, qui se révéla un des plus grands dénicheurs de talents dans l'histoire du jazz, avait besoin d'un soliste qui, au sein de l'orchestre, apporterait le dynamisme et la sensation que demandaient les auditeurs du temps. Armstrong accepta cette offre et demeura presque un an dans l'orchestre, enregistrant, avec cette formation, de nombreux solos, dont le plus connu est peut-être « Sugar Foot Stomp », une version du fameux « Dippermouth Blues » de King Oliver. Durant son séjour dans l'orchestre de Henderson, à New York, il participa, comme musicien indépendant, à différentes séances d'enregistrement, accompagnant des vocalistes de blues et enregistrant avec différents groupes dirigés par Clarence Williams, dont The Red Onion Jazz

* La légende dit qu'Armstrong sollicité par King Oliver différait sans cesse son départ de La Nouvelle-Orléans. King Oliver, pour le convaincre, lui aurait envoyé une photographie de sa pianiste, Lilian Hardin. Cette photo aurait effectivement déterminé Louis à « monter » à Chicago.

Babies, avec Sidney Bechet. Mais au bout d'un an il en eut assez de travailler avec la formation de Fletcher Henderson. (Comme la plupart des musiciens de jazz, Armstrong buvait – il existe un disque fameux de Louis et de ses musiciens, gravé au cours des années 30 et intitulé « Laughing Louie », dans lequel tout l'orchestre semble sous l'effet de l'alcool – mais il ne laissa jamais la boisson prendre le pas sur lui. La seule habitude qu'il eut, mais est-ce jamais une habitude au sens ordinaire du mot, fut celle de fumer de la marijuana, dont il usa régulièrement toute sa vie.) Au cours de l'automne 1925, il retourna au Dreamland Café, pour y travailler, à raison de soixante-quinze dollars par semaine, avec un orchestre organisé par Lilian (appelée généralement Lil).

On n'avait jamais entendu parler d'une telle somme pour un musicien de couleur à cette époque. Très peu de temps après, tout en gardant sa place dans l'orchestre du Dreamland Café, il commença à se produire avec l'orchestre dirigé par Erskine Tate (Erskine Tate's Vendome Theatre Orchestra), orchestre qui le présentait comme soliste.

Le 12 novembre 1925, il fit son entrée, accompagné d'un petit groupe de musiciens, dans les studios d'enregistrement de la Compagnie Oken, pour graver la première d'une série d'une soixantaine de faces (de 78 tours) sous le nom de Louis Armstrong and his Hot Five, puis plus tard de Louis Armstrong and his Hot Seven. Les Hot Five se composent, en dehors de Louis lui-même, qui joue du cornet et chante, de Kid Ory au trombone, de Johnny Dodds à la clarinette (ainsi que, parfois, au saxophone-alto), de Lil Hardin-Armstrong au piano, et de John Saint-Cyr au banjo.

Pour les Hot Seven il y aura en plus, Pete Briggs au tuba et Baby Dodds à la batterie. Kid Ory est remplacé par le tromboniste John Thomas.

Tous ces disques, bien entendu « repiqués » en disques de 33 tours-30 centimètres, sont régulièrement réédités (comme ceux de Bessie Smith).

Les disques des Hot Five et des Hot Seven, qui furent enregistrés entre 1925 et 1928, constituèrent autant de jalons dans l'histoire de la musique de jazz et firent sensation parmi les musiciens, les amateurs et même les mélomanes ordinaires, aussi bien aux États-Unis qu'en Europe et, qui plus est, renouvelèrent l'esthétique même de la musique de jazz.

Pendant les quatre années qui suivirent, Louis Armstrong continua à travailler comme soliste avec l'orchestre de Erskine Tate, ainsi qu'avec une formation dirigée par Carroll Dickerson et, en outre, avec d'autres groupes sous son nom.

C'est à peu près à cette époque que Louis commença à passer du cornet à la trompette. La différence entre les deux instruments n'est pas très grande. Le cornet a un son en quelque sorte plus moelleux et moins brillant que celui de la trompette. Les musiciens dès les débuts du jazz utilisaient presque toujours le cornet dont on se servait aussi dans les fanfares. La trompette semblait alors être un instrument pour les solistes de musique classique et seulement en usage dans les orchestres symphoniques, et quelques-uns des musiciens de la première période du jazz avaient un peu peur de l'essayer et de s'en servir.

Armstrong commença à utiliser la trompette dans les théâtres et les salles de concert à cause de sa sonorité plus brillante qui emplissait mieux les vastes espaces. Peut-être l'utilisa-t-il aussi à cause de l'aspect plus impressionnant, plus racé de la trompette qui attirait peut-être plus les regards. Enfin la trompette grimpe plus facilement dans les notes suraiguës. Peu à peu Armstrong abandonna complètement le cornet. Cet instrument commença à disparaître de la scène du jazz. Par la suite, le cornet ne fut pratiqué que par les quelques musiciens qui se vouaient exclusivement au style de jazz de La Nouvelle-Orléans.

En 1929, Louis Armstrong quitta Chicago et vint habiter New York. A partir de ce moment et pendant dix-sept ans, il va jouer comme soliste vedette devant un grand orchestre qui lui fournit un accompagnement adéquat. Il n'est plus un simple, mais déjà célèbre, musicien de jazz originaire de La Nouvelle-Orléans, mais une vedette internationale de la nouvelle musique de jazz, reconnue et célébrée par les historiens, les exégètes, les spécialistes, les critiques, les musiciens et les amateurs de jazz. Il est considéré comme le chef d'une nouvelle forme d'art.

Dès cette époque sa vie va consister presque entièrement à jouer de la trompette, à chanter, à animer toute une soirée et aussi à voyager, à mener cette vie terriblement éprouvante de tournées nationales et internationales, cette vie harassante qui est celle du musicien très sollicité au calendrier bien rempli. Sa vigueur et sa résistance sont devenues légendaires. Quand, pendant la période de la Dépression, dans les années 30, beaucoup de musiciens éprouvaient les plus grandes difficultés à trouver du travail – Sidney Bechet, comme nous le savons, travailla dans une boutique de tailleur pendant un certain temps –, Armstrong pouvait être engagé pendant 365 nuits par an, et il l'était bien souvent.

On a peine à imaginer tout ce qu'il accomplit comme trompettiste pendant la vingtaine d'années qui suivirent ses enregistrements à la tête de ses Hot Five et Hot Seven ! La plupart des orchestres devant lesquels il passait en soliste-vedette, ne lui servaient que d'accompagnement et de fond sonore afin de mettre en valeur ses flamboyants solos de trompette et son art vocal. Souvent, ces formations ne comprenaient pas de solistes d'une stature suffisante à côté de Louis lui-même. D'ailleurs un autre trompettiste soliste ne faisait, en général, que deux ou trois solos bien placés dans la soirée. Or Armstrong jouait en soliste vedette dans tous les morceaux ou presque. Dans chaque prestation il jouait, en général, une introduction, toujours sensationnelle (comme celle de son « West End Blues »), puis il menait, il conduisait toute la section de trompettes (jouant la partie de première trompette) pendant un ou deux choruses, ensuite il chantait un ou deux choruses, puis il jouait plusieurs choruses en solo, enfin, il emmenait tout l'orchestre et terminait la prestation, faisant monter la tension d'une façon extraordinaire et jouant dans le suraigu de l'instrument pendant deux, trois, quatre choruses !

Quelques-uns des orchestres devant lesquels Louis Armstrong jouait, et en particulier l'orchestre de Luis Russell, qui devait l'accompagner pendant de longues périodes, comprenaient de bons solistes comme le fameux trompettiste Henry « Red » Allen, le clarinettiste Albert Nicholas, le saxophoniste-alto Charlie Holmes ou le tromboniste J. C. Higginbotham, qui pouvaient, dans une certaine mesure, le relayer et lui permettre de courts instants de repos. Mais le travail instrumental incessant de Louis demeurait colossal et il fallait

CBS

qu'il eût, comme disent les musiciens, des « lèvres de fer ». Ce monstrueux travail de soliste lui permit de développer ses idées et son imagination musicale. Il lui était loisible d'expérimenter sans cesse ses dons d'improvisation et même de prendre de grands risques. S'il ne pouvait se donner à fond dans une interprétation, il pouvait se rattraper dans le morceau suivant, quelques minutes plus tard. Les autres musiciens avaient rarement l'occasion ou le temps d'essayer de se réaliser complètement dans leurs improvisations. Chez Louis Armstrong, arriver à une sorte de plénitude et de perfection dans l'improvisation devint une seconde nature. Chaque nuit il bouleversait les autres musiciens ainsi que le public, et chaque nuit il expérimentait positivement et se dépassait dans l'enthousiasme et la joie. Sa vie n'était pourtant pas exempte de soucis et d'ennuis. Son mariage avec Lil se termina par une séparation quand il fut sur le point de quitter Chicago et de gagner New York. Il se remaria, au début des années 30, avec une femme prénommée Alpha, mais son union avec cette dernière ne dura pas longtemps. Finalement, il épousa Lucille Wilson (c'était donc sa quatrième épouse), une danseuse avec laquelle il trouva une réelle stabilité sentimentale et, semble-t-il, le bonheur pendant le reste de sa vie. Sa situation financière, pendant ce temps, était quelque peu troublée et il n'avait pas encore acquis, jusque vers 1930, assez d'expérience dans ce domaine. Les managers qu'il avait eus jusque vers 1935 étaient ou bien peu qualifiés, ou bien trop intéressés, ou encore les deux à la fois.

En 1933, un peu fatigué et découragé, il accomplit une grande tournée en Europe. Il fut accueilli triomphalement partout et ses concerts constituèrent autant de révélations pour les musiciens, les amateurs de jazz et même le grand public. Il recommença à enregistrer et en 1935, il prit comme manager Joe Glaser, un imprésario et propriétaire de boîtes de nuit pour lequel il avait notamment travaillé pendant son séjour à Chicago. Ce fut un très bon choix. Glaser concentra toute son activité au service de la carrière de Louis. Ce qui permit au musicien de se vouer corps et âme à sa musique.

A partir de 1935, et jusqu'à la guerre, Armstrong enregistra une quantité de bons disques, participa au tournage d'une bonne douzaine de films et, tranquillement et sans heurts, devint riche.

La période pendant laquelle Louis joua accompagné par de grandes formations dura jusqu'en 1946. Cette date marque la fin de la période faste des grands orchestres, de la période que l'on a appelée « l'ère swing ».

Armstrong se mit alors à jouer avec de petites formations (en général des quintettes ou des sextettes) et consacra une plus grande partie de ses prestations à son art vocal. Pour le public il était avant tout une des personnalités les plus marquantes du monde du spectacle et, aussi, un chanteur follement populaire.

A partir de 1950, il joua de moins en moins de la trompette. Il semblait avoir exprimé, sur cet instrument, tout ce qu'il avait à communiquer aux autres. Il

Ci-contre : Louis Armstrong sur scène. (Collection William P. Gottlieb/ Edward Gottlieb.)

continua, néanmoins, à se produire sur scène, au cours des tournées et des festivals, presque jusqu'à sa mort qui survint le 6 juillet 1971.

La notice nécrologique constatait une évidence : disparaissait, à l'âge de 71 ans, un des plus grands musiciens de jazz. Essayons d'analyser quelques-unes des caractéristiques qui ont rendu le jeu de cet artiste aussi grandiose. Il y a, en premier lieu, sa maîtrise instrumentale. Sa sonorité chaleureuse et pleine, dans tous les registres, a souvent été comparée à de l'or. Son attaque des notes est, en même temps, la plus forte, la plus pure, la plus précise que l'on puisse entendre. Il surpasse, à ce point de vue, presque tous les autres trompettistes. Alors que beaucoup de trompettistes ou de trombonistes ont un style phrasé legato et ensuite des notes émises avec une espèce de portamento ou encore des notes à moitié attaquées, Louis Armstrong émet la note franchement, instantanément, et d'une façon tranchante.

Son vibrato est large, mais moins rapide que celui légèrement nerveux de King Oliver et d'autres musiciens de La Nouvelle-Orléans. Certes, son contrôle du registre suraigu de la trompette ne serait pas considéré comme extraordinaire de nos jours, mais il était, pendant la première moitié de sa carrière, très en avance sur ses pairs. Il est un fait, c'est que Louis a développé le goût et l'usage du registre aigu dans la musique de jazz.

Mais, surtout, il a une sonorité absolument unique dans toute l'histoire du jazz enregistré. Cette sonorité, tous ceux qui ont la moindre notion de musique de jazz peuvent l'identifier, à coup sûr, dès la première note – une sonorité d'une chaleur, d'une générosité et d'une richesse incomparables.

Il faut encore noter que Louis Armstrong attaque celle des notes qu'il se propose de tenir une toute petite fraction de ton un peu plus bas qu'on pourrait s'y attendre, puis la monte rapidement à sa hauteur normale, procédé habituel à tous les chanteurs de couleur qui interprètent de la musique populaire.

Mais ce sont surtout ses conceptions mélodiques qui nous stupéfient. La mélodie c'est une chose qui, dans la musique, défie l'analyse ou la description. Il existe une théorie de l'harmonie qui repose sur des présomptions fondées, à leur tour, sur un raisonnement et aussi sur des traditions. Le rythme peut être décrit ou analysé en termes mathématiques. Quant aux formes musicales, elles présentent, en général, des analogies avec l'architecture, l'art théâtral, la géométrie. Ceci dit, pourquoi tel fragment de mélodie nous émeut-il ?

Les musiciens de jazz disent de tel ou tel interprète qu'il « raconte son histoire ». Jo Jones, un des grands drummers de l'histoire du jazz, nous affirme qu'il peut véritablement entendre des mots et même des phrases entières dans un solo enregistré par Lester Young. De même, les critiques et spécialistes de musique classique ont souvent parlé d'un discours, d'une conversation, d'un entretien en analysant la mélodie. Tout cela est difficile à préciser et à exprimer. Mais dans la très bonne musique nous éprouvons très nettement le sentiment que le compositeur ou que le musicien qui improvise nous parle, nous tient un discours, nous raconte une histoire, ou encore, veut nous convaincre de quelque chose que nous pourrions, quoique difficilement, traduire par des mots. Cet effet particulier de la mélodie est, sans aucun doute, produit, du moins en partie, par la ressemblance qui existe entre la musique et la parole.

Une histoire racontée ou lue, une conférence, un discours se veulent cohérents. Elles ou ils vont de ceci à cela, d'une façon plus ou moins logique, et si elles ou ils veulent nous émouvoir, elles ou ils contiendront certains éléments, certains dessins dramatiques, pathétiques – c'est-à-dire qu'une certaine proposition, un certain avis seront formulés ; il y aura une gradation et des moments d'intensité, des considérations, des détours ou des apartés, des moments de tension et de détente et tout se terminera par une conclusion ou une sorte d'engagement. La très bonne musique ne procède pas autrement et ce sont peut-être ces similitudes de forme qui produisent sur l'auditeur un effet analogue à celui de la parole, du discours, du récit.

Cet élément de récit, de discours, de conversation, d'entretien, est presque toujours présent dans la musique de Louis Armstrong. Il a un sens de la forme beaucoup plus évident que celui que nous présentent la plupart des improvisateurs dans l'histoire du jazz. Armstrong, s'il était né au sein d'une autre culture, aurait pu devenir un merveilleux architecte, un grand poète ou un talentueux dramaturge. Ses solos ne sont nullement faits de fragments mélodiques qui ne se relieraient, entre eux, que par le climat général, la coloration du morceau. Les fragments mélodiques de ses solos (si tant est qu'on peut les isoler) sont des parties qui font un tout. Ils ont une unité, un commencement, un milieu et une fin. Cela ne vaut pas pour tous les solos de Louis indistinctement. Armstrong, comme tous les musiciens, avait (mais rarement) des moments de faiblesse et parfois il jouait seulement d'une façon spectaculaire. Mais dans ses meilleurs moments, la forme discursive, poétique, dramatique, pathétique est toujours présente.

On peut présumer que Louis Armstrong employait, sûrement inconsciemment, deux sortes de « procédés » en improvisant. Ces deux « procédés » se conjuguaient et se confondaient chez Louis, en général. Le premier est celui que nous pourrions appeler le solo ou le chorus improvisé corrélativement ou, pour être plus explicite et plus précis, le solo ou le chorus improvisé en éléments corrélatifs. Cette notion a été introduite, après une étude approfondie de l'œuvre d'Armstrong, par le grand cornettiste et trompettiste Bix Beiderbecke et un de ses amis, Esten Spurrier. Ce dernier, cité par les biographes de Beiderbecke, Richard M. Sudhalter et Philip R. Evans, s'exprime ainsi : « Louis dépassait de beaucoup tous les autres cornettistes et trompettistes par son extraordinaire aptitude à *improviser-composer* un solo absolument original et d'une remarquable densité, fait de fragments mélodiques corrélatifs, c'est-à-dire de fragments mélodiques en étroite corrélation les uns avec les autres. C'est pourquoi Bix et moi avons toujours crédité Louis d'avoir été le père spirituel du solo ou du chorus corrélativement *improvisé-composé.* Il joue, par exemple, deux mesures, puis il improvise deux autres mesures en corrélation avec les deux premières, cela fait quatre mesures après lesquelles il improvise quatre autres mesures en corrélation avec les autres premières et ainsi de suite, à l'infini, jusqu'à la fin du solo ou du chorus. »

Il est certain, évidemment, que Louis, s'il a vraiment « utilisé ce procédé », n'en était pas du tout conscient. Mais il y a certainement des solos de Louis pour lesquels la démonstration semble concluante, par exemple, son premier solo dans une version de « Sugar Foot Strut » enregistrée avec l'orchestre du

Savoy Ballroom, ainsi que les premières mesures d'ouverture de son superbe solo dans « Hotter Than That » enregistré avec le Hot Five. L'autre « procédé » est plus facile à définir. Armstrong a tenté de l'expliquer lui-même : « Pour le premier chorus, je joue à peu près la mélodie, pour le second chorus je joue la mélodie autour de la mélodie (il veut, probablement, dire qu'il paraphrase la mélodie), enfin, pour le troisième chorus je me laisse aller, je fais mon truc. » Il voulait donc dire qu'il jouait d'abord la mélodie ou, du moins, qu'il en gardait le caractère essentiel, au cours du premier chorus, puis, qu'après avoir de nouveau restitué le caractère primordial de la mélodie, en improvisant ou en la paraphrasant, au cours du second chorus, il passait au troisième et dernier chorus en concluant, en intensifiant l'atmosphère et en répétant de courts fragments de phrase, ce qui pouvait, parfois, devenir une phrase faite de la même note répétée et ponctuée dans l'aigu d'une façon parfois un peu théâtrale et spectaculaire.

Ce schéma ne se reproduit pas toujours dans les disques de 78 tours (constamment repiqués, par la suite, en disques de 33 tours-30 centimètres) à cause de la durée limitée du disque de 78 tours ; mais Armstrong avait l'habitude, quand il se produisait devant le public, au cabaret ou en concert, de jouer au moins cinq choruses à la fin d'un morceau. Un bon exemple de cette manière de terminer une interprétation est offert par « Struttin' With Some Barbecue », (Se pavanant avec une jolie fille) enregistré avec un grand orchestre, en 1938, disque dans lequel il joue un avant-dernier chorus bâti sur la mélodie (un peu comme elle était écrite), un dernier chorus qui consiste en une variation de la ligne mélodique, une schématisation de la mélodie, pourrait-on dire, et enfin une coda sur laquelle « il se laisse aller », en répétant des notes. Un autre exemple nous est offert par « Swing That Music », enregistré aussi avec un grand orchestre, et à la même époque. Le premier des quatre choruses joués en finale du morceau est un exposé assez simple du thème mélodique, le second consiste en une simplification, en une schématisation du thème, le troisième chorus réduit ce thème en ses éléments de base, enfin, le quatrième chorus est un feu d'artifice de notes aiguës et consiste en la même note répétée pendant trente-deux mesures.

Une autre des caractéristiques les plus importantes du jeu de Louis Armstrong est son indépendance considérable par rapport au rythme de base. Cette caractéristique, cette aptitude à faire, en quelque sorte, flotter la ligne mélodique au-dessus du rythme de base, régulièrement ou implicitement ponctué, fut progressivement développée, par Louis, depuis ses tout premiers enregistrements dans lesquels on pouvait déjà clairement en constater l'existence. Je pense que Louis Armstrong fut le premier des musiciens de jazz à reconnaître l'importance de cette indépendance par rapport au rythme de base et par la suite l'a consciemment cultivée et pratiquée pour améliorer, sans cesse, la qualité artistique de ses prestations. Ainsi que nous l'avons déjà vu, dans les premiers disques qu'il a enregistrés avec King Oliver, comme « Riverside Blues » il phrasait déjà, avec une considérable indépendance par rapport au rythme de base.

Quiconque douterait de la volonté consciente et délibérée de Louis Armstrong, lorsqu'il phrase avec cette liberté, devrait écouter et étudier « Skid-Dat-

De-Dat », enregistré en 1926. Il y a dans cette interprétation un passage qui consiste en quatre rondes – passage qui revient quatre fois dans l'enregistrement. Armstrong joue la première des quatre rondes légèrement derrière le temps, la seconde encore plus loin derrière le temps, et les deux dernières beaucoup plus près du temps. Dès 1927 et 1928, quand il enregistrait les meilleurs disques faits avec les Hot Five et les Hot Seven, il prenait de plus grandes libertés encore avec le rythme de base, et étendait, étirait ses phrases un peu à la manière d'un dessin porté sur une surface de caoutchouc et qui peut être étendu et étiré si on exerce une traction suffisante sur les côtés de la surface caoutchoutée. Dans de telles figures mélodiques qui se composent de, mettons, cinq ou six notes (on peut les compter dans un enregistrement qu'on écoute et réécoute à loisir) alors qu'on s'attendrait, à la première audition, à en entendre huit, le rapport entre le rythme de base et la ligne mélodique est fort réduit. Il semble que la ligne mélodique est libre et flotte par-dessus tout le reste.

Ce procédé, ce phrasé qui consiste à placer les notes de la mélodie là où le profane s'y attend le moins, par rapport au rythme de base, fut, et continue à être pratiqué, bien entendu, par tous les musiciens de jazz. Certains, comme Sidney Bechet, l'ont employé extensivement. Mais, dès 1927, Armstrong ne plaçait pas simplement ses notes en avant ou en arrière du temps, il improvisait des phrases entières selon des schémas rythmiques complètement indépendants du rythme de base ou même selon des schémas dégagés de toute référence à un rythme.

Aucun artiste de jazz n'avait utilisé ce procédé avec autant de liberté et d'aisance. Il n'est pas inutile de lui comparer, à ce sujet, Ernest « Kid Punch » Miller, que, peut-être, de nos jours, seuls les amateurs éclairés et les historiens du jazz connaissent suffisamment bien, mais qui était considéré dans les années 20 comme un des principaux cornettistes de La Nouvelle-Orléans.

Miller avait une excellente embouchure *, une attaque très franche et nette ainsi qu'une sonorité pleine et ronde. Il était très à l'aise dans le blues comme l'atteste sa partie vocale dans « She's Crying For Me » avec Albert Wynn's Gutbucket Five. (Wynn, un excellent tromboniste, trop peu connu, improvise un très beau solo dans ce disque).

Un des meilleurs solos de Miller se retrouve dans « Parkway Stomp » avec le groupe dirigé par Wynn. Le disque a été enregistré en 1928, l'année même à laquelle Armstrong avait enregistré ces chefs-d'œuvre que sont « West End Blues » et « Weather Bird ». Il y a vers la fin de « Parkway Stomp » un chorus en stop-time, formule selon laquelle les instruments de la section rythmique marquent seulement un temps, ou, quelquefois, deux temps par mesure, laissant au soliste la liberté d'improviser sans être autrement soutenu (donc d'improviser en prenant une certaine liberté par rapport à la section rythmique qui ne ponctue plus aussi régulièrement les temps qu'elle le faisait dans le reste de l'enregistrement), mais Miller continue alors à jouer sur le temps comme si la section rythmique marquait les quatre temps réguliers.

A ce sujet, un autre exemple intéressant nous est offert par Cladys « Jabbo »

* Ici ce mot désigne la façon d'emboucher l'instrument.

Smith qui était généralement considéré, à l'époque, comme venant immédiatement après Louis Armstrong parmi les trompettistes de jazz. Jabbo Smith était très à l'aise dans le registre suraigu – presque meilleur que Louis à cet égard, quoique manquant légèrement de chaleur – et possédait un dynamisme extraordinaire.

Jabbo Smith était très prisé des amateurs de jazz européens, durant les années 30, mais, tout comme Miller, il déployait des efforts désespérés pour sonner comme Louis Armstrong. Dans « Take me to the River », un blues de huit mesures enregistré en 1929, on peut l'entendre imiter, aussi bien dans la partie qu'il chante que dans celle qu'il joue à la trompette, des phrases entières de « West End Blues » de Louis Armstrong. Dans les phrases imitées de lui, il est assez indépendant du rythme de base, mais dans les phrases qu'il improvise sans se référer à Armstrong, il suit le rythme de beaucoup plus près.

Il n'y a qu'à comparer, aux exemples que nous venons d'indiquer, ce que fait Louis Armstrong en stop-time dans « Potato Head Blues », enregistré un an auparavant, pour constater que Louis était très en avance sur ses pairs dans son aptitude à se libérer du rythme de base. A mesure que le temps passait, il poussa de plus en plus loin dans cette direction et, dans les années 30, il lui arrivait, fréquemment, de n'énoncer explicitement qu'un seul temps par mesure. C'est probablement cette extraordinaire faculté de se libérer du rythme de base qui a sidéré les autres musiciens et qui a fondé sa réputation mondiale.

La carrière discographique de Louis Armstrong peut se diviser en trois périodes. La première commence avec les premiers enregistrements qu'il fit aux côtés de King Oliver jusqu'à 1928, date à laquelle il termina l'enregistrement de la fameuse série de disques réalisés sous son nom et dont l'atmosphère générale reste assez proche de celle de la musique de La Nouvelle-Orléans. La deuxième, celle des enregistrements avec un grand orchestre, s'étend jusqu'en 1946. La troisième période est celle qui comprend les enregistrements dans lesquels il apparaît surtout comme vocaliste accompagné par un petit orchestre dont la composition instrumentale, sinon l'esprit, se rapproche de celle des petites formations dites dixieland.

La carrière discographique de Louis Armstrong a vraiment commencé le 31 mars 1923, quand, sous la direction et sous le nom de King Oliver, furent gravées cinq faces (de 78 tours) pour la compagnie Gennett. L'une de ces faces de disques est « Chimes Blues » qui contient le premier solo enregistré par Louis. (Gennett était une petite compagnie de disques appartenant à la Compagnie des Pianos Starr. Gennett enregistra beaucoup de musiciens de jazz de cette époque). L'année suivante, Louis était présent dans plus d'une vingtaine d'enregistrements gravés par l'orchestre de King Oliver. On ne lui a laissé que peu de solos et il joue, la plupart du temps, un peu en retrait au poste de « second cornet » (alors que Joe Oliver jouait la partie de « premier cornet ») mais le peu qu'on puisse entendre de lui montre qu'il était, déjà, un musicien plus original que Joe Oliver et qu'il était surtout doué d'une imagination plus vaste. Très vite, on le sollicita pour de nombreuses séances d'enregistrement. Pendant les quelques années qui suivirent il accompagna, d'après Hugues

Panassié, vingt-trois vocalistes de blues, dont les meilleurs, et enregistra une trentaine de disques avec des orchestres recrutés à cette occasion et dirigés par Clarence Williams et d'autres chefs d'orchestre. Le jeu de Louis lorsqu'il accompagne des vocalistes de blues est en général assez simple et direct et c'est un des grands et des meilleurs accompagnateurs de toute l'histoire de la musique négro-américaine. Il lui arrive, en l'occurrence, d'employer la sourdine que l'on appelle « plunger mute » ou wa-wa mute * (ce qu'il ne fait jamais dans d'autres contextes).

Louis a plus d'occasions de manifester ses dons originaux dans les disques enregistrés sous la direction de Clarence Williams.

« Terrible Blues » et aussi « Cake Walkin' Babies », un des meilleurs enregistrements réalisés sous la direction de Clarence Williams, nous offre un des meilleurs exemples d'un solo bâti selon le procédé du chorus-improvisé-en-éléments-corrélatifs, ainsi qu'un usage étendu des triolets (ce dernier dessin mélodique aboutira, plus tard, à ces phrases qui semblent « étirées » dont j'ai parlé un peu plus haut).

A la même époque, Louis Armstrong enregistrait aussi avec l'orchestre de Fletcher Henderson, mais sa contribution était alors limitée à l'improvisation, ici et là, d'un solo « hot » dont Henderson aimait à parsemer ses enregistrements. « Sugar Foot Stomp » fut orchestré, arrangé spécialement pour le solo de Louis. Tous les musiciens et amateurs de jazz en furent enthousiasmés, mais Armstrong s'était en fait borné à jouer le fameux solo de King Oliver et le style propre de Louis n'y est pas très apparent.

Quant au solo de Louis Armstrong sur « Alabamy Bound », il montre qu'à l'époque Armstrong suivait encore la vieille habitude des musiciens de La Nouvelle-Orléans de bâtir un solo sur une simple variation du thème mélodique, plutôt que de construire quelque chose d'absolument neuf.

Ainsi que nous l'avons déjà dit, le premier groupe de disques enregistré par le Hot Five, entre 1925 et 1927, nous permet d'entendre, en dehors d'Armstrong, Johnny Dodds à la clarinette, Ory au trombone, Johnny Saint-Cyr au banjo et la femme de Louis, Lil, au piano. Ce petit groupe jouait avec énormément de force et de conviction. Ory était, peut-être, le meilleur des trombonistes de style de La Nouvelle-Orléans, il ne possédait, à vrai dire, qu'une imagination limitée, mais il jouait avec rigueur et ne souffrait nullement des problèmes de justesse qui étaient ceux de beaucoup de trombonistes de la première époque du jazz. Johnny Dodds était presque à son apogée, Lil Hardin-Armstrong et Saint-Cyr fournissaient un rythme de base adéquat. Au début, le groupe des Hot Five était très ancré dans la tradition de La Nouvelle-Orléans avec de nombreuses parties d'ensemble et les breaks typiques de cette tradition. Peut-être que le disque le plus célèbre et le plus prisé de ce groupe est « Cornet Chop Suey » : il nous offre un solo de Louis qui fut très souvent copié et aussi « Heebie Jeebies », dans lequel Louis chante ce qu'on appelle un

* Une des multiples sourdines employées par les trompettistes de jazz. Il s'agit, en l'occurrence, de la partie en caoutchouc du vulgaire « débouche-éviers » que le trompettiste tient de la main gauche et qu'il rapproche ou éloigne, selon l'effet qu'il veut obtenir, du pavillon de l'instrument.

« scat » chorus, ce qui signifie qu'il ne chante pas de mots, mais qu'il vocalise en improvisant des groupes de syllabes qui peuvent parfois évoquer le son d'un instrument plutôt que la voix humaine. (On a souvent prétendu que Louis Armstrong avait « inventé » le chant en « scat » à cette occasion, quand la feuille de papier sur laquelle étaient inscrites les paroles de « Heebie Jeebies » lui avait échappé des mains. C'est invraisemblable parce qu'à cette époque Armstrong apprenait un texte par cœur, après l'avoir parcouru une ou deux fois et parce que, de toute façon, on aurait pu arrêter l'enregistrement pour le recommencer, une minute ou deux après. D'ailleurs, d'après Panassié, Armstrong avait déjà chanté en « scat » dans différents théâtres, salles de concert ou cabarets. Et puis il est infiniment probable que l'usage du chant en vocalise ou à l'aide d'onomatopées est aussi ancien que le langage lui-même. Notons, en passant, que la ligne mélodique de « Heebie Jeebies » a été reprise sans aucune modification du second thème de « Heliotrope Bouquet » du fameux compositeur et pianiste de ragtime : Scott Joplin).

Dès 1927, Louis Armstrong était devenu une vedette dont le renom s'imposait de plus en plus. On pouvait le constater par de légers changements apportés dans ses enregistrements. Quoique les ensembles instrumentaux, à la manière de La Nouvelle-Orléans, fussent encore présents de temps à autre dans les disques, une place plus importante était dévolue aux solos – surtout aux solos improvisés par Louis – solos souvent séparés par des passages semi-orchestrés *, semi-arrangés *. Il y a tant de remarquables moments musicaux dans ces disques qu'il est arbitraire d'en citer un plutôt que d'autres.

Ceux qui sont peut-être les plus admirés et les plus célèbres semblent être « Struttin With Some Barbecue » et « Big Butter and Egg Man » (Le grand crémier de l'Ouest) (cette dernière interprétation est longuement étudiée et commentée par André Hodeir dans son ouvrage *Le Jazz : son évolution et son essence*). Le chef-d'œuvre des Hot Five, cependant, est à mon avis « Hotter than That », peut-être parce que Louis Armstrong domine tout le disque. La prestation consiste en une improvisation sur le dernier thème de « Tiger Rag » sur lequel Louis Armstrong aime à improviser. Après une brève introduction, Louis part dans un solo parfaitement construit et qui, quoique bâti selon les règles d'une « architecture » parfaite, sans défaut, constitue une des improvisations les plus torrides, les plus exubérantes de l'histoire du jazz enregistré. Ce solo est entièrement composé de phrases de quatre mesures, chacune des phrases étant complète par elle-même, et découlant cependant avec une aisance naturelle de la phrase précédente. La phrase d'ouverture est particulièrement belle et son audition suggère la conception du « chorus-improvisé-en-éléments-corrélatifs », procédé dont nous avons longuement parlé en analysant le style de Louis. Cette phrase commence par deux petits fragments d'une mesure chacun ; et chacun de ces fragments est énoncé en vue d'accentuer le troisième temps de la mesure (une des caractéristiques du jeu de Louis). La seconde figure mélodique pourrait, apparemment, former un tout,

* A côté de l'arrangement écrit, il existe ce que l'on appelle « The head arrangements » des ensembles simples mis au point oralement par les musiciens.

être complète en elle-même, mais au lieu de la terminer, Armstrong en tire une variation avant de conclure la phrase de quatre mesures, produisant cette relation, ce rapport peut-être déroutant mais enthousiasmant qu'il est si difficile d'expliquer dans une œuvre géniale. Au milieu du solo il y a un break de deux mesures, qui est agencé de telle façon qu'il prend fin sur une note placée sur le dernier demi-temps de la mesure. Alors, à notre étonnement, une nouvelle phrase (qui aura donc la deuxième moitié du solo) part de cette note et devient en quelque sorte le pivot autour duquel tout le chorus s'articule. Cette note est à la fois la dernière note de la première moitié du chorus et aussi la première de la seconde moitié, procédé très courant, signalons-le en passant, dans les musiques de l'Afrique occidentale. Après il y a un solo de clarinette et Armstrong revient pour chanter un chorus en « scat » qu'il complète par un break dans lequel il utilise une figure mélodique similaire à celle qu'il avait employée dans son break de cornet. Survient alors un solo de trombone, puis Armstrong se lance dans un autre break stupéfiant pour amener tout l'orchestre au dernier chorus d'ensemble. Anticipant alors sur la dernière note que l'on est en droit d'attendre de la part de Kid Ory, Louis la lui vole et l'utilise comme un tremplin pour sauter dans le dernier chorus. Pour le chorus terminal, il « se laisse aller » à son instinct et part dans une figure mélodique dans l'aigu pendant environ sept mesures, avant de s'en évader brusquement et d'amener la conclusion de cette vertigineuse improvisation. C'est une œuvre remarquable, d'une puissance contenue, d'un équilibre parfait, d'autant plus que toute la prestation est menée à un tempo plus vif que celui des autres enregistrements du Hot Five.

Armstrong atteignait alors un des sommets de sa carrière. Au mois de mai 1927, Peter Briggs au tuba et Baby Dodds (le frère du clarinettiste Johnny Dodds) à la batterie s'ajoutent au groupe du Hot Five pour former le groupe du Hot Seven. Dans un grand élan créatif, ce groupe va enregistrer douze disques en huit jours. Cet orchestre ne peut absolument plus être considéré comme typique de La Nouvelle-Orléans. Les prestations consistaient surtout en une série de solos, principalement dévolus à Louis Armstrong, avec juste assez d'ensembles improvisés collectivement pour garder le cachet original du groupe. Par exemple « Wild Man Blues », bâti sur la même suite d'accords que le fameux « Rock me, mama, with a steady roll » consiste presque entièrement en longs solos par Louis lui-même et par Johnny Dodds, avec seulement les huit premières mesures et les quatre dernières mesures jouées collectivement par tout le groupe. Si l'on excepte « Wild Man Blues », les plus fameux des disques du Hot Seven sont « Gully Low Blues » et « Potato Head Blues » (Tête de pomme de terre). « Gully Low Blues » s'ouvre sur un chorus d'ensemble sur un temps vif, sur la même suite d'accords que « I wish I could Shimmy like my Sister Kate » (dont Louis assure être l'auteur), puis le tempo ralentit jusqu'à devenir celui d'un blues lent. Le clou de l'interprétation est constitué par le chorus d'Armstrong vers la fin de l'interprétation. Ce chorus se compose de six figures mélodiques de deux mesures, et chacune d'elles, excepté la dernière, consiste en une longue note tenue, suivie par une figure mélodique hors tempo, qui s'étire en plongeant vers le grave par paliers successifs, comme un rapide cours d'eau qui se précipite en descendant d'une montagne escarpée de rochers en rochers. Toutes ces figures mélodiques commencent sur une quinte (un si bémol aigu) et reproduisent les habituelles phrases descendantes des vocalistes de blues, mais au lieu d'utiliser trois figures mélodiques par chorus, Armstrong les abrège et en utilise six. Chacune d'elles est une véritable gemme mélodique, qui ménage de nombreuses surprises et le solo forme un tout cohérent et complet. Je veux bien admettre que ce ne soit pas d'une grande complexité, mais il est rare, dans la musique de jazz, de trouver une aussi grande unité dans un chorus en solo. « Potato Head Blues », peut-être encore plus fameux et plus admiré par les musiciens, est connu à cause du chorus en stop-time de Louis Armstrong, au cours duquel Louis phrase une suite de figures mélodiques de deux mesures, chacune d'entre elles énoncée avec une si parfaite indépendance par rapport au rythme de base, qu'à l'époque de l'enregistrement, aucun musicien n'aurait été capable de se risquer à le faire.

On l'a vu, entre les enregistrements du Hot Five et ceux du Hot Seven la tradition de La Nouvelle-Orléans avait été progressivement abandonnée par Armstrong. Mais, après les enregistrements du Hot Seven, Armstrong se sépare des musiciens originaires de La Nouvelle-Orléans avec lesquels il venait d'enregistrer tous ces chefs-d'œuvre.

Dans les séances d'enregistrement qui vont suivre, Louis Armstrong va être accompagné et soutenu par un groupe de musiciens qui sont avant tout d'excellents musiciens de studio. Cependant, la section rythmique comprend un des vieux copains d'Armstrong, comme lui originaire de La Nouvelle-Orléans, Zutty Singleton à la batterie, un nouveau et sensationnel pianiste, Earl Hines et un bon banjoïste Mancy Cara (il y aura aussi, de temps en temps, Don Redman comme saxophoniste-alto et arrangeur).

De nouveau il y a de splendides enregistrements et il est difficile de choisir dans ces chefs-d'œuvre. En voici toutefois trois exemples : « Muggles * » est un blues très simple et très beau. Il nous offre deux choruses d'Armstrong dans lesquels il nous présente le blues sous sa forme la plus pure. Le disque commence sur un tempo lent et alors Louis part dans un break destiné à doubler le tempo (ce qui montre bien à quel degré de musicalité et de rigueur était parvenu le trompettiste). Ce break commence par trois notes brèves énoncées sur les temps faibles du tempo original. Puis Armstrong déploie une figure mélodique en montant et cela sur le nouveau tempo ; et nous nous apercevons tout à coup que ces trois premières notes étaient, pour ainsi dire, ambiguës dans l'esprit de Louis, elles se présentent comme des noires sur un tempo et des blanches sur l'autre tempo. Cela donne l'impression curieuse que Louis essaie de jouer à la fois sur deux tempos différents. Un autre superbe enregistrement est « Tight Like This ». La musique se déroule d'une manière tragique. Armstrong joue trois choruses en solo à la fin du disque. Ces choruses constituent de parfaits exemples de sa manière. Chacune des phrases, sur lesquelles sont construits ces trois choruses, consiste en une figure mélodique montante et il y a aussi une merveilleuse unité mélodique dans ce disque. Mais comme chacun des choruses augmente de tension par rapport à celui qui le

* Mot d'argot ancien désignant les cigarettes de marijuana.

précède, l'effet est d'une grandiose gradation. La musique pourrait, semble-t-il, se traduire aisément en paroles. On peut presque entendre Armstrong parler de la mort et de la transfiguration. « West End Blues », enregistré six mois plus tôt, est un des chefs-d'œuvre de Louis. Beaucoup de vieux critiques de jazz ont tenu ce disque pour le plus beau (ou un des plus beaux) de tous les enregistrements de musique de jazz. Il s'ouvre par un véritable morceau de bravoure, une superbe cadence improvisée par le trompettiste qui, en elle-même (au cas où il n'y aurait pas d'autre chose dans le disque) aurait suffi à faire de cette gravure un impérissable chef-d'œuvre. Cette cadence est pleine de pauses à peine perceptibles, de feintes hésitations, de traits précipités, qui donnent à l'auditeur l'impression d'une voix qui s'adresse personnellement à lui. Suit un simple exposé de la mélodie. L'atmosphère est tranquille, nostalgique et résignée et le solo de trombone qui suit, à vrai dire sans valeur spéciale, ne rompt pas cette atmosphère. Intervient ensuite un chorus de demande-et-réponse entre la clarinette et Armstrong vocalisant en « scat », (Louis continue d'ailleurs à maintenir l'atmosphère et l'interprétation en évitant d'employer la raucité gutturale qui est en général la sienne quand il chante). Après un beau solo de piano, Louis Armstrong ouvre, à la trompette, le chorus final par une longue note tenue pendant quatre mesures. La tension monte, la quiétude, la nostalgie vague, la résignation du début de l'interprétation s'effacent graduellement et la tension jusqu'alors latente éclate dans une figure mélodique (improvisée à la trompette par Louis) – figure mélodique faite d'une phrase descendante d'une intensité déchirante répétée à cinq reprises différentes et qui installe un climat passionné. Après un break du pianiste, Armstrong conclut avec une simple et sobre coda qui va en s'évanouissant peu à peu, rétablissant l'atmosphère tranquille et résignée du début du disque. « West End Blues » possède un début, un milieu et une fin et laisse à l'auditeur une impression de plénitude un peu mélancolique. C'est une œuvre en tous points superbe.

Dans les enregistrements que Louis Armstrong devait faire, par la suite, le trompettiste était accompagné et soutenu par de grandes formations, qu'il emmenait, d'ailleurs, en tournée à travers les États-Unis. Quelques-uns de ces grands orchestres avaient une existence propre, comme ceux de Les Hite ou de Luis Russell, et Louis Armstrong les avait trouvés tout organisés et prêts à lui apporter leur soutien. D'autres étaient recrutés par les managers et les agences selon les besoins. Ils n'étaient pas toujours bons... loin de là. Mais c'était ce qu'Armstrong faisait qui réellement comptait.

Bien sûr, il faut bien le dire, il y a eu, à partir des années 30 et jusqu'au début des années 40, dans beaucoup de disques de Louis, un abus des répétitions de notes suraiguës et aussi un abus du procédé qui consiste à tenir les pistons de la trompette à moitié baissés, puis à les laisser se relever lentement tout en soufflant et en opérant un mouvement des lèvres ce qui produit un effet de son graduellement poussé dans l'aigu. Mais quand ils sont utilisés judicieusement et sobrement ces procédés n'ont pas à être condamnés. Ils font partie de la technique de la trompette et Louis les a parfois utilisés d'une façon excellente.

Quoi qu'il en soit Armstrong continuait à aller de l'avant. Il développa encore son aptitude à improviser de longues phrases qu'il étendait et étirait en accroissant encore son indépendance par rapport au rythme de base.

Parmi les nombreux chefs-d'œuvre de cette période il faut citer « Stardust » (1931) dont deux prises différentes ont été rééditées ; « Between the Devil and the deep blue Sea » (1932) dont deux prises différentes ont aussi été rééditées ; « Home » (1932) et « Hobo you can't ride this Train » (1932), dans lesquels il est accompagné par l'excellent orchestre de Chick Webb ; « Swing that Music » (1936) ; « Jubilee », « Struttin' with some Barbecue » et « I double dare you » (Je te brave tant et plus), ces derniers datant de 1938, enregistrés avec de très bons orchestres.

Toutes les caractéristiques du jeu de Louis Armstrong durant cette période d'enregistrement avec de grandes formations se retrouvent sur le disque intitulé : « Betweewn the Devil and the deep blue Sea. » Il utilise la sourdine droite et toute simple que les musiciens français appellent « carotte » pour son premier chorus improvisé, jouant avec douceur, de très belles figures mélodiques. Avant même d'attaquer son second chorus, il ôte la sourdine et monte dans l'aigu. Il utilise le procédé des pistons à moitié baissés (dont nous venons de parler). La beauté et la simplicité de la fin du disque joué dans le registre aigu ne peut qu'émouvoir l'auditeur.

Quand Armstrong recommença à enregistrer en 1935, son jeu était devenu plus calme, plus serein, comme s'il connaissait une seconde maturité et comme s'il avait effectué un retour sur lui-même. Il se contentait souvent de rester plus près du thème et il avait abandonné les procédés qui avaient eu tendance parfois à devenir un peu systématiques : les répétitions de notes suraiguës et la technique des notes poussées dans l'aigu avec les pistons à moitié abaissés et graduellement relevés.

Dans « Struttin' With Some Barbecue », que tous les jeunes trompettistes de l'époque admiraient fort, le premier chorus de son solo final consiste en un exposé tout simple de la mélodie, mais avec plusieurs des notes placées loin derrière les temps, donnant ainsi l'impression qu'il s'attarde volontairement et paresseusement sur elles.

Dans « Jubilee », un charmant thème pour une musique de film composée par Hoagy Carmichael, contenant une modulation (inhabituelle à cette époque) vers la tierce majeure, Armstrong, de nouveau, expose avec une grande simplicité la mélodie, pendant son avant-dernier chorus. Pendant le dernier chorus, l'orchestre joue le thème, tandis que Louis, une fois de plus, dessine de longues et gracieuses lignes mélodiques qu'il étire avec une feinte et désinvolte nonchalance.

« I Double Dare You » est un de ses meilleurs enregistrements. Son long solo, à la fin du disque, est composé de phrases qui, chacune, forment un tout achevé, et qui s'étendent sur quatre, cinq ou même six mesures, chacune de ces phrases découpée et agencée pour retomber à des endroits inattendus, enjambant, pour ainsi dire, les divisions régulières de la ligne mélodique du thème qui, normalement, se découpe rigoureusement en segments de quatre mesures. Beaucoup de ses phrases finissent sur le quatrième temps d'une mesure, un procédé qui fut employé, plus tard, d'une façon extensive par les musiciens de style bop. La phrase qui devrait se terminer, normalement, à la fin des premières seize mesures du chorus, devient brusquement, à notre étonnement et à notre ravissement la phrase d'ouverture des seize mesures suivantes. C'est une des caractéristiques du jeu de Louis dont nous avons déjà parlé.

Armstrong continua à enregistrer pendant vingt-cinq ans, après 1946, le plus souvent avec le petit groupe qu'il baptisa son All Stars, avec d'autres groupements et aussi au cours de séances organisées dans un dessein assez commercial. Il faut citer aussi les beaux enregistrements qu'il réalisa aux côtés des chanteuses Ella Fitzgerald et Billie Holiday et aussi ceux qu'il réalisa avec Duke Ellington.

Le All Stars de Louis Armstrong a compris, au cours des différentes périodes de son existence, d'excellents musiciens comme, par exemple, les trombonistes Jack Teagarden ou Trummy Young, le clarinettiste Barney Bigard, les pianistes Earl Hines ou Billy Kyle, le contrebassiste Red Callender, les drummers Cozy Cole ou Sidney Catlett.

On put le voir et l'entendre dans une cinquantaine de films.

A mesure qu'il commercialisait, dans une certaine mesure, ses enregistrements et ses apparitions en public, les jeunes militants de couleur lui reprochaient une attitude de complaisance vis-à-vis des Blancs, qualifiée souvent par les Noirs des États-Unis d'attitude d'Oncle Tom.

Mais il ne faut pas perdre de vue que Louis fut élevé au sein d'une pauvreté absolue et que dans les milieux du Sud des États-Unis, à l'époque où il était jeune, se mettre bien avec les Blancs, se faire bien voir des Blancs n'était pas seulement une attitude politique prudente mais garantissait, dans une certaine mesure, une nourriture à peu près régulière, un toit, un logement et était, dans des cas extrêmes, une question de vie ou de mort. Armstrong aimait citer l'opinion d'un vieux fêtard de La Nouvelle-Orléans qu'il connaissait bien et qui lui avait donné ce conseil, quand il fut prêt à aller rejoindre King Oliver, à Chicago : « Il faut toujours avoir, derrière toi, un Blanc qui, au cas où on te chercherait une mauvaise querelle, interviendrait, te mettrait la main sur l'épaule et s'écrierait avec fermeté : Laissez ce gars ! C'est mon noiraud ! » Cette sorte d'homélie peut nous consterner... de nos jours... mais n'oublions pas qu'à l'époque où l'on parlait ainsi, un mouvement de révolte de la part d'un Noir ou de Noirs n'était même pas concevable. Armstrong, à cette époque et même plus tard, en recherchant l'appui des Blancs, ne faisait pas l'Oncle Tom, mais choisissait, d'une façon réaliste et pratique la seule voie qui s'offrait à lui.

C'est certainement pourquoi Louis Armstrong prit Joe Glaser comme imprésario et homme d'affaires. On a dit que Glaser s'était ainsi enrichi. C'est certainement vrai. Mais, d'un autre côté, sans l'aide de Glaser ou d'un autre impresario, Armstrong n'aurait même pas accompli le quart de ce qu'il a réalisé, tant du point de vue de sa renommée internationale que de son bien-être. Il y avait un très fort lien affectif entre ces deux hommes.

Armstrong avait, en la personne de Glaser, une confiance illimitée, une confiance qu'il ne partagea, probablement, qu'avec la dernière en date de ses épouses, Lucille.

Mais pour revenir à son comportement en dehors de la musique, il faut bien voir que, comme tout homme de n'importe quelle ethnie, Louis avait été frus-

Une photographie publicitaire de Louis Armstrong.

tré, dans sa vie affective, quand il était encore tout jeune et frustré de toutes les manières. Il attachait à la nourriture une importance que seuls les nantis pourraient trouver exagérée.

Il n'est pas étonnant, non plus, qu'il ait cherché sans cesse à se faire aimer, qu'il ait été, pendant une grande partie de sa vie, à la recherche d'une affection pour ainsi dire paternelle, pouvant d'une manière inconsciente se substituer à celle que son vrai père ne lui avait guère prodiguée. C'est pourquoi sont importants les rôles que devaient successivement jouer dans son existence, Peter Davis, dans la maison de redressement du Waifs' Home, Davis Jones, le joueur de mellophone sur les riverboats, King Oliver, et même Joe Glaser.

L'importance de Louis Armstrong dans l'histoire de la musique négro-américaine est considérable. D'une musique qui était essentiellement collective, il a fait une musique qui privilégiait le soliste. Après lui les jeunes musiciens qui voulaient faire « le métier » s'aperçurent que c'était, en général, le soliste-vedette qui était promis à la célébrité, à la gloire et à l'aisance. Après Armstrong le jazz fut, en grande partie, un art de soliste.

CHAPITRE XI

Bix : Un tempérament tragique

Bix Beiderbecke fut le premier grand musicien de jazz blanc. Mis sur un piédestal par ses confrères blancs, admiré par les Noirs dont plusieurs lui ont offert l'extraordinaire hommage de copier, note pour note, ses meilleurs solos, il se hissa dans la musique de jazz à une place comparable à celle des géants noirs. Un grand musicien de jazz doit avoir assez de technique pour pouvoir exprimer ce qu'il veut exprimer avec son instrument. Il doit pouvoir faire des nuances pour avoir une sonorité pleine d'expression, et il doit avoir, aussi, une conception originale qui fera que ses idées musicales ne soient pas simplement jetées au hasard, mais reliées entre elles, pour étayer tout le cadre musical qu'il est en train de construire. Parmi les milliers de musiciens de jazz qui ont aspiré à atteindre cet idéal, peu y sont parvenus. Beiderbecke fut l'un de ceux-là. Il a été supérieur aux musiciens de jazz de son époque, excepté Louis Armstrong, et n'a pas souvent été égalé, depuis.

Comme Bessie Smith, Beiderbecke a eu de la chance avec ses biographes. Dans *Bix, Man and Legend* (Bix, l'Homme et la Légende) Sudhalter et Evans avec William Dean-Myatt, ont retracé les activités de Bix presque jour après jour et ils sont arrivés à le faire sortir de ce mythe qui commençait à l'entourer, quand il fut à peine sorti de l'adolescence. La vérité sur Bix est plus prosaïque que le mythe, mais nous fait mieux découvrir le caractère de l'artiste.

Leon Bix Beiderbecke est né à Davenport, dans l'Iowa, le 10 mars 1903. Il fut le deuxième fils d'un négociant en charbon prospère et le petit-fils d'un banquier. Ce qui fut très significatif pour la formation de son caractère, c'est que les Beiderbecke adhéraient aux principes de la meilleure bourgeoisie de la fin du règne de la reine Victoria, prônant des manières tellement « comme il faut », que la plupart des gens, nés après la Deuxième Guerre mondiale, auraient du mal à y croire. Il ne fallait pas montrer ses sentiments, ou alors on était mal considéré. Une jeune fille était censée embrasser un homme seulement si elle lui était fiancée et un jeune homme, comme Bix, était supposé rester vierge jusqu'à son mariage – ceci à une époque où les gens de son rang se mariaient tard. En général, les garçons dans une famille comme les Beiderbecke n'étaient pas censés crier et courir par la maison, mais devaient, pendant leur enfance, s'adonner à des activités tranquilles, utiles ou éducatives et

Bix Beiderbecke.

grandir pour devenir des chefs dans leurs cités et de bons pères de famille.

Dans le cours normal des circonstances, Bix serait devenu un médecin, un avocat, un ministre du culte, un professeur à l'Université, un homme d'affaires. Le chemin qu'il choisit fut celui que ses parents abhorraient. Quand il revint à la maison, malade, presque à la fin de sa vie, il trouva, dans un placard de l'entrée, tous les disques qu'il avait enregistrés et qu'il avait envoyés avec tant de fierté à la maison – encore enfermés dans leurs papiers d'emballage. Pour les Beiderbecke, leur fils était devenu quelqu'un de malpropre, de malsain, de dévoyé, dont il ne fallait pas parler.

Notons bien que, selon les critères de l'époque, les parents de Bix étaient de bonnes gens, normaux, vivant comme on le leur avait appris. Heureusement pour Bix ils savaient quand même que la musique peut être l'un des attributs d'un esprit cultivé. Plusieurs membres de la famille jouaient de différents instruments et Bix grandit avec l'idée que la musique était une activité normale. Il commença très jeune à retrouver des chansons, avec un doigt, sur le piano, et, dès cinq ans, il pouvait jouer des ritournelles et d'autres airs du même genre. Pendant plusieurs années de son enfance, il continua à s'amuser sur le piano et pendant un court laps de temps prit des leçons. Mais il fit de l'obstruction pour apprendre quelque chose de valable. Il est très utile de noter que Bix n'apprit à lire la musique que lorsqu'il jouait déjà, professionnellement, et ne fut jamais qu'un lecteur moyen. Apprendre à lire la musique surtout pour un instrument à vent, où l'on a besoin de lire seulement une ligne de notes, et pas des accords, n'est pas une tâche particulièrement difficile. C'est quelque chose que des millions de jeunes étudiants en musique font tout le temps ; il y a des milliers, sinon des centaines de milliers d'adolescents dans les orchestres d'écoles qui lisent mieux que Bix ne l'a jamais fait. Lorsque quelqu'un comme Bix, avec son talent extraordinaire et son amour démesuré de la musique échoue pour quelque chose d'aussi courant que d'apprendre à lire la musique, cela ne peut être dû qu'à une résistance inhérente. De toute évidence, même très jeune, Bix recherchait quelque chose dans la musique qui lui fût particulier, bien à lui et il était déterminé, à n'importe quel prix, à préserver ce bien et à ne pas se laisser faire par quiconque voulait s'immiscer dans sa vie. Le premier contact que Bix eut avec le jazz fut inévitablement à travers les enregistrements de l'Original Dixieland Jazz Band. Il avait quinze ans, juste le bon âge pour être frappé par cette nouvelle musique et surtout la sonorité du cornet de Nick La Rocca et il commença à apprendre les traits de La Rocca, avec difficulté, note par note. Il est plus que certain qu'il ne demanda pas à prendre des leçons de cornet. Il apprit la technique des lèvres et les doigtés tout seul. Mais malgré le manque d'une formation classique – ou peut-être à cause de cela – il arriva, à la longue, à produire une des sonorités les plus irrésistibles dans tout le jazz : absolument juste, chaleureuse et attrayante, avec une attaque précise et un vibrato parfaitement contrôlé.

Dès qu'il acquit une habileté rudimentaire au cornet, Bix commença à jouer avec des orchestres inexpérimentés de jeunes gars des classes secondaires et à écouter tout ce qui lui tombait sous la main comme musique de jazz. Il entendit Léon Rappolo, qui n'était pas encore avec les New Orleans Rhythm Kings ; un cornettiste de La Nouvelle-Orléans, Emmett Hardy, objet de différentes légendes, Wingy Manone et Louis Armstrong, alors âgé de dix-neuf ans et qui jouait sur des riverboats qui s'arrêtaient à Davenport. Mais déjà Beiderbecke commençait à manifester cette espèce d'incapacité à se concentrer qui devait le poursuivre toute sa vie. Même adolescent, il était incapable de montrer quelque assurance face aux situations les plus ordinaires. Il était certainement intelligent, mais il ne put jamais assumer le minimum de travail que la plupart des écoliers intelligents, et même paresseux arrivent à accomplir pour ne pas trop inquiéter leurs parents. Il fut incapable d'obtenir une carte du syndicat des musiciens, surtout parce qu'il ne pouvait pas lire la musique à vue et, ainsi, il rata un tas de boulots qu'il briguait désespérément d'avoir. Mais plutôt que de surmonter l'obstacle il laissait faire les choses jusqu'à ce que quelques-uns de ses amis résolvent le problème pour lui. Il n'a jamais pu avouer à ses parents son intention de faire une carrière dans cette musique à la mode, honnie par eux ; Bix faisait tout juste ce que ses parents désiraient qu'il fît et, parfois, c'était un beau gâchis. Un jour ils l'envoyèrent en pension à Lake Forest Academy, une école à côté de Chicago, régie d'une façon militaire. Ce fut évidemment une grosse faute que de l'envoyer dans les parages de Chicago. Très vite, Bix fit partie d'une bande de garçons qui aimaient le jazz et ils se mirent à faire le mur pour aller en ville entendre le jazz la nuit, et, à l'occasion, se joindre à l'Orchestre des New Orleans Rhythm Kings pour « faire le bœuf »*. En même temps il se mit à boire. C'était au moment de la prohibition et avec les complexes d'inhibition qu'il avait déjà, il était inévitable qu'il se mette à boire. Mais il était clair, aussi, qu'il buvait plus que ne l'aurait fait, d'ordinaire, un jeune des classes secondaires à cette époque. Tout ceci était de trop pour la Lake Forest Academy et, à la fin, il fut renvoyé avant d'avoir terminé sa première année à cette école. C'était en 1922, il avait dix-neuf ans et ne savait faire autre chose que jouer du cornet.

Il avançait rapidement dans cette voie. Il était encore loin d'être un musicien accompli mais, depuis quatre ans déjà qu'il jouait, il avait acquis une assez bonne technique, une excellente oreille et assez de sensibilité pour bien jouer la musique de jazz. Il connaissait déjà quelques-uns des autres musiciens blancs de jazz, il « faisait le bœuf » avec eux et, très vite, ils trouvèrent du travail dans la région du Midwest. Presque tout de suite on le reconnut comme le meilleur. En 1924, un groupe de ces musiciens forma l'orchestre des Wolverines, suivant le modèle des New Orleans Rhythm Kings. L'orchestre fut reconnu assez bon pour trouver du travail dans des Universités et des théâtres et, à l'occasion, un engagement prolongé dans les salles de danse, surtout dans l'Ohio et l'Indiana. En février 1924, les Wolverines firent le premier d'une série d'enregistrements pour Gennet. Les disques eurent un succès relatif, commercialement parlant, mais ce qui fut plus important, c'est qu'ils eurent un véritable impact sur les musiciens de jazz, surtout les Blancs, comme celui qu'avaient produit sur Bix, sept ans plus tôt, les disques de l'Original Dixieland Jazz Band. Mais en fait c'était Bix qui avait produit l'impact.

* « Faire le bœuf » : aller jouer, en fin de soirée, avec un orchestre qui vous agrée (expression inventée, paraît-il, par Django Reinhardt, lorsqu'il jouait « Au bœuf sur le Toit », à Paris). Expression équivalant à participer à une jam session.

Aucun des autres musiciens de l'orchestre n'apporta quelque chose de plus au jazz. Donc, à vingt et un ans, Bix Beiderbecke fut un musicien connu parmi les musiciens de jazz.

Malheureusement, son problème d'alcoolisme empirait. Pendant le temps de la Prohibition, boire faisait partie d'un sport, comme d'aller chasser le renard. C'était un jeu risqué, il fallait montrer qu'on n'avait pas peur et on se sentait bien, après. Pour les musiciens de jazz, dont le travail se faisait dans des soirées, des réunions dansantes ou dans des bars, l'alcoolisme était un péril. Il est clair que Bix buvait autant que les autres et plus que beaucoup. Quand Bix eut vingt-trois ans, il est probable qu'il était un alcoolique invétéré, légèrement « parti » tout le temps.

Mais l'alcool n'avait pas l'air de gêner ou d'entraver, sur le moment, son jeu. Vers la fin de 1924, Bix quitta les Wolverines et quelque temps plus tard entra dans l'orchestre de Frankie Trumbauer. Celui-ci jouait d'un instrument, le saxophone en ut qui, de nos jours, à peu près disparu. A un moment où le saxophone était généralement très mal joué, Trumbauer était un excellent musicien du point de vue technique. Il était admiré par ses confrères noirs et blancs et fut imité de toutes parts. De leur temps, Trumbauer et Bix étaient considérés comme plus ou moins égaux par de nombreux musiciens, y compris les musiciens de jazz. Trumbauer, qui était né en 1903 à Carbondale dans l'Illinois, après son association avec Bix et après la fin des années 1930, ne joua qu'épisodiquement. Il mourut en 1956.

Bix et Tram (comme on l'appelait) travaillèrent en équipe, dans des orchestres, pendant presque tout le temps de la vie de Bix. Et leurs relations amicales étaient profitables à Bix. Tram était relativement plus posé et sa science musicale de grande qualité influença Bix. On a raconté que son style de toujours « raconter une petite histoire » aurait influencé Bix. Celui-ci travailla dans l'orchestre de Tram qui comprenait Pee Wee Russel, jusqu'en mai 1926. Puis Trumbauer reprit l'orchestre de Jean Goldkette et amena dans l'orchestre Bix et d'autres musiciens.

Jean Goldkette était un imprésario et organisateur de Detroit, qui dirigeait des orchestres, leur trouvait du travail et était aussi directeur du Graystone Ballroom, la plus importante salle de danse de la région. C'était un homme d'affaires habile ainsi qu'un musicien compétent et ses orchestres étaient des orchestres de danse commerciaux. Toutefois, le jazz était à la mode et Goldkette reconnaissait que le fait d'avoir quelques bons musiciens de jazz dans l'orchestre pour jouer des solos « hot » et pour donner du punch à l'ensemble était valable. De temps en temps plusieurs des meilleurs musiciens blancs du moment travaillaient dans son orchestre et le groupe en question, dirigé par Goldkette, qui avait pour vedettes Bix et Tram, était tenu en très haute estime par les autres musiciens. C'était sans conteste le premier et peut-être le seul des grands orchestres blancs de jazz, à cette époque. Quelques-uns des musiciens qui jouaient dans cet orchestre soutinrent qu'ils l'avaient emporté, en succès, sur l'orchestre noir de Fletcher Henderson lorsque les deux formations jouèrent, toutes deux, au Roseland Ballroom, une salle de danse très connue, à proximité de Times Square, à New York. Les mêmes musiciens prétendirent que cet orchestre ne fut jamais enregistré à ses meilleurs moments, car les compagnies de disques voulaient de la musique commerciale, plutôt que les arrangements « hot » qui avaient fait sa réputation, parmi les musiciens. De toute façon les disques qui existent montrent un orchestre capable de jouer au niveau, ou presque, de l'orchestre de Henderson dans sa forme la meilleure.

Cet orchestre de Goldkette avait aussi un arrangeur, Bill Challis, qui était en avance sur tous les compositeurs de jazz de l'époque, Henderson y compris. Plus tard il fit une carrière importante avec Paul Whiteman. Challis était au courant des tendances de la musique de concert moderne et utilisait ses connaissances dans son travail pour Goldkette. De plus, l'orchestre de Goldkette, avec Joe Venuti comme violoniste, Don Murray comme clarinettiste et Trumbauer, avait trois solides musiciens de jazz, et Bix, un musicien de premier ordre pour couronner le tout. Bix joue un solo exceptionnel dans « Clementine », et Don Murray – un musicien très sous-estimé – joue un excellent solo de saxophone-baryton dans « I'm Gonna Meat My Sweetie Now » et un superbe solo de clarinette dans « My Pretty Girl ». Ces deux enregistrements sont du niveau de l'orchestre de Henderson et il est peut-être juste de dire qu'à leurs meilleurs moments, quand l'orchestre de Goldkette jouait ses meilleurs arrangements, il aurait pu se mesurer avec l'orchestre de Henderson. Mais la section rythmique de Goldkette, exception faite du contrebassiste Steve Brown, était plus faible ; d'autre part, tous les musiciens de Henderson étaient essentiellement des musiciens de jazz, quelques-uns parmi les meilleurs, alors que plusieurs des musiciens de Goldkette étaient d'ordinaires musiciens d'orchestre de danse, à qui il manquait le tempérament jazz.

L'orchestre de Goldkette eut des ennuis financiers, durant l'automne de 1927 et, peu après, Bix, Trumbauer et quelques autres rejoignirent l'énorme orchestre de Paul Whiteman, dans lequel Bix restera, la plupart du temps, jusqu'à la fin de sa vie. L'orchestre de Whiteman a été calomnié. Ce n'était évidemment pas un orchestre de jazz et Whiteman savait pertinemment qu'il commettait une fraude, lorsqu'il se donna le titre de « The King of Jazz » (Le Roi du Jazz). Mais voyons le point de vue de Gunther Schuller :

> Une justesse parfaite, un très bon équilibre entre les sections et les attaques très nettes des musiciens ne produisent pas, nécessairement, quelque chose de superficiel. Dans les meilleures prestations de Whiteman il y a un feeling et une sonorité personnelle, aussi uniques, dans leur genre, que ceux d'Ellington ou de Basie. Seulement ce n'était pas basé sur une conception jazz. Nous ne pouvons pas le condamner automatiquement pour cette raison. Paul Whiteman, à son époque, avait une position un peu semblable à celle de Franck Sinatra ou des Beatles, à la leur. Pour Beiderbecke, rejoindre l'orchestre de Paul Whiteman c'était atteindre à un pinacle en quelque sorte. Cela signifiait qu'il avait une place enviable dans le « métier » et il semble clair qu'il fut plus fier d'être un soliste vedette chez Whiteman, qu'il ne le fut à occuper une des meilleures places dans le monde souterrain du Jazz.

Au moment où Bix rejoignit l'orchestre de Whiteman, il passait de plus en plus de temps au piano. Il s'était mis à s'intéresser aux œuvres d'un groupe de compositeurs américains, surtout Eastwood Lane et Edward Mac Dowell et à travers eux à Delius, Debussy, Ravel et d'autres modernes. Les amis de Bix furent impressionnés par le fait qu'il fût si absorbé par la musique classique, mais, en vérité, la compréhension qu'avait Beiderbecke de la musique de concert du XXe siècle était vague. Il se servit du savoir de Bill Challis et d'autres, mais les problèmes affectifs qui l'avaient fait échouer à l'école et lui avaient créé des difficultés pour apprendre à lire, à vue, la musique, l'empêchèrent d'étudier cette musique d'une façon systématique. Cependant il tira de ces compositeurs certains procédés harmoniques, surtout la gamme chromatique, dont Debussy se servait si souvent, et, nuit après nuit, il inclut ces concepts dans ses incursions sur le clavier. En fait, il rassembla quelques-unes de ces idées et composa quelques pièces – il ne les joua jamais deux fois de la même façon – qui furent publiées sous les noms de « Candlelights », « Flashes », « In the Dark » et « In a Mist ». Ces compositions ont été enregistrées par différents pianistes, dont Jess Stacy et, récemment, Dill Jones. La seule composition que Bix ait enregistrée lui-même fut « In a Mist ». Cela eut une grande vogue dans les milieux du jazz pendant que Bix vivait encore et est encore très prisé par les admirateurs de Bix. L'influence d'Eastwood Lane est spécialement évidente dans ces compositions.

Bix resta chez Whiteman jusqu'à l'automne de 1929. Il enregistra des douzaines de disques (de 78 tours) avec l'orchestre, jouant surtout dans les ensembles de trompettes. Ses solos sont peu nombreux et courts, d'habitude. Mais quelques-uns sont des joyaux. Ce qui est plus important c'est qu'entre 1927 et 1930 il enregistra avec nombre de groupes réunis pour l'enregistrement, la plupart, sous son nom ou celui de Trumbauer. Les musiciens de ces orchestres provenaient, d'habitude, de l'orchestre de Whiteman ; quelques-uns avaient connu Bix dans l'orchestre de Goldkette ou même avant cela. Plusieurs d'entre eux n'avaient qu'un modeste talent et n'étaient pas capables d'apporter à Bix le genre d'accompagnement qu'il méritait d'avoir. Mais la faute en incombait à Bix lui-même. Il y avait d'excellents musiciens à New York, où la plupart de ces enregistrements se firent, pour ne citer que Benny Goodman, Jack Teagarden et Pee Wee Russel, sans compter les innombrables et excellents musiciens noirs. Il choisit, à la place, la compagnie d'amis au talent peu évident. Sans doute c'était en partie parce qu'il avait peur d'offenser les gens, mais aussi c'était en partie dû à cet extrême manque d'assurance qui le caractérisait. On peut se demander ce qu'aurait été un disque de Bix, enregistré avec des artistes comme Teagarden et Pee Wee Russel. Et, aussi, ce que cela lui aurait apporté comme maturité musicale, de jouer régulièrement avec un Coleman Hawkins ou un Benny Carter.

Mais il ne fit pas ce choix et, à la fin de 1929, il était clair qu'il ne le ferait jamais. Quoique robuste de constitution (il était relativement grand de taille et adorait le base-ball) sa santé commençait à se détériorer sous l'effet de l'alcool. A l'automne de 1929 il eut un « breakdown » dû à ses nerfs malades et Whiteman le fit entrer à Davenport. Il entra dans un sanatorium et s'arrêta de boire mais il était comme vidé. Il retourna à New York et recommença à boire à nouveau. Son déclin physique et moral, après cela, fut rapide. En août de l'année suivante, souffrant de pneumonie et d'alcoolisme aigu, accompagné de delirium tremens, il mourut dans d'horribles souffrances dans une pension de famille, à Sunny Side, dans le quartier de Queens. Déjà idolâtré, il devint rapidement une légende : l'artiste sensible tué par la foule indifférente. Ce n'est pas discréditer Bix que le dire que ce mythe romantique ma paraît assez absurde. Les ennuis de Bix venaient de lui-même, surtout. Nous n'avons pas à imaginer que Bix fut poussé à boire par des « Philistins » qui ne comprirent pas son travail. Lorsqu'il eut son « breakdown », en 1929, il avait un brillant futur artistique devant lui. Il fut inconnu du gros public bien sûr, on n'imprima son nom qu'une seule fois dans sa vie. Mais il était adoré de ses amis musiciens ; il était un soliste en vedette dans la plus grande organisation de musique à la mode ; il faisait des disques sous son nom ; il gagnait assez d'argent pour pouvoir investir dans le marché financier, et le plus important de tout, il avait créé une œuvre si admirable que ni lui-même ni quelqu'un de bien informé n'eut de doutes sur son talent. La seule chose qui lui manquât était une renommée mondiale et cela serait venu en son temps. Évidemment, il ne faisait pas grand-chose dans l'orchestre de Whiteman qui pût témoigner de son génie, mais il faut se souvenir que personne ne l'obligeait à y rester. Avec la réputation qu'il avait parmi les musiciens, il aurait pu gagner très bien sa vie sans être un artiste sous contrat, pour pouvoir atteindre ses buts artistiques, car plusieurs de ses collègues n'ayant qu'une fraction de son talent le faisaient. Mais il choisit de rester protégé par l'argent et la sécurité de l'orchestre de Whiteman. Vu sous cet angle, il serait presque légitime d'affirmer que Bix fut tué par sa propre négligence.

En fait, ce n'était ni le premier cas ni le deuxième : Bix était simplement un jeune homme malheureux qui se battait avec ses problèmes, parce qu'il était « paumé ». Les racines de son mal venaient, il est certain, de l'écart entre ce qu'il voulait être et cette bourgeoisie à col dur dans laquelle il avait été élevé. Comme l'eau, l'être humain ne peut pas être comprimé et les réactions à de tels systèmes d'éducation, trop stricts et trop contrôlés, peuvent aller de la soumission abjecte à la rébellion. Bix Beiderbecke ne se résolut à prendre aucune de ces deux positions. Il se débattait entre les deux, incapable d'ignorer les règles de son rang social ou d'y obéir. Ainsi nous le voyons étudier le piano, mais refusant d'apprendre à lire à vue la musique. De même pour l'école de Lake Forest Academy, où il refuse d'étudier. C'est ainsi encore qu'il devient cette chose « abhorrée », un musicien de jazz, mais il travaille dans le milieu le plus respectable et « comme il faut » : l'orchestre de Whiteman. Mais cela ne passait pas néanmoins. Ses parents n'acceptaient toujours pas son choix dans la vie — seul son frère cadet se montra lorsque l'orchestre de Whiteman joua près de chez eux — et Bix ne l'acceptait pas non plus. Il était « fait » comme un rat dans un piège et, malheureusement, le calmant pour sa frustration était l'alcool.

Le résultat de tout ceci fut de le rendre presque totalement inefficace dans les occupations ordinaires de la vie. Bix était malheureusement une personnalité quasi infantile. Il était souvent en retard pour ses rendez-vous, ou il arrivait saoul, ou il les manquait tout à fait. En tant que Blanc venant d'une famille de la haute bourgeoisie il avait beaucoup plus accès aux leviers de la puissance, un accès qui aurait dû lui permettre d'accomplir une brillante carrière de son choix, comme Goodman, Ellington, Basie, Coleman Hawkins, Dizzy Gillespie et beaucoup d'autres l'ont fait. Au lieu de cela, il se laissait mener selon les désirs des autres. Si quelqu'un lui dénichait un enregistrement, il y venait tout simplement, au lieu d'insister sur le choix des musiciens, des thèmes à jouer, des arrangements et tout ce qui concerne la profession, choses pour lesquelles il était très compétent. Sa façon d'être avec les femmes était déroutante aussi. Il semble n'avoir tenu, vraiment, qu'à deux femmes seulement dans sa vie et cela pendant des périodes relativement brèves. Il traita Ruth Schaffner, la femme à laquelle il semblait tenir le plus, avec un manque d'égards consternant. Malgré ses protestations d'amour et de loyauté il la délaissa pendant des mois, écrivant rarement, passant par Saint Louis où elle vivait sans l'appeler. Il semble n'avoir fait aucun effort pour s'arrêter de boire, jusqu'au moment où il allait en mourir, et cet effort ne dura pas très longtemps. Bref, on peut dire que Bix n'était pas un homme à la sensibilité trop exacerbée pour pouvoir vivre, mais quelqu'un dont la vie affective aurait été désespérément contrariée par des conflits internes. Et je crois qu'il faudra finalement faire le point sur le fait que les problèmes personnels de Bix, loin de favoriser ses penchants et sa nature musicale, les entravaient au contraire. Imaginez ce que Bix, avec sa compréhension presque intuitive du principe mélodique, aurait pu accomplir s'il avait eu une personnalité comme celle d'Ellington ou même de Jelly Roll Morton. Au lieu de cela il se débattit comme un poisson sur le sable, puis il mourut. Les êtres humains sont capables de vivre sous le poids d'une terrible contrainte mais une infirmité psychologique n'aide pas plus un artiste, que ne peut l'aider un bras cassé.

Cependant, malgré son irresponsabilité et son tempérament parfois hargneux quand il buvait, Bix était, d'après tout ce qu'on a pu rapporter, très aimé par les gens qui le connaissaient. Ses amis lui pardonnaient tout, certainement parce que c'était un enfant perdu. Mais aussi faut-il compter avec son talent extravagant. Car qu'est-ce qui nous émeut et nous fait frémir et nous fait crier d'admiration encore maintenant ?

Pour commencer Bix avait ce timbre irrésistible. On dit toujours d'un musicien de jazz qu'il n'est « jamais aussi bon en disque qu'en chair et en os ». Il ne faut pas prendre ces assertions à la lettre, la plupart des gens qui entendaient Bix dans les premières heures du jour étaient pris dans une ambiance exaltée et étaient souvent saouls. Un studio d'enregistrement peut ne pas vous inspirer autant qu'un public vivant, mais il y a certains avantages à jouer dans des circonstances contrôlées, surtout si l'on n'a pas bu et qu'on est reposé. Il est vrai cependant qu'au moment où Bix enregistrait, la reproduction électrique du son était à ses débuts, et l'on peut s'imaginer seulement ce qui fut perdu dans sa sonorité que des contemporains disaient être analogue au son d'une cloche, comme si les notes avaient été obtenues par le choc de maillets. Son attaque était nette et ferme, sa justesse impeccable et sa sonorité chaleureuse mais possédait une résonance métallique qui peut être effectivement décrite comme le son d'une cloche. Son seul défaut dans la sonorité était une espèce de léger enrouement qui, de temps en temps, apparaissait au bord de ses notes. Ceci est un défaut commun parmi les musiciens jouant des instruments de cuivre ; il est causé soit par manque d'entraînement, soit par manque

Bix Beiderbecke enregistrant dans les Studios de la compagnie Gennett, à Richmond, dans l'Indiana, avec ses Rhythm Jugglers, le 26 janvier 1925. De gauche à droite, à moitié caché : Don Murray au saxophone baryton, Howdy Quicksell au banjo, Tom Gargano à la batterie, Paul Mertz au piano, Bix Beiderbecke à la trompette et celui qui devait devenir un des chefs d'orchestre les plus populaires : Tommy Dorsey au trombone.

de temps pour se chauffer les lèvres ou par une incertitude momentanée pour déterminer quelle note on doit jouer. Mais, même si on ne parle que de la sonorité, Bix a gagné une place dans l'histoire du jazz.

Mais il possédait bien plus que cela. Sa conception du principe mélodique continua à s'approfondir durant sa vie. Bien avant les autres musiciens de jazz il comprit l'importance primordiale dans la mélodie d'aller d'une dissonance à une consonance : par exemple, dans une phrase construite autour de l'accord de Do, il concevait la phrase et certaines notes particulières par des notes ne faisant pas partie de l'accord – un Ré allant vers le Do, un Fa dièze allant vers le Sol. Il employait aussi des onzièmes, des treizièmes ainsi que les quartes et les quintes augmentées, encore plus dissonantes et suggérées par la gamme atonale. Il employait ces notes non seulement expérimentalement ou pour donner une couleur occasionnelle mais comme une partie intégrale de son travail.

Bix était un artiste conscient ; tandis qu'il jouait, il pensait à préparer le Sol qui allait venir avec un Fa dièze dissonant.

Mais s'il avait eu une défaillance, ç'aurait été dans le rythme. Dans son tout premier travail, surtout avec les Wolverines, il n'avait pas échappé à l'habitude des apprentis musiciens blancs de marquer très fort le temps comme cela est clair dans son enregistrement de « Fidgety Feet », fait tôt dans l'année 1924. Mais déjà à l'automne de la même année, il avait fait de gros progrès en éliminant ce défaut. Dans son solo de « Tia Juana », par exemple, il emploie un triolet de noires et un trait formé de croches commençant à la deuxième moitié du premier temps d'une mesure et ces deux procédés allaient devenir caractéristiques de sa façon de jouer. En 1927, quand Bix était à son apogée, les rythmes peu subtils avaient disparu. Mais Bix dépendait beaucoup plus du rythme de base que ne le faisaient d'autres grands instrumentistes de jazz.

Toutes ces qualités – la compétence rythmique, une sonorité expressive, la richesse des harmonies – ne sont qu'une partie de ce qu'il faut pour être un grand musicien de jazz. Celui-ci devient un maître, dans son art, à la façon dont il sculpte ses lignes mélodiques et pour cela Beiderbecke n'avait que peu d'émules. Il employait comme théorie pour la composition d'un chorus, ce qu'il croyait avoir trouvé dans le jeu d'Armstrong, c'est-à-dire jouer deux mesures, en jouer encore deux autres qui y sont rattachées, faire suivre ces quatre mesures par quatre autres qui y sont reliées et ainsi de suite. Ce n'est pas Armstrong, il faut se le rappeler, mais Beiderbecke qui formula la théorie, et dans ses meilleurs choruses il semble la suivre catégoriquement. Écoutez par exemple son « Royal Garden Blues ». Le chorus en entier est d'une seule pièce. Il commence par un trait montant et descendant, plus ou moins chromatique pendant deux mesures, qui est alors récapitulé dans les deux mesures suivantes. Cette exposition tranquille, introspective est suivie par un accroissement graduel d'intensité, qui monte à son apogée, d'une façon plus vigoureuse et énergique, avec une sonorité plus forte et des notes plus hautes ; celles-ci à leur tour descendent vers un dénouement légèrement plus tranquille et se terminent par une petite phrase pensive, une réminiscence du trait d'ouverture. Une autre fois encore, dans le chorus bien enlevé, de « Goose Pimples » il répète une figure mélodique ardente, forcenée, trois fois de suite, à chaque fois très légèrement différente. La quatrième fois, tout à coup, d'une façon surprenante, il lui imprime un tour nouveau et la prolonge de deux fois sa longueur. Écoutez aussi « Way Down Yonder in New Orleans ». Les deux mesures du commencement nous font entendre une série de noires placées légèrement à contretemps, suivies par une variation sur cette même idée. Les quatrième et sixième mesures contiennent une figure mélodique de croches, qu'il continue d'élaborer dans la septième et la huitième mesure.

Dans les neuvième et dixième mesures où on fait un retour à la mélodie de la première mesure Bix fait une variation sur la figure de noires qu'il avait employée au début du chorus. Tout au long, le choix des notes et la façon de les placer sont impeccables et délibérées : on croit « presque entendre Bix penser ».

Les chefs-d'œuvre de Bix se trouvent dans « I'm comin' Virginia » et surtout dans « Singin' the Blues » qui fut copié par tous les trompettistes du moment et enregistré, note pour note, par de nombreux orchestres noirs et blancs. Dans les deux thèmes Bix joue avec Trumbauer. Tous deux prennent un tempo modéré presque lent et font montre d'une intelligence musicale supérieure, sculptant des lignes mélodiques sans faille, qui semblent logiques mais qui sont emplies de surprises. Ce furent les premières mesures du solo de Bix dans « Singin' the Blues », en particulier, qui étonnèrent les musiciens de l'époque. La première mesure contient une figure brève, qui est presque reproduite dans la seconde mesure. La troisième et la quatrième mesures amplifient ces mêmes figures et les quatre mesures suivantes reprennent le tout. C'est une des meilleures improvisations structurées de huit mesures dans le jazz. Bix Beiderbecke était un artiste conscient, plus qu'aucun de ses contemporains ou même que la plupart des musiciens depuis. Il n'était nullement question qu'il se lève simplement pour jouer son solo. Il savait avec précision ce qu'il faisait – ou, tout au moins, ce qu'il essayait de faire. Il savait exactement pourquoi il jouait telle ou telle note et pourquoi il la plaçait à tel endroit. Il était logique, avec de la suite dans les idées – un peu « germanique » si vous voulez –, mais c'était toujours à la manière de Mozart plutôt que de Bach. La façon dont il plaçait ses notes était exacte et délicate. Remarquez sa façon de jouer les paires de croches : la première est juste un peu plus longue que la seconde, la seconde est précédée d'une légère hésitation qui donne à l'auditeur le sens de la délicatesse et du tact de Bix. Il joue avec économie, car il ne joue jamais une note inutile, mais cependant il n'est jamais « sec ». Moins n'est pas plus, mais assez c'est exactement assez. Il y a une humilité dans sa façon de jouer, une humilité envers son art. Il a toujours l'air de dire, je ne veux pas faire une intrusion mais laissez-moi vous montrer cette merveille. Et effectivement ce sont des merveilles.

L'influence de Bix sur ses contemporains était directe et omniprésente. Des centaines de cornettistes blancs dans tout le pays essayèrent de l'imiter directement, dont Red Nichols et Sterling Bose, qui sont tous deux parfois pris pour Bix, même par des auditeurs avertis. Le cas de Bose est particulièrement intéressant. Il était, nous nous en souvenons, le cornettiste du groupe blanc de La Nouvelle-Orléans appelé les Arcadian Serenaders. En septembre de 1925, l'orchestre joua « contre » un groupe de Trumbauer pour disputer une joute. C'était à l'Arcadia Ballroom, à Saint Louis, et Bix faisait partie de l'orchestre de Trumbauer. On aurait cru que les musiciens du Midwest avaient écouté ceux de La Nouvelle-Orléans avec grand intérêt, mais, dès 1925 c'était déjà différent. Bose et Cliff Holman le clarinettiste-saxophoniste tombèrent immédiatement sous l'influence de Bix et de Tram. Et ce ne furent pas seulement les Blancs qui les imitèrent. Dave Nelson, un neveu de King Oliver, joua un solo à la Bix dans « Rockin' Chair », se servant même de parties de l'arrangement du « Rockin' Chair » dans lequel joue Bix. Fletcher Henderson prit « Singin' the Blues », note pour note de l'enregistrement de Bix et Tram, la section de saxophones jouant le chorus d'ouverture de Trumbauer et Rex Stewart jouant le chorus de Bix. Et dans l'orchestre de Bennie Moten, dont l'influence a été si grande, il se trouve un trompettiste – je n'ai pas pu déterminer lequel – qui jouait des imitations presque parfaites de Bix dans, par exemple, « When I'm alone », « Mary Lee » et « New Goofy Dust Rag ».

Mais un fait plus important que cette influence directe sur de nombreux musiciens, c'est que Bix a montré, à des trompettistes de l'époque, qu'il n'y avait pas qu'Armstrong dont on pût s'inspirer. Au lieu de cette vaillance, de cette exécution à caractère dramatique qu'Armstrong prisait, il était possible, comme l'a prouvé Bix, de jouer dans des limites physiques et affectives plus étroites, en faisant très attention au détail – en somme de la calligraphie plutôt que de grands caractères impérieux, le sonnet plutôt que le poème épique. Ceci est à peine surprenant. Quoique Armstrong et Beiderbecke soient nés à trois ans d'écart et aient tous deux commencé par apprendre l'idiome musical de La Nouvelle-Orléans, l'un avait grandi pieds nus, se débrouillant dans les bas-quartiers, et l'autre avait été élevé dans une société des plus sélects. Le jeu de chacun de ces musiciens était un peu comme la somme des circonstances de leur enfance, et un peu aussi, comme la somme des particularités de leur esprit et de leur sensibilité.

TROISIÈME PARTIE

Une musique originale

CHAPITRE XII

Henderson, Goldkette et la création du Grand Orchestre

Durant les années pendant lesquelles Louis Armstrong se créait une réputation, un groupe intéressant de jeunes gens de couleur se frayait un chemin aussi dans la musique de jazz, des jeunes gens dont l'éducation et l'enfance n'avaient rien de commun avec celles des pionniers de La Nouvelle-Orléans – ou en fait disons-le, de 95 pour cent des Noirs américains. Ces jeunes gens venaient de différents lieux : Fletcher Henderson était de Cuthbert, Georgie ; Duke Ellington et Claude Hopkins de Washington, D. C. ; Don Redman de Piedmont, West Virginia ; Luis Russel de Panama et Jimmy Lunceford de Fulton, Missouri. Mais malgré leurs différents lieux de naissance ils eurent une éducation semblable. Ils sont nés entre 1898 et 1903. Le père d'Ellington était dessinateur au service de la Marine nationale des États-Unis, le père d'Henderson le principal d'une école secondaire, les parents de Hopkins, des professeurs d'Université. A un moment où moins du tiers de tous les Américains terminaient leurs études secondaires – et encore moins dans la population de couleur – ces jeunes avaient tous une bonne instruction. Lunceford, Redman, Hopkins et Henderson avaient été à l'Université et Ellington refusa une bourse pour le Pratt-Institute of Art, afin de faire une carrière musicale. Lunceford avait appris la musique avec le père de Paul Whiteman ; Redman avait suivi les cours des conservatoires de Boston et Detroit ; Russel et Henderson avaient étudié la musique classique à cause de leurs parents qui aimaient la musique ; Hopkins avait étudié la musique à l'Université. Seul Ellington était autodidacte au commencement. Aucun d'eux, du moins dans les premières étapes de leur vie, ne fut un musicien de jazz. Ils ne connaissaient pas du tout la musique de La Nouvelle-Orléans, et ils étaient peu familiarisés avec la tradition musicale de l'ethnie de couleur.

Ils étaient, d'après les normes des Blancs, de la classe moyenne, mais pour les gens de la culture noire de l'époque, c'était le dessus du panier – des jeunes gens éduqués, venant de foyers confortables et dans la plupart des cas, « convenables ». Pourquoi ont-ils été attirés par la musique à la mode ? En partie, sans doute, parce que la jeunesse va vers les nouveaux courants d'une époque. Mais la raison principale en était qu'il n'y avait pas de place pour eux dans la musique classique, où la ségrégation fut rigide jusqu'après 1960 et très peu de place ailleurs. Ils ne sont pas venus à cette musique populaire à dessein ; ils s'y sont destinés parce que c'était un moyen de bien gagner sa vie et aussi de s'amuser par la même occasion. On avait besoin, dans les milieux de cette musique à la mode, du musicien de couleur ayant fait des études musicales, pour accompagner des chanteurs de couleur, pour faire des arrangements musicaux ou pour organiser et faire répéter des orchestres noirs.

Le fait que ces hommes avaient eu une éducation musicale de conservatoire ou quelque chose d'équivalent eut une influence sur la musique de jazz.

A cette époque, et encore aujourd'hui, l'instruction musicale était basée sur l'étude de l'harmonisation – c'est-à-dire l'écriture à plusieurs voix. L'écriture à plusieurs voix était aussi naturelle pour ces jeunes gens que le fait de respirer (exception faite de Duke Ellington qui apprit surtout par la pratique), et, inévitablement, quand ils concevaient un arrangement pour orchestre, c'était toujours sous la forme d'une mélodie harmonisée pour plusieurs voix mélodiques. La polyrythmie, la polyphonie, ces choses qui sont au cœur du jazz, ils les considéraient seulement comme des « embellissements ». Donc, au fur et à mesure de leur entrée dans la musique de jazz, ces musiciens amenèrent avec eux une conception « classique », plutôt que celle de la musique de La Nouvelle-Orléans. Par leur éducation ces hommes tendaient à changer la nature du jazz, mais cela ne se fit que progressivement.

La figure principale de ce groupe fut Fletcher Henderson, personnalité étrange et secrète. L'orchestre de Henderson a été toujours considéré dans l'histoire du jazz comme d'une haute importance. Cela étant, on s'attendait à trouver dans son chef un esprit dominateur et original, mais en fait il était exactement à l'opposé de cela. Fletcher Henderson souffrait d'un manque d'assurance presque pathologique. Invariablement il faisait juste ce qu'on exigeait de lui, et même le minimum. Le trompettiste Bill Coleman dit de lui : « Fletcher était un gars extrêmement timide. » Il exerça très peu ses fonctions de chef d'orchestre et, lorsque c'était possible, laissait faire les choses. Son orchestre poursuivit son chemin historique presque par hasard, pourrait-on dire.

Fletcher est né en 1897. Son père Fletcher Hamilton Henderson, senior, était le principal du Randolph Training School, une école secondaire pour des Noirs et sa mère Ozie Henderson fut pianiste et professeur de musique. Henderson commença à six ans à jouer du piano classique et continua à étudier pendant presque toute son adolescence. Il fut diplômé de chimie et de mathématiques à l'Université d'Atlanta, et, en 1920, vint à New York pour entreprendre une carrière de chimiste. Il ne put jamais commencer. Henderson sans doute ne se donna pas un mal fou pour essayer de forcer les portes mais le grand problème c'était qu'il n'y avait de travail nulle part pour des chimistes noirs. Pour gagner sa vie il prit donc un boulot à la Pace-Handy Music Company, une compagnie d'éditions musicales qui avait été transférée à New York en 1918 par W. C. Handy et Harry Pace, un assureur de Memphis. A cette époque tous les éditeurs de chansons avaient un pianiste chez eux, pour jouer les morceaux à des acheteurs possibles *. Henderson devint le pianiste chez Pace-Handy. Puis, en 1921, Pace quitta l'édition musicale pour fonder Black Swan

* C'est ainsi que George Gershwin commença sa carrière musicale.

(Cygne Noir) la première et à l'époque la seule compagnie de disques gérée et exploitée par des Noirs. Il prit avec lui Henderson comme factotum musical. Celui-ci se rendit utile, accompagnant des chanteurs et chanteuses pour les enregistrements, réunissant des orchestres d'accompagnement lorsque c'était nécessaire, et, de cette manière, il devint chef d'orchestre. Il obtenait occasionnellement du travail pour ces groupes et, dès 1923, trouvait assez d'affaires pour garder un orchestre sur une base semi-permanente. Cette année-là quelques musiciens de l'orchestre entendirent parler d'une audition pour le club Alabam, à côté de Time Square. Selon son tempérament, Henderson ne voulait s'engager à rien, mais les autres musiciens le persuadèrent de participer à la compétition et ils gagnèrent.

Ceci se passait donc au commencement de l'ère du jazz. Il y avait une vogue à ce moment-là non seulement pour la « musique des Nègres » mais, parmi les gens de la haute société, pour les Nègres... en tant qu'ethnie. Des artistes modernes, surtout Picasso et Matisse, avaient découvert la sculpture africaine dans laquelle ils distinguaient des correspondances avec le cubisme. Van Vechter écrivait à l'époque *Niger Heaven* (Le Paradis des Négros) sur la vie à Harlem (quartier de New York habité par les Noirs). Les gens les plus instruits de la classe moyenne témoignaient de l'intérêt aux Noirs. Cela faisait partie de la tendance intellectuelle du moment. La séparation de fait entre les Blancs, surtout ceux de la classe moyenne, et les Noirs, les étonnait et les indignait. Un Blanc de la classe moyenne ne voyait un Noir que dans le rôle d'un serveur, d'un boxeur ou d'un chanteur frénétique. Ce qu'il avait du mal à imaginer c'était le chef de famille noir se faisant du souci au sujet du travail scolaire de ses enfants, ou sortant sa famille pour aller se promener à Coney Island, le dimanche.

Quelques patrons de cabaret profitant de cette vogue pour les gens de couleur et aussi de la mentalité des gens, pendant la Prohibition, ouvrirent des cabarets avec une ambiance noire mais n'ayant que des Blancs comme clients. Ces cabarets avaient des noms fleurant le Sud comme le Kentucky Club ou le Cotton Club. Ils étaient décorés de motifs suggérant des Africains dans la jungle et on y faisait passer des chanteurs de couleur, des danseurs, des musiciens qui donnaient des « floor shows » c'est-à-dire des spectacles sur la piste de danse devant le podium de l'orchestre. Marshall Stearns, un des meilleurs historiens du jazz, maintenant décédé, se souvient d'un « floor show » au Cotton Club dans lequel « un Nègre de couleur claire, magnifiquement musclé, sautait d'un décor de jungle en papier mâché, sur la piste de danse. Il portait un casque d'aviateur, des lunettes protectrices et était habillé d'un short. De toute évidence, il avait été " forcé de descendre avec son avion dans l'Afrique la plus noire " et, au centre de la piste, il arrivait sur une déesse " blanche " habillée de sa longue chevelure blonde et adorée par des Noirs d'apparence servile agenouillés en cercle autour d'elle. Sortant un fouet de cow-boy d'on ne sait où, l'aviateur " sauvait " et " enlevait " la blonde et ils faisaient ensemble une danse de caractère érotique ».

Le mélange de l'exotisme noir, du sexe, de l'alcool et de la musique noire « pleine d'entrain » fut un succès. Nombre de cabarets s'ouvrirent dans les environs de Times Square, puis à Harlem où les autorités policières s'intéressaient moins à la vente de l'alcool qu'à Broadway. Harlem, à cette époque, n'était pas le quartier sordide de nos jours, mais une enclave noire de gens de classe moyenne ou de travailleurs. Il y avait évidemment des cabarets pour les Noirs, tel le Savoy Ballroom mais ceux qui étaient très connus, comme le Connie's Inn ou Small's Paradise étaient tenus par des Blancs pour une clientèle blanche. Aussi dégradant que cela pût être pour des Noirs d'y jouer, ces clubs avaient néanmoins l'avantage de donner du travail aux jeunes musiciens de couleur et de leur procurer un endroit où ils pouvaient jouer et se perfectionner. Il en sortit quantité d'excellents musiciens de jazz.

L'orchestre que Henderson dirigea au Club Alabam en 1923, comprenait des musiciens qui devinrent célèbres : Coleman Hawkins, Charlie Green, Joe Smith et l'arrangeur Don Redman. L'orchestre, au commencement, n'était pas vraiment un orchestre de jazz ou quelque chose d'approchant. Les musiciens jouaient pour la danse, des valses aussi bien que des fox-trots et accompagnaient les chanteurs et chanteuses du Club.

Nous oublions souvent que dans les premières années 20, le jazz n'entrait que depuis peu dans la conscience publique, et qu'en dehors de La Nouvelle-Orléans les Noirs mêmes ne le connaissaient pas toujours. D'autre part, des Noirs des grandes cités du Nord, surtout lorsqu'ils sortaient de familles de la classe ouvrière, n'avaient guère eu de contact avec la musique négro-américaine. Ethel Waters nous raconte comment Henderson avait dû apprendre à jouer du jazz lorsque cette musique fut à la mode dans les années 20. A la base, l'orchestre de Henderson jouait des blues – qui n'étaient pas toujours authentiques. Il jouait aussi des airs populaires comme « Linger awhile » qu'il enregistra en 1924 (avec un horrible duo de trompettes). Le clarinettiste Don Redman fait plus penser à Larry Shields qu'à Johnny Dodds ou Sidney Bechet. Les solos de Coleman Hawkins, qui devait devenir plus tard le premier saxophoniste de jazz, étaient encore maladroits. Joe Smith qui ne restait que d'une façon intermittente dans l'orchestre, avait une superbe sonorité mais son phrasé était encore assez raide. Seul Charlie Green montrait un vrai tempérament de jazzman. Mais l'orchestre avait du succès néanmoins et des gens commençaient à aller l'écouter. Grâce à Henderson et à ses contacts dans l'industrie du disque, l'orchestre enregistra souvent ce qui l'aida à se faire mieux connaître.

Durant ce temps le Roseland Ballroom employait l'orchestre créole de La Nouvelle-Orléans dirigé par Armand Piron – qui n'était pas un orchestre de jazz – pour jouer en alternance avec l'orchestre blanc de Sam Lanin. Lorsque les musiciens de Piron eurent le mal du pays et s'en retournèrent à La Nouvelle-Orléans, les propriétaires du Roseland offrirent l'affaire à Henderson. Selon son comportement habituel, celui-ci ne bougea pas, mais au milieu de 1924 il se brouilla avec les gens du Club Alabam et l'orchestre déménagea au Roseland. A ce moment-là, les musiciens de Lanin, qui n'aimaient pas jouer en alternance avec des musiciens noirs, partirent, laissant le champ libre à l'orchestre de Henderson. Pendant dix ans, à part les moments de tournées, le Roseland devint le fief de l'orchestre de Henderson. Cet orchestre, peu à peu, se mit à jouer vraiment du jazz.

La théorie standard parmi les critiques du jazz est que dès l'arrivée de Louis

L'orchestre de Fletcher Henderson en 1924, Coleman Hawkins (à moitié couché) est le deuxième à gauche, Louis Armstrong est assis juste derrière lui, Fletcher Henderson est assis derrière la batterie, Buster Bailey est assis derrière le tuba, Don Redman est assis à l'extrême droite et Charlie Green est assis tout à côté de lui, à sa gauche. (Photographie Culver.)

Armstrong dans l'orchestre de Henderson en 1924, les musiciens se mirent à jouer vraiment du jazz, mais en écoutant les disques, on s'aperçoit que le changement se fit plus graduellement. Les influences provenaient de plusieurs directions. Henderson employait souvent des membres du groupe pour accompagner des chanteurs ou chanteuses pendant des enregistrements. C'est ainsi qu'ils s'exerçaient à jouer le vrai blues. Joe Oliver, Bix Beiderbecke Jelly Roll Morton et Louis Armstrong enregistraient déjà depuis 1923.

L'orchestre de Goldkette joua en alternance avec l'orchestre de Henderson pendant un court laps de temps, en 1926. Des pianistes comme Thomas « Fats » Waller, James P. Johnson, Luckyeth Roberts et Willie « the Lion » Smith habitaient New York vers le milieu des années 20. Le Memphis Five, groupe de musiciens blancs, avait travaillé et enregistré à New York, depuis 1919. Ce que nous avions alors, c'étaient de jeunes musiciens qui, comme des milliers d'autres aux États-Unis, entendaient une nouvelle musique dans une variété de formes vraies ou abâtardies. C'était excitant, c'était la vogue et on en demandait. Donc ils furent pris dans le jeu, commencèrent, d'abord, à essayer de jouer cette musique, puis tentèrent de lui faire prendre d'autres directions.

D'après les souvenirs de Don Redman, qui parurent dans la revue *Jazz Panorama,* c'est lui-même qui fit tous les arrangements pour l'orchestre de Henderson en 1923 et 1927, à part un ou deux écrits par Coleman Hawkins. Redman, né en 1900, trois semaines après Armstrong, fut un enfant prodige qui commença à jouer du piano à l'âge de trois ans et dirigeait l'orchestre de l'école quand il était encore à l'école primaire. Il écrivait déjà des arrangements à treize, quatorze ans et vu ce passé extraordinaire et ses études au conservatoire, il n'y a aucune raison de douter que Henderson l'ait chargé d'écrire pour l'orchestre. Combien d'idées Redman emprunta-t-il à Henderson et quelle aide les autres membres de l'orchestre lui apportèrent-ils ? Nous ne le savons pas. En tout cas, la direction que prenait l'orchestre était logique, ce qui suggère le travail d'un arrangeur principal.

Très tôt, Redman comprit le principe qui anime toute écriture pour grand orchestre et qui consiste à diviser l'orchestre en sections d'anches et de cuivres et les faire jouer l'une contre l'autre. (Plus tard, quand les orchestres s'agrandirent encore, la section des cuivres fut subdivisée en section de trompettes et section de trombones). Fréquemment les saxophonistes prenaient la clarinette, ajoutant ainsi une autre voix. Comme nous le verrons, ce développement a pu se faire par l'arrivée du saxophone, qui, auparavant, ne servait que comme instrument des orchestres de danse. Généralement, une section jouait la principale ligne mélodique ou le riff * dominant, auxquels l'autre section répondait. Redman commença à faire jouer les sections l'une contre l'autre, dès janvier 1924, dans le disque « Darktown Has a Gay White Way » et, à la fin de cette même année dans « Copenhagen » qui contient un des premiers solos d'Armstrong avec l'orchestre, Redman avait élaboré l'arrangement avec tant de minutie que, d'après une analyse de Gunther Schuller, dans

* Riff : court fragment mélodique de deux ou quatre mesures, utilisé d'une façon répétitive et rythmique, pour soutenir ou accompagner une ligne mélodique.

son *Early Jazz* (Le Jazz d'autrefois) la musique va d'une section ou d'un soliste à une autre section ou à un autre soliste vingt-quatre fois en trois minutes. De plus Redman écrivait à ce moment-là des « solos » pour des sections entières – c'est-à-dire des variations sur la mélodie à la manière d'un chorus improvisé, harmonisées pour des saxophones ou des cuivres. Au point de vue rythmique l'orchestre était encore un peu raide, c'est certain, en comparaison de ce que faisaient Armstrong et Oliver dans leurs enregistrements réalisés à Chicago, à la même époque. Mais l'orchestre commençait à swinguer.

Pendant les années 1927-1928, l'orchestre avait atteint son apogée, sa période appelée « classique ». Henderson petit à petit améliorait le personnel de l'orchestre. En 1927, Benny Morton, qui allait devenir un des meilleurs trombonistes de jazz, et Jimmy Harrison, en faisaient partie. Buster Bailey était meilleur à la clarinette que Don Redman, qui quitta l'orchestre, en 1927, pour devenir l'arrangeur et le directeur musical de l'orchestre des MacKinney's Cotton Pickers. Hawkins commençait à jouer d'une façon sensationnelle et Tommy Ladnier, un excellent trompettiste, se partageait les soli avec Joe Smith. Avec les musiciens de première classe le composant et plusieurs années d'expérience, l'orchestre jouait très juste et très proprement dans les ensembles et les solistes étaient parmi les plus grands. Dans les meilleures faces de cette époque, telles que « Hop off », « Stockholm », et « Swamp Blues » l'orchestre swingue du commencement à la fin. Mais malheureusement cela n'allait pas durer. Vers le milieu de 1927, lorsque Redman quitta l'orchestre, Henderson chercha partout pour trouver de nouveaux arrangeurs. Il en essaya plusieurs mais aucun ne le satisfit. Puis, en 1928, Henderson fut blessé à la tête dans un accident d'auto. Des gens qui l'avaient connu prétendirent qu'il fut très perturbé à la suite de cet accident et qu'il avait encore plus tendance à laisser les choses suivre leur cours. Puis, en 1929, alors que l'orchestre aurait dû être à son apogée, il y eut la catastrophe finale.

L'histoire est rapportée ainsi, par Samuel B. Charters et Leonard Kunstadt, dans leur très utile *Jazz: A History of the New York Scene* (Le Jazz : une histoire de ce qui se passait à New York) : l'orchestre de Henderson alla à Philadelphie répéter pour une revue dont le directeur musical était Vincent Youmans, un compositeur de chansons américain bien connu. Il y avait, en plus du groupe de Henderson, à peu près vingt autres musiciens blancs, la plupart jouant des cordes. Youmans suggéra, comme Fletcher n'avait pas d'expérience des revues musicales, qu'on ferait venir un directeur musical. Il était clair que les musiciens blancs ne voulaient pas être dirigés par un chef d'orchestre noir. Henderson, selon son habitude, acquiesça. Dès les premières répétitions, le nouveau chef commença par renvoyer, un à un, les musiciens de Henderson et à faire prendre leur place par les nouveaux musiciens blancs. De nouveau, Henderson ne voulut pas revendiquer ses droits et accepta les renvois avec un haussement d'épaules, même quand son meilleur ami dans l'orchestre, le drummer Kaiser Marshall eut le même sort. L'orchestre se démembra, les musiciens, très amers, partirent et quelques-uns ne retravaillèrent plus jamais pour Henderson.

Alors celui-ci fit des pieds et des mains, remonta une nouvelle formation et trouva de nouveaux arrangements mais pendant à peu près un an ou plus l'orchestre n'enregistra que très peu. Henderson continua cependant à s'accrocher et, dès 1931, l'orchestre était à nouveau sur pied et enregistrait des disques fort prisés tels que « House of David Blues » « Radio Rhythm » et l'extraordinaire « Just Blues ». De l'ancien groupe, Coleman Hawkins et Jimmy Harrison et peut-être bien Benny Morton étaient restés. Le tromboniste Claude Jones (sorti du moule Harrison-Morton) et le cornettiste Rex Stewart, qui plus tard fit une carrière importante chez Duke Ellington, avaient été rajoutés. Le drummer Walter Johnson apporta sa contribution fort pertinente comme nous le verrons plus tard. Fut encore ajouté à l'orchestre le saxophoniste-alto Benny Carter, un musicien qui avait fait d'excellentes études musicales et était devenu par la suite un des meilleurs sur son instrument ainsi qu'un magnifique arrangeur.

Quoique Carter et d'autres écrivissent des arrangements pour l'orchestre, Henderson fut obligé d'écrire aussi quelques arrangements et il s'avéra qu'il fut un des meilleurs. « Just Blues » montre ce dont il était capable, quand il le voulait bien. C'est comme une véritable vitrine pour les solistes et l'enregistrement est construit sur des échanges entre les solistes et les sections. Les figures arrangées sont la simplicité même, mais si logiquement agencées que le morceau, qui comprend un superbe solo de Benny Morton, forme un tout du commencement à la fin. Henderson écrivait des arrangements beaucoup moins fournis et plus simples que Don Redman. La conception en était ferme et claire : trouver une figure pour les saxophones, puis une autre, mais exactement celle qu'il faut, pour que les cuivres sonnent « contre » les saxophones. Avec cela, des solos en bonne proportion – juste assez pour qu'il y ait un contraste sans que le disque devienne une simple suite de solos. C'est une formule simple mais comme toute formule simple c'est ce que l'on fait avec qui compte. Henderson l'employait mieux que quiconque. Son « Down South Camp Meeting » et « Wrapin'it up », qui, plus tard, rendit Benny Goodman célèbre, ont une grâce légère, aérienne et sans prétention et ne montrent aucune trace de tension ou d'effort. Dicky Wells, tromboniste de l'orchestre, pendant un moment, a dit « Fletcher écrivait de telle façon que les notes avaient l'air de venir de manière désinvolte. On n'avait qu'à jouer les notes et l'arrangement swinguait de lui-même. Il n'écrivait pas de notes trop hautes – il n'y avait pas de cris – mais sa musique vous rendait tout heureux intérieurement ».

Malgré le fait qu'il ait pu encore une fois réunir un orchestre qui était à l'avant-garde, Henderson était devenu un personnage pitoyable. D'après les histoires qu'on raconte, il était vraiment sous l'emprise de sa femme, une trompettiste qui, à l'occasion, venait jouer avec l'orchestre. De plus il n'avait aucun contrôle sur ses musiciens et ne pouvait compter sur leur loyauté ; tôt ou tard ils partaient tous pour jouer dans d'autres orchestres. Trop souvent, il avait laissé la direction musicale de son propre groupe en d'autres mains que les siennes. Et à la fin ce fut Benny Goodman et non Fletcher Henderson qui acquit la célébrité et la richesse, grâce aux arrangements de Fletcher, cette musique si belle que ses propres orchestres avaient développée dans une large mesure.

Henderson apporte trois choses. En premier lieu il fut peut-être le meilleur juge des capacités et des talents des musiciens : presque tous les grands musiciens de jazz de couleur de l'époque ont joué dans ses orchestres successifs. Les plus grands saxophonistes-ténors de cette période, que ce soient Coleman Hawkins ou Chu Berry, puis Lester Young, se sont succédé dans l'orchestre. Les plus grands trombonistes, à l'exception de Teagarden, furent Jimmy Harrison, Dicky Wells, Benny Morton, Claude Jones, Sandy Williams, J. C. Higginbotham. Tous ont joué avec Fletcher.

En second lieu, Henderson était un excellent musicien. Quoiqu'il ne pût discipliner ses musiciens, il leur insuffla le respect pour le métier de musicien et ces hommes pouvaient légitimement s'enorgueillir d'être capables de jouer des arrangements difficiles, avec précision et une belle sonorité.

Et en dernier lieu il y avait ce talent d'arrangeur tragiquement sous-employé. Quand on regarde de près, Henderson avait un ensemble de qualités qui l'aurait parfaitement désigné pour être le meilleur chef d'orchestre de l'ère dite du « swing ». Il n'y avait qu'une chose qui n'allait pas, il ne pouvait pas être vraiment un chef.

Fletcher Henderson continua au cours des années 30 et même plus tard à avoir, puis à perdre son orchestre. Mais il fut éclipsé par ses anciens rivaux ou par de nouveaux arrivés. En 1935, complètement à fond de cale, il vendit à Benny Goodman un paquet de ses meilleurs arrangements et par cet acte même fit naître la vogue des orchestres dits « swing » (Il joua aussi du piano, avec l'orchestre de Goodman, pendant un certain temps.) Le succès initial qu'obtint Goodman fut construit sur les arrangements de Henderson. Tout alla mal pour Henderson après cela. Sans argent, il fut peu à peu oublié, excepté par les « fans » du jazz et les vieux musiciens.

Dès les dernières années 20, il était déjà défié par plusieurs formations rivales. Le premier de ces orchestres fut celui des musiciens blancs de Goldkette, avec Beiderbecke. Comme nous l'avons déjà vu il y avait dans cet orchestre quelques excellents solistes qui pouvaient à l'occasion donner du fil à retordre à Henderson. Cependant, l'orchestre de Goldkette se dispersa en 1926, pour des raisons financières, au moment où l'orchestre de Henderson atteignait son apogée. Lorsque l'orchestre de Goldkette sombra, ce dernier, qui avait besoin d'orchestres pour le Gaystone Ballroom qu'il gérait musicalement, décida de soutenir un orchestre noir, pas du tout connu, dirigé par William MacKinney. Goldkette tablait, en partie, sur la vogue de la musique produite par les musiciens de couleur mais, sans doute, il était aussi motivé par le fait que les orchestres noirs coûtaient beaucoup moins cher que les orchestres blancs. Vers 1930, Paul Whiteman, par exemple, payait la plupart de ses musiciens importants entre 250 et 350 dollars par semaine. Évidemment Whiteman était celui qui payait le mieux, mais néanmoins des musiciens d'orchestres noirs considéraient que 75 dollars par semaine était une bonne paie.

Nous savons peu de choses sur William MacKinney, sauf qu'il venait de Paducah, Kentucky, et dirigeait de petits orchestres dans le Midwest, après la Première Guerre mondiale. Goldkette donna à l'orchestre le nom de MacKinney's Cotton Pickers. En 1927, Goldkette attira Don Redman de l'orchestre de Henderson et lui fit diriger le MacKinney's Cotton Pickers. Soutenu par de bons musiciens, quelques-uns provenant de l'orchestre de Henderson (dans une fameuse session en 1929, Redman enregistra presque tout l'orchestre de Henderson sous le nom de Cotton Pickers) et par ses propres arrangements, l'orchestre devint rapidement l'un des orchestres de danse les plus réputés de l'époque. Redman le dirigea, jusqu'en 1931, lorsqu'il forma le premier d'une série d'orchestres qu'il devait diriger pendant les années de l'ère dite « swing ».

En 1927, un des Noirs de la classe moyenne qui était venu au jazz en même temps que Henderson, entra avec son orchestre au Harlem's Cotton Club, pour y rester pendant cinq ans, ce qui devait le rendre célèbre. Il s'agissait de Duke Ellington, dont nous parlerons en détail plus loin. Celui-ci, vers 1931, avait un orchestre si bien exercé qu'il était capable de défier l'orchestre de Henderson. En 1929, arriva à New York un autre de ces Noirs éduqués, ce fut Luis Russell, qui avait fait des tournées avec King Oliver. Russell, né en 1903 à Panama, avait comme père un maître d'école doublé d'un musicien accompli, Felix Alexander Russell. En 1919, Luis, par un coup de chance extraordinaire, gagna 3 000 dollars à la loterie. Il fit venir sa famille à La Nouvelle-Orléans où, avec sa solide base musicale, il put trouver beaucoup de travail, avant l'exode des musiciens vers Chicago, en 1924. Par ses contacts de La Nouvelle-Orléans, il put travailler avec King Oliver, puis, vers 1928 ou 1929, il reprit l'orchestre d'Oliver et le fit travailler dans un cabaret de Harlem, le Saratoga Club, où il devait rester plusieurs années. L'orchestre comprenait d'excellents solistes : le saxophoniste-alto Charlie Holmes, capable de défier Johnny Hodges de chez Ellington ; l'excellent clarinettiste de La Nouvelle-Orléans Albert Nicholas ; le tromboniste J. C. Higginbotham, musicien plein de feu avec une très bonne technique et jouant avec un son large qu'il truffait de glissandos et de notes « sales » ; et le plus important de tous : le trompettiste « Red » Allen.

Allen était, pendant la première moitié des années 30, le deuxième après Armstrong, parmi les meilleurs trompettistes de jazz noirs. Né à La Nouvelle-Orléans en 1908 et fils d'un trompettiste de vieille tradition il joua par-ci par-là dans la cité, tout comme Armstrong, travailla avec Fate Marable dans les riverboats, puis rejoignit King Oliver à Chicago. Il développa son style en s'appuyant sur celui d'Armstrong. Il jouait d'une façon spectaculaire dans le registre aigu, avait une sonorité large et chaleureuse et faisait flamboyer la mélodie. En 1929, Victor décida de lui donner sa chance comme une « réponse » à Armstrong. Il vint à New York, commença à travailler avec Luis Russell et enregistra beaucoup, souvent avec les musiciens de l'orchestre de Russell. A cette époque il avait acquis un style chantant, modelé peut-être sur celui d'Armstrong, mais très personnel. Pendant les années 30 il travailla avec divers orchestres, dont ceux de Henderson et d'Armstrong. A partir de 1949, il travailla surtout avec de nombreux petits groupes et resta actif dans le jazz jusqu'à sa mort en 1967. On peut mesurer sa réputation parmi les musiciens du fait qu'à travers trois des périodes de l'histoire du jazz il travailla avec les meilleurs orchestres du moment : l'Excelsior Band, Marable, Oliver, Henderson, Armstrong et, pendant une courte période, avec Ellington et Benny Goodman. Au point de vue technique il faisait autant d'impression qu'Armstrong. Toutefois il manquait de cette conception très sûre du jazz et de la logique musicale de Louis. Allen était toujours très excitant à entendre mais parfois les notes semblaient se déverser pêle-mêle. Néanmoins, à ses meilleurs moments, c'était un excellent musicien plein de brio, capable autant de faire des traits d'une vélocité foudroyante, que de jouer des blues émouvants. Des exemples de ses meilleurs moments se trouvent dans « It Should Be You » et « Biff'ly Blues » enregistrés avec l'orchestre de Luis Russell sous le nom de Henry « Red » Allen. Ce qu'il doit à Armstrong s'entend clairement ici ; Allen étire des phrases et joue des figures mélodiques dans l'aigu, pleines de brio. Ce sont des solos très sentis. (« It Should Be You » comprend aussi d'excellents solos par « Red » par le saxophoniste-alto Charlie Holmes, le clarinettiste Albert Nicholas et le tromboniste Higginbotham.) Dans « Hocus Pocus », morceau construit sur un simple riff typique, arrangé par Fletcher, avec l'orchestre de Henderson, Henry Allen, dans son court solo, joue avec un feeling tranquille et contrôlé.

L'orchestre de Luis Russell n'a jamais été reconnu à sa juste valeur par les critiques de jazz. Certes les arrangements, la plupart écrits par Russell, ne furent pas aussi intéressants que ceux de Henderson, Redman ou Ellington, ils servent la plupart du temps à coordonner un solo à un autre. Mais les solistes étaient aussi bons dans cet orchestre que ceux d'autres groupes du moment. La section rythmique menée par le contrebassiste Pops Foster de La Nouvelle-Orléans était capable de donner un support sans défaillance aux solistes. Les musiciens qui avaient fait partie de cet orchestre s'en souvenaient avec émotion. Henry Allen raconte : « Il y avait un amour fraternel dans cet orchestre. C'était aussi celui qui swinguait le plus à New York. Il mettait le public en transe. »

On peut entendre l'orchestre de Luis Russell swinguant au maximum dans « Saratoga Shout » qui a pour base les accords de « When the Saints go marching in » et surtout dans « Panama », très enlevé avec de très beaux solos en particulier de J.-C. Higginbotham et du saxophoniste-ténor peu connu Greely Walton. Excellent aussi le « Higginbotham Blues » enregistré par un groupe tiré de l'orchestre de Russell dans lequel Foster joue de l'archet superbement tout au long. Le disque contient aussi de magnifiques solos surtout par Higginbotham mis en vedette. Ces musiciens, plus impétueux que la plupart de leurs rivaux, ne laissaient pas le formalisme s'immiscer dans leur façon de jouer.

Il y eut encore d'autres orchestres. Dès 1931, Chick Webb, un drummer bossu, qui plus tard découvrit Ella Fitzgerald, dirigea son orchestre au Savoy, au Roseland Ballroom et au Cotton Club.

Les Missourians, sous la conduite du chanteur à la mode Cab Calloway, passaient aussi au Cotton Club ou dans des endroits semblables. Tous ces orchestres étaient des orchestres noirs et il est intéressant de noter que, pendant ces premières années 30, tandis qu'il y avait beaucoup de travail pour de bons orchestres noirs, les musiciens blancs avaient du mal à trouver des endroits où jouer. Une fois de plus les préjugés raciaux se faisaient jour. On préférait les Noirs pour les cabarets, les shows et revues, qui demandaient la musique dite « hot », mais on ne les admettait pas dans les salles à manger ou salles de danse des hôtels réservés aux Blancs.

Comme conséquence ironique de cette ségrégation musicale, les orchestres blancs furent contraints de jouer des airs à la mode et de la musique de danse dans le style blanc de cette époque, truffé d'effets affreux, alors que quelques-uns d'entre eux étaient capables de jouer du bon jazz. Un de ces orchestres était le Casa Loma Orchestra, orchestre dont les membres étaient organisés en coopérative et qui, plus tard, fut connu sous le nom de Glen Gray's Casa Loma Orchestra. L'orchestre Casa Loma commença en imitant franchement l'orchestre de Goldkette. Ses musiciens répétaient beaucoup, jouant des arrangements assez raides d'airs à la mode, mais pouvaient swinguer à l'occasion. D'autre part l'orchestre comprenait un ou deux musiciens capables de faire de bons solos, parmi eux le clarinettiste Clarence Hutchenrider, qui jouait encore du jazz dans les années 70. En dehors de l'orchestre Casa Loma, il y avait aussi les groupes rivaux menés par Red Nichols et Ben Pollack, qui employèrent les meilleurs musiciens blancs comme Teagarden, Goodman, Mac Partland, Pee Wee Russell, Bud Freeman et d'autres, mais comme ils travaillaient surtout dans les grands hôtels et restaurants, ils ne pouvaient guère jouer du jazz. Ces orchestres firent d'innombrables enregistrements sous beaucoup de noms différents (plusieurs des faces enregistrées par Pollack sortirent sous le nom de Whoopee Makers. La plupart des enregistrements étaient commerciaux et parfois abominables mais, de temps en temps, il y avait des solos de jazz ou même une exécution totalement jazz.

Mais au fond, la plupart des enregistrements d'orchestres blancs pendant les premières années 30 étaient de peu de valeur. Les disques de jazz étaient faits par les Noirs.

Cependant des changements allaient se produire. En 1933 la prohibition prit fin et le fait de boire avait perdu sa nuance romantique. Les cabarets dans lesquels on jouait du jazz commencèrent à péricliter. Mais la scène avait été préparée pour l'arrivée d'une nouvelle vogue – la musique que le public américain appelait « swing ». Les années entre 1925 et 1935, une période d'expérimentations et d'études – Henderson, Redman, Ellington, Russell et le reste des nouveaux –, avaient découvert une façon de jouer du jazz avec un grand orchestre, tout en employant de la musique écrite. En faisant cela ils devaient s'attaquer à deux problèmes. Le premier était de pouvoir avoir des musiciens capables de lire à vue des arrangements difficiles. Le second qui se rattachait au premier était de trouver une façon de jouer ces arrangements avec une sensibilité jazz, c'est-à-dire de les swinguer.

Les deux problèmes furent résolus en même temps. La simple expérience – et les musiciens d'un orchestre comme celui de Henderson qui travaillaient tout le temps avaient tout loisir de l'expérimenter – leur apprit à lire. La solution à l'autre problème était d'avoir un chef dans chaque section. C'était celui qui jouait « premier », c'est-à-dire qu'il phrasait, souvent dans l'aigu, la mélodie. C'était à lui d'établir la façon dont une figure mélodique devait être phrasée et aux musiciens de le suivre aussi exactement qu'ils le pouvaient. A mesure que les orchestres dits « swing » prirent forme, les meneurs de sections, surtout les « premiers trompettes » et les « premiers saxophonistes-alto » vinrent à être prisés car c'étaient eux qui faisaient marcher l'orchestre. Les solistes obtinrent la célébrité, mais parmi les musiciens c'étaient les « premiers » qui étaient souvent le plus admirés... et le mieux payés.

La mise au point du grand orchestre de jazz mit quelque dix ans à se faire et amena le jazz à un public plus étendu qui, d'ailleurs, trouva cette musique plus agréable que la musique originale du style de La Nouvelle-Orléans. Mais tandis que cette génération de musiciens de jazz créait le grand orchestre, quelque chose d'autre se passait, qui à la base était plus important en ce qui concernait la nature même de la musique. Et ceci c'était un changement impalpable, presque indéfinissable dans le rythme du jazz.

Comme nous l'avons déjà vu, le rythme dans le jazz est subtil et subjectif et partant difficile à analyser. D'autre part quand nous en parlons, nous ne pouvons pas parler d'absolu mais seulement de « tendances ». Il est possible de trouver, dans le jeu d'un musicien de n'importe quelle époque, des figures rythmiques qui appartiennent à une autre époque. Mais le changement dans le rythme du jazz, qui s'opéra dans les dernières années 20 et les premières années 30, allait de soi pour les musiciens et pour les « fans » de jazz qui écoutaient. Pour les musiciens qui commençaient à jouer du jazz dans les années 30, la musique de Jelly Roll Morton ou d'Oliver était tout à fait corny (vieux jeu) et démodée. Ils savaient, en fait, que ce côté vieux jeu n'avait pas grand-chose à faire avec les notes que l'on jouait mais que la différence résidait dans le rythme, dans les accents rythmiques, et la façon de les placer. La musique des anciens orchestres de jazz de La Nouvelle-Orléans était caractérisée par l'emploi simultané de deux procédés : la ligne mélodique, qui se détache du rythme de base, suggérant une sensation de contrepoint, à 4/4 dans la ligne mélodique, conjugué à un 2/4 modifié du rythme de base. Maintenant, comme je l'ai déjà dit, il s'agit simplement d'une tendance et, pendant que le jazz fleurissait durant les années 20, les musiciens de la section rythmique eurent de plus en plus l'habitude de produire une pulsation de rythme à 4/4. La basse, que ce fût un tuba ou une contrebasse à cordes, jouait généralement seulement un temps sur deux. Le banjoïste attaquait les cordes de bas en haut puis de haut en bas, de sorte qu'il produisait successivement deux sons légèrement différents. Les drummers alternaient un battement puis deux battements rapides. L'effet total produit était celui d'un mouvement de va-et-vient — le son « boum-tchic, boum-tchic » — chacun des boum-tchic étant perçu comme une seule pulsation. Cette façon de donner aux notes du rythme de base, jouées alternativement, une qualité de son différente établissait, dans l'esprit du musicien ou de l'auditeur, une pulsation encore plus marquée, construite sur des paires de temps.

Les musiciens de jazz des années 20 n'étaient pas, en général, des analystes de leur musique et la plupart du temps ils pensaient jouer à 4/4. Il était donc assez naturel que des musiciens de la section rythmique se mettent à jouer d'une façon plus franchement 4/4. Des contrebassistes commencèrent à jouer tous les temps, au lieu d'alterner un temps sur deux. (Walter Page, une grande figure dans le jazz, contrebassiste dans l'orchestre de Count Basie, acquit vite le surnom de « Big Four » à cause de cette façon de jouer les quatre temps.) Les guitaristes des sections rythmiques en vinrent de plus en plus à jouer uniquement de haut en bas, pour donner à chaque temps à peu près le même poids. Les pianistes se mirent à ne plus jouer « stride * » avec sa pulsation

* Voir chapitre suivant sur les pianistes de style « stride ».

« boum-tchic », substituant, à la place, des dixièmes plaqués qu'ils jouaient d'une façon égale tout le long du clavier. Et les drummers se mirent à jouer ce « boum da-ta, boum da-ta » un peu différemment. Dans la pratique des musiciens Nouvelle-Orléans, les deux battements rapides qui tombaient sur le second et le quatrième temps étaient joués presque égaux, comme on peut l'entendre dans le jeu de Tony Sbarbaro dans l'Original Dixieland Jazz Band ou celui de Jasper Taylor derrière Jelly Roll Morton dans « Big Fat Ham » :

Mais les drummers de l'ère dite « swing » commencèrent à étirer la première de cette petite paire de notes, aux dépens de la deuxième, pour produire quelque chose ressemblant plus à :

L'effet, en fin de compte, fut que le tout petit battement final pouvait s'entendre presque comme une note de préparation à la note qui allait suivre, c'est-à-dire qu'il semblait appartenir plus à la note qui allait suivre qu'à la note qui précédait :

Et à la fin, il semblait que le drummer jouât chaque battement, également, mais donnât, au premier et au troisième temps, une petite impulsion en avant du temps proprement dit.

Ce n'était pas tout, cependant. Tandis que les sections rythmiques de l'ère dite « swing », égalisaient le tempo, elles l'allégeaient aussi. La guitare remplaça le banjo au bruit métallique, et la contrebasse à cordes, qui jouait des notes très courtes, prit entièrement la place du tuba, qui tenait des notes plus longues. Les pianistes simplifièrent ce qu'ils faisaient – le jeu minimal de Basie dans la section rythmique devint classique. Et les drummers remplacèrent le rythme de base joué sur la caisse claire par celui joué sur la cymbale hi-hat (que les musiciens français nomment cymbale charleston). Universellement, on a cru que c'était le fameux drummer de Basie, Jo Jones, qui avait opéré ce changement, mais, en fait, c'était Walter Johnson, le drummer qui jouait avec Fletcher Henderson de 1929 à 1934 et qui, aujourd'hui, est presque oublié. On peut entendre Johnson jouer le rythme de base sur le hi-hat dans « Radio Rhythm » et « Low Down on the Bayou », tous deux enregistrés en 1931, lorsque Jo Jones était encore un obscur petit drummer de vingt ans travaillant à Lincoln, Nebraska, avec Harold Jones's Brownskin Syncopators. Il n'est pas vraisemblable que Johnson ait entendu parler de Jo Jones à cette époque et en tant que drummer de ce qui était encore le plus célèbre des grands orchestres de jazz, l'influence de Walter Johnson a dû être certaine.

En somme, donc, le tempo de La Nouvelle-Orléans avec cette sensation de va-et-vient fut remplacé par un tempo plus sec et coulant d'une façon plus unie. Que cela pouvait-il signifier pour les instrumentistes ? Beaucoup à vrai dire. Le soliste de style de La Nouvelle-Orléans plaçait sa ligne mélodique par-dessus une pulsation qui était énoncée effectivement, à la moitié de la vitesse de celle du soliste de l'ère « swing ». Cela voulait dire qu'il pouvait émettre son classique trois sur deux en deux fois plus de temps que celui dont disposait le soliste de l'ère dite « swing ». Ainsi le musicien de La Nouvelle-Orléans pouvait jouer :

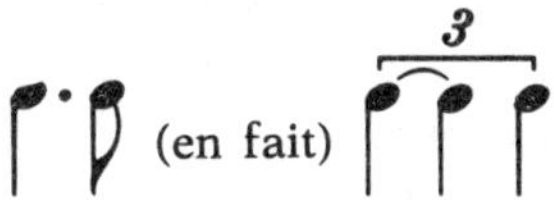

Le musicien de l'ère dite « swing » avait la moitié du temps. Son trois sur deux devait se faire ainsi :

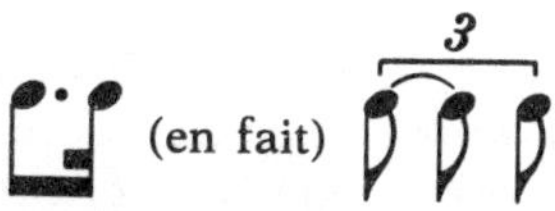

Les syncopes et les « départs » du tempo de base du musicien de La Nouvelle-Orléans étaient joués sur des unités plus grandes. Il jouait beaucoup de noires et encore assez de blanches. D'autre part, comme il organisait ses notes rythmées par-dessus deux temps du rythme au lieu d'un seul temps, la façon dont il divisait un seul temps ne présentait pas de difficultés. En conséquence, les musiciens de La Nouvelle-Orléans tendaient à jouer les croches avec à peu près le même poids, c'est-à-dire assez égales. Mais pour le musicien de l'époque « swing », l'unité n'était plus maintenant les deux temps du « boum-tchic » mais un seul temps. Il devait décomposer son rythme sur chaque temps, cela voulait dire jouer beaucoup de figures mélodiques pour lesquelles chaque temps était divisé en deux parties. Et comme l'essence du jazz réside dans l'irrégularité de la mélodie par-dessus le rythme de base, la division du rythme de base en deux parties devait être inégale. Donc ceci est la différence essentielle dans la pulsation rythmique entre le style de La Nouvelle-Orléans et le style dit « swing ». Par-dessus un tempo à 4/4, égal, les musiciens « swing » faisaient des lignes mélodiques faites de paires inégales sur un temps ; par-dessus un tempo de 2/4 les musiciens de La Nouvelle-Orléans faisaient des lignes mélodiques faites de paires inégales sur *deux* temps.

On peut entendre ceci particulièrement dans le jeu de Coleman Hawkins, un musicien de l'époque dite « swing », qui donnait à la première note de la paire trois ou quatre fois le poids de la deuxième note, surtout dans les phrases descendantes – tant et si bien que la seconde note, parfois, disparaît tout simplement. Nous savons qu'elle est censée être là d'après la forme générale de la phrase et nous sommes certains que Hawkins l'avait énoncée, mais si vite et avec une telle légèreté qu'elle était devenue pour ainsi dire inaudible. Ce fait est si commun dans le jazz de cette période et dans celui qui vint plus tard que des gens qui transcrivaient des soli ont fait une convention pour ces notes « inaudibles » : ils les écrivaient mais les plaçaient entre parenthèses.

Donc les musiciens de l'époque dite « swing » devaient placer leurs effets dans un espace d'un seul temps, et ils recherchaient, de plus en plus, des moyens de placer des accents à l'intérieur de ce même et unique temps – et de nuancer la note pendant qu'elle se jouait. Non seulement les paires devaient être inégales, mais certaines notes devaient être accentuées, et même des groupes de notes devaient recevoir des accentuations, tandis qu'elles défilaient. Et ces musiciens devaient trouver leur propre système d'accentuation. Jess Stacy, l'excellent musicien qui travailla pendant quelque temps avec l'orchestre de Benny Goodman, et que l'on remarqua à cause de sa capacité à faire swinguer tout l'orchestre, faisait suivre, habituellement, une note fortement accentuée de la paire par une autre qui était presque inaudible, comme avalée dans le contexte. Une tendance semblable peut se déceler chez Mel Powell et Teddy Wilson.

Comme si tout ceci n'était déjà pas assez difficile à analyser, les nouveaux musiciens faisaient quelque chose d'encore plus subtil. Il s'agissait de jouer, à l'intérieur d'une note, une sorte de pulsation secondaire. Ceci, en un sens, a toujours fait partie du jazz, car une note qui commence avant le temps semble attaquée de nouveau lorsque le temps arrive effectivement. Mais, maintenant, les musiciens avaient commencé à faire un usage général de renforcer les notes plus longues à mi-chemin pour suggérer l'effet d'une autre « pulsion » ou attaque. Il y a trois façons principales de le faire. Le plus facile à « entendre » c'est lorsqu'ils ajoutent un vibrato à la note, à un certain endroit, après l'avoir attaquée. Cette pratique évidemment provient de l'emploi du vibrato terminal qu'utilisèrent les musiciens de La Nouvelle-Orléans. Le clarinettiste Edmund Hall, un des derniers grands clarinettistes de couleur du jazz utilisait ce procédé, produisant un rapide et large vibrato, souvent coloré d'un léger grincement, dans chaque note assez longue, tout de suite après l'avoir émise. Ce vibrato rajouté est présent, mais à un degré moindre, dans le jeu de la plupart des nouveaux venus et s'entend, clairement, dans le travail de deux géants du jazz : Hawkins et Eldridge. En fait, quelques pianistes, surtout Jess Stacy, reproduisirent cet effet en jouant sur certaines notes de trémolos d'octaves, surtout sur les notes qui terminaient les phrases. Un autre système pour créer cette impulsion secondaire à l'intérieur d'un temps, consiste à laisser la note fléchir tout à coup, si ce n'est qu'une fraction d'infime durée, juste après que le temps commence. Benny Goodman le fait souvent.

Finalement, particulièrement pour les cuivres, il y a, de temps en temps, une tendance, sur des notes plus longues ou sur des tempos lents, à réattaquer la note, à nouveau, après l'attaque initiale, avec une petite poussée d'air. Cette pratique est difficile à déceler, difficile à analyser, difficile à constater sûrement, mais cela se produit vraiment.

Tous ces procédés ne sont pas faciles à comprendre. Les musiciens ne sont pas nécessairement conscients de les employer. Nous ne devons pas oublier, non plus, que nous parlons de tendances, et non de faits universels. Mais les musiciens n'ont jamais été disposés à laisser « partir » une note sans lui faire subir quelque chose, *rythmiquement*. Ils veulent le mouvement constant, la ruée incessante... vers un but inconnu.

Le résultat de cette nouvelle conception fut que cette manière d'étirer de longues figures mélodiques étendues et libres, par-dessus le rythme de base, comme le faisait Armstrong, commença à se raréfier. Il est certain que des musiciens comme Teagarden, Pee Wee Russell, Bechet, « Red » Allen et d'autres et, bien sûr Armstrong lui-même, continuèrent à employer ces figures étendues. Mais cette figure mélodique étendue tendait à disparaître, remplacée par un phrasé conçu dans un espace de temps plus réduit. Un deuxième effet, résultant de la nouvelle conception fut que les solistes se mirent fréquemment à commencer leurs phrases sur le troisième temps d'une mesure plutôt que sur le premier temps, comme c'était typiquement le cas pour le style Nouvelle-Orléans et, en fait, pour la majeure partie de la musique classique habituelle. Ceci fut rendu possible à cause du tempo régulier du style dit « swing » qui rendait les divisions de la mesure moins évidentes ; les solistes se sentaient moins tenus par la forme « carrée » du thème joué. Mais cela n'arrivait pas tout le temps : une longue phrase courant sur plusieurs mesures pouvait ne pas marquer du tout le temps de la mesure. Mais, comme c'était particulièrement évident dans le jeu de Roy Eldridge, un des plus éminents musiciens du nouveau style, il y avait une forte tendance à laisser courir le premier temps de la mesure, à employer le deuxième temps pour faire deux notes brèves et préparatoires afin de tomber, en accentuant la note d'ouverture de la phrase, sur – ou autour du – troisième temps de la mesure.

Si cela semble compliqué, ça l'est en fait. Le jazz n'est pas une musique simple et c'est parce qu'il est nécessaire au musicien de saisir, puis de reproduire tout ce que je viens de décrire que le jazz est si difficile à apprendre. Des dizaines de milliers de gens ont essayé de jouer cette musique et pas plus d'une centaine ou à peu près sont parvenus à le faire d'une façon suprême. C'est en fait une forme d'art qui exige beaucoup.

CHAPITRE XIII

Fats, Fatha et le Piano Stride

Le piano a toujours eu une place spéciale dans la musique. Comme on peut jouer sur le clavier du piano plusieurs notes en même temps, on peut se servir du piano comme une sorte de substitut de l'orchestre ou, aussi, comme un instrument soliste. Cette spécificité du piano a toujours attiré les compositeurs. Il y a eu beaucoup plus de musique écrite pour le piano, ou, d'une façon générale, pour les instruments à clavier, que pour tout autre instrument. Comme le piano peut, en réalité, s'accompagner lui-même, il a été pendant un siècle l'instrument type pour jouer de la musique populaire. Ce fut surtout le cas durant les années qui précédèrent ou suivirent le début de ce siècle.

Dans les années qui précédèrent la Première Guerre mondiale, la plupart des familles eurent à cœur de posséder un piano, aussi démunies soient-elles, de la même façon que de nos jours des familles plus ou moins démunies possèdent leur poste de télévision et de radio.

Ceux qui savaient jouer du piano étaient toujours les visiteurs les mieux accueillis. On les priait, en général, de jouer les dernières chansons populaires ou d'accompagner les hymnes le dimanche.

Mais ce n'était pas uniquement dans les foyers que le piano était à l'honneur. Comme c'est encore souvent le cas aujourd'hui, c'était l'un des éléments attractifs dans les clubs, les cabarets, les restaurants, les bordels et même dans les petits théâtres qui n'étaient pas toujours en mesure d'avoir un orchestre jouant dans la fosse.

Le piano a tenu, en conséquence, un rôle majeur dans la vie sociale des Américains et, pendant la période qui s'étend de la guerre civile à la Première Guerre mondiale, il se développa une considérable industrie autour du piano : le commerce de l'édition des chansons populaires, le commerce des différents instituts et écoles de piano, celui des cours par correspondance, le commerce des rouleaux de piano, et, bien entendu, la fabrication et la vente des pianos.

En conséquence, il y eut de plus en plus de virtuoses, de concertistes, de pianistes professionnels et amateurs appartenant à tous les groupes ethniques. Parmi eux ceux que l'on appelait « professeurs » ou « taquineurs de claviers » n'avaient pas toujours une technique pianistique selon les critères et l'enseignement de la musique classique. La plupart de ces derniers, mais pas tous, étaient des autodidactes, à moins qu'ils n'aient étudié avec des « professeurs » ou « des taquineurs de claviers » qui, eux-mêmes de toute façon n'avaient qu'une très vague expérience de la musique classique.

En dépit de ce manque d'enseignement traditionnel (au sens de tradition de la musique classique), beaucoup de ces pianistes avaient une technique étonnante, qui, si elle n'était pas adéquate à l'exécution d'une étude de Chopin, par exemple, était absolument ce qu'il fallait pour impressionner favorablement le grand public et les rivaux éventuels : arpèges se succédant à une vitesse folle, traits vertigineux, suites d'accords montant ou descendant le clavier étaient étudiés sans relâche. Ces « taquineurs de claviers », de couleur ou blancs, avaient développé et popularisé le ragtime. Ce n'est pas un hasard que la musique la plus populaire de cette époque ait été une musique de forme pianistique. Bien entendu, quand la musique de jazz fut à la mode, ces pianistes furent pris dans le mouvement.

Pour le musicien de jazz, le piano possède un avantage, mais il présente aussi un désavantage. Le fait que le pianiste travaille avec ses deux mains et peut acquérir une grande indépendance d'une main, par rapport à l'autre, rend possible la production, à la main gauche, d'un rythme de base et de séquences harmoniques, par-dessus lesquels la main droite peut tisser une ligne mélodique dont le rythme peut s'allier ou s'opposer à celui fourni par la main gauche. Le piano peut donc être un instrument soliste. Cependant, et c'est là le désavantage, quand une touche a été enfoncée, il est très difficile, il est pratiquement impossible de faire subir au son produit des changements de timbre, de hauteur ou de dynamique qui constituent autant de caractéristiques importantes de la musique de jazz. Il en résulte que le pianiste de jazz travaille dans un univers musical en quelque sorte un peu différent de celui de l'instrumentiste à vent et il doit trouver d'autres moyens pour produire des effets différents. Ces moyens, les pianistes les trouvèrent dans deux écoles différentes, les découvrirent dans deux traditions distinctes, car le jeu lui-même du piano, dans la musique négro-américaine, provient de deux traditions bien distinctes l'une de l'autre.

La première de ces traditions est celle de ce qu'on a appelé le « stride piano » ou aussi le « Harlem Stride piano ».

Il est significatif que cette tradition ne s'est pas développée dans le Sud des États-Unis. Comme toujours, les lieux dans lesquels se produisirent la genèse et l'éclosion de ce style pianistique et où il se développa, furent les endroits dans lesquels on se rendait pour s'amuser, se distraire, danser ou rencontrer des amis. Ils se trouvaient dans les grandes villes et les villes de moyenne importance du Nord-Est du pays (qui s'étaient étendues et qui s'étaient enrichies durant les années qui suivirent la guerre civile) et aussi les endroits de villégiature qui entourent ces villes. Toutes ces agglomérations consommaient une énorme quantité de musique et répondaient à la demande de ces « professeurs », ces « taquineurs de claviers », qu'ils eussent étudié ou qu'ils fussent des autodidactes.

Parmi ces pianistes, ceux qui nous intéressent le plus sont des hommes de

*

James P. Johnson. La photographie date probablement de 1947.

couleur qui travaillèrent un peu avant ou un peu après le début du siècle. Beaucoup ont disparu sans laisser de souvenirs ou de traces.

Les plus connus, de nos jours, sont Eubie Blake, né en 1883 ; James P. Johnson, né en 1891 ; Luckyeth Roberts, né en 1895 ; et Willie « The Lion » Smith, né en 1897*.

Ces hommes ne furent pas « dans le bain » pour devenir des musiciens de jazz. La plupart venaient du Nord du pays et quoique ayant des contacts avec la tradition populaire noire par l'Église et aussi grâce aux travailleurs qui avaient émigré du Sud vers les villes du Nord, ils n'avaient que peu d'expérience de la musique des campagnes du Sud, qui avait donné naissance au blues.

Willie Smith a affirmé que lui-même et ces pianistes ne jouaient pas de blues et qu'ils commencèrent à en jouer juste avant la Première Guerre mondiale. Ils ne les apprirent d'ailleurs pas des chanteuses de blues comme Ma Rainey, mais d'après les partitions des compositeurs, ou plutôt des « glaneurs de blues » (les gens qui avaient entendu chanter ou jouer des blues qu'ils étaient assez habiles pour pouvoir noter) comme W.C. Handy. La musique que de tels pianistes jouaient quand ils étaient jeunes était un mélange de chansons populaires plus ou moins sentimentales, de ragtimes, de valses, de schottishe, de one-step et de two-step, que les danseurs leur demandaient en 1910 et plus tard. Tout comme les pianistes que l'on appelait des « professeurs » à La Nouvelle-Orléans, ils se considéraient comme des « entertainers » (des artistes destinés à charmer, à émouvoir, à amuser, à distraire le public) et des compositeurs. Ces pianistes possédaient une bonne technique, une vaste et profonde expérience musicale, des possibilités étendues. Il est important de bien voir que lorsqu'ils se trouvèrent en contact avec la musique de jazz, ils étaient, déjà, en possession de styles bien définis et achevés.

Parmi ces pianistes, le meilleur, celui qui eut une influence prépondérante, fut James P. Johnson. Ses débuts et son évolution sont typiques, analogues aux circonstances qui présidèrent à la carrière des autres pianistes. Il est intéressant de s'y arrêter pour comprendre la naissance du style de « stride piano ». Il n'existe pas de biographies complètes et extensives de James P. Johnson, mais, fort heureusement, Tom Davin procéda à une longue interview du pianiste peu de temps avant sa disparition. Cette interview fut publiée, en plusieurs articles, dans *Jazz Review* d'où je tire ce qui suit : Johnson est né à New Brunswick, dans l'État de New Jersey et fut élevé dans cette ville, puis à Jersey City et, enfin, à New York.

Sa mère était originaire de l'État de Virginie, elle jouait un grand rôle dans l'Église méthodiste et jouait du piano en autodidacte. Elle était férue des danses campagnardes et de ce qu'on appelait, à l'époque, les « set dances » — ce que nous appelons, de nos jours, les « square dances » — et le jeune James voyait les amis et invités de la maison pratiquer ces danses. Beaucoup de ces invités étaient originaires des États de Georgie ou de Caroline du Sud. Il avait

* Paradoxalement, c'est le plus âgé, Eubie Blake, qui a survécu, les autres ont disparu.

dit à Davin : « Une grande partie de ma musique vient de ces danses, les " set dances ", les cotillons et les autres danses pratiquées dans le Sud, tous ces pas et ces rythmes. » On ne sait pas comment naquit sa vocation de pianiste mais il la sentit se manifester très tôt. Il est possible que ce soit sa mère qui l'ait incité à travailler le piano. A Jersey City il fut en contact avec des pianistes locaux, et l'un d'eux, Claude Grew (dont on ne sait pas grand-chose d'autre) lui donna quelques leçons. James P. Johnson a dit à propos des pianistes de cette époque : « Ce qu'ils jouaient n'était pas à proprement parler du ragtime tel que nous le connaissons maintenant. C'était surtout des chansons populaires avec un rythme très marqué et de nombreuses syncopes. » Au début du siècle, la famille Johnson vint s'installer à New York. Il y avait un piano à la maison et il continua à travailler l'instrument. Pendant le même temps il fit partie de chorales religieuses locales. Dès qu'il eut une quinzaine d'années il commença à travailler dans des clubs et des cabarets. L'un de ces établissements, le Jungle Casino, avait encore son coffre à bois et à charbon, son poêle et son tas de cendres. La clientèle de ce cabaret était surtout composée de matelots, de dockers et de travailleurs du port, appartenant à l'ethnie Gullah, originaires des îles côtières des Carolines, qui avaient encore, dans leur parler, certains africanismes (les fameuses « Iles de la Mer de Géorgie », de Lydia Parrish, faisaient partie de cette chaîne d'îles). James P. Johnson joua pour cette clientèle, surtout des danses, et en particulier des valses et des schottishe. Par ailleurs il jouait des chansons populaires, des morceaux de ragtime, des arrangements pour piano, des pots-pourris de Victor Herbert et Rudolph Friml, des « nouveautés », des succès de music-hall et les « chansons indiennes » qui étaient alors à la mode. Même pendant l'année 1914 ou aux alentours « il n'y avait pas encore, à New York, nous précise Johnson, d'orchestres de jazz comme ceux que l'on pouvait entendre à La Nouvelle-Orléans, ou sur les riverboats qui circulaient le long du Mississippi. Mais on jouait du ragtime au piano partout, dans les bars, les cabarets, les maisons de rendez-vous et les bordels ».

Une des choses qui distinguaient le Nord du pays, et tout particulièrement la région de New York, du reste des États-Unis, était la présence de nombreux pianistes qui avaient étudié l'instrument et qui pratiquaient la musique pianistique d'après les critères et la tradition de la musique classique. Par voie de conséquence, dit encore Johnson, les pianistes de ragtime de la région de New York étaient forcés de se plier aux règles de la musique classique. C'est pourquoi ils jouaient dans un style plus plein, plus riche, plus orchestral, que dans les autres régions des États-Unis. On peut constater cela dans les œuvres de James P. Johnson, qui sont d'une plénitude, d'une richesse et d'une densité étonnantes. Pendant un certain temps, il avait étudié sous la direction de Bruto Gianinni, un professeur de piano et de chant. Il écoutait beaucoup Luckyeth Roberts, qu'il a qualifié de « pianiste hors ligne, à New York, en 1913 ». Il fut aussi influencé par un ami et disciple de Roberts, que l'on ne connaît que sous le sobriquet de Abba Labba ainsi que par Eubie Blake qu'il a qualifié ainsi : « Un des premiers, un des plus importants pianistes de tous les temps. »

La personnalité de James P. Johnson n'est pas sans rappeler celle de Scott

Joplin. Il était plutôt timide et préférait laisser parler sa musique pour lui, mais il se consacrait passionnément à celle-ci. Il travaillait son piano dans l'obscurité afin d'habituer ses doigts, ses poignets, à « sentir » le piano, il jouait les exercices les plus difficiles, avec une pièce d'étoffe interposée entre ses doigts et le clavier, afin d'accroître sa dextérité !

Dès l'époque de la Première Guerre mondiale, James P. Johnson était considéré comme un des plus grands pianistes de style « stride ». Il travaillait régulièrement au Barron Wilkins's, un des cabarets de Harlem les plus cotés, participait à des tournées de « vaudeville » et écrivait des musiques destinées à accompagner des spectacles, des chansons et des pièces de ragtime. En 1916, il fut un des seuls artistes de couleur à enregistrer des rouleaux pour pianos pneumatiques.

Il me paraît important de souligner que la façon de se présenter jouait un rôle important dans la carrière de ces pianistes. Dans leur façon de s'habiller, leurs manières et leurs attitudes, ils pensaient qu'il était absolument nécessaire de se comporter comme les dauphins ou les princes de la couronne, qu'ils estimaient représenter, puisque aussi bien ils étaient, en fait, les meilleurs pianistes !

L'interview de Davin comporte sur le style vestimentaire de ces pianistes un passage qu'il me paraît nécessaire de citer intégralement :

> Quand un pianiste vraiment chic entrait dans un endroit, disons... en hiver... il gardait son manteau et son chapeau. Nous portions des manteaux de style militaire ou ce qu'on appelait un peddock coat, un peu comme ceux des cochers, long, de couleur bleue, croisé et serré à la taille. Nous avions aussi un chapeau Fulton ou Homburg de couleur gris perle, avec trois boutons ou des œillets sur le côté, porté avec désinvolture sur le côté de la tête. Une écharpe de soie blanche nous entourait le cou et un mouchoir de soie blanche dépassait de la poche de poitrine du manteau. Les uns portaient une canne à pommeau d'or, d'autres s'ils portaient une redingote à boutons d'argent, avaient une canne à pommeau d'argent.
>
> Il y avait un gars, Fred Tunstall... c'était un vrai dandy. Je me souviens de son manteau de style Norfolk avec quatre-vingt-deux plis dans le dos. Quand il s'asseyait au piano il se courbait en avant, son dos faisait une petite bosse et les plis de son manteau s'ouvraient avec grâce.
>
> Les pianistes commençaient par s'asseoir devant le clavier, attendaient que le public fasse silence et plaquaient un accord, le faisant résonner longuement avec la pédale. Alors ils parcouraient le clavier du haut en bas faisant des traits – gammes ou arpèges – ou s'ils étaient des vraiment bons pianistes jouaient toute une série de modulations, comme si ça leur venait tout naturellement sous les doigts, l'air de rien...
>
> Quelques-uns de ces pianistes s'asseyaient de côté, croisaient les jambes et se mettaient à bavarder avec leurs copains. Il fallait beaucoup s'exercer à l'avance pour jouer ainsi, tout en bavardant et plaisantant, avec la tête et le buste tournés de côté... Puis, sans cesser de bavarder, de plaisanter et de faire les malins, sans même se mettre face au clavier, sans crier gare, ils attaquaient dans le rythme même du morceau. Cela renversait le public.

Inévitablement ce souci d'élégance et de dandysme se répercutait dans la musique. Johnson ajoutait :

> Quelquefois je jouais les basses un peu plus légèrement que la mélodie et je changeais l'harmonie. Quand je jouais un stomp très rythmé, immédiatement je le jouais très doux – puis j'opérais un changement brusque comme je l'avais entendu dans une sonate de Beethoven. Certains trouvaient cela d'un goût douteux, mais cela portait, faisait de l'effet, cela installait un climat dramatique. Avec la main gauche martelant le tempo comme un métronome, je faisais mes changements d'accords. Une fois j'ai utilisé la paraphrase de Rigoletto – de Listz comme introduction à un stomp. D'autres fois je jouais la mélodie avec sentiment, avec des effets de pianissimo et laissais même entendre le bruit des pas des danseurs sur le plancher.

D'après ce qui précède il est évident que James P. Johnson et les pianistes de style « stride » avaient reçu une profonde empreinte de la musique de concert classique. Willie « The Lion » Smith (Willie Smith « Le Lion » – il avait acquis ce surnom en France durant la Première Guerre mondiale, pendant laquelle il fut cité pour son courage alors qu'il servait, dans l'artillerie américaine –)* avait étudié selon le système Schillinger et ses compositions ont un cachet de classicisme. Sa charmante composition « Echoes of Spring », peut-être la plus connue de ses œuvres, pourrait, à part certaines inflexions typiquement jazz, avoir été écrite par un disciple de Schubert.

Avec James P. Johnson, Willie Smith « Le Lion » était peut-être le plus populaire des pianistes de style « stride » de Harlem. Comme tous ces pianistes, il avait un comportement spectaculaire. Il était reconnaissable à son chapeau Homburg et à son éternel cigare et, quand il pénétrait dans un cabaret il s'annonçait lui-même en grand style par l'exclamation : « Le Lion est là ! » Il avait son caractère et refusait de jouer si le public ne lui plaisait pas et il ne consentait à aucune compromission. Malgré sa forte personnalité, sa musique est plus – comment dire – plus « jolie » et plus « douce » que celle de James P. Johnson qui, en revanche, serait plus « forte », plus « dense », plus « riche » (si l'on pouvait, à l'aide de qualificatifs aussi simples et aussi concis, caractériser quelque chose d'aussi complexe qu'un style musical de jazz). Il est certain que des compositions de Willie Smith « Le Lion » comme « Morning Air » (Souffle du matin) et « Relaxin' » sont d'un très grand charme.

L'étude du style de piano « stride » et des musiciens qui l'ont illustré est pleine d'enseignements, elle est paradoxale aussi par certains aspects. Ces pianistes stride sont venus au jazz beaucoup plus tard que les pionniers de La Nouvelle-Orléans et, en conséquence, nous avons à la fois les rouleaux pour piano pneumatique et les disques qui nous offrent la transition entre le rag-

* Deux autres explications du surnom de Willie Smith ont été données : il aurait été surnommé « Le Lion » après sa conversion au judaïsme par allusion aux « Lions de Juda ». On a dit aussi qu'au lieu de fredonner en jouant comme le font tous les pianistes de jazz, il rugissait, plutôt, comme un lion.

time, un style musical que l'on pourrait appeler préjazz et le jazz proprement dit.

Ces pianistes, du moins les plus anciens, les premiers en date, ainsi que nous l'avons déjà souligné, ne connaissaient que fort peu la tradition de la musique populaire négro-américaine et ils connaissaient encore moins bien le jazz ou ce qui devait devenir le jazz. Ils apprirent ce qu'était cette musique, comme la plupart des habitants des États-Unis devaient l'apprendre, en écoutant l'Original Dixieland Jazz Band ou des formations analogues. Il est curieux et paradoxal de constater que des pianistes de couleur (qui devaient devenir plus tard de merveilleux pianistes de jazz) surtout de la classe de James P. Johnson ont appris ce qu'était le jazz grâce à des Blancs ! Mais d'après le propre témoignage de Johnson ce fut ainsi que les choses se passèrent.

Johnson était très attiré, très intrigué par cette musique si nouvelle pour lui. Il appartenait à cette curieuse, cette étrange « fraternity » (société d'entraide) de musiciens de couleur : The Clef Club, et il suggéra, au cours d'une réunion, que les membres organisent, au sein de l'association, un orchestre de jazz. Les membres de l'association repoussèrent avec horreur la suggestion de Johnson. Ils ne voulaient absolument pas que leur organisation ait quoi que ce soit à faire avec le jazz, cette musique vulgaire et triviale. Mais le jazz était là et bien là et on ne pouvait empêcher qu'il fût en train de remplacer le ragtime dans les goûts et les habitudes populaires.

James P. Johnson et ses pairs s'intéressèrent, certes, à la nouvelle musique, au jazz, mais n'en abandonnèrent pas pour autant le ragtime, car ils continuaient à estimer que le ragtime était « leur musique ». Eubie Blake, qui était tout dernièrement encore en activité, à plus de quatre-vingt-dix ans, n'a jamais été vraiment un pianiste de jazz. Il a toujours été un spécialiste du ragtime. Mais le public commençait à changer de goût et les pianistes étaient bien obligés de s'adapter. Les plus anciens témoignages que nous ayons sur l'œuvre de James P. Johnson sont des rouleaux de piano. Un rouleau comme « After tonight », un des premiers enregistrés par Johnson, en 1917, est un pur morceau de ragtime (en dépit de son sous-titre : « Fox-trot sur un arrangement de style jazz »). Là, la ligne mélodique est encore très dépendante du rythme de base. Mais en 1921, avec « Worried and Lonesome Blues » ou « Carolina Shout », un de ses chevaux de bataille, la ligne mélodique est beaucoup plus indépendante du rythme de base. Dès 1927, son superbe « Snowy Morning Blues », une de ses œuvres les plus prisées, est vraiment du jazz.

On peut se rendre compte par l'étude des œuvres successives de James P. Johnson et des autres pianistes de sa génération que le style « stride » fut créé, peu à peu, par des musiciens qui « jazzaient » ou, si l'on veut, qui « swinguaient » le ragtime – musique de leur jeunesse. Ils le faisaient en donnant à la ligne mélodique une certaine indépendance par rapport au rythme de base, en faisant, si l'on peut dire, flotter la ligne mélodique plus librement sur le rythme de base. Somme toute, ils avaient suivi, mais une génération plus tard, une voie parallèle à celle qu'avaient empruntée avant eux les pionniers de La Nouvelle-Orléans.

Les différents procédés de basse « stride » étaient déjà utilisés dans le ragtime. Mais il y a aussi, dans le style des premiers pianistes « stride », la main droite qui, d'une façon générale, ne se contente pas de dessiner de simples lignes mélodiques, mais improvise des figures pianistiques qui semblent correspondre en trois points aux accords de la main gauche. Il n'est pas question, alors, que cette main droite improvise, comme elle le fera plus tard, de longs traits de notes séparées à la manière d'un instrument à vent. Cette main droite doit jouer des accords et des figures répétitives combinant accords et notes séparées. Ces pianistes faisaient usage de trilles, de mordants et d'autres embellissements caractéristiques du piano, du clavier, et non d'un instrument à vent.

Ces pianistes, il faut bien s'en souvenir, étaient, avant tout, des solistes. De temps à autre, il leur arrivait de travailler avec des groupes et on leur demandait assez souvent d'accompagner des vocalistes ou, même, des spectacles, mais la majeure partie de leur travail était le solo, et c'est pourquoi il y avait toutes les raisons pour que leur jeu de piano soit fort, dense et plein, surtout dans les endroits où il y avait du bruit et où l'on dansait.

Cela est particulièrement évident dans l'importance qu'ils attachent à une main gauche nourrie et puissante et ils n'avaient que mépris pour les pianistes « qui n'avaient pas deux mains », pour les pianistes « manchots ». Il n'est donc pas étonnant que leur élève chéri, leur élève le plus doué – un homme qui devait devenir, après Louis Armstrong, le musicien le plus célèbre auprès du public et des autres jazzmen – fût un pianiste doté d'une main gauche extrêmement puissante. Il était gros et large d'épaules avec d'énormes appétits pour tout ce qui est bon et un désir insatiable pour les choses les plus agréables de la vie. Son nom : Thomas « Fats » Waller.

La famille de Waller venait de l'État de Virginie. Le père du pianiste, Edward Martin Waller, est né aux environs de 1870. C'était un homme réservé, fort, physiquement et moralement, très strict, avec un penchant religieux. La mère de Thomas, par contraste, était d'un naturel très vif et très aimable. Le père était fermement déterminé à élever ses enfants dans le Nord du pays, où ils pouvaient recevoir une éducation et une instruction appropriées, et aux environs de 1888, le couple Waller se rendit à New York, et s'installa à Waverly Place, dans un quartier de Greenwich Village qui, à cette époque, était habité surtout par des gens de couleur. En 1890 naquit le premier des douze enfants de la famille, dont six devaient d'ailleurs mourir en bas âge. Edward Waller eut d'abord un emploi dans une entreprise de chevaux de louage, puis s'établit dans sa propre entreprise de camionnage. La famille se mit à fréquenter l'église noire du quartier et, plus tard, Edward Waller devint un « preacher ». Homme de devoir, sérieux, digne de confiance, on l'imagine difficilement comme le père de celui qui devait devenir un pianiste capricieux et fantasque, un des derniers de la famille, né en 1904. Dès cette date, la famille était allée habiter Harlem. Cette partie de New York commençait seulement à se peupler de gens de couleur. Pendant la plus grande partie du XIXe siècle, Harlem avait été un petit village, séparé de New York City par de vastes espaces de pâturages, des champs cultivés et des fermes et, plus tard, par Central Park. Ce n'est qu'à la fin du XIXe siècle que cette région fut le théâtre d'un véritable boom du bâtiment et de la construction. Mais les marchands de biens et les entrepreneurs avaient surestimé la demande et, ne trouvant pas suffisamment de familles de Blancs pour en remplir les nouveaux immeubles, ils pensèrent au marché constitué par les familles de couleur. Harlem présentait alors l'atmosphère d'une vaste agglomération avec de larges avenues et de grandes rues, de beaux immeubles tout neufs et bien tenus, tout cela créant une atmosphère de prospérité. Peu à peu il y eut de nombreuses familles de couleur qui vinrent s'installer à Harlem, la plupart d'entre elles relativement prospères, composées de gens qui travaillaient dur, comme les Waller, et qui avaient le désir d'améliorer leurs conditions de vie.

Le jeune Thomas « Fats » Waller était le chouchou de sa mère et il était très gâté. Il était dès son plus jeune âge d'une très forte corpulence, d'une corpulence se situant bien au-dessus de celle de ses camarades d'école et c'est pour cette raison qu'il fut gratifié de son surnom de « Fats * » alors même qu'il était encore sur les bancs de l'école. Le jeune garçon s'intéressa très tôt à la musique. Comme il était d'usage dans toutes les familles religieuses, les Waller aimaient chanter des hymnes et le faisaient en toutes occasions, aussi bien à la maison ou chez des amis qu'à l'église. Comme toutes les familles aisées et respectables de l'époque, qu'elles fussent de couleur ou blanches, les Waller désiraient avoir un piano à la maison, à la fois pour accompagner les chanteurs d'hymnes et pour donner au salon familial un caractère culturel. On conclut un arrangement avec un parent pour partager les frais et l'on acheta un piano. On demanda à un professeur de venir régulièrement à la maison pour le jeune Thomas et deux ou trois autres enfants Waller et c'est ainsi que « Fats » acquit ses premières notions de l'instrument. Peu de temps après, il se fatigua des leçons mais continua à jouer d'oreille. Plus tard, pendant ses études, il étudia en outre le violon et la contrebasse à cordes et, dès son entrée à l'école secondaire, il fut considéré comme un des meilleurs pianistes parmi les élèves et il participa à maints concerts scolaires.

Comme tous les jeunes, « Fats » s'intéressait surtout à la musique populaire et aux chansons à la mode, mais, surtout, au ragtime qui était alors en vogue. Son père considérait tout cela d'un œil sévère et encourageait son fils à étudier le classique. Mais Fats ne quittait plus guère son clavier et continua à jouer ce qu'il aimait. A cette époque Harlem était en train de changer. Tout le quartier de la Cent-trente-troisième Rue était peuplé uniquement de gens de couleur et la population débordait vers la Cent-vingt-cinquième Rue qui, quelques années plus tard, allait devenir Broadway, le fameux Broadway de Harlem. Il y avait tout un quartier de lieux de plaisir et de cabarets, dans la Cent-trente-troisième Rue et aux alentours, et il y avait aussi d'autres cabarets et d'autres boîtes de nuit un peu partout.

Particulièrement importante dans cette partie de la ville existait une véritable institution : celle dite des « rent parties » : il s'agissait, pour le locataire ou un groupe de locataires d'un immeuble, qui avaient du mal à réunir l'argent du loyer, d'organiser une soirée, de s'assurer le service (plus ou moins rétribué) d'un ou de plusieurs pianistes et de demander aux amis invités à la soirée de

* Surnom très commun donné à un gros garçon.

contribuer aux frais (vingt-cinq ou cinquante cents, en général). Le ou les locataires organisateurs de la soirée se procuraient des boissons et de la nourriture pour les invités. Ces « rent parties » devinrent si populaires que l' « institution » devint une affaire semi-professionnelle organisée à date fixe. C'est de cette « institution » que naquirent ce que l'on devait appeler les « buffet flats », des appartements exploités, plus ou moins clandestinement, comme de véritables cabarets, où l'on pouvait boire de l'alcool, écouter de la musique, danser, jouer à des jeux de hasard. Les tenanciers de ces « buffet flats » s'entouraient, parfois, de prostituées et organisaient aussi des spectacles, des genres de tableaux vivants à caractère pornographique. Ces « rent parties » et ces « buffet flats » étaient, en plus du travail dans les clubs, les cabarets et les boîtes de nuit, une source de profit pour les pianistes.

Pendant les années 20, l'industrie des cabarets et des boîtes se développa de façon régulière. Ces lieux de plaisir attiraient non seulement le public de couleur mais encore beaucoup de Blancs venus des quartiers d'affaires et des secteurs résidentiels de la ville. Il y avait énormément de petits clubs et bars qui utilisaient les services d'un pianiste. Il y avait aussi les cinémas qui requéraient les services d'un pianiste ou même d'un organiste pour accompagner les films muets. Et puis il y avait pour certains de ces pianistes ou pour des musiciens, des artistes de couleur, une chance, peut-être, de sortir de la communauté noire et de pénétrer dans le vaste univers du spectacle.

« Fats » eut cette chance quand il n'était encore qu'un adolescent. La mort de sa mère fut un grave choc pour lui et précipita les choses. Il partit de la maison peu après. Ce monde, dans lequel il se poussait, était un monde plein de femmes faciles, d'alcool, de marijuana, de cocaïne et d'autres drogues et aussi un monde de plaisirs variés. Mais pour le jeune pianiste c'était aussi l'occasion de gagner sa vie et de voler de ses propres ailes. Il se trouva un travail régulier : jouer de l'orgue au Lincoln Theatre, un des plus cotés à Harlem, et il s'empressa de prendre, en outre, tout ce qui s'offrait à lui, en fait d'engagements. Il était, alors, un très bon pianiste, pour un jeune, mais il ne pouvait songer à rivaliser avec les caïds de la profession : James P. Johnson, Willie Smith « Le Lion » ou Luckyeth Roberts et d'autres encore. Mais il fit la connaissance de James P. Johnson. Ce dernier fut suffisamment impressionné par le talent du jeune artiste pour lui proposer de le prendre comme élève, chose qu'il ne faisait que très rarement. De sorte que pendant plusieurs années « Fats » Waller suivit partout James P. Johnson comme son ombre, l'accompagnant dans les cabarets et les soirées, le remplaçant même, de temps autre, et se trouvant, parfois, un engagement bien rémunéré.

« Fats » Waller enregistra son premier rouleau pour piano pneumatique vers 1920 et le premier des centaines de disques de 78 tours qu'il devait, par la suite, graver, en 1922. C'est aussi à ce moment qu'il se mit à composer. Pendant qu'il poursuivait sa carrière de pianiste, il collabora avec de nombreux paroliers dont certainement le meilleur et le plus fécond fut un poète malgache, Andrea Menentania Razafinkeiefo, un neveu de la Reine Ranavalona III de Madagascar. Généralement connu sous le nom de Andy Razaf, ce parolier écrivit les textes de quelques-uns des succès les plus populaires de « Fats »

Une photographie publicitaire de Thomas « Fats » Waller.

Waller, comme « Honeysuckle Rose », « Ain't Misbehavin' », « Black and Blue », « Keepin' out of Mischief Now ».

La fécondité de « Fats » était incroyable et Razaf ne lui cédait en rien. A cette époque, les compositeurs de chansons populaires et de jazz vendaient leurs compositions complètement : c'est-à-dire sans se réserver de droits d'auteurs. Il arriva à « Fats », qui était toujours à court d'argent, de vendre ses droits d'auteur sur une de ses compositions pour cinquante dollars et même, parfois, moins. Cela ne lui causait aucune inquiétude ; il en avait tellement en réserve (dans sa tête). Par moments, Razaf et lui prenaient un taxi pour se rendre dans le quartier des Blancs, au bureau d'un éditeur de musique ; chemin faisant, ils composaient les airs, paroles et musique, qu'ils se proposaient de vendre. Avec son extraordinaire talent de pianiste et ses compositions, vers le milieu des années 20, alors qu'il avait vingt-cinq ou vingt-six ans, « Fats » Waller était un des personnages les plus connus dans le monde du spectacle et de la musique, à New York. Hélas, il était déjà en proie aux difficultés qui devaient abréger sa vie. Il est difficile de savoir jusqu'à quel point on peut croire à ces histoires de vingt hamburgers ou de quatre ou cinq steaks avalés prestement en un seul repas, le tout couronné par des tartes, des glaces et du whisky. Mais ce qui est certain c'est qu'il mangeait beaucoup trop et surtout qu'il buvait comme quatre. Dès l'âge de vingt-cinq ans il était alcoolique et buvait nuit et jour. Il était aussi d'une consternante irresponsabilité professionnelle, à cause, bien sûr, de son intempérance. Souvent il ne se présentait pas au travail et ratait des séances d'enregistrement. Parfois, quand il avait bu plus encore qu'à l'accoutumée, il s'arrêtait au milieu d'une tournée et rentrait chez lui. L'argent – et dès les années 30, il s'agissait de sommes importantes – coulait entre ses doigts comme de l'eau. Il se maria tout jeune. Cette union ne dura que deux ou trois ans et se termina dans la haine. Il fut une fois au moins en prison parce qu'il n'avait pas versé la pension que la justice avait accordée à son épouse. Son second mariage fut plus heureux mais fut traversé de moments orageux.

En somme, il se conduisait d'une manière folle et déconcertante.

Mais, en général, un homme ne se conduit pas ainsi par simple perversité. Celui qui s'adonne à la boisson souffre, en réalité, d'un profond déséquilibre, d'une dramatique frustration. Willie Smith « Le Lion » a toujours estimé que « Fats », en dépit de l'exubérante folie et de l'esprit facétieux dont il a fait preuve, dans sa musique comme dans sa vie, n'était pas sûr de lui, et souffrait d'une instabilité chronique. Willie Smith dit, dans son autobiographie :

> « Le jeune Waller était vraiment un gosse très timide, et je pense que c'est cette timidité, ce manque d'assurance qui, en fin de compte, l'a poussé à boire aussi follement... Je pense que c'est, en partie, parce qu'il était le chouchou de sa mère que tout cela est arrivé, du moins quand j'ai fait sa connaissance, j'en ai eu la certitude après, sa vie a été complètement perturbée quand sa mère est morte. »

La secrète blessure intérieure ne se cicatrisa jamais. Sa vie était de plus en plus désordonnée, incohérente. Il était toujours en retard, il était tourmenté sans cesse par des problèmes financiers, dépensant toujours plus qu'il ne gagnait. Il ne sortait d'une partie de plaisir, d'une soûlerie, que pour recommencer. Et cependant, pour le public, il était toujours ce fantastique gaillard, cette « nature », ce joyeux drille, ce luron sans souci, dont la seule fonction vitale était de répandre autour de lui musique, plaisir, amusement.

Ce n'est, bien sûr, pas une mauvaise image de marque pour un artiste, pour un « entertainer ».

En 1932, Waller s'attacha les services d'un manager, d'un directeur artistique à plein temps. C'était un homme qui avait une grande expérience du monde du spectacle, Phil Ponce. Ce dernier lui procura un contrat de deux ans pour des émissions de radio organisées par la compagnie W.L.W. à Cincinatti, dont le réseau couvrait une grande partie des États-Unis. On appela ces émissions « Fats Waller's Rhythm Club ». D'autres chanteurs y collaboraient, mais, bien entendu, c'était le jeu de piano de « Fats » et ses interprétations, souvent désopilantes, quelquefois émouvantes de chansons populaires qui en étaient le clou. Ces émissions eurent un énorme succès. Au bout de deux ans il passa à la station de radio W.A.B.C. de New York. Ce travail radiophonique changea peu à peu son image de marque. De musicien et chanteur de jazz il devint une sorte d'amuseur public et fantaisiste à la mode. Ce fut la fortune. Au cours de ses meilleures années il n'enregistrait pas moins de cinquante faces de disques (de 78 tours) par an, partant sans cesse en tournée à travers le pays, écrivant des chansons les unes après les autres à une cadence folle, et participant à maints tournages de film. De 1934 ou 1935 à sa mort, il fut une des vedettes les plus en vue des États-Unis. Il n'y a guère que Louis Armstrong, dans le monde du jazz, qui l'ait, peut-être, dépassé en popularité. Mais pour ce faire Louis avait mis trente ans.

Si « Fats » avait vécu plus longtemps il aurait pu devenir une personnalité du monde du spectacle aussi importante que Sinatra, Presley, ou d'autres artistes de ce standing.

Mais il ne vécut pas longtemps. Dès le début de la Seconde Guerre mondiale, quand il avait un peu plus de trente-cinq ans, il commença à sentir la fatigue et l'usure de tant de parties de plaisir, de tant de tournées éreintantes, de tant de repas gargantuesques et des beuveries, des soûleries innombrables auxquelles il avait pris part. En 1941, à la suite d'un examen de santé approfondi, le médecin lui conseilla de cesser complètement de boire s'il voulait survivre. « Fats » s'arrêta pendant une brève période, puis se remit à boire.

Willie Smith « Le Lion » a écrit, dans son autobiographie, qu'à cette époque, Waller était si énorme que ses chevilles étaient constamment enflées et douloureuses. Mais « Fats » ne pouvait pas, ou plutôt, ne voulait pas s'arrêter. Il continua à boire, à trop manger et à jouer et chanter toutes les nuits. En 1943 il se rendit à Hollywood pour faire un film. Quand il reprit le train pour regagner New York il était à bout de forces et malade, quoique personne ne se rendît compte de la gravité du mal.

On avait organisé une soirée à bord du train, en son honneur. « Fats » ne regagna sa couchette qu'après minuit. Il dormit pendant toute la journée du lendemain et une partie de la nuit suivante, et à cinq heures du matin alors que le train arrivait en gare de Kansas City, il rendit l'âme.

L'œuvre qu'il laissait derrière lui était considérable. Son influence fut profonde et durable. Il avait, pour ainsi dire, rempli une triple carrière. Il fut, ainsi que nous l'avons dit, l'une des plus grandes vedettes de son époque; il fut aussi un des compositeurs les plus cotés, l'émule des Gershwin, Cole Porter, Jerome Kern et autres qui ont tellement enrichi l'époque d'œuvres et de musique si populaires, mais, il fut, avant tout, un des plus grands pianistes de jazz. En dépit de ses facéties et de ses canulards, en dépit des chansons assez quelconques qu'il était parfois obligé de chanter, il n'a pas, une seule fois dans sa vie, sacrifié le jazz aux dépens de sa popularité.

Il pouvait se transformer en clown, en bouffon — après tout il était une sorte de fantaisiste et un showman et il aimait faire rire — mais il ne pouvait simplement pas jouer une seule mesure, une seule note de mauvaise musique.

« Fats » Waller a enregistré dans toutes sortes de circonstances : comme pianiste soliste, comme chanteur s'accompagnant au piano, comme pianiste accompagnant des vocalistes, comme chef d'orchestre dirigeant une petite formation et même, pendant une courte période, dirigeant un grand orchestre. Entre 1922 et 1929 il grava au moins cent faces de disques de 78 tours. Entre 1930 et 1933, pendant la Dépression, il n'enregistra que peu de disques. Mais, en 1934, Phil Ponce obtint, pour Waller, un contrat très avantageux avec la Compagnie Victor. Jusqu'à sa mort il enregistra plus de cinq cents faces pour Victor et c'est surtout grâce à ces disques Victor qu'il est connu dans le monde entier. Les uns sont des solos de piano, d'autres, plus nombreux, sont ses propres interprétations vocales qu'il accompagnait lui-même au piano. Il y en a relativement peu avec son grand orchestre. La majorité de ses disques ont été gravés par le petit orchestre qu'il appelait « Fats » Waller and his Rhythm. C'était le groupe qu'il emmenait en tournée. Quelques-uns de ces disques vés en petite formation comprenaient deux versions, l'une sans vocal et l'autre avec.

Le personnel de ce petit orchestre changea, mais la plupart des disques furent gravés par Herman Autrey à la trompette, Eugene Cedric au saxophone-ténor et, parfois, à la clarinette, Albert Casey à la guitare (remplacé pour quelques faces par James Smith). Il y eut aussi une quinzaine de faces gravées avec Bill Coleman à la trompette. D'autres encore furent enregistrés avec Bug Hamilton à la trompette.

Parmi ses succès les plus populaires, citons : « Honeysuckle Rose », « I'm Gonna Sit Right Down and Write Myself a Letter » (Je vais m'asseoir pour m'écrire une lettre) qui n'est d'ailleurs pas une de ses compositions, « Your socks don't match » (Vos chaussettes ne sont pas assorties), « Your feet's too big » (Tes pieds sont trop grands), « The joint is jumpin' » (On s'amuse ici), « Hold tight » (Tenez bon) (tout en doubles sens érotiques que peu de gens comprirent à l'époque).

Ce sont des exemples des disques que le public achetait et des chansons qu'il aimait entendre chanter par « Fats » dans les music-halls et les cabarets.

Mais parmi les disques qu'il a enregistrés on trouve aussi beaucoup d'interprétations d'un caractère plus tendre, plus doux, plus sentimental et quelquefois dramatiques : par exemple « Waitin' at the end of the road », « How can I ? » et, à l'orgue, le superbe « Night Wind ».

La vérité est qu'il y a souvent, sous la jactance, la facétie et les paroles comiques, une sorte de profonde tristesse, de mélancolie. Si vraiment le « clown mélancolique » est un type d'homme que l'on peut rencontrer dans le monde du spectacle, « Fats » Waller en était un exemple.

Le style de piano que l'on a appelé « stride », ou « Harlem stride », tel que l'avaient superbement défini James P. Johnson, Willie Smith « Le Lion », « Fats » Waller et les autres était bien le style dominant durant les années 20 et 30, mais il n'était pas le seul.

Il y avait une autre manière de jouer du piano, qui venait de racines différentes et se développait dans une autre direction. C'était le style que l'on pourrait appeler le style « primitif » de jazz au piano. Ceux qui le pratiquaient étaient très nombreux : des milliers de musiciens autodidactes qui avaient trouvé le moyen d'apprivoiser la « boîte magique » et d'en faire sortir de la musique. La plupart de ces pianistes étaient des hommes de couleur mais pas tous. Ils jouaient le soir pour distraire les travailleurs pauvres, en général dans une grange ou un hangar qu'on avait rapidement transformé en une espèce de cabaret rustique où les travailleurs des deux sexes pouvaient boire et danser.

C'était la forme première de ce qui devait devenir les « jook joints * » du Sud des États-Unis, d'où nous avons tiré le terme de « juke-box ». C'est là que venaient, le soir, les ramasseurs de coton, les bûcherons, les travailleurs du rail et les résiniers, pour se délasser et se donner du bon temps. Les pianistes qui y jouaient n'étaient pas toujours de véritables professionnels, mais souvent des travailleurs qui s'étaient exercés à jouer. Ils élaboraient une technique personnelle peu orthodoxe et trouvaient des trucs pour jouer ce qu'ils avaient imaginé ou pour reproduire ce qu'ils avaient entendu auparavant. Ils n'étaient capables de jouer qu'en deux ou trois tons. La plupart n'en connaissaient qu'un d'habitude : Fa ou Sol. Ce que leur public voulait c'était quelque chose de très rythmique sur lequel il pouvait danser. La musique qu'ils faisaient était directement issue de la tradition négro-américaine et dès le début du siècle ces pianistes faisaient surtout appel aux blues. Ils avaient tout simplement substitué le piano à la guitare ou au banjo que les anciens chanteurs de blues ruraux utilisaient pour accompagner leurs propres prestations vocales. La différence essentielle c'était que le jeu de ces pianistes était plus fortement rythmé, plus allègre, plus vif que celui des chanteurs de blues des campagnes du Sud puisqu'ils avaient à faire danser les gens. A cette différence près, c'était la même musique. Beaucoup de ces pianistes chantaient aussi le blues et s'accompagnaient eux-mêmes. Leurs blues pouvaient comprendre treize ou quatorze mesures, comme ceux des chanteurs ruraux et ils se terminaient, en général, sur les septièmes mineures si caractéristiques du blues. Ces pianistes avaient aussi trouvé le moyen d'imiter le son des notes bleues en jouant les tierces mineures et majeures en même temps ou en rapides successions.

Nous voilà, de nouveau, confrontés à ce vieux problème que l'on retrouve dans l'histoire du jazz : l'influence alternativement dominante de la tradition

* Cabaret plus ou moins clandestin dans la campagne où l'on peut écouter un musicien (guitariste, pianiste, chanteur), danser et boire.

africaine ou afro-américaine et de la tradition classique européenne ou, disons, occidentale. D'un côté, nous avons les pianistes dits « stride », utilisant les principes harmoniques classiques ainsi que des formes de musique instrumentale ou vocale ou encore de musique de danse qu'ils avaient principalement recueillies en écoutant les pièces de ragtime de Joplin et de ses pairs. En plus, certains, comme Johnson, Willie Smith « Le Lion » ou « Fats » Waller, nous l'avons vu, avaient entendu ou même pratiqué la musique classique. D'un autre côté nous avons les pianistes qui pratiquaient surtout le blues, qui n'accordaient qu'un intérêt assez rudimentaire à l'harmonie et à la forme, utilisant surtout le piano à la manière d'un instrument de percussion. On peut supposer que des pianistes « stride » comme Willie Smith et Johnson avaient entendu de la musique classique bien avant d'entendre une seule note de musique de jazz ou même de musique de blues. Certains d'entre eux, nous l'avons vu, avaient même l'ambition de composer ou de jouer en suivant la tradition de la musique classique occidentale. Ils vinrent, certes, à la musique de jazz, mais après que cette musique eut pris forme. Les autres, ceux dont nous avons parlé plus haut, et qui pratiquaient le style que nous avons appelé : « primitif » (sans que ce terme implique quoi que ce soit de péjoratif) avaient commencé à jouer des blues avant même que la musique de jazz eût pris forme. La musique qu'ils jouaient était une des formes musicales de la culture négro-américaine, une des formes qui devaient donner naissance à la musique de jazz. Ce style de piano existait dans la tradtion de la musique afro-américaine qui allait engendrer le jazz et on devait probablement le pratiquer d'une manière analogue, bien plus tôt, au cours du XIXᵉ siècle.

La distinction que nous avons ainsi esquissée entre les deux styles principaux de piano n'était certainement pas aussi nettement établie au cours de l'histoire de la musique négro-américaine.

Ces pianistes de style « primitif » avaient eux-mêmes subi des influences très variées. Leur habileté technique, plus ou moins développée, plus ou moins évidente, leur intérêt plus ou moins prononcé pour le ragtime ou des figures mélodiques et harmoniques provenant du ragtime, leurs aptitudes plus ou moins marquées pour s'exprimer par le moyen du blues ou, encore, les goûts différents de leurs publics, créaient entre eux des différences assez nettes. C'est ainsi que certains d'entre eux pouvaient être rapprochés des pianistes « stride » et même que certains d'entre eux pouvaient être confondus avec les pianistes « stride ».

Mais, d'une manière générale, la distinction entre les deux genres pianistiques reste suffisamment marquée.

Comme les pianistes qui pratiquaient le style que nous avons appelé « primitif » étaient plus soucieux de formes rythmiques très accentuées que de formes à proprement parler harmoniques ou mélodiques, leurs manières d'attaquer le clavier dépendaient souvent de la plus ou moins grande facilité de doigté qu'ils avaient pu acquérir et expérimenter à l'usage. Les lignes de basse étaient souvent réduites à des séquences de notes qui montaient ou descendaient au rythme d'une note par temps, ces séquences consistaient le plus souvent en des sortes de figures répétitives qui venaient facilement sous les doigts du pianiste, lequel plaçait ces figures répétitives sur le clavier aux endroits où il désirait faire intervenir un changement d'accords. La main droite du pianiste épousait, note par note, le dessin général de la mélodie ou produisait de très simples figures répétitives qui se plaçaient sur le clavier aux différents endroits requis par le changement d'accords. Une de ces figures les plus typiques et les plus caractéristiques était produite par le pianiste qui frappait en même temps une touche noire et la touche blanche située plus haut à côté une fois par temps. Bien pratiqué sur les notes appropriées, ce truc non seulement amenait une certaine tension mais aussi une sorte d'imitation de la couleur sonore des notes bleues.

Par ce que nous venons de dire il est facile de comprendre qu'il y avait beaucoup de similitudes entre ces pianistes de style dit « primitif » et ceux que l'on devait appeler les pianistes de style « boogie-woogie ».

Ce style de piano « boogie-woogie » peut se caractériser ainsi : une manière essentiellement pianistique de jouer le blues en tempo moyen ou en tempo vif, en utilisant des figures répétitives composées de croches et de doubles-croches pointées dans les basses et à la main droite des figures répétitives, entremêlées parfois de traits. Les figures de basses, dans le style « boogie-woogie », sont traditionnellement jouées d'une façon rythmiquement plus précise que dans la musique de jazz en général. C'est-à-dire que l'on donne aux croches une valeur égale et que la manière de jouer les croches pointées et les doubles-croches se situe plus près de la division de trois pour une de la musique de tradition classique que de la division approximative de trois pour deux qui est habituelle dans la musique de jazz.

La seule différence entre le style pianistique « boogie-woogie » et le style pianistique « primitif » du blues réside dans l'utilisation des séries de croches dans les basses. Dans un blues standard joué au piano par un pianiste de style dit « primitif », ce sont des noires que nous trouvons, que nous entendons, dans les basses. Mais même cette distinction n'apparaît toujours, car parfois, en dépit d'une basse jouée en 4/4, le pianiste « primitif » suggère un 8/8 à la main droite. C'est ce qui se passe, pour donner un exemple, dans le « Big Bear Train » de Jimmy Yancey.

Ces pianistes jouaient aux États-Unis partout où il y avait des agglomérations de gens de couleurs. Ce fut dans le Sud tout d'abord puis, par la suite, dans les ghettos du Nord quand l'émigration des Noirs venus du Sud commença.

Les noms de la plupart de ces pianistes ne nous sont pas parvenus. Mais, fort heureusement, quelques-uns furent enregistrés au cours des années 20 et 30, quand on commença à s'intéresser au style des blues ruraux. Beaucoup de ces pianistes n'étaient pas des artistes à plein temps. Ils travaillaient à différents métiers (comme les autres travailleurs de couleur) pendant la journée et jouaient du piano la nuit ou en fin de semaine. Jimmy Yancey, l'un des plus célèbres, fut un gardien chargé de veiller sur les locaux et les terrains de « Chicago White Sox » pendant près de trente ans. Les autres pianistes les plus connus de cette école sont ou furent : Roosevelt Sykes *, Pine Top Smith, Mon-

* Un des disciples, beaucoup plus jeune. Memphis Slim, est, lui aussi, un remarquable pianiste de style boogie-woogie. N'oublions pas non plus que les deux hommes sont avant tout de merveilleux chanteurs de blues.

tana Taylor, Cow Cow Davenport et Rufus Perryman, connu sous le sobriquet de « Speckled Red ». Comme les autres artistes de blues de l'ancien temps, ces pionniers montraient une certaine liberté à l'égard du blues de douze mesures (tel qu'il fut défini par la suite) et ils ne respectaient pas toujours d'une façon stricte les changements d'accords. Cependant, dès les années 30, la forme stricte du blues désormais « classique », tel qu'elle avait été définie par les chanteurs de blues « classiques » (cf. le chapitre intitulé : Bessie Smith et le nouveau Blues) et les musiciens des orchestres de jazz, était devenue la seule qui fût en usage parmi les vocalistes, les instrumentistes et les orchestres de jazz. Vers 1940, les styles de blues plus anciens et les pianistes de « boogie-woogie » furent à la mode. Ce fut, en partie, à cause de l'intérêt que le critique John Hammond manifesta à l'égard des pianistes de style « boogie-woogie » et surtout de Meade Lux Lewis qu'il avait retrouvé à Chicago. John Hammond fit engager Meade Lux Lewis et d'autres par le Café Society à New York. On enregistra ces pianistes et ce fut un véritable boom du style « boogie-woogie ». Pendant les premières années 40 les adolescents qui se risquaient à jouer un peu de piano dans les surprises-parties et les soirées dansantes jouaient invariablement des morceaux en forme de « boogie-woogie » qu'ils avaient entendus sur des disques. Et les grands orchestres de jazz de la période dite « swing » se mirent à avoir, dans leur répertoire, des arrangements de « boogie-woogie » instrumentaux pour grandes formations. L'orchestre de Tommy Dorsey se tailla un considérable succès en jouant un arrangement intitulé « Boogie-Woogie » et adapté d'après le disque portant le même titre et enregistré par le fameux Pine Top Smith, en 1928.

De son côté, Will Bradley recueillit un enviable succès avec « Beat me Daddy, Eight to the Bar ».

Parmi les pianistes de « boogie-woogie » qui devinrent célèbres durant la période du boom du « boogie-woogie », citons Meade Lux Lewis, Albert Ammons et Pete Johnson. Ces trois hommes travaillèrent et enregistrèrent ensemble, quelquefois en duos de piano et au moins une fois tous les trois ensemble, en trio. De temps à autre, ils accompagnaient des vocalistes de blues. Ces trois pianistes jouaient avec précision, rigueur, puissance et imagination. Peut-être que leurs enregistrements les plus connus sont « Boogie-Woogie Prayer » auquel ils collaborèrent tous trois, et « Shout for Joy » par Albert Ammons.

Ce dernier s'ouvre sur une citation de sonnerie de cloches d'église relevée dans une chanson enfantine et se poursuit jusqu'à la fin avec des basses tout à fait originales, des basses qui montent et qui descendent par accords, sans les répétitions régulières de figures harmoniques caractéristiques du style « boogie-woogie ». Ces pianistes étaient peut-être plus forts techniquement que des pianistes plus anciens, comme Jimmy Yancey et Pine Top Smith. La musique de ces derniers et de leurs émules était essentiellement le blues – le blues comme inspiration, le blues comme expression, le blues comme forme musicale.

Étant donné cette tendance de caractère presque mystique de la musique de jazz et des musiciens de jazz à maintenir un équilibre entre les éléments d'origine africaine ou afro-américaine et les éléments d'origine classique ou, si l'on veut, occidentale, il n'est nullement étonnant qu'on ait pu constater que ce style de blues joué au piano et le style de piano dit « stride » devaient peu à peu se rencontrer puis se fondre pour donner naissance à un nouveau développement, à une nouvelle manière de jouer la musique de jazz au piano.

Cette fusion des deux styles pianistiques, cette nouvelle manière de traiter le piano a été clairement illustrée par Earl « Fatha » Hines. Il naquit à Duquesne, en Pennsylvanie, une petite ville située non loin de Pittsburgh. Son père jouait de la trompette avec un orchestre appelé Eureka Brass Band. Sa mère jouait du piano et de l'orgue. Une de ses tantes, qui habitait Pittsburgh, chantait et jouait du piano. Dans sa jeunesse, le jeune Earl Hines rencontra grâce à sa tante pas mal de musiciens de couleur et, notamment, Eubie Blake et un chef d'orchestre de l'époque, Noble Sissle. Quand il se mit à étudier le piano, à l'âge de neuf ans, il entendit les compositeurs classiques et travailla la méthode Czerny.

Il commença à jouer dans les clubs et les cabarets de Pittsburgh dès l'âge de treize ou quatorze ans, délaissant très vite ses études scolaires. Vers 1918, il fit la connaissance d'un chanteur et saxophoniste, Lois Deppe qui dirigeait un trio dans un des clubs de Pittsburgh. Deppe, engagea le jeune Earl Hines pour jouer du piano. Le groupe de Deppe commençait à être localement connu. Il s'agrandit, se mit à faire des tournées dans la région du Midwest et, finalement, en 1923, enregistra plusieurs disques.

Toujours en 1923, Hines débarqua à Chicago. Il joua d'abord en soliste. Sa réputation s'accrut rapidement et dans les années qui suivirent, le jeune Hines fut successivement engagé par la plupart des chefs d'orchestre importants de Chicago, notamment Erskine Tate, Carroll Dickerson, Jimmie Noone et, plus tard, Louis Armstrong. Alors, dans l'espace de quelques mois, en 1928, il participa à de nombreux enregistrements qui lui valurent la réputation d'un des plus grands pianistes de jazz du moment. En juin de la même année il remplaça Lil Armstrong dans l'orchestre d'enregistrement de Louis qui, durant les six mois qui suivirent, enregistra quelques-uns des plus beaux disques d'Armstrong : « West End Blues », « Tight like this », « Muggles », « Monday Date » (une composition de Hines) et l'extraordinaire duo Armstrong-Hines (trompette-piano) intitulé « Weather Bird ». En même temps, il enregistra une douzaines de faces de 78 tours avec l'orchestre que dirigeait Jimmie Noone à l'Apex Club de Chicago, Jimmie Noone's Apex Club Orchestra, qui firent, à l'époque, et font toujours l'admiration des musiciens et des amateurs de jazz. En décembre de la même année il grava huit faces en solo pour la compagnie Q.R.S. qui firent sensation. Hines était alors considéré comme une des grandes vedettes de la musique de jazz. A la fin de l'année, il organisa une grande formation de jazz qui joua au Grand Terrace de Chicago. Pendant les vingt années qui suivirent, Hines travailla avec son grand orchestre, partant souvent en tournées et retournant régulièrement pour des engagements au Grand Terrace. Au début des années 40 il fit de nouveau sensation quand il réunit un orchestre comprenant des jeunes pratiquant le style bop qui eurent ainsi l'occasion de présenter la nouvelle musique. Cet orchestre comprit, notamment, Sarah Vaughan, comme chan-

teuse et seconde pianiste, Billy Eckstine, comme chanteur, ainsi que Dizzy Gillepsie, Charlie Parker, Benny Green, Wardell Gray, Benny Harris...

Il licencia le dernier de ses grands orchestres en 1948. Il travailla ensuite avec Louis Armstrong's All Stars et dans d'autres groupes. Il est toujours actif et son style n'a guère changé. Son influence a été très profonde sur les pianistes venus après lui. Il est certain que pendant sa jeunesse il entendit beaucoup de pianistes qui jouaient surtout le blues et qu'il eut une espèce de culte pour un des meilleurs trompettistes de l'histoire du jazz, Joe Smith, qui joua longtemps dans la grande formation dirigée par Fletcher Henderson et qui grava de superbes disques avec Bessie Smith.

Joe Smith était passé par Pittsburgh quand Earl Hines était tout jeune. Hines a souvent parlé de ce séjour du trompettiste à Pittsburgh. Il a dit naturellement, à ce sujet : « Je suivais Joe Smith partout où il allait. Il me sidérait. Je voulais arriver à jouer ce qu'il jouait. Il me donna un tas d'idées nouvelles sur la musique. »

Il y a l'esprit du blues dans presque tout ce qu'il a enregistré. Son solo sur sa propre composition « Congaine » ressemble étrangement au thème principal de « Wolverine Blues » de Jelly Roll Morton. Dans les enregistrements qu'il a gravés pour la Compagnie Q.R.S., il y a trois blues sur huit morceaux. Mais le fait le plus frappant est que dans tous les morceaux enregistrés avec Lois Deppe, à l'exception d'un seul, en mineur, Hines termine invariablement sur une septième mineure. Cela ne se fait jamais dans la musique de tradition classique et les pianistes de style « stride » ne le faisaient jamais non plus. On sait que l'emploi de la septième mineure est absolument caractéristique du blues chanté ou joué au piano, à la guitare ou sur n'importe quel autre instrument. Ces faits nous prouvent que Hines a été profondément influencé par les anciens pianistes de blues. Hines a donc pratiqué un style de piano « stride » modifié, un style qui mêle le « stride » avec la tradition ancienne du blues. Cela lui a donné un style puissamment rythmique, avec une préférence pour des traits fulgurants à la main droite ou, et cela est caractéristique de sa manière, de simples figures très rythmiques énoncées par une très forte attaque en octaves. Hines attaque le clavier en force. Il y a quelque chose de brusque, de heurté, de déchiqueté dans son jeu. Il n'y a jamais, chez lui, ce qu'il y a de coulant, le perlé des pianistes « stride » de Harlem. Les phrases s'interrompent brusquement en pleine course. La mélodie soudain part dans les basses. Les basses elles-mêmes ne se succèdent pas régulièrement, mais sont brusquement stoppées ou encore leur rythme change soudain. Très souvent, tout le déroulement du morceau s'arrête pendant que le pianiste éparpille des traits ou des figures mélodiques ou harmoniques hors tempo. Ses deux mains parcourent le clavier à toute vitesse. Le tout est rempli de rythmes qui se croisent ou se contrarient. Son jeu, en bref, est dense, puissant, plein d'aspérités, de contrastes et très inventif.

Les anciens critiques ont prétendu que le jeu de Hines pouvait se caractéri-

Ci-contre : Earl Hines. La photographie date probablement des premières années 40. (Collection William P. Gottlieb/Edward Gottlieb.)

Teddy Wilson en 1946. La photographie a été prise par Skippy Adelman.
(Photographie Culver.)

ser par ce qu'ils ont appelé « the trumpet style », « le style de trompette ». Ils voulaient dire que sa main droite improvisait la même sorte de lignes mélodiques qu'un trompettiste improvise. On pensait que ce « style de trompette » lui était venu en jouant aux côtés de Louis Armstrong. Mais ce soi-disant « style de trompette » était déjà très apparent dans les disques faits avec Lois Deppe, donc enregistrés avant que Hines n'ait rencontré Armstrong. Hines lui-même a récusé la soi-disant influence d'Armstrong et a dit que ce « style de trompette » aurait pu provenir de ses vains efforts pour tenter d'apprendre la trompette à l'âge de huit ou neuf ans. Mais il me semble qu'il y a une explication bien meilleure : Hines a développé un style « stride » qu'il avait déjà profondément modifié, et qu'il a mêlé avec les influences très profondes et très fortes qu'il avait reçues en écoutant les anciens chanteurs et pianistes de blues. Chez de tels artistes, en effet, les lignes mélodiques comptent avant tout et se développent librement, presque aux dépens, parfois, de l'harmonie, et la forme même du blues n'est jamais très stricte.

A la suite de Hines, de jeunes pianistes, qui avaient subi, à des degrés variés, son influence, commencèrent à faire parler d'eux. Il y avait parmi ces nouveaux venus trois musiciens blancs : Jess Stacy, Joe Sullivan et Mel Powell et un musicien de couleur, Teddy Wilson. C'est ce dernier qui eut la plus flatteuse renommée et qui, à son tour, eut sur les jeunes la plus forte influence.

Teddy Wilson naquit à Austin, au Texas, en 1912. Il étudia le piano et le violon pendant quatre ans à l'université de Tuskegee et continua ses études, principalement sur la théorie de la musique, au collège de Taladega. Au cours des premières années 30 il travailla à Chicago avec Armstrong, Noone, Erskine Tate et d'autres chefs d'orchestre.

A New York, en 1933, il travailla avec Benny Carter et il se fit ainsi connaître des milieux du jazz et notamment du grand critique John Hammond.

Deux ans plus tard, dans une soirée, il joua, pour la première fois, avec Benny Goodman. Cela fit sensation et, encouragé par Hammond, Benny Goodman décida de créer le désormais fameux trio : Goodman, Wilson, Gene Krupa (le drummer, à l'époque, de Benny Goodman).

Il n'est pas exact de dire qu'il n'y avait jamais eu, auparavant, d'orchestres mixtes, d'orchestres dans lesquels Blancs et musiciens de couleur étaient mêlés. De nombreux « Créoles de couleur » (mais, il est vrai, de couleur très claire) avaient joué avec des Blancs au temps des débuts de la musique instrumentale négro-américaine à La Nouvelle-Orléans. Des musiciens de jazz blancs avaient joué temporairement ou avaient participé à des jamsessions avec les musiciens de l'orchestre de Fletcher Henderson.

Willie Smith « Le Lion » se souvenait même d'orchestres mixtes qui jouaient sur les bateaux qui parcouraient la rivière Hudson aux temps de sa jeunesse. Mais personne, avant Benny Goodman, n'avait tenté de créer un groupe mixte jouant dans des clubs ou des cabarets très cotés, ultra-chic et où le mélange des ethnies était ostensiblement présenté à un public dont il était difficile de prévoir les réactions. Benny Goodman se faisait du souci à ce sujet, de même que Teddy Wilson d'ailleurs. Mais John Hammond se fit très convaincant et Goodman accepta de prendre le risque de cette expérience.

C'était, n'en doutons pas, un gros risque car son orchestre venait d'être reconnu comme une des meilleures formations de jazz de New York, et le fait d'essayer d'imposer un groupe mixte pouvait compromettre définitivement ses chances de devenir une grande vedette.

Mais, apparemment, le public était bien plus prêt à accepter cette expérience que les milieux d'affaires du spectacle et de la musique ne l'avaient escompté.

Il y eut bien sûr de petits incidents, de petits escarmouches, mais, d'une façon générale, le nouveau groupe fut parfaitement accepté et ce trio (et, plus tard, d'autres combinaisons) devint un élément important dans le succès que remporta Benny Goodman. Teddy Wilson resta avec Goodman jusqu'en 1939. Dans le même temps, John Hammond demanda au pianiste d'enregistrer toute une série de disques en petite formation destinés surtout, dans l'esprit de John Hammond, au public de couleur.

Beaucoup de ces petites formations accompagnèrent Billie Holiday dans les enregistrements qui la rendirent célèbre. Benny Goodman joua, d'ailleurs, d'une façon magnifique dans les trois premières faces de 78 tours gravés par Billie Holiday et Teddy Wilson aux côtés de Roy Eldridge, Ben Webster, John Trueheart, John Kirby et Cozy Cole. Ces disques ont bien entendu été repiqués en microsillons 33 tours.

Ces petites formations comprirent, à un moment ou à un autre, une partie des musiciens les plus importants de l'époque. La publication de ces disques, qui se vendirent fort bien, de même que son engagement dans les trios et autres petites formations dirigées par Benny Goodman, assurèrent à Teddy Wilson une place prépondérante parmi les musiciens et les chefs d'orchestre de jazz. C'est pour cette raison que Wilson fut le principal promoteur du style illustré par Earl Hines. Plus tard Teddy Wilson subit en outre l'influence du grand Art Tatum.

Fait assez curieux : deux des quatre importants pianistes dont le style est dérivé de celui de Earl Hines (à l'exception bien entendu de Teddy Wilson, dont nous venons de parler) ont joué dans des formations dirigées par Benny Goodman.

Jess Stacy est né à Cape Girardeau, dans l'État du Missouri, en 1904. Il était en grande partie autodidacte et joua d'abord sur les riverboats. Il vint s'installer à Chicago dans les années 20 au moment du boom du jazz et il fit la connaissance des jeunes musiciens blancs de l'école du Midwest : Frank Teschemacher, Pee Wee Russell et les autres, avec lesquels il travailla. Il fut engagé par Benny Goodman en 1935, quand Goodman était en train d'organiser le grand orchestre qui devait, par la suite, marquer ce que l'on appelle « l'ère des orchestres swing », et resta avec lui jusqu'en 1939. Teddy Wilson, quant à lui, ne jouait que dans les trios et autres petites formations de Goodman.

Jess Stacy joua ensuite avec d'autres très bons chefs d'orchestre, comme Bob Crosby, qui dirigeait une grande formation dont les arrangements étaient de tendance dixieland, ainsi qu'avec Tommy Dorsey.

A la fin des années 40, il travailla sur la côte Ouest et il était toujours en activité dans les dernières années 60. Sa manière est plus simple que celle de Teddy Wilson et il swingue énormément.

Des octaves jouées à la main droite, entremêlées de traits, prédominent dans son jeu aux dépens des accords. La force entraînante de son jeu provient surtout de son sens très aigu de la dynamique.

Joe Sullivan est né à Chicago en 1906. Il commença à étudier et à jouer du classique dès l'âge de cinq ans. Il fut, par la suite, élève du Conservatoire de Musique de Chicago où il étudia jusqu'à sa dix-septième année. Dans le même temps il jouait professionnellement dès l'âge de douze ans et, comme Jess Stacy, il participa aux prestations des jeunes musiciens blancs de l'école du Midwest. Il joua avec presque tous les musiciens de ce groupe, à un moment ou à un autre, et fut le pianiste dans beaucoup de disques enregistrés par ces musiciens : dont ceux gravés sous la direction de Mac Kenzie et Condon : « China boy », « Nobody's Sweetheart », « Sugar », « Liza », « I've found a new baby », « There'll be some changes made ».

Il avait précédé Jess Stacy dans l'orchestre de Bob Crosby et travailla avec les différents groupes réunis et dirigés par Condon.

Sullivan était un pianiste solide et swinguant dans la lignée de Earl Hines et comme Hines il utilisait beaucoup le procédé des octaves à la main droite. Mais il avait été aussi très influencé par « Fats » Waller et on entend souvent le style de piano « stride » dans ses disques. Il passa les années 50 et 60 à San Francisco et dans la région et il ne resta pas moins de douze années au Hanover Club de San Francisco. Il est mort en 1971.

Le troisième pianiste qui se rendit célèbre en travaillant dans l'orchestre de Benny Goodman fut Mel Powell, qui est presque d'une génération plus jeune que Stacy et Sullivan.

Powell est né à New York en 1923. Dès son plus jeune âge il étudia et joua du piano classique pendant des années et avait une excellente technique quand il décida de faire du jazz. Il commença par jouer avec les musiciens de style dixieland qui travaillaient sous la direction d'Eddie Condon, puis, en 1941, âgé de dix-sept ans, il fut engagé dans l'orchestre de Benny Goodman. Pendant la Deuxième Guerre mondiale, il joua dans le fameux orchestre de l'armée de l'air américaine dirigé par Glenn Miller et, après la guerre, étudia la composition musicale avec Hindemith.

Quoiqu'il eût rejoué ici et là du jazz, depuis cette époque, la plus grande partie de sa vie a été celle d'un professeur et d'un compositeur de musique de tradition classique, à l'École de musique de Yale et l'Institut des Arts de Californie. Le disque le plus connu de Mel Powell est une version prise sur un tempo fulgurant de « The world is waiting for the sunrise », enregistrée pour la Compagnie de disques Commodore avec Benny Goodman (indiqué, sur la pochette du disque, sous le pseudonyme de Shoelesse John Jackson, afin de respecter les clauses d'un contrat conclu antérieurement). D'autres bons exemples de sonstyle pianistique existent dans les disques qu'il a enregistrés, dans les premières années 50, pour la Compagnie Vanguard, avec Ruby Braff au cornet.

Le style de Mel Powell contient toutes les caractéristiques de celui de Hines : les traits rapides, les octaves à la main droite, les tumultueux rythmes entrecroisés. Mais il y a plus de traces persistantes du style « stride » chez Mel Powell que chez les autres pianistes qui ont subi l'influence de Hines.

Ce que nous venons de développer ne constitue qu'un exemple du style pratiqué par les pianistes de jazz qui ont illustré cette musique avant ce qu'on pourrait appeler l'ère du jazz moderne. Mais c'est un exemple parfaitement valable, car, entre les dernières années 20 et les dernières années 40, quand triompha le style bop, presque tous les pianistes de jazz ont joué en s'inspirant du style que Eart Hines avait élaboré, inspiré qu'il avait été lui-même par les styles « stride » de James P. Johnson, Willie Smith « The Lion », Thomas « Fats » Waller et les autres. Tout cela venait donc bien du style dit « Harlem stride », c'est évident. Mais si le style « stride » en avait bien été la base, ce « stride » avait reçu l'empreinte de ce que Earl Hines et d'autres avaient appris en écoutant les pianistes de blues qui jouaient encore en se référant à la vieille tradition de la musique populaire négro-américaine.

CHAPITRE XIV

Hawk * et Pres ** Les saxophonistes prennent la relève

Depuis les débuts de la musique de jazz, la trompette ou le cornet avaient été les instruments dominants. Les « rois » du jazz avaient toujours été des cornettistes ou des trompettistes : Oliver, Keppard, Armstrong, Beiderbecke... Mais, durant les premières années 30, un instrument disputa à la trompette et au cornet, la suprématie : ce fut le saxophone et tout spécialement le saxophone-ténor.

Le saxophone fut inventé en 1845, par un flûtiste et facteur d'instruments de musique d'origine belge, Adolphe Sax. Il avait cherché à créer des instruments intermédiaires par leur timbre et leur sonorité, entre les bois et les cuivres. La famille des saxophones va du saxophone-sopranino au saxophone-contrebasse en passant par les saxophones-soprano, alto, ténor, baryton et basse. C'est un instrument sur lequel un bon instrumentiste peut, quand il le désire, jouer très vite et aussi très legato. Il a été, jusqu'à présent, relativement peu utilisé dans la musique classique, mais couramment depuis une cinquantaine d'années, dans les harmonies et les fanfares.

Son intégration à la musique populaire a surtout commencé pendant le boom de la musique de danse qui a débuté vers 1910. Le fameux « glaneur » de blues, W. C. Handy a proclamé qu'il avait utilisé un quatuor de saxophones en 1902. Ce devait être un groupe formé pour jouer dans les spectacles de minstrels. Puis, toujours d'après Handy, il incorpora des saxophonistes à l'orchestre de danse qu'il dirigeait, en 1909. Ce furent, dit-il, les premiers saxophonistes à jouer dans un orchestre aux États-Unis d'Amérique. Garvin Bushell dit que le premier saxophoniste-ténor qu'il eût entendu vint à Springfield, dans l'État de l'Ohio, pendant la Première Guerre mondiale.

Un musicien de La Nouvelle-Orléans, John Joseph, nous assure qu'il a apporté lui-même le premier saxophone dans la ville en 1914.

Art Hickman, un chef d'orchestre de danse très populaire, utilisait le saxophone à peu près à la même époque. Cependant, l'usage du saxophone ne com-

* Hawk (Le Faucon) est à la fois le diminutif et le surnom de Coleman Hawkins.
** Pres diminutif de Président. Surnom donné à Lester Young (le président incontesté des saxophonistes-ténors) par Billie Holiday, laquelle avait été surnommée Lady Day par son ami Lester Young.

Le saxophone fit son apparition sur la scène américaine surtout pour accompagner, au début, en section, des spectacles de variétés, des spectacles dits de « Vaudeville ». La photographie doit dater de 1910. On distingue, de gauche à droite, les saxophones : baryton, alto, en ut, soprano et ténor. Il existe, en outre, les saxophones : sopranino, basse et contrebasse.

mença à se généraliser que lorsque la musique de jazz et les musiciens qui la pratiquaient quittaient La Nouvelle-Orléans pour monter dans le Nord du pays.

Les chefs d'orchestres l'avaient adopté comme une « innovation » susceptible d'attirer le public. Mais ils se convainquirent rapidement de l'utilité de cet instrument, surtout lorsqu'il est groupé en section, dans la musique de danse. Le saxophone pouvait être joué très doucement et d'une façon souple et, pour la danse, il fournissait une sorte de flot mélodique pour ainsi dire intarissable. Les saxophones pouvaient aussi se substituer aux cordes qui avaient été jusque-là un des éléments essentiels de l'orchestre de danse.

Dès la fin de la Première Guerre mondiale, ce fut la vogue du saxophone. Les profanes qui, à l'époque, faisaient référence à la musique de jazz, parlaient toujours des « gémissements » du saxophone.

Dès les années 1920, les instrumentistes commencèrent à maîtriser parfaitement les saxophones. Il s'agissait surtout d'instrumentistes blancs. Les musiciens de couleur ne vinrent que plus tard au saxophone. Comme ces derniers n'avaient guère de modèles à imiter parmi les instrumentistes de couleur, ils commencèrent par imiter les saxophonistes blancs. Au début des années 20, comme nous l'avons vu, les musiciens blancs avaient, de la musique de jazz, une approche un peu différente de celle des instrumentistes de couleur. Dans la façon de jouer des Blancs, il y avait, bien entendu, moins d'éléments provenant des musiques africaines, par l'intermédiaire de la culture négro-américaine : la rudesse ou la dureté de la sonorité, l'alternance très marquée des accents, la liberté de la ligne mélodique par rapport au rythme de base. Les saxophonistes blancs cherchaient à obtenir une sonorité très douce parfois suave, des lignes mélodiques très souples et souvent legato. La tradition du saxophone dans la musique de jazz s'est formée donc à partir de la conception blanche du jeu des instrumentistes de cette musique. Et ce n'est nullement un hasard si les deux principaux saxophonistes de couleur de la période « classique » du jazz : Coleman Hawkins et Lester Young, jouent plus près du rythme de base qu'il n'était d'usage de le faire chez les musiciens de La Nouvelle-Orléans.

L'un des plus anciens, un de ceux qui eut une profonde influence, parmi les saxophonistes blancs, fut Adrian Rollini, dont l'instrument de prédilection, le saxophone-basse, était alors l'objet de l'inlassable curiosité des amateurs. Rollini est né, en 1904, à New York. Il était à la fois très cultivé musicalement et prodigieusement doué. On a dit qu'à l'âge de quatre ans il avait donné un récital d'œuvres de Chopin au Waldorf Astoria. Dès l'âge de quatorze ans il dirigeait son propre orchestre, jouant du piano et du xylophone, (encore un instrument qui suscitait la curiosité du public). C'est vers 1920 qu'il se mit à jouer du saxophone, alors qu'il jouait avec les California Ramblers, un groupe très populaire dans la région de New York, surtout à Long Island, parmi les étudiants. Il joua avec la plupart des chefs d'orchestre blancs célèbres de l'époque, comme Trumbauer, Red Nichols et Joe Venuti. Il joua dans de nombreux disques de Bix Beiderbecke, notamment dans « A Good Man is Hard to Find » dans lequel il a de brefs solos. Rollini, à cause de sa vaste culture musicale, fut, sans conteste, un des meilleurs saxophonistes de jazz, durant les années 20. Sa justesse et sa sonorité étaient supérieures à celles de la plupart des saxophonistes et il jouait du saxophone-basse avec une aisance et une légèreté extraordinaires.

Il avait aussi beaucoup de swing. Durant les années 30, Rollini dirigea ses propres orchestres, les meilleurs jouant sous le nom d'Adrian Rollini and his Tap Room Gang, mais à cette époque il jouait surtout du xylophone et du vibraphone. Il est mort en 1956.

Un autre saxophoniste blanc qui eut beaucoup d'influence fut Jimmy Dorsey qui jouait de la clarinette et du saxophone-alto. Il enregistra souvent avec Bix Beiderbecke et travailla aussi avec les orchestres dirigés par Trumbauer et par Goldkette avant de s'associer avec son frère, Tommy, le tromboniste pour former The Dorsey Brothers's Band, l'un des orchestres de danse blancs les plus populaires des années 30. Jimmy devint un chef d'orchestre vedette durant l'époque « swing ».

Comme Rollini il était doué d'une très bonne technique et sa réputation était grande parmi ses pairs.

Un autre saxophoniste blanc, qui contribua à former une esthétique de la musique de jazz, est Bud Freeman, un des membres influents de « l'école » blanche du Midwest. Il est né en 1906 et commença à jouer du saxophone en ut avec ses amis et condisciples de l'Austin High School, qui organisaient, à l'époque, un orchestre imité des fameux New Orleans Rhythm Kings. En 1925 il délaissa le saxophone en ut pour se consacrer au saxophone-ténor, instrument dont il joue toujours. Il travailla avec presque tous les musiciens blancs importants, avant la période du bop, et devint un des principaux membres du groupe de musiciens dixieland réunis par Eddie Condon.

Son style est énergique et fort, heurté, très staccato. Parfois il phrase un peu comme s'il jouait d'un cuivre. Ses disques les plus connus sont « The Eel », une véritable pièce pour saxophone, qu'il a écrite et qu'il enregistra en 1923; quelques interprétations à la tête de son orchestre intitulé: « Summa cum laude » (qui n'eut qu'une brève existence); et plusieurs disques pour la marque Commodore.

De tous les saxophonistes blancs, sans conteste, celui qui eut la plus profonde, la plus forte influence fut le camarade, l'ami, le partenaire de Bix Beiderbecke, Frankie Trumbauer. Celui-ci possédait une suprême habileté technique, bien supérieure à celle de ses pairs. Son jeu était d'une merveilleuse souplesse et sa sonorité très chaleureuse dans tous les registres. Il fut le soliste vedette avec l'orchestre de Goldkette, les différents groupes de Bix Beiderbecke, et la grande formation de Paul Whiteman, et il connut aussi une vraie célébrité parmi les musiciens. Beaucoup de saxophonistes des années 20 prirent Trumbauer comme modèle.

Par un curieux contraste, les quelques saxophonistes de couleur en activité durant les premières années 20 n'étaient en rien comparables à ceux que nous venons de citer. Les seuls noms à retenir nous semblent être ceux de Stump Evans, Don Redman et Prince Robinson. Jusqu'à ce que Coleman Hawkins commence à faire parler de lui, vers 1926, Sidney Bechet fut le seul saxophoniste de couleur de grande importance. Il se servait surtout du saxophone-soprano et de la clarinette. Mais à cette époque il était un des seuls à utiliser le soprano.

Comme nous l'avons déjà souligné, à l'époque à laquelle on commençait à utiliser le saxophone dans la musique de jazz, les instrumentistes blancs étaient très en avance sur leurs confrères de couleur. Inévitablement ces derniers prirent des saxophonistes blancs comme modèle. Coleman Hawkins admirait Adrian Rollini à tel point qu'il fit l'acquisition d'un saxophone-basse pour jouer dans l'orchestre de Fletcher Henderson, et Coleman Hawkins a toujours dit beaucoup de bien de Bud Freeman, quoiqu'il jouât certainement d'une façon beaucoup plus intéressante que Freeman en 1925. Il semble que Lester Young prit tout d'abord comme modèle Jimmy Dorsey, puis, plus tard, Trumbauer.

Coleman Hawkins est né à Saint Joseph dans l'État du Missouri en 1904. Il étudia d'abord le piano à l'âge de cinq ans, puis passa au violoncelle et, dès l'âge de neuf ans, commença l'étude du saxophone-ténor, instrument dont la vogue commençait. En 1918 durant ses études scolaires, à Chicago, il entendit quelques-uns des musiciens originaires de La Nouvelle-Orléans et surtout le grand clarinettiste Jimmie Noone. Il passa quelque temps au Washburn College à Topeka, où il étudia surtout la théorie et la composition musicale et il travaillait comme musicien dans la région quand, vers 1922, il fut engagé dans l'orchestre qui accompagnait la chanteuse de blues Mamie Smith et qui s'intitulait Mamie Smith's Jazz Hounds.

Il vint à New York avec la chanteuse et l'orchestre de cette dernière où il y fut remarqué par Fletcher Henderson. Henderson commença à utiliser les services de Coleman Hawkins dans les groupes qu'il dirigeait à l'occasion des séances d'enregistrement, et quand l'orchestre de Fletcher fit l'ouverture du Club Alabam, Coleman Hawkins en faisait partie.

Une dizaine d'années plus tard, quand il quitta Henderson, il était considéré comme le meilleur saxophoniste-ténor et l'un des meilleurs musiciens de jazz, tout de suite après Armstrong, avec un ou deux autres instrumentistes. En 1934, le chef d'orchestre britannique Jack Hilton l'engagea. Il demeura en Europe pendant cinq ans, faisant des tournées en Grande-Bretagne et aussi sur le continent. Il enregistra très souvent avec des musiciens européens et des Américains qui voyageaient ou s'étaient installés, plus ou moins temporairement, en Europe. En 1939, alors que la guerre était imminente, il retourna aux États-Unis.

Pendant qu'il était en Europe, les saxophonistes des États-Unis avaient beaucoup travaillé la musique et leurs instruments, dans l'espoir inavoué de remplacer Hawkins. Ils étaient très curieux d'entendre de nouveau le grand saxophoniste-ténor.

On dit que, dès son retour, Hawkins passa des nuits dans les principaux clubs et cabarets de jazz de New York, écoutant les autres saxophonistes-ténors. Une nuit, vers trois heures du matin, il entra dans un club où Lester Young était en train de jouer et d'accompagner Billie Holiday. Le bruit de sa venue dans ce club se répandit comme une traînée de poudre, le club s'emplit, peu à peu, de tous les saxophonistes-ténors de la ville et, en fin de compte, Coleman Hawkins monta sur le podium et se mit à jouer. Fut-il, cette nuit-là, le « vainqueur », le « triomphateur » de la soirée, ou non ? Cela dépendait des témoins de la scène. Billie Holiday, qu'une très forte amitié liait à Lester Young, a affirmé, dans son autobiographie, que Lester Young avait « gagné ». Mais Rex Stewart a dit le contraire. Un troisième témoin, le contrebassiste Milt Hinton a dit, de son côté, « Je me souviens très précisément de la nuit, dans ce club, après le retour de Hawk qui revenait de son séjour en Europe. Tous les gars étaient venus et jouaient pour qu'ils les entende et ils voulaient entendre Hawk, savoir s'il s'était encore amélioré durant son séjour sur le continent. Au bout d'un moment Hawk se leva pour aller jouer. Tout le monde lui témoignait un immense respect. Il nous sembla être le musicien le plus créateur de l'époque. Tout le monde pensa que c'était lui le plus grand. »

Peu après cette mémorable soirée, Hawkins confirma sa suprématie en enregistrant « Body and Soul ». Dès sa sortie, le disque remporta un succès foudroyant, non seulement parmi les musiciens de jazz mais même auprès du public.

Hawkins était alors au faîte de sa gloire. En 1939 et 1940 il dirigea un grand orchestre, puis, par la suite, il s'entoura de petites formations.

Au début des années 40, il se trouva confronté à un autre défi. Ceux qui le défiaient n'étaient plus ses pairs, les musiciens de sa génération, mais un groupe de jeunes hommes d'une génération plus jeune que lui, qui étaient en train de révolutionner le monde du jazz. Ces jeunes musiciens, c'étaient les boppers. Ceux qui avaient créé le style de jazz que l'on devait, par la suite, appeler le bop.

La plupart des musiciens plus âgés, effrayés par ce style qu'ils ne pouvaient pas, pensaient-ils, maîtriser, réagirent d'une façon haineuse. Hawkins fut parmi ceux (ils étaient bien peu nombreux) qui encouragèrent les jeunes boppers. Pourquoi ? On peut attribuer à son attitude deux raisons. En premier lieu, l'œuvre de Hawkins s'était toujours distinguée par un grand souci d'harmonie et Hawk semblait donc plus apte que les autres à comprendre et à réaliser ce que les boppers avaient apporté à la musique de jazz. En second lieu, dès 1945, il s'était avéré que Hawkins avait passé plus de vingt années dans ce qu'on est convenu d'appeler l'avant-garde. Il était l'un des rares musiciens de jazz qui semblaient toujours loin en tête du peloton. Il détestait l'idée qu'il aurait pu se retrouver, un jour, à une place plus modeste, à l'arrière du peloton...

Quand un des premiers disques de bop fut enregistré, en 1944, il fut enregistré par Hawkins, sous son nom, et le grand saxophoniste-ténor s'entoura de musiciens de tendance très moderne parmi lesquels de jeunes boppers : Dizzy Gillespie, Leo Parker et Max Roach. Citons aussi les disques enregistrés par Hawkins en compagnie des jeunes trompettistes de tendance bop comme « Fats » Navarro et Howard Mac Ghee.

Mais quoi que Coleman Hawkins ait pu tenter pour rattraper les boppers, dès les dernières années 40, il n'était plus dans l'avant-garde. A cette époque, en effet, même des saxophonistes qui, cependant, n'étaient pas considérés comme des boppers, comme Stan Getz, avaient un style léger, aérien, un phrasé différent de celui des saxophonistes plus âgés, — style qui provenait de celui qui s'était révélé un des rivaux les plus sérieux de Hawk : Lester Young.

Cependant, Hawkins continua à jouer d'une façon exemplaire, la plupart du temps avec ses contemporains. Sa réputation était si bien établie et son public si nombreux qu'il continua à enregistrer et à travailler régulièrement aussi bien aux États-Unis qu'en Europe. Mais, vers le milieu des années 60, il commença à décliner rapidement. Il avait toujours été un gros buveur et ses supporters les plus enthousiastes devaient reconnaître son déclin. Il mourut en 1969 d'une maladie de foie, causée plus que probablement par son penchant pour l'alcool. On peut, en gros, diviser son œuvre en trois périodes : les années passées dans l'orchestre de Fletcher Henderson pendant lesquelles s'affirma progressivement sa réputation, il utilisait alors une sonorité rude et un style assez staccato ; la période intermédiaire qui va approximativement de 1930 à 1945, pendant laquelle il développa un style plus souple et plus uni ; la période finale pendant laquelle sa sonorité se durcit de nouveau, tandis que son phrasé était plus rude, plus déchiqueté, que celui qu'il utilisait pendant la période intermédiaire. L'importance primordiale de Coleman Hawkins dans la musique de jazz réside dans le fait qu'il s'appuyait presque uniquement sur l'harmonie pour improviser. A l'époque des débuts de la musique de jazz, à La Nouvelle-Orléans, puis à Chicago, les musiciens avaient tendance à partir en général de la mélodie ou d'un ensemble de figures mélodiques pour improviser.

Louis Armstrong par exemple, dans ce cas, avait, dans l'esprit, la ligne mélodique du thème, et cela tout au long de son improvisation. Il improvisait donc en ajoutant des notes ou des phrases que son oreille, extraordinairement fine et développée, lui suggérait comme faisant partie de l'harmonie du thème utilisé, à chaque instant de sa prestation. Bien sûr, quelques-uns des plus anciens musiciens, surtout les pianistes et les guitaristes, avaient une certaine connaissance innée ou acquise de l'harmonie. Mais ce n'était pas le cas du plus grand nombre. Et c'est pourquoi tant de thèmes utilisés à cette époque étaient construits sur une douzaine de séries de changements d'accords, comme « Ja-Da », « Balling the Jack », « Sister Kate », et, bien entendu, le blues.

Coleman Hawkins, quant à lui, s'appuyait principalement sur l'harmonie pour improviser. Nous ne savons pas, de façon précise, ce qu'il avait étudié au Washburn College, mais nous avons de bonnes raisons de penser que ses études portaient sur les arrangements et les progressions d'accords.

Il commença très tôt, dans sa carrière, à se servir des accords plutôt que de la ligne mélodique, pour improviser. Rex Stewart, dans l'ouvrage *Jazz Masters of the Thirties* (Les Maîtres de la musique de jazz pendant les années 30), indique que le grand pianiste Art Tatum aurait pu être responsable de cette orientation de Coleman Hawkins. Art Tatum a été un extraordinaire pianiste de jazz qui a eu une influence primordiale sur toute la musique de jazz. Il était tout à fait caractéristique de sa manière de changer l'harmonie de base des thèmes qu'il jouait, modulant dans des tons éloignés du ton initial du thème, pendant de courts instants, intercalant des accords de passage et utilisant d'autres substitutions d'accords avec une grande liberté.

Une nuit, en 1926 ou 1927, quelques-uns des musiciens de Fletcher Henderson se rendirent dans un club de Toledo pour entendre Tatum qui, à l'époque, était tout jeune (seize ou dix-sept ans). Rex Stewart a écrit à ce propos : « L'expérience fut, pour moi, presque traumatisante, et pendant une courte période, après avoir entendu Tatum, je me demandai si je ne devais pas recommencer mes études musicales... Coleman Hawkins fut si impressionné par le jeu de Tatum qu'il commença, sur-le-champ, à se trouver un autre style, basé sur ce que Tatum avait joué cette nuit-là. C'est à partir de ce moment-là qu'il abandonna pour toujours son style systématiquement staccato. »

On ne peut pas dire que Hawkins ait inventé la manière d'improviser en se guidant, avant tout, sur les accords, sur l'harmonie de base du thème. D'autres musiciens de jazz l'avaient fait avant lui, surtout les pianistes et les guitaristes. Mais Coleman Hawkins explorait, fouillait, la structure harmonique du thème bien plus que la plupart de ceux qui l'avaient précédé et il eut une foule d'imitateurs. Abandonnant la ligne mélodique, dès le début d'une interprétation, il analysait chaque accord, au fur et à mesure de son interprétation, réalisant ce que l'accord impliquait et comment il pouvait l'exploiter. Cette méthode le libérait d'une trop grande dépendance par rapport à la mélodie et lui permettait d'ajouter des notes aux accords ou de les altérer d'après les règles habituelles de l'harmonie. Cela lui permettait, en outre, de faire des substitutions d'accords, donc utiliser un accord légèrement différent de l'accord habituel, à un certain endroit, cela lui permettait aussi d'introduire des accords de passage entre un accord donné et le suivant.

Le lecteur doit savoir qu'un accord peut être énoncé soit en tant qu'un groupe de notes joué simultanément (plaqué, dit-on, par un accord dont les notes sont jouées simultanément sur un instrument à clavier, le piano, par exemple), soit encore en groupe de notes jouées l'une après l'autre, égrenées pourrait-on dire et formant une séquence (arpèges, dit-on, pour un accord dont on joue les notes l'une après l'autre, sur un piano, ou sur une guitare, par exemple). Un accord de Do septième suivi d'un accord de Fa majeur produit le même effet quand il est arpégé (donc quand les notes qui le composent sont jouées, l'une après l'autre, à la façon d'un fragment mélodique) que quand il est joué en bloc (quand il est plaqué sur le clavier, par exemple). Il y a une théorie complexe et précise qui indique quelles sont les notes qui peuvent être ajoutées ou quelles sont celles qui peuvent être omises dans un accord, dans telle ou telle circonstance donnée ; cette théorie indique aussi quels accords se suivent naturellement, et, en outre, quels accords on peut utiliser comme marchepied, comme tremplin, entre deux accords situés à une certaine distance l'un de l'autre.

Quand Coleman Hawkins s'apprêtait à interpréter un thème, à improviser sur un thème donné, il n'essayait pas, essentiellement, de produire de belles lignes mélodiques conçues sur des rythmes de jazz. Ce qui l'intéressait avant tout, c'était d'explorer toutes les possibilités inhérentes à cet assemblage de changements d'accords. Que pouvait-il ajouter à chaque accord ? Comment pouvait-il altérer certains de ces accords ? Quels nouveaux accords pourrait-il insérer dans le cadre harmonique sans en changer radicalement le caractère ?

Interrogé, un jour, sur sa façon d'improviser il a répondu : « J'avais longtemps étudié la musique d'une façon très approfondie – pas seulement l'instrument – mais aussi la composition, l'orchestration, l'arrangement, toutes ces choses... un tas de gens ne savaient rien sur les cinquièmes diminuées et les changements d'accords augmentés. Ils pensaient que pour aboutir à un accord de Ré bémol, il fallait nécessairement partir d'un accord de La bémol septième – alors que je pouvais parfaitement partir d'un accord de Ré neuvième. Bien sûr, maintenant tout le monde le sait et le fait, mais ce n'était certainement pas le cas avant que je n'enregistre " Body and Soul ". »

Cette façon d'envisager l'improvisation nous permet de comprendre pourquoi Hawkins a produit moins de ces petits joyaux musicaux que d'autres grands musiciens de jazz. Il utilisait les notes qu'il jouait non pas tellement pour construire une mélodie, mais avant tout pour énoncer un certain accord donné. Il lui semblait bien plus important d'inclure, dans une mesure donnée, toutes les notes suggérées par l'accord que de tourner une phrase mélodique impressionnante. Cette façon d'improviser peut expliquer la fécondité intarissable du grand saxophoniste-ténor, cette aptitude qu'il avait, comme on l'a caractérisée d'une façon imagée, de « foncer... toujours... et encore... sans répit ». Hawkins avait tant de choses à exprimer, harmoniquement, qu'il semblait toujours pressé de n'oublier aucune des notes qui lui paraissaient essentielles. Il y a peu de pauses, d'arrêts, d'espaces ouverts dans ses solos. Il a trop de choses à faire pour perdre le moindre laps de temps et cette aptitude qui est si caractéristique, chez lui, de hâte, de précipitation, est l'une des composantes de son style : la musique de Coleman Hawkins semble toujours foncer en avant, forte et musclée.

Les premiers disques de Hawkins ont été enregistrés avec Fletcher Henderson, en 1923, mais Hawk y joue surtout du saxophone-basse. Mais, dès 1926, le style de Hawkins (première manière) est déjà bien en évidence, par exemple, dans « Stockholm Stomp » ou dans « Fidgety Feet ». Sa sonorité est rude et son jeu est d'une impressionnante puissance. On pense à un train express lancé à toute vitesse. Mais, progressivement, tandis que son talent mûrissait, sa sonorité devint plus unie et un peu plus légère, quoique toujours forte et dense, en comparaison des autres saxophonistes-ténors. D'une façon très caractéristique, il jouait alors des figures descendantes, en général si remplies de triolets et de passages hors-tempo, que, par moments, on pouvait les rapprocher des figures étendues, étirées, si communes dans l'œuvre de Louis Armstrong, et dont nous avons longuement parlé dans le chapitre consacré au grand trompettiste. Très typique de la manière qui était, alors, celle de Coleman Hawkins est son chorus sur « Dee Blues », enregistré par un groupe de musiciens de l'orchestre de Fletcher Henderson, – groupe baptisé, pour la circonstance, Chocolate Dandies, – sous la direction de Benny Carter. La figure d'ouverture qu'improvise Hawkins est une phrase très dense, très robuste, très massive, d'un grand poids, comme une vague se brisant sur le rivage, mais la sonorité elle-même est plus unie, moins lourde qu'elle ne l'avait été auparavant.

Ces caractéristiques sont évidentes aussi, dans « One Hour », un enregistrement de Hawkins avec les Mound City Blue Blowers, un groupe de musiciens formé, pour la circonstance, par un chanteur du nom de Red Mac Kenzie, comprenant, notamment, en plus de Mac Kenzie lui-même, Pee Wee Russel, Eddie Condon, Gene Krupa. La puissance du jeu est bien toujours présente dans le solo de Hawkins, mais il joue beaucoup plus legato que dans ses enregistrements antérieurs. Ce disque retint toute l'attention du monde du jazz, non seulement parce qu'il était évident que le saxophoniste-ténor jouait uniquement sur les accords et non sur la ligne mélodique, mais parce que Hawkins pratiquait, dans cet enregistrement, un style fiévreux et haletant avec, paradoxalement, quelque chose de feutré et de confidentiel. C'était là une nouvelle manière de phraser les ballades, non seulement pour les saxophonistes, mais pour tous ceux qui s'exprimaient au moyen d'instruments à vent.

En 1933, avant de quitter Fletcher Henderson, Coleman Hawkins enregistra « Jamaica Shout », « The Day you Came Along » et « Heartbreak Blues », entouré de sept des musiciens de l'orchestre dirigé par Fletcher : Henry « Red » Allen, J. C. Higginbotham, Hilton Jefferson, Horace Henderson (le frère de Fletcher), Bernard Addison, John Kirby, Walter Johnson. Ce sont de superbes interprétations dans lesquelles Hawk construit ses solos avec une extraordinaire autorité, faisant preuve d'une inspiration chaleureuse et d'un lyrisme intense mais bien contrôlé. Les autres musiciens y sont au meilleur de leur forme. Il en est de même pour « Lost in a Fog », enregistré un an plus tard par Hawkins, accompagné simplement par le pianiste Stanley Black.

Quand Coleman Hawkins quitta les États-Unis pour se rendre en Europe, en 1934, il était considéré comme un des plus grands musiciens de toute l'histoire du jazz et il trouvait facilement des engagements rémunérateurs ainsi que des séances d'enregistrement.

Pendant les cinq années qu'il passa sur le Vieux Continent et en Grande-Bretagne, il enregistra avec nombre de musiciens européens ou de grands musiciens américains résidant en Europe. Parmi les disques les plus connus de cette période citons « Honeysuckle Rose » et « Crazy Rhythm » avec Benny Carter, quatre des meilleurs musiciens français : les saxophonistes Alix Combelle (ténor) et Andé Ekyan (alto), Django Reinhardt, Stéphane Grappelli (au piano), Eugène d'Hellemmes (à la contrebasse). Il y a aussi Tommy Benford (à la batterie). « Honeysuckle Rose » est superbe. Dans « Crazy Rhythm » chacun des quatre saxophonistes (deux altos et deux ténors) fait un solo et l'on constate que les deux Français ont été très influencés, respectivement par Hawkins et Carter. Hawkins commence son propre solo en reprenant le riff d'ouverture du solo de Combelle et le répète avec un swing extraordinaire, apparemment pour bien montrer... qui est le « patron ».

Les deux autres faces de 78 tours enregistrées au cours de la même séance : « Out of Nowhere » et « Sweet Georgia Brown » sont très belles.

C'est en 1939, après son retour à New York, que Coleman Hawkins enregistra un de ses chefs-d'œuvre les plus prisés et connus : « Body and Soul. » Ce disque le fit considérer par tous les musiciens de jazz comme le plus important soliste de l'époque. Parallèlement, il eut un énorme succès de popularité dans le public. Hawkins a dit de cette interprétation : « Je ne saurai jamais pourquoi cet enregistrement devint, pour ainsi dire, un " classique ". Je me suis contenté de jouer comme je joue n'importe quoi d'autre. »

« Body and Soul » est exactement le genre de thème qui plaisait à Hawkins. L'harmonie de ce thème est plus variée que celle de beaucoup d'autres compositions, avec trois modulations, dont une dans une tonalité en mineur. Cette structure particulière dut beaucoup plaire au grand saxophoniste-ténor. Hawkins en donne une merveilleuse interprétation qui se présente, outre le lyrisme et la passion contenue qu'il exprime, comme une sorte d'exercice en accords de passage chromatiques.

A l'exception d'une brève introduction jouée par le pianiste, c'est un long solo de saxophone-ténor qui s'étend sur deux choruses entiers de ce thème. Le ton général de l'interprétation en est tendre, la sonorité de Hawk est chaleureuse et en même temps relativement unie et douce. Son vibrato terminal est légèrement frémissant. Il s'en tient à une dynamique étroitement contrôlée. Il élève rarement la voix, ce qui créé une atmosphère relativement calme et le solo contient seulement des suggestions d'émotion contenue. Hawkins commence par huit mesures d'une paraphrase assez proche de la mélodie et, de là, éprouve toutes les possibilités harmoniques du thème en de longues séquences composées de doubles croches, ce qui implique naturellement l'impression qu'il double le tempo. Il n'observe presque pas de pauses. Lorsqu'il arrive à un passage qui pourrait se présenter comme une occasion de pause, il touche à peine le sol, avant de repartir dans son exploration inexorable des possibilités harmoniques offertes par le thème. Finalement, dans les huit dernières mesures, l'interprétation du grand soliste culmine en quelques phrases hachées et dures et tout retombe dans une atmosphère calme et feutrée puis se termine par une courte coda en demi-teinte. C'est une merveilleuse interprétation de jazz et on comprend aisément pourquoi les musiciens l'ont unanimement célébrée et pourquoi le public l'a tant appréciée. Tout au long de cette improvisation, Hawkins exprime une émotion contenue qui est tout à la fois tendre, et, en même temps, comme gonflée d'une passion contenue. (En outre, c'est le genre d'interprétation idéale pour danser dans une pièce à l'atmosphère quiète et à la lumière tamisée.)

A partir de 1939, et jusqu'à ce qu'il recommence à modifier son style pour répondre au « défi » des boppers, Hawkins enregistra de nombreux disques qui continueront, au fil des années, à maintenir sa réputation. Quelques-uns de ces disques ont été enregistrés par le grand orchestre qu'il avait formé et qui n'eut qu'une brève existence. Mais la plus grande partie des enregistrements faits sous son nom ont été gravés par ce saxophoniste-ténor entouré de petits groupes de musiciens recrutés pour la circonstance. Ils ont été publiés sous une grande variété d'étiquettes. Il y eut une séance d'enregistrement avec Roy Eldridge et Teddy Wilson au cours de laquelle fut gravée une superbe version de « I Only Have Eyes for You ». Il y a eu différentes séances avec Tatum, Buck Clayton, Bill Coleman, Sidney Catlett et une grande partie des meilleurs musiciens de jazz de l'époque. Mais il y a deux disques dont il me faut absolument parler : « I can't Believe that You're In Love With Me » et « The Man I Love ». Le premier des deux titres cités présente un thème relativement simple mais bâti sur une suite d'accords extrêmement logique. Hawkins aimait beaucoup ce thème et en a enregistré plusieurs versions. Celle à laquelle nous faisons allusion consiste essentiellement en solos de Hawkins lui-même, de Benny Carter et de Roy Eldridge (un des plus beaux qu'ait jamais enregistrés Roy). Le goût très vif que le grand saxophoniste-ténor avait pour ce thème apparaît clairement. Son chorus d'ouverture est un exposé assez simple du thème, mais joué avec une force et un élan irrésistibles. Dans cette interprétation, Hawkins joue plus de longues notes tenues qu'il n'a coutume de le faire et nous constatons, à l'écoute de ce disque, une des caractéristiques importantes de son œuvre, une caractéristique relativement rare dans la musique de jazz : c'est une tendance à phraser vraiment sur la mesure. Hawk, dans cet enregistrement, attaque sur le premier temps de la mesure, alors que Roy, dans son chorus, laisse passer le premier temps et commence sur le troisième temps, ainsi que le faisaient, à l'époque, la plupart des musiciens de jazz. Une autre des caractéristiques du jeu de Coleman Hawkins dans ce disque est un système qui consiste à diviser des paires de notes sur un des temps de la mesure, en durée inégale, de sorte que la première note de cette paire de notes dure beaucoup plus longtemps que la seconde. Il y a aussi, dans le solo de Hawkins ces notes pour ainsi dire avalées, peu articulées, à peine audibles, presque implicitement énoncées. Cet effet particulier peut-être noté à deux ou trois endroits dans le pont * de son second chorus. Il y a peu de musiciens de jazz qui divisent les temps d'une manière si inégale que Hawkins. C'est probablement ce procédé qui fait que sa ligne mélodique a cet aspect bondissant, cet aspect de hâte en avant, sans trêve, sans répit. Cet aspect de son jeu est très apparent dans un de ses chefs-d'œuvre : « The Man I love » enregistré avec Shelly Mann à la batterie, Eddie Heywood au piano et Oscar Pettiford à la contrebasse. Le disque s'ouvre par deux choruses de piano en solo, partagé avec la contrebasse, puis Hawkins s'adjuge les deux choruses finaux du disque. Là encore le thème semble plaire énormément au saxophoniste-ténor. Sa structure d'accords est très logique et le pont module dans la relative mineure. Le thème dédoublé s'étend sur soixante-quatre mesures, ce qui ménage à un soliste comme Hawkins un espace de temps assez étendu pour qu'il puisse donner son maximum. La ligne mélodique ne cesse de progresser avec un mouvement régulier du niveau de la dynamique qui monte et descend. Comme il le fait souvent, le saxophoniste improvise des séquences composées de quatre notes qui s'étendent sur deux temps de la mesure. Bien entendu, ces séquences ne consistent pas en une simple enfilade de croches. Hawkins accentue la première des quatre notes, tout en la plaçant légèrement avant le temps. La troisième note, qui tombe sur un temps fort, est, elle aussi, accentuée quelque peu, alors que la seconde et que la quatrième sont plus courtes et non accentuées, parfois elles sont même franchement « avalées » et comme implicitement énoncées. Plus rarement il joint les deux dernières notes en une noire, qu'il accentue de sorte que la première paire de notes agit comme si elle devait préparer la relance de la noire qui suit.

Là, de nouveau, la seconde des trois notes est énoncée seulement très légèrement. Le dessin est très semblable à celui que les drummers appellent, le *ride beat*, c'est-à-dire l'accentuation des premier et troisième temps de la

* Un thème de 32 mesures se divise généralement ainsi : les huit premières mesures qui constituent un exposé, les huit mesures suivantes qui reproduisent le dessin mélodique des huit premières mesures, puis huit mesures que l'on appelle le pont, différentes des seize premières et enfin huit mesures semblables aux seize mesures du début.

Coleman Hawkins, vers la fin de sa vie. (Bibliothèque de New York.)

mesure qui est devenu un des procédés très communément utilisés par les drummers, avec des montées et des descentes du niveau des dynamiques.

« The Man I love » est une superbe improvisation et aussi une remarquable démonstration de l'habileté harmonique ainsi que de la puissance rythmique du saxophiste-ténor. Il y a ce mouvement en avant inexorable, incessant, cette belle sonorité dense et pleine, et cette virtuosité dans le maniement des accords.

Plus tard, la musique enregistrée par Coleman Hawkins eut une tendance à devenir plus chaotique et désordonnée. Mais il avait déjà accompli quelque chose que bien peu de musiciens de jazz sont parvenus à réaliser. Pendant plus de vingt ans il avait dominé le monde du jazz et pendant quarante ans il avait constamment produit une musique d'une qualité supérieure, ne cessant d'enrichir son art et progressant sans répit. Dans un genre artistique dans lequel tant de musiciens sont « finis » à trente ans et meurent à trente-cinq ans, l'œuvre de Hawkins demeure comme un modèle impérissable. Ses disques constituent une des œuvres grandioses dans le domaine de la musique de jazz et resteront une intarissable source de plaisir et d'émerveillement.

Quand Coleman Hawkins quitta l'orchestre de Fletcher Henderson, en 1934, ce dernier se mit immédiatement à la recherche de celui qui pourrait le remplacer au poste de saxophoniste-ténor soliste.

Henderson avait toujours eu le don de dénicher, pour son orchestre, des musiciens de grand talent. Celui à qui il fit appel – et c'est là que l'on peut prendre la mesure de l'étonnante perspicacité de Fletcher – devait, par la suite, avoir une carrière aussi importante et une influence aussi vaste que celles qu'avait eues Coleman Hawkins.

Ce remplaçant, ce fut Lester Young. Mais au moment où Lester Young entra dans l'orchestre de Fletcher, tout n'allait pas pour le mieux. Les musiciens de l'orchestre, du moins la plupart d'entre eux, détestaient la manière de jouer du nouveau venu. La sonorité de Hawkins était, on le sait, volumineuse, pleine, ronde. Celle de Young était légère, impalpable, pourrait-on dire. La ligne mélodique de Hawkins était souvent capricieuse et inattendue. Celle de Young était, en général, franche et sans détours. Hawkins pensait harmoniquement, Young pensait mélodiquement. Hawkins était puissant, une force de la nature. Young était gracieux et aérien. Les musiciens de Fletcher Henderson pressaient, sans répit, Lester d'utiliser des anches beaucoup plus dures que celles dont il se servait d'habitude, afin d'acquérir une sonorité plus grosse, plus puissante. Leora Henderson, la femme de Fletcher, invita même Lester chez elle pour lui faire écouter des masses de disques de Coleman Hawkins ! Mais Young ne pouvait pas jouer comme Hawkins. Un musicien de jazz est absolument incapable, même s'il en a le désir, de prendre un style autre que le sien. A la fin, Henderson céda aux pressions que son entourage et ses musiciens exerçaient sur lui et remplaça Lester Young, successivement, par Chu Berry, puis par Ben Webster, qui tous deux avaient modelé leur style sur celui de Coleman Hawkins.

Lester Willis Young est né à Woodville, dans l'État de Mississippi, en 1909. Peu après sa naissance, sa famille alla s'installer à La Nouvelle-Orléans et Lester passa ses premières années dans cette ville, à l'époque où Joe Oliver était déjà un roi et où Louis Armstrong commençait à être considéré comme un fantastique jeune musicien. Mais il est probable que Lester était, alors, trop jeune pour avoir pu entendre beaucoup de la musique d'Oliver, de Louis et des autres pionniers de La Nouvelle-Orléans, quoique, à bien y réfléchir, la musique se passant à l'extérieur, il a pu certainement glaner bien des choses.

Le père de Lester, Billy Young, était un musicien ambulant qui travaillait principalement dans les parades et les spectacles de carnaval (toujours très populaires dans le Sud des États-Unis), ainsi que sous des chapiteaux abritant diverses attractions. Pendant toute la période de son adolescence, Lester travailla avec son père, en même temps que son frère Lee (qui, plus tard, devait devenir un excellent drummer), principalement au cours de tournées dans les régions du Sud et du Midwest des États-Unis.

Lester joua d'abord de la batterie puis passa aux saxophones, ce fut, en premier lieu, le saxophone-alto, et ensuite le saxophone-ténor qui devint, ainsi, son instrument principal, quoique de temps à autre il ait joué en outre du saxophone-baryton et aussi de la clarinette. Les premières influences qu'il subit furent, successivement, celles de Jimmy Dorsey puis celle de Frankie Trumbauer.

Plus tard, Lester Young a dit : « Trumbauer était mon idole. Quand j'ai commencé à jouer, j'avais l'habitude d'acheter tous ses disques. Il jouait du saxophone en ut. J'ai donc essayé d'avoir la sonorité spéciale du saxophone en ut sur mon saxophone-ténor. C'est pour cette raison que ma sonorité ne ressemble pas à celle des autres saxophonistes-ténors. Trumbauer a toujours raconté quelque chose * quand il jouait. Et j'ai toujours aimé la façon dont il liait les notes. Il jouait toujours la mélodie d'abord et ensuite il brodait tout autour de la mélodie. »

C'étaient certainement les efforts de Lester Young pour imiter Trumbauer qui lui donnèrent cette sonorité que détestaient les musiciens de Fletcher Henderson.

L'éducation musicale de Lester Young fut assez rudimentaire. Il dépendait de l'excellence de son oreille et de son instinct musical et dès sa dix-huitième année, il était déjà un musicien très compétent. Pendant un certain temps il travailla avec l'orchestre les Blue Devils dirigé par le contrebassiste Walter Page — orchestre qui devint, en quelque sorte, le noyau du second grand orchestre dirigé par Bennie Moten et, par la suite, le noyau du premier orchestre de Count Basie. Lester travailla aussi, ensuite, avec l'orchestre que dirigeait King Oliver, alors sur son déclin.

Il travailla, par la suite, avec Count Basie qui jouait dans la région de Kansas City et ce n'est qu'ensuite qu'il fut engagé par Fletcher Henderson. On sait que cet engagement ne fut pas des plus heureux pour Lester.

Après, il retourna chez Count Basie et il jouait dans cet orchestre quand le célèbre critique John Hammond « découvrit » cette formation.

John Hammond attira l'attention du monde musical américain sur l'orchestre de Count Basie et cela au moment même où ce que l'on a appelé plus

* Pour les musiciens américains de couleur, un soliste qui joue bien « chante », « sanglote », « pleure », « raconte une histoire ».

tard la grande période des orchestres « swing » commençait. Très vite, l'orchestre de Count Basie fut considéré, aussi bien par la critique que par les musiciens de jazz, comme un des orchestres les plus prestigieux de cette période. Lester Young était maintenant dans le cadre idéal pour déployer son talent. Bientôt il fut désigné comme un des principaux rivaux de Coleman Hawkins.

Entre 1936, date à laquelle il grava ses premiers disques, et 1944, date à laquelle il fut appelé au service militaire, il créa une des œuvres capitales dont l'influence fut des plus fécondes de toute l'histoire du jazz.

La carrière discographique de Lester Young fut très différente de celle de Coleman Hawkins. Hawkins avait commencé à enregistrer quand il était âgé de dix-neuf ans et il continua à faire des disques jusqu'à ce qu'il ait dépassé la soixantaine, Lester Young a pratiquement gravé tous ses disques vraiment importants entre sa vingt-septième et sa trente-cinquième année. Dès qu'il commença à enregistrer, son style était en pleine maturité. Ses premiers disques sont parmi les meilleurs enregistrements et il n'y eut pas de changements vraiment marqués dans son jeu jusqu'à ce que son style se dégrade, à la fin des années 40. Les premiers disques de Lester Young ont été gravés par un petit groupe de musiciens provenant du grand orchestre de Count Basie. Ce groupe comprenait outre Lester Young et Basie le contrebassiste Walter Page, le vocaliste Jimmy Rushing le guitariste Freddie Green et l'excellent trompettiste Carl « Tatti » Smith, qui aurait certainement connu une carrière pleine de succès dans l'orchestre de Basie s'il n'avait pas très vite quitté cette formation à la suite, semble-t-il, d'un coup de tête. Il joue un très bon solo avec une sourdine sur « Boogie Woogie ». Les autres titres gravés au cours de cette séance d'enregistrement sont : « Shoe Shine Boy » (cette face fut intitulée au début « Shoe Shine Swing »), « Evening » et « Lady be Good ».

Comme Basie était, par ailleurs, sous contrat et ne pouvait donc pas utiliser son nom pour cette séance, le groupe fut appelé, du moins à l'époque, Jones-Smith, Incorporated.

Le solo de Lester Young sur « Shoe Shine Boy » (ou « Shoe Shine Swing ») bâti sur les accords de « I Got Rhythm », était considéré par Lester lui-même, comme l'une de ses meilleures interprétations. Lester avait raison.

Ce solo met en valeur son sens aigu de la forme mélodique qui était un de ses atouts majeurs. Lester ouvre son solo avec une figure mélodique de huit mesures d'un équilibre parfait, sans une note de trop. Les huit mesures suivantes divisées en phrases de quatre mesures sont fort bien articulées aussi. Les huit mesures du pont de son second chorus sont en elles-mêmes un petit chef-d'œuvre. Les huit dernières mesures sont jouées en une longue phrase qui coule et qui contient, tout à la fois, les éléments de surprise et aussi la fatalité inéluctable que comporte toute forme dramatique valable.

Dans ces premiers disques gravés par Lester, on peut se rendre compte du fait qu'il jouait d'après la mélodie, plus que d'après l'harmonie, en d'autres termes, il jouait plus d'après les gammes que d'après les accords. Il a tendance – bien entendu, il s'agit uniquement d'une tendance et non d'un principe rigide – à utiliser surtout les notes qui se trouvent dans la gamme de la tonalité originale du morceau qu'il interprète (plutôt que de mettre en relief

Lester Young. (Collection William P. Gottlieb/Edward Gottlieb.)

les accords, à mesure qu'ils se présentent au cours de l'interprétation, en jouant celles des notes qui, à l'intérieur de ces accords, ne font pas partie de la gamme originale). En particulier, Lester Young utilise la neuvième et la sixte (techniquement, nous l'avons vu, il s'agit, en fait, de la treizième) là où les pionniers de La Nouvelle-Orléans eussent utilisé ou la mineure ou la tierce bleue. La sixte tendait à remplacer alors, dans la musique de jazz, la septième bleue et, de nos jours, c'est la neuvième (c'est-à-dire le ré de la gamme do, ré, mi...) remplaçait, de plus en plus fréquemment, la tierce bleue. Dans une version de « I want a Little Girl » (Je voudrais avoir une petite pépée), gravé trente ans après que ce thème eut été publié, on peut entendre dans le premier chorus improvisé par Lester, une sixte utilisée pour conduire à la sous-dominante là où normalement nous aurions pu nous attendre à la septième mineure. Les tierces mineures et septièmes mineures ne sont pas, bien sûr, dans la gamme diatonique majeure, et en leur substituant des sixte et des neuvièmes, Lester improvise une ligne mélodique qui se trouve être moins chromatique que celles qu'improvisaient, à cette époque, la plupart des musiciens de jazz.

En manière d'explication, supposons, par exemple, que le ton original de ce thème soit en Do majeur. Quand Lester arrive à un accord de La, il va mettre en relief le La et le Mi de cet accord, qui, normalement, font partie de la gamme de Do majeur, plutôt que le Do dièze, qui n'en fait pas partie. Je ne voudrais pas que cette analyse des procédés d'improvisation soit trop systématique, Lester Young, comme tous les musiciens de jazz, était très attentif aux changements d'accords et se guidait aussi sur eux. Mais une quantité assez étonnante de ses disques a été réalisée à partir des matériaux les plus simples : le blues, des variations sur les changements d'accords de « I got Rythm », par exemple, ou sur ceux de « Dickie's Dream » que les musiciens de Basie employaient souvent. Les séquences harmoniques, les séquences d'accords de ces thèmes se prêtaient à un système d'improvisation (en l'occurrence celui pratiqué par Lester Young) selon lequel l'improvisateur s'inspirait surtout d'une gamme donnée, pour la bonne raison que les accords dont nous venons de parler ne modulent pas dans d'autres tons, plus ou moins distants du ton initial, comme c'est le cas pour « Body and Soul », ou encore le pont de « Cherokee » et d'autres thèmes encore, dont Coleman Hawkins était si féru. Le système d'improvisation de Lester Young préfigurait, nous semble-t-il, le jeu modal qui devait prédominer vingt ans plus tard.

Durant la seconde moitié des années 30, John Hammond enregistrait, pour la compagnie Columbia, de nombreux petits groupes de jazz destinés aux juke-boxes utilisés dans les quartiers et agglomérations habitées par la population de couleur. Beaucoup de ces petits groupes étaient dirigés par Teddy Wilson et avaient comme vedette la grande chanteuse Billie Holiday. Lester Young habitait à cette époque chez Billie Holiday et la mère de celle-ci. Il semble que la fervente amitié qui unissait Lester et Billie ait été d'un caractère purement platonique. Billie professait une grande admiration à l'égard de son ami Lester, qu'elle avait surnommé « Pres », c'est-à-dire Président. Le Président des saxophonistes-ténors. (De son côté, Lester avait surnommé Billie Holiday : « Lady Day »).

Lester Young jouait souvent, dans les disques gravés par la chanteuse, « derrière » elle, l'accompagnant avec un immense talent. Ils formaient, tous deux, musicalement parlant, un couple fascinant. Le jeu du saxophoniste-ténor, « derrière » la grande vocaliste, fait ressortir une des principales composantes de son affectivité : une grande et fervente tendresse. Lester était très excentrique et très secret, mais au fond il était d'une extrême douceur et d'un naturel aimable et bon.

Ces qualités sont évidentes dans tout ce qu'il jouait. Il n'était jamais agressif, mais il pouvait se montrer péremptoire et prêt à défendre ce qu'il jugeait légitime comme revendication. Dans les disques de Billie Holiday comme « This year's Kisses », « I'll Never Be the Same » et « If dreams come True » – dans lequel, notamment, Lester improvise un merveilleux break d'ouverture, il joue avec une chaude tendresse qui se marie, d'une façon idéale, avec le ton chaleureux de Billie Holiday.

Quoique Lester Young ait enregistré une grande partie de ses merveilleux disques en petite formation, sa carrière professionnelle se déroule en grande partie dans l'orchestre de Count Basie. Et c'est surtout en tant qu'un des meilleurs solistes cette formation (réputée pour ses solistes de qualité) qu'il a acquis sa grande popularité. Les solos de Lester sur « Jumpin at the Woodside » et « Every Tub », qui commence avec un break et un solo que les meilleurs saxophonistes-ténors des États-Unis tentèrent de copier, lui apportèrent une réputation unanime. Lester savait produire des sonorités différant à peine l'une de l'autre sur une même note, en se servant d'un doigté dit « factice ». Il employait souvent ce procédé que de nombreux musiciens copièrent et dont ils abusèrent souvent. Lester répétait ainsi une note plusieurs fois, en alternant le doigté régulier et les doigts « factices », afin de changer, à chaque fois, la qualité du son, sur cette même note. Il utilise ce procédé au commencement de son solo de « Jumpin' at the Woodside ». De tous ses solos avec le grand orchestre, l'un des plus intéressants a été improvisé sur « Cherokee », thème que Coleman Hawkins aimait beaucoup. Quant à Charlie Parker il fit, de son improvisation sur le même thème, un de ses chevaux de bataille.

Le pont de « Cherokee » est long et harmoniquement plus difficile que les ponts de la plupart des thèmes des standards de jazz les plus populaires. (Si l'on se rapporte à ce pont tel qu'il a été écrit par le compositeur, ce pont est polytonal. Parker avait élaboré, pour son improvisation sur ce pont, une suite de changements d'accords bâtie sur les changements d'accords de « Tea for Two ».)

L'orchestre joue tout d'abord deux choruses entiers de « Cherokee » puis l'arrangement abandonne carrément le pont de ce thème. Le court solo de Lester Young est un petit joyau dense et brillant. Il consiste essentiellement en une séquence de phrases de quatre mesures, qui se suivent avec une logique sans faille. Le solo s'ouvre par une figure descendante composée de huit notes. Une variation de cette figure apparaît dans la seconde moitié du solo. Elle est répétée à la fin. Entre les phrases, Lester laisse des passages ouverts, qui s'étendent parfois sur une mesure (des espaces que Coleman Hawkins aurait certainement remplis). Pour en revenir au solo considéré dans son ensemble, c'est une petite merveille. Rien n'a été laissé au hasard. Il n'y a rien que l'on puisse rajouter sans l'abîmer irrémédiablement.

Et cependant, malgré l'excellence que l'on peut constater dans les disques de Lester Young avec le grand orchestre de Count Basie, il faut bien reconnaître que son jeu apparaît encore plus exceptionnel en petite formation. Dans le nombre assez considérable d'enregistrements de Lester en petite formation, il y a trois séries de disques qui retiennent l'attention (en dehors des premiers disques enregistrés par Lester avec Basie, Freddy Green, Carl « Tatti » Smith, Jimmy Rushing, Walter Page et Jo Jones, – disques dont nous avons parlé plus haut).

La première de ces séances d'enregistrement a été faite pour la compagnie de disques Commodore, en septembre 1938. Ces disques ont été publiés sous le nom de Kansas City Six. Une autre séance d'enregistrement a été réalisée, en décembre 1943, pour Keynote, une excellente marque dont l'existence fut trop brève, sous le nom de Lester Young Quartet. La troisième séance d'enregistrement a été réalisée en 1940, avec le Benny Goodman Sextet augmenté et comprenant, pour la circonstance : Lester Young, Count Basie, le trompettiste Buck Clayton, le drummer Jo Jones (de l'orchestre de Count Basie) et Charlie Christian (un guitariste qui avait révolutionné le style de guitare de jazz jusqu'alors pratiqué), Benny Goodman lui-même et le contrebassiste Artie Bernstein (du sextette de Benny Gooodman). Les disques ne furent d'ailleurs publiés que dans les années 70. Dans chacune de ces sessions (y compris celle qui a produit les premiers disques de Lester enregistrés, on s'en souvient, avec Count Basie et le trompettiste Carl « Tatti » Smith) la qualité des prestations de « Pres », ainsi, d'ailleurs que celle des autres musiciens, est tellement prestigieuse qu'il est difficile de choisir tel ou tel exemple.

Dans la plupart des disques Commodore, Lester joue de la clarinette et il est étonnant qu'il y ait si peu de différences entre son jeu sur ce dernier intrument et son jeu de saxophone-ténor. Il y a là la même tendresse, la même logique dans le phrasé, la même légèreté de sonorité. Superbement construits sont ses solos sur « Pagin' the Devil » et sur « I want a Little Girl », mais le chef-d'œuvre de cette session est « Way Down Yonder in New Orleans », pour l'interprétation duquel il revient au saxophone-ténor.

Dans cette interprétation, il s'exprime dans un style légèrement différent de son style habituel. Il y a moins d'espaces ouverts. Les phrases ne sont pas aussi nettement découpées en séquences de deux et quatre mesures. Il prend aussi une liberté plus grande qu'à l'accoutumée par rapport au tempo. Dans son solo, les phrases découlent l'une de l'autre et forment une ligne mélodique plus continue mais qui se déroule avec moins de régularité que d'habitude. Les quatre premières mesures du pont, par exemple, consistent en une seule phrase, mais la figure mélodique qui termine la seconde moitié du pont se poursuit et devient la figure mélodique qui ouvre la reprise du thème principal. Autre caractéristique du jeu de Lester Young dans ce solo : la ligne mélodique qui monte et descend sans cesse. Lester monte puis marque une pause dans son mouvement ascensionnel, redescend, marque une autre pause dans son mouvement descendant, puis repart vers le haut tout en changeant le volume du son pour lui faire épouser le mouvement même qu'il imprime à sa ligne mélodique.

Dès l'époque de la session Keynote, en 1943, Lester Young montre les premiers signes d'un changement de style. Sa sonorité est devenue plus volumineuse et ses lignes mélodiques ne sont plus aussi soigneusement ciselées.

La section rythmique de cette session est peut-être un peu moins bonne que celle qui était formée par des musiciens venant de chez Count Basie – celle dont il avait utilisé les services pour la session Commodore – en dépit de la présence de Sidney Catlett, un des meilleurs drummers de l'époque.

Mais le jeu de Lester est exemplaire, principalement sur « Afternoon of a Basie-ite » dans lequel il a un solo robuste, d'une grande richesse d'inspiration.

Mais ses solos les plus fantastiques furent gravés plus tôt, au cours de la session qui réunissait, avec lui, Basie, Buck Clayton, Jo Jones, Benny Goodman, Charlie Christian et Artie Bernstein. Mais, comme nous l'avons déjà dit, les disques ne furent publiés que dans les années 70. Malgré la présence, au cours de cette session, de musiciens de grande classe, c'est Lester Young qui domine. Il est dans sa plus grande forme et joue un peu plus en force et avec un peu moins de tendresse que dans la session Commodore, mais il improvise toujours ses superbes lignes mélodiques.

Son chorus sur « I never knew » est de toute beauté. C'est un véritable chef-d'œuvre, peut-être bien le meilleur de tous ses solos et un des plus extraordinaires moments de l'histoire du jazz.

Il me semble que si Lester Young peut rappeler un autre artiste de l'histoire du jazz, c'est, à coup sûr, Bix Beiderbecke. Il y a, à mon avis, chez les deux hommes, la même force mais délicatement exprimée, la même attention aux détails, le même intérêt pour la construction des solos et la structure des thèmes, la même aptitude à nous surprendre par les détours imprévus qu'ils impriment à la ligne mélodique de leurs improvisations.

Malheureusement, Lester souffrait aussi des mêmes troubles affectifs que ceux qui devaient avoir raison de Bix. Il avait la plus grande peine à nouer des relations un peu prolongées, des relations comportant de mutuelles responsabilités avec les autres gens. Très vite il devient alcoolique. Il avait toujours été un fumeur impénitent de marijuana, en état second presque sans relâche.

Étant données la fragilité et l'instabilité de son caractère, il n'est pas surprenant qu'il ait commencé à souffrir de différents troubles affectifs après sa douloureuse expérience de la vie militaire.

D'après les déclarations d'un ami de Lester Young – déclarations recueillies par le critique Nat Hentoff –, Lester avait tout simplement ignoré une série d'appels pour le service militaire. En fin de compte l'autorité militaire le fit appréhender, une nuit, sur le podium sur lequel il était en train de jouer, pour l'incorporer sur-le-champ dans l'armée. A son arrivée dans une unité, il fut accusé de porter sur lui de la drogue et il dut passer un an en prison militaire.

Être détenu dans une prison militaire est une dure épreuve pour n'importe quel individu, mais pour un artiste, souffrant, de surcroît, d'une grave instabilité affective, ce dut être l'enfer. Après sa démobilisation, la personnalité de « Pres » avait changée. Soupçonneux, méfiant, il fumait la marijuana et buvait avec encore plus d'excès et son comportement était de plus en plus étrange. Il en était de même de son jeu, de sa musique. Par moments il semblait être devenu délibérément pervers, s'acharnant à détruire la ligne mélodique dans le temps même qu'il la jouait. De temps à autre il retrouvait quelque chose de son ancienne manière, du moins pendant les années 40, mais dès le milieu des années 50 il semblait que l'on ne pût plus rien attendre de nouveau de celui qui avait été un des plus prestigieux musiciens de toute l'histoire du jazz.

Ce qui avait encore été peut-être une source de chocs émotifs et d'anxiété pour Lester Young c'est que dès le début des années 40 il eut parmi les jeunes saxophonistes-ténors de très nombreux émules. Certains d'entre eux, comme Wardell Gray et Paul Quinichette (ce dernier a même été surnommé le « vice-président ») occupèrent la place qu'il avait laissée vacante dans les rangs du grand orchestre de Count Basie. D'autres comme Stan Getz, Al Cohn, Zoot Sims, jouaient dans un style analogue au sien et étaient fidèles à son esprit. Cette situation était de nature à perturber la fragile personnalité de « Pres ». En 1959, il était à Paris, où il avait joué au fameux club Le Blue Note, et se sentant malade, épuisé, découragé, il prit l'avion pour revenir à New York où il mourut quelques heures après son arrivée.

Il n'avait même pas cinquante ans, mais il avait laissé, derrière lui, une des œuvres les plus riches et les plus fécondes de toute l'histoire du jazz et son influence a continué à s'exercer jusqu'à nos jours.

Durant les années 30, Lester Young, nous l'avons vu, avait été un des rivaux les plus dangereux de Coleman Hawkins mais les jeunes saxophonistes-ténors ne le connurent que plus tard à travers ses disques et imitaient surtout Hawk.

Les trois les plus importants me semblent être : Herschel Evans, Chu Berry, et Ben Webster. Evans, contemporain de « Pres », fut son rival dans les rangs du grand orchestre de Count Basie, avec lequel il grava ses meilleurs enregistrements. Son disque le plus connu est « Blue and Sentimental », une ballade lente que Basie lui demandait toujours d'interpréter. Deux morceaux rapides enregistrées par Basie : « John's Idea » et « Doggin' around » nous permettent d'entendre Herschel Evans au mieux de sa forme. Evans mourut d'une crise cardiaque en 1939. Leon « Chu » Berry est né en 1910, sa carrière fut, en quelque sorte, parallèle à celle de Evans. Il travailla avec de nombreux orchestres et, en particulier, chez Fletcher Henderson. Il passa les quatre dernières années de sa vie dans le grand orchestre de Cab Calloway dont il était un des principaux solistes. Il enregistra, notamment, avec cette formation, une belle version de « Ghost of a Chance ». Il trouva la mort dans un accident d'automobile en 1941. Peut-être que ses disques les plus connus (en dehors de « Ghost of a chance ») sont ceux qu'il a faits pour Commodore aux côtés des trompettistes Roy Eldridge, « Hot Lips » Page et d'autres bons musiciens. De bons exemples de son jeu nous sont offerts par les disques suivants : « Sittin in », dans la série de Commodore, « Jumpin' with the Jive » gravé avec l'orchestre de Cab Calloway et « Too Marvelous » enregistré sous le nom de Chu Berry and his Stomoy Stevedores. Parmi les saxophonistes-ténors dont le style rappelle celui de Coleman Hawkins, celui qui impressionna le plus ses contemporains fut Ben Webster. Né en 1909 (comme Young et Evans), il fut élevé dans la région du Midwest et travailla dans différents orchestres de cette région. Il vint ensuite à New York avec le grand orchestre de Bennie Moten. Il fit ensuite partie de l'orchestre de Fletcher Henderson. En 1935, il fut engagé temporairement par Duke Ellington, dans l'orchestre duquel il devait d'ailleurs jouer d'une façon permanente de 1939 à 1943. Il refit un court séjour chez Ellington en 1948. Il participa à de nombreuses tournées avec la fameuse organisation itinérante du Jazz at the Philarmonic (en général désignée par son sigle : J.A.T.P.) dirigée par Norman Granz ; puis il vint s'installer en Europe, à Copenhague, où il passa presque les vingt dernières années de son existence. Il mourut à Copenhague, en 1973.

Quoique le séjour de Ben Webster dans les rangs de l'orchestre de Duke Ellington ne recouvre qu'une période relativement brève de la carrière du saxophoniste-ténor, le nom de Webster est, dans l'esprit des musiciens, des critiques et des amateurs de jazz, indissolublement lié à celui de Duke Ellington. Ce dernier le tenait en grande estime et lui donna toutes les occasions possibles de jouer en soliste. Ben Webster fut un des facteurs du succès de l'orchestre aux débuts des années 40.

Ben Webster est un saxophoniste-ténor d'une grande robustesse, d'une remarquable vigueur. Dans les interprétations très rapides sa sonorité est souvent rude, gutturale et elle est fréquemment parsemée (à la manière de certains trombonistes) de notes « sales ». Mais, dans les ballades, il utilise un son chaud, soyeux et joue souvent d'une façon très liée, très legato. Tout comme Coleman Hawkins, Ben Webster a une sonorité pleine et d'une belle rondeur, comme Hawkins il joue des torrents de notes et utilise au maximum tout l'espace qui lui est dévolu en solo. Pour improviser, il emploie peut-être moins que Hawkins les séquences d'accords et semble s'appuyer surtout sur la mélodie. Beaucoup de critiques ont remarqué des caractéristiques communes dans le jeu de Ben Webster et celui de Johnny Hodges en dépit de la différence d'instrument. Il est certain que le saxophoniste-ténor admirait sans réserve l'altiste. Les solos les plus célèbres de Ben Webster ont été enregistrés alors qu'il était chez Duke Ellington : « C-Jam Blues », « Perdido », « Main Stem ». Le plus connu semble être « Cotton Tail ». Il y a aussi, sur tempo moyen « A-Settin' an' A-Rockin » que Duke Ellington avait composé spécialement pour présenter au public, au cours des concerts, son soliste vedette au saxophone-ténor. Mais Duke Ellington aimait aussi faire jouer des ballades à Ben Webster comme « What am I here for ? » et « All too soon ». En dehors de son séjour chez Ellington, Ben Webster a abondamment enregistré avec de petits groupes variés et aussi avec l'orchestre de Fletcher Henderson ainsi que sous son propre nom.

On peut caractériser les années 30 et la première partie des année 40 comme particulièrement propices au développement du saxophone, surtout du saxophone-ténor. Jusqu'à l'avènement de Lester Young, les saxophonistes-ténors se sont presque tous inspirés de Coleman Hawkins. Dans la période actuelle, on constate de nouveau une très nette influence de Hawkins, combinée souvent avec celle de Lester Young et de John Coltrane. Les principaux disciples de Coleman Hawkins, en dehors de Herschel Evans, Chu Berry et Ben Webster sont Don Byas, Georgie Auld, Charlie Ventura, Tex Benecke, « Boomie » Richman et Eddy Miller.

Pourquoi cette vogue du saxophone ? Peut-être en raison de la relative « facilité » de l'instrument. De l'avis unanime, on met moins de temps à maîtriser cet instrument qu'on n'en met à maîtriser la trompette, le trombone, la guitare, le piano ou la batterie. En outre, pendant l'époque des grands orchestres « swing », il y eut une demande accrue de saxophonistes, surtout de saxophonistes-ténors. Enfin, l'instrument est peut-être le plus proche de la parole, le plus proche de l'expression vocale humaine, le plus apte à « raconter une histoire » comme disent les musiciens de jazz.

C'est ainsi que, depuis les années 30 jusqu'à nos jours, quelques-uns des plus importants musiciens de jazz ont été des saxophonistes : Hawkins, Lester Young, Charlie Parker, Dexter Gordon, Johnny Griffin, Ornette Coleman, John Coltrane, Archie Shepp, Pharoah Sanders, Anthony Braxton...

CHAPITRE XV

Duke Ellington un grand peintre

Duke Ellington est le seul musicien de jazz que le public ait vraiment reconnu comme un *artiste*!

Bien sûr, Louis Armstrong était devenu une célébrité internationale, beaucoup de chefs d'orchestre de l'époque dite « swing » ont joui d'une grande popularité. Quelques-uns des grands musiciens de l'école du bop, en particulier Dizzy Gillespie, ont eu ou continuent de bénéficier une vaste notoriété. Mais Armstrong et les chefs d'orchestre de l'époque dite « swing » étaient connus du public comme des musiciens populaires, s'exprimant au moyen d'une musique populaire, des « entertainers * ».

Quant à la réputation de Dizzy Gillespie et de deux ou trois autres musiciens appartenant à l'école du bop (comme Charlie Parker ou Monk), elle revêtait un caractère encore plus équivoque. Pour une partie du public, non pas celui composé d'amateurs mais celui composé de profanes, cette réputation reposait, en grande partie, sur la mode des boucs, des bérets, des lunettes de soleil et d'un comportement excentrique, en tout cas bien plus que sur une véritable appréciation de leur musique, qui, pour beaucoup, était incompréhensible même après ce que la grande presse ou le *Times* en disaient.

Duke Ellington, cependant, était tenu, même par ceux qui ne savaient pas grand-chose de sa musique, pour un artiste authentique. Il avait été candidat à un prix Pulitzer (quoique le comité d'organisation de cet organisme le lui eût refusé) et il fut invité à célébrer son soixante-dixième anniversaire à la Maison-Blanche. Louis Armstrong n'aurait jamais été candidat à un prix Pulitzer et Charlie Parker n'aurait sans doute jamais été invité à célébrer son anniversaire à la Maison-Blanche, même s'ils avaient vécu jusqu'à l'âge de cent ans. Tous ces égards et ces attentions ont été prodigués à Duke Ellington, en partie parce qu'il était surtout un « compositeur » et que composer de la musique est une tâche dévolue à des « artistes », mais pour une bonne part c'était parce que Duke représentait un certain genre d'homme.

Edward Kennedy Ellington naquit le 29 avril 1899, à Washington D.C., la capitale fédérale des États-Unis d'Amérique. Semblable en cela à beaucoup

* Ce mot désigne un ou une artiste dont le rôle est avant tout de distraire, d'amuser, de charmer et d'émouvoir le public.

d'autres hommes de couleur qui créèrent de grands orchestres de jazz, il était issu de la petite bourgeoisie. Son père fut d'abord un maître d'hôtel, qui, de temps en temps, fut engagé pour servir dans des dîners officiels à la Maison-Blanche et, par la suite, devint dessinateur au service de la marine nationale des États-Unis. Ce genre d'emploi étaient bien au-dessus du genre de travaux que la plupart des gens de couleur effectuaient aux États-Unis à l'époque. Cela permit au jeune Ellington et à sa famille d'avoir un style de vie qui était essentiellement celui de la petite bourgeoisie.

Le père de Duke Ellington semble avoir été un homme assez sûr de lui et sans inquiétudes, amateur de bonne chère et d'alcools de prix, avec un solide appétit pour toutes ces bonnes choses de la vie. Daisy Ellington, la mère de Duke, était d'un naturel plus sévère, plus rigoureux – on l'a même décrite comme un peu collet monté –, une femme très religieuse, avec de fermes convictions morales. Duke fut élevé tout à fait à la manière d'un fils unique – sa sœur, Ruth, naquit quand il était déjà âgé de seize ans – et il ne manqua jamais ni d'affection, ni de soins moraux ou matériels. Duke Ellington grandit donc dans un foyer douillet et heureux et dès le début fut, à la fois, un garçon plein de talent et un meneur né.

Barry Ulanov, dans sa biographie d'Ellington, raconte une merveilleuse histoire sur Duke encore enfant. Descendant de sa chambre, le matin, il s'arrêtait au bas de l'escalier et « ordonnait » aux adultes qu'il voyait dans le vestibule de « ne pas bouger et de se tenir à sa disposition ». Alors, il annonçait d'une voix solennelle et en articulant chaque mot : « Voici le grand, l'excellent, le magnifique Duke Ellington. » Il saluait à la ronde. « Maintenant, applaudissez, applaudissez », « ordonnait-il », et alors il se précipitait dehors, sur le chemin de l'école. Il faut vraiment être sûr d'être aimé, d'être adoré, pour jouer une scène pareille, et cette assurance, cette confiance en lui-même est demeurée intacte chez Ellington toute sa vie. Il prenait toujours le commandement dans toutes les situations et, devenu adulte, il fut un partisan sans aucun complexe du plus total hédonisme, un amateur de bonne chère et de boissons choisies et grand admirateur du beau sexe. Il s'est toujours habillé d'une façon très chic mais quelque peu extravagante, toujours sur son trente-et-un, toujours vêtu d'une manière voyante mais parfois sans façon.

Son admiration pour les femmes était au diapason de son goût pour la bonne chère et les beaux vêtements. Il avait à sa disposition un riche éventail de compliments fleuris et princiers qu'il déversait avec opulence sur les jolies filles et un grand nombre de ses compositions ont été inspirées par la présence ou le souvenir de belles femmes*.

Et, cependant, en dépit de son assurance et de son autorité innée, il manifestait une grande réserve dans ses rapports avec les autres. Il se tenait assez à l'écart de la plupart des membres de son orchestre. Il n'était pas proche de son fils, Mercer, et il ne s'en rapprocha que relativement tard, et Mercer

* Exemple caractéristique de la galanterie de Duke : il revoit à Paris un couple de ses amis intimes – couple qu'il connaît depuis une quarantaine d'années. Le mari a largement dépassé la soixantaine et la femme la cinquantaine. « Veux-tu me dire ce que tu fous avec cette gamine ? » lance Duke au mari.

enfant se sentit négligé et frustré. Duke ne semble pas avoir noué de liens très solides avec aucune femme, sa sœur exceptée. Il avait un sens très fort de la parfaite légitimité de tout ce qui pouvait assurer à sa vie privée une protection strictement efficace et il était assuré que personne n'avait le moindre droit de regard sur son intimité. Dans sa brève introduction au livre de Stanley Dance, intitulé *The World of Duke Ellington* *, il dit notamment : « Stanley est parfaitement au courant de mes activités et de celles des personnes avec lesquelles je me sens lié... Cependant, je suis sûr qu'il n'a révélé que ce qu'il a cru devoir révéler ! Lui et sa femme Helen sont de l'espèce de gens qu'il est bon d'avoir dans son coin **, l'espèce de gens qui peuvent légitimement connaître vos secrets. » Inutile de dire qu'il n'est pas courant d'écrire une introduction à un livre, dans laquelle on précise que ce livre ne révélera pas grand-chose.

Toute sa vie, Duke Ellington a été très religieux. Il a toujours affirmé qu'il avait lu entièrement la Bible à quatre reprises différentes et sa ferveur religieuse a crû à mesure qu'il prenait de l'âge. Vers la fin de sa vie, la musique religieuse qu'il composait était au centre de ses préoccupations. En réalité, à cette époque, il était en passe de vivre d'une façon presque ascétique, abandonnant complètement l'usage de l'alcool et surveillant strictement son régime alimentaire. Duke était en somme un homme avec un sens très fort de sa propre personnalité et de sa valeur et il avait cette foi dans son propre jugement qui est décisive chez l'artiste. Cette foi qui, à chaque instant de sa vie, lui enseigne que si quelque chose lui semble juste, c'est que c'est *effectivement juste*.

Aussi importants pour son prestige étaient sa prestance, son maintien qui lui permettaient de manier les gens de son entourage à sa guise. Beaucoup parmi ses musiciens devinrent de véritables « prima donna ». Et le monde de la musique, dans lequel Duke était contraint de se mouvoir, était, on le sait, plein de requins, de camés et de dingues. Ellington ne perdit jamais de son autorité et de sa superbe tandis qu'il évoluait au sein de ce singulier milieu, ne se laissant jamais bousculer, gardant la tête froide, ne s'emportant, jamais avec comme seule arme à sa disposition, une froide ironie que ses interlocuteurs ne remarquaient pas, la plupart du temps. Quand le prix Pulitzer, auquel il avait été candidat, lui fut refusé, il aurait pu légitimement manifester une certaine mauvaise humeur, mais il répondit simplement aux journalistes qui l'entouraient : « Je pense que le Seigneur ne voulait pas que je connaisse la célébrité trop jeune. » (Il avait dépassé la soixantaine.)

Nous pouvons donc voir dans Duke Ellington un homme soucieux de contrôler à la fois ses sentiments et les circonstances de sa vie et cette disposition d'esprit nous révèle la qualité de son art. Il n'y a pas, dans sa musique, l'ardente passion de Louis Armstrong ou la ferveur de Sidney Bechet. La majeure partie de son œuvre a été consacrée à la « peinture », à la description d'atmosphères, d'états d'âme. Il a dit une fois à Richard O. Boyer, un collaborateur du *New Yorker* : « Le souvenir des choses passées est très important pour un

* Traduit en français sous le titre « Duke Ellington » par Antoinette Roubichou.
** Allusion au coin du ring près duquel se tient, vigilant, le manager du boxeur ou un de ses soigneurs.

musicien de jazz. Des choses comme, par exemple, de vieilles gens qui se sont réunis pour chanter au clair de la lune dans la cour, derrière la maison, durant une chaude nuit d'été – ou quelque chose que quelqu'un a dit, il y a bien longtemps. » Duke Ellington, contrairement à beaucoup de musiciens de jazz, ne créait guère dans le feu de la passion brusquement ressentie, mais, suivant en cela les préceptes de Wordsworth, il travaillait surtout en se guidant sur des émotions, des sentiments ressentis autrefois et dont il savait revivifier le souvenir à volonté. La qualité de sa personnalité était évidente dès son plus jeune âge. On l'avait surnommé « Duke * » à cause de son aptitude à s'habiller d'une façon pimpante, pour sa coquetterie, et, comme nous l'avons vu, son instinct et son art de s'imposer, de prendre le commandement et la direction dans n'importe quelle circonstance. Comme beaucoup d'enfants américains de cette époque, on força le jeune Ellington à étudier le piano, ce qu'il ne fit d'ailleurs que sporadiquement et sous l'effet de la contrainte.

Le dessin et la peinture semblaient l'intéresser plus. Mais à mesure qu'il grandissait, il commença à réaliser qu'il y avait quelque avantage mondain à jouer du piano, que les « talents de société » sont surtout agréables à celui qui les peut exercer et, aussi, que l'on pouvait gagner de l'argent en exerçant. Il devint donc beaucoup plus assidu à ses leçons de piano, prenant en même temps des leçons avec un professeur et suivant les cours de musique à l'école.Il se mit aussi à fréquenter les bars et les salles de jeux où il pouvait rencontrer des pianistes professionnels. C'était pendant la période du boom du ragtime. Les pianistes qu'il fréquentait jouaient des morceaux de ragtime et aussi des mélodies populaires mais avec des inflections de ragtime. Le jazz n'était encore qu'un phénomène strictement issu de La Nouvelle-Orléans et un jeune homme habitant Washington D.C. ne connaissait certainement rien de ce phénomène. Le jeune Ellington fut particulièrement influencé par James P. Johnson dont il avait entendu les rouleaux pour piano pneumatique. C'est ainsi qu'il apprit à jouer certaines compositions de James P. Johnson et tout particulièrement le fameux « Carolina Shout ».

Dès qu'il eut atteint l'âge de dix-sept ou dix-huit ans, Duke Ellington commença à jouer de temps en temps en professionnel, soit avec des orchestres qu'il réunissait pour la circonstance, soit encore sous la direction d'autres chefs d'orchestre. Il avait remarqué que des orchestres jouissant déjà d'une certaine réputation faisaient de la publicité dans les annuaires de téléphone. Il fit de même et retint dans l'annuaire un emplacement publicitaire plus important que tous ceux consacrés à la publicité des autres orchestres. Cela lui procura immédiatement du travail. Les groupes qu'il réunissait alors comprenaient parfois quelques-uns des musiciens qui devaient, par la suite, lui demeurer fidèles pendant des années, comme le drummer Sonny Greer, le saxophoniste Otto Hardwick et le trompettiste Arthur Whetsol. Ces orchestres

* Duc.

Ci-contre : Duke Ellington dans sa loge. Notez l'importance de la garde-robe. (Collection William P. Gottlieb/Edward Gottlieb.)

BABY
POWDER

étaient en général de petites formations : un piano, une batterie, une contrebasse à vent ou à cordes, un banjo et un ou deux autres instruments à vent. Ce n'étaient pas, à proprement parler, des orchestres de jazz, c'étaient plutôt des orchestres commerciaux qui jouaient des airs à la mode et des morceaux de ragtime pour les gens qui voulaient danser ou simplement écouter en buvant une consommation.

En 1919, Duke passa ses examens et termina ses études secondaires, avec l'offre d'une bourse pour parachever ses études de dessin et d'orthographie – bourse que lui avait proposée le N.A.A.C.P. * – mais il décida de se consacrer plutôt à l'étude de la musique et il commença à travailler sérieusement dans la région de Washington.

Il s'était marié en 1918 et un an plus tard naquit son fils Mercer.

En 1922, Duke Ellington et ses amis, le drummer Sonny Greer et le banjoïste Elmer Snowden, partirent à l'assaut de New York. Ils ne trouvèrent pas de travail, mais Duke put rencontrer quelques-uns des pianistes jouant à New York et tout spécialement James P. Johnson, Thomas « Fats » Waller et Willie Smith « le Lion ». Ellington, Greer et Snowden revinrent à Washington sans un sou, mais, en 1923, ils regagnèrent New York et firent l'ouverture d'un speakeasy ** de Broodway appelé le Hollywood Club et bientôt rebaptisé le Kentucky Club. Des histoires variées et contradictoires ont circulé sur l'organisation des premiers orchestres de Duke Ellington. Quoi qu'il en soit, c'est Duke qui, peu à peu, prit la direction du premier orchestre. Cela ne se fit certainement pas sans beaucoup de diplomatie. L'orchestre jouait surtout ce qu'on a appelé des arrangements de tête *** qui étaient élaborés et travaillés, au cours des répétitions, puis appris par cœur.

Mais, en 1924 et 1925, cet orchestre n'était pas vraiment un orchestre de jazz mais un orchestre commercial jouant des airs populaires et des airs de danse pour le public de ces speakeasies. Ellington et la plupart de ses musiciens étaient de l'Est des États-Unis, surtout de New York, de Washington et de Boston. Ils n'avaient qu'une expérience réduite des traditions de la musique populaire de l'ethnie de couleur des États-Unis. La seule musique de tradition populaire et de l'ethnie de couleur qu'ils eussent pu entendre était les spirituals à l'église. On peut penser que ces jeunes hommes n'avaient guère entendu de blues traditionnels, avant 1923.

Ils étaient sûrement plus proches de l'école de piano « stride » que la plupart des Blancs, mais, au début des années 20, ces pianistes jouaient surtout du ragtime et.

Ils prirent vraiment contact avec la musique de jazz grâce à l'arrivée dans l'orchestre de deux musiciens pénétrés de la musique négro-américaine de La Nouvelle-Orléans : James « Bubber » Miley était l'un d'entre eux. Miley est né en Caroline du Sud en 1903. Il fut élevé à New York. Son père était un guita-

* National Association for Advancement of Colored People : Association pour la Promotion sociale des gens de couleur.

** Sorte d'établissement où l'on se réunissait entré amis pour écouter un orchestre en buvant.

*** Arrangement mis au point au cours des répétitions et non écrit.

riste amateur. Ses trois sœurs étaient des chanteuses professionnelles qui avaient formé un trio vocal. Miley avait étudié le trombone et le cornet à l'école. Après un bref séjour dans la marine, il commença à travailler dans différents clubs de New York. En 1921, il fit des tournées avec l'orchestre qui accompagnait la chanteuse de blues Mamie Smith et avait donc probablement à l'époque plus d'expérience des racines de la musique de jazz authentique que Duke et ses hommes. Garvin Bushell, un vétéran clarinettiste qui était toujours en activité dans les années 60, a raconté quel avait été l'impact de certains musiciens de La Nouvelle-Orléans sur Miley et sur lui-même. Il était en tournée avec Bubber et les musiciens qui accompagnaient Mamie Smith. En 1921, Bubber et lui entendirent le King Oliver's Creole Jazz Band au Dreamland Café à Chicago. (Cela se passait avant que Louis Armstrong n'entre dans l'orchestre d'Oliver.)

Garvin Bushell a dit : « J'ai été très impressionné par leurs blues et par la manière dont l'orchestre sonnait. Peut-être bien que les trompettistes et les clarinettistes dans l'Est des États-Unis avaient un son plus " classique " mais les sonorités des musiciens de King Oliver vous touchaient beaucoup plus. C'était peut-être une musique moins " cultivée " mais elle exprimait bien mieux ce que les gens ressentaient. Bubber et moi nous sommes restés là, stupéfaits, et la bouche grande ouverte. »

Par la suite, Bubber Miley apprit tout sur les notes bleues, il apprit aussi à faire grogner et grincer et haleter les sons sur sa trompette et aussi à utiliser des différentes sortes de sourdines (notamment le plunger mute) à la manière de King Oliver. Il devint un musicien de jazz complet et expérimenté. C'est en 1923 que Bubber Miley entra dans l'orchestre de Duke Ellington. Il y demeura jusqu'en 1929. Bubber Miley mourut de la tuberculose en 1932.

C'est probablement ces fantastiques effets de sourdines à la trompette qui attirèrent l'attention sur les disques que l'orchestre de Duke Ellington fit en 1927 et plus tard. Bubber Miley composait beaucoup et contribua au développement du répertoire de l'orchestre. Gunther Schuller, qui a étudié très attentivement la musique de Duke Ellington, a estimé que Miley écrivait une musique meilleure que celle que composaient la plupart des musiciens de l'orchestre. Mais, et c'est encore plus important, c'est son jeu qui montra aux autres musiciens de l'orchestre ce qu'était vraiment le jazz. Ellington lui-même a dit, plus tard : « Le caractère de notre orchestre changea après l'arrivée de Bubber Miley. Il faisait haleter, grogner et grincer la sonorité de sa trompette, jouant toujours bluesy, la nuit. C'est alors que nous avons décidé de laisser tomber complètement la musique douce. »

Bubber Miley enseigna tout sur les différentes sourdines, le plunger mute et les effets de sonorité au tromboniste Charlies Irvis et, ensuite, au remplaçant d'Irvis, Joseph « Tricky Sam » Nanton et c'est cette sonorité, ce son d'orchestre, qui devint ce que l'alter ego de Duke Ellington, le pianiste, compositeur, arrangeur et chef d'orchestre, Billy Strayhorn, appela plus tard « l'effet Ellington ».

Un deuxième musicien qui, lui aussi, incarnait la tradition de La Nouvelle-Orléans, eut sur l'orchestre de Duke Ellington une influence capitale. Ce fut Sidney Bechet qui entra dans l'orchestre à peu près à la même époque que

Bubber Miley. (Ellington a daté l'entrée de Bechet dans l'orchestre en 1926. Mais Bechet a donné la date de 1924.) Sidney Bechet passa son temps à se disputer avec Bubber Miley ainsi qu'avec quelques autres musiciens de l'orchestre, très probablement à cause de son caractère très entier, et ne fit qu'un séjour assez bref dans l'orchestre. Mais c'est aussi Sidney Bechet qui montra à la plupart des musiciens de Duke comment il fallait jouer, comment il fallait phraser le jazz. Ellington a dit : « Je considère que la musique de Bechet, sa façon de phraser et d'improviser est vraiment, pour ainsi dire, le fondement de toute la musique de jazz, de toute la musique négro-américaine. Tout ce qu'il jouait était plein d'inspiration. Tout cela venait du cœur, de l'âme. C'était très, très difficile, presque impossible de trouver quelqu'un qui pût lui tenir tête, musicalement parlant. » Duke Ellington a ajouté : « Parmi tous les musiciens, Bechet était pour moi l'épitomé du jazz. Tout ce qu'il jouait était d'une incroyable beauté, d'une beauté totale et tout ce qu'il a joué dans sa vie était absolument original... C'était vraiment un très grand homme et personne n'a jamais été capable de vraiment jouer comme lui. »

En 1924, Bechet était probablement le meilleur musicien de jazz vivant. Comment n'aurait-il pas influencé tous ceux qui jouaient à ses côtés ? Il n'enseigna pas seulement aux musiciens de Duke et à beaucoup d'autres des choses essentielles sur la manière de phraser le jazz, mais il eut une profonde influence sur Johnny Hodges, qui avait travaillé avec Bechet à Boston et à New York, avant d'être engagé par Duke Ellington – Hodges qui devait devenir le soliste vedette, le soliste n° 1 de Duke et, aussi, un des meilleurs saxophonistes-alto avant le règne de Charlie Parker. Il devait devenir, aussi, sous l'influence de Bechet, un des meilleurs saxophonistes-soprano de l'histoire du jazz.

C'est donc sous l'influence de musiciens de La Nouvelle-Orléans – Sidney Bechet et King Oliver, par l'intermédiaire de Bubber Miley – que l'orchestre de Duke Ellington se consacra entièrement à la musique de jazz authentique. Plus tard, un autre musicien de La Nouvelle-Orléans, Barney Bigard entra dans l'orchestre.

Dès 1926, l'orchestre avait son style, son « sound » * et Ellington commençait à être très connu comme compositeur et chef d'orchestre. New York était une ville idéale pour un jeune compositeur et chef d'orchestre : Fletcher Henderson était au Roseland (Don Redman joua avec Ellington dans quelques séances d'enregistrement), l'orchestre de King Oliver venait à New York de temps à autre et il y avait, en outre, tous ces pianistes « stride » qui travaillaient dans la ville.

Comme nous l'avons déjà dit, l'orchestre avait son style et son « sound » et, dès 1926, il était assez exceptionnel pour faire une grosse impression à un éditeur de musique et impresario, Irving Mills, qui l'avait entendu au Kentucky Club. Peu de temps après, Irving Mills et Duke Ellington fondaient une société

* Le « sound » ne peut jamais être traduit par son ou sonorité. C'est tout ce qui compose la silhouette musicale et qui fait reconnaître un orchestre ou un arrangeur ou un soliste des autres.

dans laquelle chacun d'eux détenait 45 % de la participation, le restant des parts avait été déposé entre les mains d'un juriste.

On s'est toujours demandé quel avait été le rôle exact de Mills dans la carrière de l'orchestre. On a dit que l'orchestre avait considérablement enrichi Mills et il est certain que son association avec Duke Ellington lui a donné une position prépondérante dans le monde musical. Mills n'hésitait d'ailleurs pas à ajouter son nom, comme co-compositeur, à des thèmes composés par Duke Ellington ou encore à des thèmes composés par plusieurs musiciens de l'orchestre. On retrouve le nom de Mills, comme co-compositeur, de « classiques » de Duke Ellington ou d'un groupe de musiciens de l'orchestre comme « The Mooch », « Mood indigo » et « Rockin' in Rhythm ». Mais c'était de la part des managers et imprésarios une habitude assez courante. Finalement, Ellington reprit son indépendance en 1939 et c'était très caractéristique de la manière de Duke, il n'a jamais dit, du moins en public, ce qui l'avait poussé à agir ainsi. Si Mills s'adjugeait vraiment 45 % des revenus de l'orchestre, cela aurait pu être, pour Duke, une raison suffisante de mettre fin à l'association. Quoi qu'il en soit, Irving Mills joua un rôle important dans la carrière de l'orchestre. Comme cela avait été le cas pour Joe Glaser avec Louis Armstrong, Mills avait, dans le monde de la musique dominé par les Blancs, des relations qui, sans lui, auraient manqué à Duke Ellington. Il procura à Duke un fructueux contrat pour enregistrer des disques et, en 1927, il fit engager l'orchestre au fameux Cotton Club, l'un des plus importants cabarets de Harlem qui avait une riche clientèle blanche.

C'est ainsi que commença pour Duke et pour l'orchestre une période de cinq années de travail musical intense qui allaient faire de Duke Ellington un des plus grands compositeurs et chefs d'orchestre et de la formation qu'il dirigeait une des plus prestigieuses.

Au Cotton Club, l'orchestre de Duke Ellington jouait, bien entendu, pour la danse, mais il lui fallait aussi accompagner les danseurs, danseuses et vocalistes du club et, en outre, fournir le fond musical pour les shows, dont la majorité consistait dans ces scènes absurdes et vaguement érotiques dans lesquelles les décors étaient censés représenter « la jungle ». Il fallait donc que Duke Ellington fournisse des séries d'arrangements musicaux d'une grande variété, quoi qu'il n'eût pas à composer lui-même toute la musique d'accompagnement de ces shows. Par un effet de hasard heureux – ou peut-être était-ce un des tours dont l'astucieux Irving Mills avait le secret – les effets de grincement et de grognement, tous les effets de sourdines, qui étaient devenus un des éléments importants du « sound » de l'orchestre se prêtaient particulièrement à l'accompagnement des scènes de « jungle », aussi, quand Bubber Miley quitta l'orchestre, Duke demanda à son remplaçant, Cootie Williams, d'apprendre tous ces effets pour pouvoir les reproduire à volonté. Comme chef d'orchestre, compositeur, arrangeur et pianiste de l'orchestre attaché à l'un des plus importants cabarets de New York, Duke Ellington occupait désormais une situation de premier plan dans le monde du spectacle à New York. C'est peut-être cette situation privilégiée qui lui permit de rencontrer deux hommes dont l'importance ne peut être sous-estimée. L'un d'eux fut Will Vodery, un chef d'orchestre et un musicien cultivé qui, comme beaucoup d'artistes de couleur, dans les années 10 et 20, dirigeait l'orchestre d'un important dancing fréquenté par les Blancs. Vodery enseigna à Ellington plusieurs choses concernant l'orchestration et l'organisation des « voix » qui accrurent son habileté naturelle à arranger pour les cuivres et les anches. Mais peut-être qu'une influence encore plus profonde fut celle de Will Marion Cook, le compositeur de couleur qui avait emmené Bechet en Europe. Ellington a dit à son sujet :

> « Il ne portait jamais de chapeau et, quand on lui demandait pourquoi, il répondait qu'il n'avait pas assez d'argent pour s'en acheter un. On lui donnait quatre ou cinq dollars et lui et moi prenions un taxi pour faire le tour de Central Park et il me donnait alors une leçon de musique. Il chantait une mélodie très simple, il m'arrêtait et me disait : " A présent, retourne tes figures mélodiques. " Il eut sur moi une brève mais très forte influence. Son langage, les images qu'il utilisait devaient obligatoirement être très directs, très simples, pour que je puisse saisir, sans hésiter, ce qu'il voulait m'expliquer. Certaines des choses qu'il avait l'habitude de me dire... je n'ai eu l'occasion de les mettre en pratique que des années plus tard, quand j'ai écrit, par exemple, ce poème musical que j'ai appelé : " Black, Brown and Beige ". »

Il est évident que Cook enseignait à Ellington quelques-uns des principes fondamentaux de l'écriture musicale, de la composition, ce que tout étudiant d'une école de musique ou d'un conservatoire apprend dès le début, c'est-à-dire transposer une mélodie dans tous les tons, la jouer en commençant par la fin et en terminant au début, la jouer de bas en haut, la retourner dans tous les sens et ainsi de suite. Nous verrons, quand nous analyserons la musique de Duke qu'il a beaucoup utilisé ces procédés en adaptant, notamment, aux desseins qu'il s'était fixés, des thèmes qu'il avait trouvés çà et là.

Le Cotton Club, malgré les inconvénients inhérents à ce genre d'endroit, constituait pour Duke Ellington et son orchestre une sorte de merveilleuse école pratique. Un travail régulier quotidien, une quantité de répétitions pour préparer et mettre au point le répertoire de l'orchestre ainsi que les différentes musiques de scène ou d'accompagnement des attractions, un personnel d'orchestre relativement inamovible, tout cela contribuait à faire de l'orchestre un ensemble très cohérent, très coordonné. Beaucoup de compositions qu'interprétait l'orchestre continuaient, au fil des nuits, à se développer et à s'enrichir d'après les suggestions des musiciens lors des répétitions, mais Ellington écrivait la plus grande partie de la musique du répertoire de l'orchestre lui-même. L'habitude qu'avaient prise les musiciens de suggérer des changements, des transitions, des interludes, des ajustements, avait amené Ellington à écrire pour tel ou tel membre spécifique de l'orchestre ou pour telle ou telle section, tel ou tel ensemble en raison des qualités spécifiques des musiciens qui jouaient en section ou pour un ensemble déterminé. Pour donner un exemple, Duke ne se contentait pas d'écrire une partition pour un trompettiste. Ce qu'il écrivait était en fonction des qualités, des caractères spécifiques d'un des trompettistes déterminé dont il voulait telle intervention, tel phrasé, tel *son* à un moment donné. De temps à autre, il retirait à un des musiciens sa partition pour la confier à un autre afin d'obtenir exactement le phrasé et le son qu'il voulait obtenir à tel ou tel moment. Duke était de plus en plus conscient de ce qu'il voulait, de ce qu'il était en droit d'exiger de ses hommes qu'ils jouent un passage en solo, ou qu'ils jouent à l'intérieur de telle ou telle section de l'orchestre ou, encore, qu'ils participent à un ensemble. Pendant le séjour de l'orchestre au Cotton Club, il enregistra quelques-uns de ses succès les plus éprouvés : « The Mooch », « Rockin' in Rhythm », « Mood indigo », « It don't mean a thing if it ain't got that swing » (Cela ne veut rien dire si ça n'a pas ce swing), « Creole Rhapsody », « Flaming Youth », « Creole Love Call » et beaucoup d'autres titres, peut-être moins connus mais tout aussi exceptionnels.

Dès 1932, cependant, Ellington était un peu lassé du monde du spectacle et tout spécialement du Cotton Club. Aussi, quand l'occasion se présenta en 1933 de faire une tournée en Angleterre, Duke la saisit avec joie. Quand il arriva à Londres, il fut étonné et enchanté de constater qu'il était connu et célèbre bien plus que n'aurait pu l'être un quelconque chef d'orchestre populaire. En réalité, on le considérait comme un compositeur de grande valeur et comme une des personnalités importantes de la nouvelle musique. Les Anglais tenaient « Creole Rhapsody », une composition de Duke Ellington qui couvrait les deux faces d'un disque de 78 tours, pour la première véritable « composition » dans le domaine de la musique de jazz et ils avaient l'impression qu'il s'agissait là du premier jalon indiquant une direction que la musique de jazz, d'après eux, ne pouvait manquer de suivre. Patrick « Spike » Hughes, un compositeur, critique et contrebassiste de jazz et Constant Lambert, un compositeur classique et musicologue, furent d'ardents partisans de la musique de Duke Ellington. Ce dernier fut étonné et ravi de constater que ces critiques, suivis de beaucoup d'autres, écrivaient des articles enthousiastes sur lui dans les journaux, les magazines et les revues.

La tournée de Duke Ellington et de son orchestre, en Angleterre, avait été un succès complet et Duke avait réalisé que sa musique avait une importance bien plus considérable que celle d'une formation qui avait jusqu'alors charmé les clients du Cotton Club. Ellington avait, bien entendu, toujours cru en sa musique, mais il avait constaté que, pour les Anglais, cette musique avait une signification aussi profonde que la musique classique. Encouragé, il se mit à composer des œuvres propres à être interprétées dans les salles de concert. La première de ces œuvres de longue haleine : « Reminiscing in Tempo » (Reminiscences dans un tempo) qui couvrait quatre faces de disques de 78 tours ne fut pas appréciée par ceux des critiques et musicologues anglais qui avaient célébré « Creole Rhapsody ». Ils trouvèrent « Reminiscing in Tempo » d'un caractère un peu prétentieux, un peu factice et ne possédant pas ce qui constitue habituellement, prétendaient-ils, la force de la musique de jazz.

Mais, de toute façon, Duke Ellington avait d'autres chats à fouetter. Ce que l'on a appelé l'époque des grands orchestres « swing » s'ouvrit approximativement en 1935 avec la soudaine popularité de l'orchestre de Benny Goodman. La formation dirigée par Duke Ellington n'avait jamais atteint, à l'époque, à la célébrité auprès du grand public blanc, des grands orchestres blancs les plus réputés. Pourquoi ? En partie parce que la formation de Duke n'avait pas la même facilité à être engagée dans les endroits les plus cotés, cela en raison de la discrimination raciale. En partie, aussi, parce que le répertoire de l'orchestre d'Ellington ne comportait pas de rengaines et d'airs à la mode. En partie, enfin, parce que la musique de Duke était bien plus riche, bien plus dense, bien plus authentique que celle à laquelle la clientèle blanche, friande de musique populaire facile, était depuis longtemps habituée. Toutefois, pendant cette période, l'orchestre de Duke figurait parmi les douze meilleurs grands orchestres de l'époque. Mais, en 1939, des changements se produisirent dans la carrière d'Ellington et dans celle de son orchestre. Ce furent des changements importants. En premier lieu, l'association de Duke avec Irving Mills cessa. En second lieu, l'orchestre quitta la compagnie de disques Columbia pour la compagnie R.C.A.-Victor. En troisième lieu, Ben Webster entra dans l'orchestre de Duke. Ainsi était assuré, dans la formation dirigée par Ellington, le poste d'un robuste saxophoniste-ténor, dont l'orchestre avait, jusque-là, manqué. Enfin, un contrebassiste, dont l'influence, tant dans l'orchestre que parmi les autres musiciens, devait se révéler capitale, Jimmy Blanton, fut engagé par Duke. Jimmy Blanton, que Duke Ellington avait entendu, pour la première fois, à Saint-Louis, surpassait à tel point les autres contrebassistes de ce temps, qu'Ellington l'engagea immédiatement et, pendant un certain temps, eut deux contrebassistes dans sa formation.

Blanton est né en 1921 et avait travaillé à Saint-Louis et dans la région jusqu'en 1939, date à laquelle Duke l'engagea. Avant lui les contrebassistes faisaient le tempo sur les harmonies, c'est-à-dire jouaient sur les accords, en général une note par temps. Mais Jimmy Blanton jouait de son instrument un peu comme s'il s'était agi d'un instrument à vent, interpolant des passages rapides de croches, parcourant vivement les gammes, exécutant, avec force et limpidité, des lignes mélodiques très variées, très inattendues, derrière les ensembles ou les solistes. De plus, sa sonorité avait une clarté légère que peu de contrebassistes savaient obtenir. Enfin, son tempo était impeccable. Il révolutionna le jeu de la contrebasse dans la musique de jazz, jetant les fondations de ce qui devait devenir le jeu de contrebasse dans l'école du bop. Jimmy Blanton apporta une contribution majeure au succès de l'orchestre de Duke Ellington, à cette époque. Malheureusement il était atteint de tuberculose. Il quitta Ellington en 1941 et mourut l'année suivante. Son disque le plus connu avec l'orchestre d'Ellington est « Jack the Bear » dans lequel il est très en valeur.

L'orchestre de Duke Ellington des années 40 a souvent passé pour la meilleure formation qu'il eût jamais réunie. Ce n'est pas certain. En effet, la musique produite par le groupe du Cotton Club, au début des années 30, possédait le prestige de la nouveauté, de l'imagination, de la sensation. Bien sûr, l'orchestre, plus tard, possédait un groupe de solistes prestigieux, supérieur à ceux des autres orchestres, sauf à celui de Count Basie et, il faut bien dire que l'adjonction de Blanton et, plus tard, d'Oscar Pettiford a renforcé considérablement la section rythmique de l'orchestre d'Ellington. Mais, qui plus est, Ellington, avec une quinzaine d'années d'expérience d'écriture musicale derrière lui, était au sommet de ses possibilités.

Dans les dernières années 40 on put, à mon avis, constater une certaine détérioration dans la qualité de l'orchestre. Johnny Hodges, Cootie Williams et Rex Stewart quittèrent l'orchestre. Joe « Tricky Sam » Nanton mourut et il y eut pas mal de changements dans l'orchestre qui s'était accru. Ellington a possédé, à certains moments, une section de cuivres forte de six trompettes et de quatre trombones. C'était à la mode, à l'époque. On disait que les accords modernes, employés alors, requéraient des sections de cuivres plus importantes pour les faire sonner d'une façon adéquate, ce qui était l'expression de la vérité. Mais une section aussi importante est inévitablement moins souple, moins capable de subtilités rythmiques qu'une section réduite.

Ellington lui-même était de plus en plus occupé à écrire ce genre de compositions dont « Creole Rhapsody » et « Reminiscing in Tempo » constituaient les premières. Il écrivit un certain nombre de suites de genres variés et trois concerts de musique sacrée. Dans le même temps Duke disait qu'il ne composait pas de la musique de jazz mais de la musique de tradition populaire noire. Et puis, au cours du Newport Jazz Festival, Paul Gonsalves, le saxophoniste-ténor de l'orchestre, improvisa un très long solo, plein de passion, sur « Diminuendo and crescendo in Blue » qui stupéfia les auditeurs. Il y eut, dans le public, un regain d'intérêt pour l'orchestre et on put voir une photo d'Ellington sur la page de couverture du *Time*. Pendant les années suivantes quelques-uns des artistes-vedettes qui avaient fait le renom de l'orchestre revinrent les uns après les autres. Hodges revint, puis Cootie Williams. En Quentin Jackson, Duke trouva un tromboniste qui était capable de remplacer Joe « Tricky Sam » Nanton.

Au moment de l'interprétation du « Second concert de Musique sacrée », en 1968, Ellington était âgé de soixante-huit ans, Harry Carney avait cinquante-huit ans, Hodges était âgé de soixante-trois ans, Cootie Williams et Russell Procope avaient, chacun, cinquante-neuf ans et Lawrence Brown soixante-deux ans. Mais l'orchestre continuait à jouer une musique de jazz passionnante et swinguante. Quand Ellington mourut au mois de mai 1974, il partit, tout comme Louis Armstrong, entouré du plus grand respect et des marques les plus évidentes d'honneur et il était encore en activité. Comme Louis Armstrong, comme Charlie Parker, il a imprégné toute la musique de jazz de sa personnalité et par là même toute la musique en général.

En quoi donc a consisté le génie de Duke Ellington ? Tout d'abord, et cela depuis ses débuts, il possédait un sens aigu de la palette sonore, de l'éventail illimité de la couleur sonore. Il ne faut pas oublier que Duke Ellington avait du talent et avait reçu une éducation d'artiste. Il a dit lui-même : « Je pense à la musique en termes de couleur et j'aime regarder quand j'arrive à Pittsburgh les hauts fourneaux avec les flammes jaunes dans le noir qui, diminuant de hauteur, se transforment en une lueur rouge incandescente. » Dès le début, son instinct lui dictait de revêtir chaque note de sonorités différentes. L'architecture musicale constituait, aussi, une de ses préoccupations majeures. C'était un créateur de sonorités originales qui portaient l'empreinte de sa personnalité. Par exemple, en 1930, quand Fletcher Henderson, Don Redman, Bill Challis et tous les autres n'écrivaient que pour les sections de trompettes, de trombones, d'anches, Ellington prenait une mélodie toute simple et l'organisait en trois voix pour une trompette munie d'une sourdine, un trombone muni d'une sourdine et une clarinette, pour dessiner son désormais très classique « Moon indigo ». C'est une combinaison assez inhabituelle et le problème qui se posait à Duke était le suivant : quelles notes écrire pour quel instrument afin que les trois instruments arrivent à se fondre en un son distinct, original et parfaitement unifié. Comment, en d'autres termes, mélanger du rouge, du jaune et du blanc pour obtenir une teinte originale tirant vers l'orange ? L'habilité de Duke Ellington pour résoudre ce genre de problème a toujours stupéfié ses collègues orchestrateurs et arrangeurs. Mais il y avait autre chose encore. Ellington avait une extraordinaire maîtrise des dissonances. Son maniement des harmonies internes était si extraordinaire que même les cas de dissonance les plus caractéristiques ne blessaient jamais l'oreille mais impliquaient toujours une authentique signification musicale. Derrière le solo de clarinette basse de Harry Carney dans « Saddest Tale », enregistré en 1934, les trompettes munies de sourdines jouent des harmonies très rapprochées qui ne produisent, à aucun moment, un effet irritant et dur à l'oreille.

Cette habileté harmonique combinée avec son instinct de la palette sonore, de l'éventail illimité de la couleur sonore, procura à Ellington une terrible avance sur ses contemporains qui écrivaient des orchestrations, des arrangements pour grands orchestres.

Mais, comme si tout cela n'était déjà pas suffisant, Ellington était, en outre, probablement, le meilleur compositeur de thèmes courts, de brèves mélodies et même de fragments mélodiques dans l'Amérique du XXe siècle. Je ne parle pas seulement des innombrables et superbes thèmes qu'il a écrits comme : « In my Solitude », « I Let a Song Go out of My Heart », « Don't Get Around Much Anymore » et tant d'autres, mais je veux parler surtout des motifs très courts, de fragments mélodiques qui surgissent comme par enchantement dans ses compositions. Une composition d'Ellington est parsemée de petits motifs dont certains sont certes élaborés mais dont certains apparaissent et disparaissent, surgissent et s'évanouissent comme des reflets, des miroitements, à la surface de la musique. Les thèmes de « A Jubilee Stomp », de « Rockin' in Rhythm », de « Blues with a Feeling », de « Cotton Tail », de « Old Man Blues » sonnent aussi frais, nouveaux, alertes et lumineux que lorsqu'ils furent composés, il y a deux générations.

C'est dans laimaîtrise mélodique de Duke que l'on peut déceler une bénéfique influence de Will Marion Cook. Ce dernier avait indiqué à Ellington quelques procédés d'écriture des mélodies, comme de retourner les figures mélodiques, retourner la ligne mélodique sens dessus dessous et d'autres choses semblables. Et Duke utilisa largement ces procédés. On trouve, par exemple, un cliché de jazz bâti autour d'une descente de la sixte à la tierce mineure — c'est-à-dire, dans la tonalité de Do majeur, de La à Mi bémol. Cette figure mélodique est dérivée des notes bleues, avec la sixte qui joue le rôle de la septième bleue et la tierce mineure celle de la tierce bleue. « Main Stem » d'Ellington est bâti sur une telle figure mélodique mais retournée sens dessus dessous, le motif tourné vers le haut au lieu d'aller vers le bas. Prenons encore l'exemple d'un des thèmes les plus swinguants de Duke Ellington, « Cotton Tail », écrit en 1940. La suite d'accords est celle de « I Got Rhythm », une suite d'accords très souvent utilisée dans la musique de jazz. Si on analyse la mélodie de « Cotton Tail », on découvre que Duke l'a créée en « bousculant » la mélodie qu'avait écrite Gershwin en réorganisant les éléments à sa convenance, car le contour de la mélodie originale (« I got Rhythm ») est audible dans la nouvelle mélodie créée par Ellington. Autre exemple : le thème principal de « East Saint-Louis Toodle-oo » a été remodelé d'après la ligne mélodique de « Sister Kate ». « Drag », écrit dans les années 60, est une variation bâtie sur la ligne mélodique de « Ding Dong Daddy from Dumas », laquelle était déjà une variation de la ligne mélodique de « Ja-Da ». « Creole Love Call » a été repris presque entièrement d'un thème de King Oliver intitulé « Camp Meeting Blues ». (Bubber Miley pourrait bien avoir été l'artisan de cette adaptation du thème de King Oliver.) Sans aucun doute, on pourrait multiplier les exemples de telles transformations et adaptations de thèmes dans l'œuvre de Duke Ellington.

Bien entendu cela ne signifie nullement que Duke Ellington ait été un plagiaire. La coutume qui consiste à transformer une mélodie a une très longue et fort honorable histoire. L'utilisation par Ellington de thèmes qu'il a trouvés dans la musique qui l'entourait n'est pas différente de l'utilisation que faisaient Dvorák et d'autres compositeurs des mélodies qu'ils trouvaient dans le folklore de leurs nations respectives. Ce qui compte c'est ce qu'a fait Ellington des matériaux qu'il avait à portée de la main. Le « Camp Meeting Blues » de King Oliver est totalement oublié de nos jours, sauf des spécialistes d'Oliver. Mais « Creole love Call » est toujours joué.

Le quatrième aspect important de l'œuvre de Duke Ellington a été constitué par ses efforts pour s'évader du moule rigide et carré qui organisait la ligne mélodique en huit, douze, seize et trente-deux mesures – forme dans laquelle toute la musique de jazz avait été coulée – non seulement toute la musique de jazz mais, en vérité, toute la musique populaire.

« Baby, when you ain't there », qui fut enregistré en 1932, est avant tout un blues, mais l'interprétation commence et se termine par une séquence mélodique de vingt mesures, obtenue en étirant le blues et en lui ajoutant quelques mesures de plus qu'à l'accoutumée. « East Saint Louis Toodle-oo » comprend des segments de dix-huit mesures entre les motifs de huit et seize mesures. « Birmingham Breakdown » est bâti sur un thème de vingt mesures. Les exemples de telles formes sont très nombreux et Duke relie les différentes parties d'une composition avec tant d'habileté que peu de musiciens avaient remarqué, au début, qu'il n'utilisait pas toujours les formes habituelles des thèmes de jazz et, pendant dix ans, il n'eut, pour ainsi dire, pas d'imitateurs dans cette pratique.

Mais aussi importantes que ces diverses qualités aient été, son flair et son instinct pour repérer et former les instrumentistes qui pouvaient parer sa musique des sonorités, des « couleurs », des timbres qu'il souhaitait étaient étonnants. Duke était toujours pleinement conscient des différences de sonorités de tel trompettiste ou de tel saxophoniste par rapport à tel autre trompettiste ou tel autre saxophoniste – différences que beaucoup d'auditeurs, parmi le public, n'auraient probablement pas remarquées. Et plutôt que d'engager dans son orchestre des musiciens qui avaient des sonorités de base analogues ou voisines – ce qu'auraient fait la plupart des chefs d'orchestre – il choisissait délibérément des musiciens possédant des sonorités différentes de celles des musiciens qui étaient déjà dans l'orchestre. Pour prendre un exemple, les trombonistes de son orchestre des années 40 : Joe « Tricky Sam » Nanton, Juan Tizol et Lawrence Brown, jouaient d'une façon si différente, possédaient des sonorités si dissemblables, que l'on pourrait penser qu'ils ne jouaient pas du même instrument. Ainsi donc, on ne peut pas parler d'Ellington sans parler aussi bien de ses musiciens.

Il y en a cinq qui dominent le reste : le trompettiste Cootie Williams, le cornettiste Rex Stewart, le saxophoniste-baryton Harry Carney, le saxophoniste-alto (il a aussi parfois joué du saxophone-soprano), Johnny Hodges, le clarinettiste Barney Bigard. Carney fut le premier de ceux-ci à entrer dans l'orchestre et il y resta presque cinquante ans. Il mourut quelques mois après Duke.

Il est né et il fut élevé à Boston, où il connaissait non seulement Johnny Hodges mais aussi un autre bon saxophoniste-alto, Charlie Holmes (qui joua, notamment, avec les orchestres de Chick Webb et de Luis Russel). Le père de Carney adorait les spirituals. Carney étudia le piano dès son plus jeune âge. A douze ans il se mit à la clarinette et commença très jeune à travailler régulièrement. Il apprit aussi le saxophone-alto et, dès dix-sept ans, travaillait professionnellement à New York. Il fut engagé peu après par Duke. Il fut influencé, pour la clarinette, de Don Murray et de Buster Bailey qui étaient, respectivement, les clarinettistes-vedettes de Goldkette et de Fletcher Henderson. Quand, peu de temps après, il se consacra au saxophone-baryton, il fut impressionné surtout par Hawkins et par Adrian Rollini. Il enregistra avec l'orchestre de Duke des centaines de solos d'un style dur, fort et swinguant. Il apporta à la section de saxophones d'Ellington une extraordinaire assise. On a souvent dit qu'il faisait « swinguer » tout l'orchestre. Duke Ellington lui vouait une grande affection. Il conduisait souvent la voiture de Duke en tournée et dirigeait l'orchestre quand le chef s'absentait momentanément. Le clarinettiste Barney Bigard resta, lui aussi, longtemps dans la formation de Duke Ellington. Il entra dans l'orchestre en 1927 et ne le quitta qu'en 1942. Créole de couleur de La Nouvelle-Orléans, Bigard était né en 1906 et avait étudié la clarinette avec le fameux Lorenzo Tio. Il joua avec les meilleurs chefs d'orchestre de La Nouvelle-Orléans et vint à Chicago où il entra dans l'orchestre de King Oliver en 1924. Après avoir travaillé dans la région du Midwest et participé à de nombreuses tournées, il entra dans l'orchestre d'Ellington en 1927. Il fut donc (avec Bechet et King Oliver – ce dernier par l'intermédiaire de Bubber Miley) un des musiciens de La Nouvelle-Orléans qui contribua à donner sa physionomie particulière à l'orchestre. Après avoir quitté Duke, Barney Bigard dirigea son propre orchestre dans la fameuse Cinquante-Deuxième Rue de New York. Plus tard, il travailla avec Louis Armstrong et son All-Stars ainsi qu'avec divers petits groupes. Il était toujours en activité pendant les années 70 et il mourut il y a quelques mois.

Comme celui des autres clarinettistes créoles de couleur, le style de Barney Bigard est caractérisé par une sonorité très fluide et une grande aisance dans le phrasé. Il affectionne particulièrement de longs traits rapides qui du registre aigu de l'instrument descendent vertigineusement dans le registre inférieur pour remonter ensuite vers le haut – traits que l'on remarque aussi chez d'autres clarinettistes créoles de couleur comme Noone ou Simeon. Ses disques les plus connus sont probablement : « Mood Indigo » de Duke Ellington, dans lequel il prend un solo qui est devenu un modèle, « Saturday Night Function », toujours avec Duke et « Clarinet Lament » qui fut écrit par Duke pour mettre en valeur Barney, et qui fut enregistré en 1936. Ce fut la première en date des compositions de jazz conçues comme un concerto pour mettre en valeur un soliste. D'autres de ces concertos furent écrits, par la suite, par Ellington, à l'intention d'autres membres de l'orchestre.

Charles « Cootie » Williams, le trompettiste qui remplaça Bubber Miley, en 1929, dans l'orchestre de Duke Ellington, était un homme du Sud. Il avait une expérience étendue de la tradition de la musique populaire de l'ethnie de couleur aux États-Unis et même de la première période de la musique de jazz. Il est né en 1910 et a été élevé à Mobile dans l'État de l'Alabama, ville située à environ 240 kilomètres de La Nouvelle-Orléans et qui, certainement, avait subi l'influence musicale de cette ville. Des musiciens de La Nouvelle-Orléans et de la Louisiane, notamment Jelly Roll Morton, jouaient souvent à Mobile. « Cootie », durant sa jeunesse, avait certainement entendu des blues et du jazz de cette époque, du ragtime et, bien entendu, la musique profonde et ultra-swinguante de l'église baptiste.

Il commença à jouer de la batterie à l'âge de cinq ans, puis passa au trombone, au tuba et finalement à la trompette. Son père lui fit prendre des leçons particulières et l'encouragea à continuer. Il étudia pendant huit ans, acquit une bonne technique ainsi que l'habitude de lire la musique. A l'âge de quatorze ans il passa tout un été en tournée avec l'orchestre familial que dirigeait le père de Lester Young. Dès qu'il eut seize ans il travailla régulièrement et professionnellement dans la région de Mobile. A dix-huit ans il s'installa à New York où il noua des liens d'amitié avec Louis Armstrong dont il subit, bien entendu, l'influence.

Il ne jouait pas alors avec les sourdines et le plunger mute et il ne connaissait pas les procédés adéquats pour faire grincer, grogner, haleter la trompette, tout ce qui devait, plus tard, marquer son style. Il avait une sonorité forte et claire et il lisait la musique à vue. C'est ainsi qu'on lui confia le poste de « première trompette » dans l'orchestre de Fletcher Henderson.

En 1929, on le sait, Bubber Miley quitta l'orchestre de Duke Ellington et ce dernier demanda à « Cootie » Williams de le remplacer dans la section des trompettes. Ce fut vraiment un cas de conscience pour le jeune Williams. L'orchestre de Fletcher Henderson était l'orchestre en vogue du moment, mais celui d'Ellington était, d'ores et déjà, celui qu'on attendait, celui dont parlaient les musiciens, les critiques et les amateurs. « Cootie » Williams décida d'accepter l'offre de Duke. Il apprit l'usage des différentes sourdines et la manière de faire grincer et gronder sa sonorité avec « Tricky Sam » Nanton, lequel avait lui-même appris cette façon de jouer de Bubber Miley, et « Cootie » contribua ainsi à la production des fameux « effets Ellington » et devint, peu à peu, un des solistes-vedettes de l'orchestre. Mais, en 1940, il quitta Duke Ellington pour aller jouer avec Benny Goodman. Il a dit à ce propos :

« Cet orchestre de Benny Goodman, j'ai adoré en faire partie. Il choisissait toujours de bons tempos et il y avait dans cet orchestre quelque chose qui me stimulait. Je crois que je fus, musicalement parlant, plus heureux la première année de mon séjour dans cet orchestre que je ne l'avais jamais été auparavant. »

Il est probable que son disque le plus connu est « Concerto for Cootie », un morceau écrit pour lui par Duke Ellington, en 1940, qui, plus tard, fut transformé en un air de succès : « Do Nothing Till You Hear From Me ». Cootie Williams y est très en valeur, aussi bien dans les « effets Ellington » que dans les passages où il joue sans sourdine et avec puissance un peu dans la veine de Louis Armstrong.

Ce disque a été analysé longuement par André Hodeir dans son ouvrage : *Le jazz, son évolution et son essence.*

Encore plus typique de la manière de « Cootie » Williams est son jeu dans « In a Mellotone », dans lequel non seulement il produit les « effets Ellington » mais encore il dialogue avec la section des saxophones.

Parmi les disques enregistrés avec Benny Goodman, « Breakfast Feud », avec le sextette, montre « Cootie » à son avantage. Pendant quelque temps, dans les années 40, « Cootie » Williams dirigea un grand orchestre puis une série de petits groupes. Il retourna chez Ellington en 1962 et resta dans l'orchestre jusque dans les années 70. Il jouait dernièrement avec l'orchestre de Mercer Ellington.

Un autre des trompettistes d'Ellington, qui devint rapidement un soliste-vedette, fut Rex Stewart (dont l'instrument était, en fait, le cornet). Il avait une bonne sonorité, reconnaissable entre mille, mais il était aussi un des spécialistes des « effets Ellington ». Il est né à Philadelphie en 1907 et n'avait que sept ans quand sa famille alla s'établir à Washington.

Son père jouant du violon et sa mère du piano, le jeune Stewart apprit d'abord les deux instruments. Il apprit ensuite le cornet et dès l'âge de quatorze ans travaillait déjà dans la région de Washington. Ce qu'il jouait alors n'était pas tant de la musique de jazz que de la musique de danse et des airs à la mode. Il vint à New York en 1923, travailla avec Elmer Snowden (un ex-ellingtonien) et fut engagé, un peu plus tard, par Fletcher Henderson. C'est dans cet orchestre qu'il commença à se tailler une réputation de grand soliste. Pendant les années suivantes il travailla avec Henderson, les Mac Kinney's Cotton Pickers et l'orchestre de Luis Russell, en fait, avec la plupart des grands musiciens de couleur de l'époque. Il fut engagé par Ellington en 1934 et demeura dans l'orchestre jusqu'en 1943. Par la suite il travailla surtout avec des orchestres qu'il réunissait, aux États-Unis et en Europe. Il mourut en 1967 d'une hémorragie cérébrale.

Il écrivait fort bien et ses articles très documentés et pertinents furent publiés par *Down Beat*, le *Melody Maker* et d'autres magazines. Il est l'auteur de *Jazz Masters of the Thirties* (Les Maîtres du jazz des années 30), un des ouvrages d'une collection éditée par Martin Williams. Rex fut aussi disc jockey dans différentes compagnies de radio. Il a participé à trois films et fut le chef de différents orchestres dont il recrutait les membres suivant ses besoins.

Rex Stewart disposait d'un éventail de sonorités plus vaste que celui de bien d'autres musiciens de jazz. Il utilisait toutes les sortes de sourdines, y compris le plunger mute et savait faire grincer ou grogner ou gronder sa sonorité comme il l'avait appris de Bubber Miley. Mais il était peut-être encore plus célèbre par son habileté à jouer avec les pistons à moitié baissés. Son disque le plus connu est : « Boy meets Horn », qu'il avait enregistré avec Ellington en 1937, puis, plus tard, en petite formation. Dans ces deux disques il utilise avec une grande maestria sa technique des pistons à demi baissés. Rex savait aussi faire gronder la sonorité de son cornet dans l'extrême grave de l'instrument. C'est ainsi qu'il imite le rugissement du lion dans l'introduction du disque « Menelik, the lion of Judah ». De bons exemples de son jeu sont fournis par « Subtle Slough » qu'il enregistra plusieurs fois avec Duke Ellington et dans « Linger Awhile » (Reste un peu) enregistré avec un petit groupe. Dans ces deux enregistrements on l'entend à son avantage jouant notamment avec une

Johnny Hodges. (Collection William P. Gottlieb/Edward Gottlieb.)

sourdine simple et utilisant abondamment sa technique des pistons à moitié baissés. D'excellents exemples de sa sonorité et de son imagination sont constitués par les cinq morceaux qu'il enregistra à Paris, en 1939, avec Django Reinhardt, Barney Bigard et Billy Taylor : « Low Cotton », « Finesse » (appelé aussi « Night Wind »), « Montmartre », « I Know that you Know » et « Solid Old Man ». Les quatre musiciens jouent d'ailleurs splendidement dans les cinq morceaux.

De tous les musiciens qui jouèrent chez Duke Ellington, le plus célèbre, aussi bien parmi les musiciens que pour le public, fut Johnny Hodges. Il est né à Boston en 1906. Comme l'avaient été souvent, à la première époque de la musique de jazz, les musiciens originaires de La Nouvelle-Orléans, il était surtout autodidacte. Il avait commencé par la batterie, puis le piano, ensuite le saxophone-soprano puis finalement le saxophone-alto. A l'âge de treize ans il avait rencontré Sidney Bechet, qui travaillait à Boston dans un spectacle de variétés. Il fut bien entendu très impressionné et subit, dès lors, toute sa vie, l'influence de Sidney Bechet. Le jeune Hodges se mit à jouer à Boston et dans la région et, par la suite, à l'âge de quinze ou seize ans, il prit l'habitude d'aller à New York, toutes les fins de semaine, pour jouer.

En 1924, il rencontra de nouveau Bechet et travailla avec lui dans le club que Sidney avait ouvert à New York. Hodges était tellement inspiré par Bechet qu'il jouait toutes les introductions et tous les choruses que son aîné avait l'habitude de jouer, quand Sidney s'absentait momentanément du club.

Par la suite Hodges continua à travailler à New York jusqu'en 1928 quand il fut engagé par Duke Ellington. Le premier séjour du saxophoniste-alto et soprano dans les rangs de l'orchestre de Duke Ellington ne prit fin qu'en 1951. Johnny Hodges a une sonorité ravissante, lisse et fluide. Dès le début des années 30 on le considérait comme un des meilleurs saxophonistes-alto et il fut presque toujours en tête des saxophonistes-alto, dans les différents référendums et dans les classements établis par les magazines spécialisés jusqu'à l'avènement de Charlie Parker, héros du mouvement bop. Hodges continua parallèlement à jouer du saxophone-soprano, quelquefois comme soliste et parfois même menant la section des saxophones de l'orchestre en jouant la première partie au soprano. Il était, tout de suite après Bechet, le seul saxophoniste-soprano d'importance dans la musique de jazz, jusqu'à la période de jazz moderne qui succéda à la période bop. Mais c'est au saxophone-alto qu'il acquit son immense renommée.

Johnny Hodges quitta Duke Ellington en 1951, pour former son propre orchestre. Il eut assez de succès, surtout avec un tube intitulé « Castle Rock ». Mais il ne connut jamais, comme chef d'orchestre, une renommée comparable à celle qu'il avait comme un des principaux solistes d'Ellington. En 1955, il revint dans l'orchestre de Duke où il resta jusqu'à sa mort, survenue en 1970, causée par une crise cardiaque.

Les plus connus de ses disques sont probablement « Never No Lament » que Duke avait écrit pour lui (et qui devint, plus tard, un air à succès sous le titre de « Don't Get Around Much Anymore ») et « Warm Valley », un morceau dans lequel il était très en valeur comme soliste. Sur les tempos lents (c'est le cas de « Warm Valley ») la sonorité de Hodges est d'un remarquable lyrisme.

Personne, parmi les musiciens de jazz, n'a jamais joué avec la sensualité de Hodges (comme vous pourrez vous en convaincre en écoutant « Warm Valley »). Le titre comporte une implication de caractère érotique et le jeu de Johnny Hodges, en dépit de la suavité de la sonorité, est empreint d'une chaleur et d'une sensualité peu communes.

Sur les tempos vifs, la sonorité ravissante, lisse et fluide est toujours là au service d'un swing impérieux. L'un de ses meilleurs disques, en l'occurrence, est « Main Stem », un seul chorus sur le blues, mais quel chorus ! Hodges avait tendance à utiliser au maximum les dynamiques, haussant et baissant leur niveau en soulignant ainsi la ligne mélodique. Il avait aussi tendance à diviser les temps, comme le faisait Hawkins, en parties inégales et c'est là une des raisons qui font qu'un swing sans répit se manifeste dans tous ses solos.

Tout au long des années, un bon nombre de disques ont été enregistrés par de petits groupes provenant du grand orchestre de Duke Ellington, mettant en vedette l'un ou l'autre des solistes de Duke. (« Cootie », Rex Stewart, Barney Bigard, Harry Carney, etc.) Hodges était particulièrement à l'aise dans ce contexte où il pouvait swinguer tout son saoul. « Rendez-vous With Rhythm » constitue un merveilleux exemple de son style, assuré et ferme, d'un swing intense mais évoluant avec beaucoup d'aisance par-dessus le rythme de base. Un autre disque enregistré aussi en petite formation est « Jeep's Blues » dans lequel il joue du saxophone-soprano. L'influence de Sidney Bechet est évidente dans cette interprétation, surtout dans les tierces bleues d'ouverture. Un autre très beau solo de saxophone-soprano de Johnny Hodges est celui de « Dear Old Southland », enregistré en 1933 avec l'orchestre de Duke qui, nous l'avons vu, jouait alors au Cotton Club. Là aussi, l'influence de Sidney Bechet est évidente et toute cette interprétation « swingue » énormément.

Un autre membre de la formation de Duke Ellington qui a joué un rôle très important dans l'orchestre, à partir de 1938, était le compositeur, arrangeur, pianiste et chef d'orchestre Billy Strayhorn.

Il est né en 1915 à Dayton, dans l'Ohio, fut élevé dans l'État de la Caroline du Nord et par la suite fit ses études à Pittsburgh. Il avait fait des études de piano classique et avait étudié la théorie de la musique classique. En 1938, il s'arrangea pour rencontrer Duke Ellington dans l'espoir de travailler avec lui. Il montra à Duke une de ses compositions, un thème magnifique qu'il avait intitulé « Lush Life » ; peu de temps après cette première entrevue, Ellington enregistra une autre composition de Strayhorn intitulée : « Something to Live For ». Dès 1939, Billy Strayhorn était devenu un membre à part entière de la famille musicale d'Ellington, prenant parfois, au piano, la place de Duke et aidant Ellington à arranger et écrire les partitions destinées à l'orchestre. Les deux hommes en arrivèrent à collaborer si étroitement qu'il est fort difficile, même en connaissant très bien leur style musical respectif, de les distinguer l'un de l'autre, en écoutant une interprétation de l'orchestre, si le compositeur et l'arrangeur ne sont pas nommés. Les compositions-arrangements les plus connus de Strayhorn sont « Take the « A » Train » qui devint le thème-signature de l'orchestre et « Chelsea Bridge ». Dans les dernières années, Strayhorn travailla en collaboration avec Ellington sur quelques-unes des compositions destinées à être jouées dans des salles de concert, comme

« Such Sweet Thunder » (une suite inspirée de l'œuvre de Shakespeare) et « A Drum is a Woman ». Strayhorn n'enregistra qu'assez peu avec l'orchestre d'Ellington, mais il existe un enregistrement intéressant d'une série de duos qu'il joua avec Ellington au cours d'une soirée privée. Il est bien difficile à l'auditeur, même averti, de dire lequel des deux joue à tel ou tel moment. Après la mort de Strayhorn, en 1967, Duke Ellington écrivit une œuvre dédiée à la mémoire de son ami et collaborateur, intitulée « His Mother Called Him Bill ».

En dépit de l'importante contribution apportée par les musiciens, l'orchestre de Duke Ellington a été essentiellement la création du maître, du chef d'orchestre lui-même. Aucun des musiciens de l'orchestre ne réussit à faire une carrière importante quand il quitta momentanément l'orchestre. C'est Duke Ellington qui réalisait ce que chaque musicien, chaque soliste, chaque section de l'orchestre pouvait faire et c'est Duke Ellington qui le leur faisait faire. Et cette aptitude particulière que Duke avait, en ce domaine, fut d'une importance capitale pour sa carrière personnelle, comme pour la carrière de l'orchestre. En somme, le génie de Duke Ellington ne réside pas en une simple et singulière perspicacité, mais dans sa déconcertante maîtrise de nombreux aspects de la musique. Essayer de faire un choix de disques, afin de les analyser, parmi les centaines de disques enregistrés par Ellington ne constituerait qu'un exercice assez vain. Comme Dryden l'a dit à Chaucer : « ... Là est la plénitude de Dieu. » Mais il y a deux œuvres d'Ellington qui eurent un impact particulier, dès leur publication : la première est « Black and Tan Fantasy », dont il existe plusieurs versions enregistrées en 1927. La deuxième est « Ko-Ko » considéré par de nombreux critiques comme un de ses plus grands chefs-d'œuvre enregistré en 1940. « Black and Tan Fantasy » commence par un blues en si bémol mineur de caractère vraiment funèbre joué en harmonie par la trompette munie d'une sourdine et le trombone, lui aussi muni d'une sourdine. Suit une mélodie de seize mesures en si bémol majeur jouée par le saxophoniste-alto. Ensuite le trompettiste et le tromboniste jouent, chacun en solo, avec la sourdine et en faisant gronder le son, sur les accords mineurs du blues d'ouverture. Le climat lugubre en mineur est produit par un usage répété de la tierce bleue. Duke Ellington joue ensuite un solo de piano. Le disque se termine par une brève citation de la fameuse « Marche funèbre » de Chopin.

Pour ceux qui écoutèrent « Black and Tan Fantasy » à l'époque à laquelle elle fut enregistrée, il semblait qu'il y eût là quelque chose de très nouveau tout en restant dans la tradition de la musique négro-américaine. C'était une œuvre qui était vraiment de la musique de jazz mais exprimée dans le cadre d'une composition élaborée et de proportion parfaite. Je pense que l'exemple de Jelly Roll Morton a eu une certaine importance pour Ellington quand il conçut cette œuvre.

Des auditeurs durent percevoir que derrière cette œuvre il y avait autre chose que l'habileté et l'expérience d'un arrangeur doué. Ils ont dû sentir la présence d'un artiste à la vaste imagination qui savait exprimer exactement le message qu'il destinait aux autres.

Bien sûr, Bubber Miley, « Tricky Sam » et d'autres musiciens de l'orchestre ont dû jouer un rôle important dans l'élaboration de ce thème, mais la plupart de ceux qui achetèrent le disque ne s'en rendirent pas compte. Ce qui a dû les impressionner, c'est que les membres de l'orchestre de Duke, quels qu'ils fussent, étaient des musiciens spéciaux, et à mesure que les autres chefs-d'œuvre de cette époque étaient enregistrés et publiés, ils furent confirmés dans cette opinion.

« Ko-Ko » est essentiellement un blues « classique », un blues de douze mesures en mi mineur, avec une incursion de la relative majeure. – Sol majeur – après le passage de trombone joué par Joe « Tricky Sam » Nanton. Mais, Ellington utilise tout au long de cette composition certains accords, à l'époque très modernes pour le jazz, qui entretiennent volontairement une ambiguïté totale au sujet de la tonalité de la composition.

D'après Edward Bonoff, un musicien qui s'est livré à une étude approfondie de cette composition, elle est truffée d'accords de onzième mineure, rarement employés dans la musique de jazz de l'époque.

En fait, cet accord particulier n'est pas un véritable accord mineur, mais il assume une fonction ambiguë et suggère l'accord mineur dans une autre tonalité. Cette pièce, dans son ensemble, confine à la modalité, et ainsi, présage beaucoup de ce qui devait intervenir dans la musique de jazz des années plus tard, par exemple, les expériences modales de Miles Davis dans « Kind of Blue ». Le thème de « Ko-Ko » lui-même est bâti sur une utilisation nouvelle, astucieuse et originale d'un simple riff des musiciens de Kansas City, que Duke cite explicitement dans le chorus joué à l'unisson par les saxophones et qui réapparaît une nouvelle fois derrière le chorus de trombone de Joe « Tricky Sam » Nanton. Duke Ellington s'est souvenu, une fois de plus à cette occasion, des leçons que lui avait données Will Marion Cook lors de leurs randonnée en taxi autour du Central Park. Mais ce qui est plus important, en l'occurrence, est le fait d'avoir eu recours à cette tonalité ambiguë et il faut reconnaître que Duke trouve là une magistrale solution pour faire ressortir d'une manière encore plus évidente l'ambiguïté tonale du blues. Les anciens blues traditionnels, nous l'avons vu, ne pouvaient être définis ni par le mode majeur ni par le mode mineur. Duke Ellington a encore souligné cette ambiguïté mais par des moyens originaux. Et, bien sûr, cela ne pouvait absolument pas être réduit à un effet du hasard.

Ellington lui-même a dit que cette composition se voulait une description musicale de Congo Square *, à La Nouvelle-Orléans, « là où la musique de jazz est née », ajoutait Duke. Sans l'ombre d'un doute, Ellington voulait faire allusion à une musique très ancienne, la musique d'où, peu à peu, le jazz allait naître et se développer.

Mais, en dépit de l'intérêt historique, de l'intérêt capital de « Ko-Ko » et de « Black and Tan Fantasy », c'étaient les compositions très swinguantes et en même temps rapides que le public adorait et il est certain que ce sont de tels morceaux qui ont contribué à la renommée d'Ellington, de la part du grand public, dans le monde entier : « Take the " A " Train », écrit par Billy Stray-

* Un vaste emplacement à La Nouvelle-Orléans réservé, autrefois, aux danses des esclaves.

horn, avec son thème ravissant joué à l'unisson par les saxophones, « Things Ain't What They Used to Be », écrit par Mercer Ellington, le fils de Duke, « Main Stem » avec le magnifique solo de Johnny Hodges et le thème en Mi bémol-la joué sur blues en Do, « In a Mellotone » (qui n'est que « Rose Room » transformé) et qui nous offre une merveilleuse conversation entre la trompette de « Cootie » Williams et les saxophones, « Cotton Tail » avec le fameux solo de Ben Webster et l'avant-dernier chorus écrit pour les saxophones qui préfigure le style de Charlie Parker dans certains détails de son phrasé. Tous ces thèmes et des quantités d'autres nous offrent de multiples aspects du génie d'Ellington. D'une vie intense, animés par un feu ardent et éclairés par les fantastiques couleurs sonores de Duke, ils constituent une des plus grandioses œuvres de musique créée au cours de ce siècle. Quant aux pièces plus longues, de dimensions plus vastes, destinées, en principe, aux salles de concert, nous laisserons le lecteur les juger par lui-même. Rappelons simplement qu'après sa tournée en Angleterre, en 1933, Ellington se trouva confronté à un dilemme : d'une part, des critiques de musique classique ou de jazz prirent de telles œuvres en considération et clamèrent leur enthousiasme ; mais, d'autre part, quand Duke écrivit d'autres pièces plus denses, plus touffues, plus longues, ces mêmes critiques le prirent à partie et marquèrent leurs réserves et parfois leur désapprobation. Finalement, Ellington décida de ne tenir aucun compte de ces critiques et, à mesure qu'il avançait en âge, il composa de plus en plus de ces pièces de dimensions plus vastes et destinées aux salles de concert. Les plus connues sont : « Reminiscing in Tempo », « Black, Brown and Beige », « Deep South Suite », « Liberian Suite » et les trois concerts de musique sacrée. Certains critiques les taxèrent de prétentieuses et affirmèrent qu'elles n'étaient pas imprégnées de l'esprit du jazz.

La réponse catégorique de Duke Ellington fut que si, pour ces quelques critiques, ces pièces n'étaient pas considérées comme de la musique de jazz, il n'était pas, lui, un compositeur de jazz, mais tout simplement un compositeur de musique et que c'était en tant que musique que l'on devait juger ces pièces. Dont acte. Ce qui est peut-être le plus significatif quand on considère la carrière de Duke Ellington et sa personnalité. La personnalité de Duke était complexe. L'homme était, par moments, hautain, son maintien était celui d'un grand seigneur, mais il était aussi très sociable, très aimable et d'une totale disponibilité. Il était à la fois impétueux, vif, mais raisonnable et modéré dans ses appétits. Il avait mûri longuement et il avait été marqué par les circonstances de sa vie. Il était d'une grande indépendance de pensée, conscient de sa valeur, mais d'une grande curiosité intellectuelle et artistique.

Toutes ces caractéristiques sont importantes pour juger son œuvre, car sa carrière s'est formée lentement mais opiniâtrement. Il ne commença à s'imposer qu'à l'âge de vingt-huit ans, à un âge où Louis Armstrong était en train de créer les plus incontestés de ses chefs-d'œuvre, à un âge auquel Bix Beiderbecke n'avait plus rien à dire. Si Ellington était mort aussi tôt que Bix, il serait considéré comme un bon pianiste ayant dirigé une formation dont faisait partie Johnny Hodges. Si Ellington était mort à l'âge auquel mourut Charlie Parker, il aurait laissé le souvenir du chef d'un très bon orchestre dans la tradition de celui de Fletcher Henderson, d'un orchestre dont l'importance dans l'histoire du jazz serait reconnue. Si Ellington était mort à l'âge auquel « Fats » Waller mourut, les plus fameux de ses enregistrements n'auraient pas vu le jour. Il serait considéré, certes, comme un compositeur et chef d'orchestre important mais probablement pas comme l'égal de Louis Armstrong et de Charlie Parker.

Mais Ellington vécut longtemps. Il ne se drogua pas, il sut contrôler sa façon de vivre, il géra ses affaires avec intelligence, il dirigea son orchestre avec beaucoup de perspicacité et il avança dans la vie sans jamais cesser d'étudier, de travailler, d'apprendre, tout en laissant son art et son talent mûrir lentement.

Dans la carrière de Duke Ellington son caractère compta peut-être presque autant que son talent.

Du même auteur

L'AVENTURE DU JAZZ
tome 2

DU SWING À NOS JOURS

Le boom des orchestres dits « swing »
Le Revival
Roy, Billie et les vedettes de la 52e Rue
La traversée de l'Atlantique
La Révolution bop
Charlie Parker : un oiseau fantasque en plein vol
Art Tatum et Dud Powell
donnent un autre visage au piano de jazz
Les fils de Bird et Diz : Clifford, « Fats », Sonny
Le Cool de Tristano, Mulligan et Drudeck
Mils et le Modern Jazz Quartet
Le « Sunk », il faut s'en imprégner
Cecil, Ornette et les autres révolutionnaires
John Coltrane : un messie du Jazz

La composition
et l'impression de ce livre ont été effectuées
par l'imprimerie Aubin à Ligugé
pour les Éditions Albin Michel

AM

Achevé d'imprimer en juillet 1985
N° d'édition 8986. N° d'impression L 20178
Dépôt légal, août 1985

Imprimé en France